NOMINA GEOGRAPHICA FLANDRICA

STUDIËN EN MONOGRAFIEËN UITGEGEVEN DOOR HET INSTITUUT VOOR NAAMKUNDE TE LEUVEN

MONOGRAFIEËN XVI

TOPONYMIE VAN WEBBEKOM

DOOR

Dr. F. CLAES s.j.

ONOMASTICA NEERLANDICA

1994

INSTITUUT VOOR NAAMKUNDE TE LEUVEN

Dankbaar opgedragen aan de nagedachtenis van mijn vader,
die de eerste grondslag van dit werk heeft gelegd, en van
prof. H. Draye, die me heeft angespoord om het uit te voeren.

Overdruk uit *Eigen Schoon & De Brabander* 68 (1985), 213-248, 459-484; 69 (1986), 237-256, 441-462; 70 (1987), 311-334, 461-484; 71 (1988), 225-243; 72 (1989), 89-112, 195-214; 74 (1991), 83-99, 225-236, 315-328, 439-452.

D/1994/1408
ISBN 90 - 6831 - 623 - 0

INHOUD

Woord vooraf 1

I. Inleiding 2

A. Beknopt overzicht van de geschiedenis van Webbekom 2
B. Afkortingen en fonetische tekens 8
C. Beknopte klankleer van het Webbekomse dialect 9
D. Verzameling en bewerking van het materiaal 17
1. Geografische afbakening 17
2. Wijze van verzameling 18
3. Voorstelling van het glossarium 19
4. De toponymische kaarten 21

II. De namen van de heerlijkheden Webbekom en Kaggevinne 21

A. De naam Webbekom 21
1. Oude vormen 21
2. Verklaring 22
B. De naam Kaggevinne 22
1. Oude vormen 22
2. Verklaring 23

III. Verklarend glossarium 24
Addenda 203

IV. Systematisch overzicht 204

1. Natuurnamen 204
1.1.1. Namen in verband met de de verhevenheid van de bodem 204
1.1.1. Namen met berg 204
1.1.2. Andere namen voor hoogten 205
1.1.3. Namen voor laagten 206
1.2. Namen in verband met de aard van de bodem 206
1.2.1. Namen voor harde of steenachtige bodem 206
1.2.2. Namen voor slijkerige of natte bodem 206
1.2.3. Namen voor slechte of onvruchtbare grond 208
1.3. Waternamen 209
1.3.1. Natuurlijke waterlopen 209
1.3.2. Gegraven waterlopen 209
1.3.3. Stilstaand water 210
1.3.4. Sluizen 211

1.4. Namen voor bossen en in het wild groeiende planten 211
1.4.1. Samenstellingen met bos 212
1.4.2. Andere namen met de betekenis bos 212
1.4.3. Andere namen naar afzonderlijke bomen en andere planten 213
2. Cultuurnamen 215
2.1. Bosrooiingen 215
2.2. Gemeenschappelijke of onbebouwde gronden 215
2.2.1. Aarde 215
2.2.2. Vroente 216
2.2.3. Heide 216
2.2.4. Dries 217
2.2.5. Namen met gemeen of gemeente 217
2.2.6. Namen met 's-Heren 218
2.3. Namen voor grasland 218
2.3.1. Samenstellingen met beemd 219
2.3.2. Samenstellingen met weide 220
2.3.3. Samenstellingen met eusel 220
2.4. Namen voor akkerland 222
2.4.1. Samenstellingen met veld 222
2.4.2. Samenstellingen met land 223
2.4.3. Samenstellingen met hof of hoeve 223
2.4.4. Samenstellingen met akker 223
2.4.5. Een samenstelling met laar 224
2.5. Namen voor afsluitingen of afgesloten percelen 224
2.5.1. Namen voor afsluitingen 224
2.5.2. Namen met blok 224
2.5.3. Andere namen voor omsloten percelen en grenzen 225
2.6. Namen in verband met de oppervlakte of vorm van de percelen 226
2.6.1. Samenstellingen met bunder 226
2.6.2. Samenstellingen met zil 227
2.6.3. Aanduidingen van een bepaalde vorm of ligging 228
2.7. Namen van teelten en nijverheid 228
2.7.1. Namen van gekweekte planten 229
2.7.2. Namen van gefokte dieren 230
2.7.3. Namen van beoefende nijverheid 230
3. Nederzettingsnamen 232
3.1. De eigenlijke woonkernen 232
3.1.1. De dorpskern 232
3.1.2. Nederzettingsnamen in de heerlijkheid Webbekom 233
3.1.3. Nederzettingsnamen in de heerlijkheid Kaggevinne 234
3.2. Namen van cijnshoven 235
3.2.1. Cijnshoven onder de heerlijkheid Webbekom 235

3.2.2.	Cijnshoven onder de heerlijkheid Kaggevinne	237
3.3.	Huis- en erfnamen	238
3.3.1.	Namen met hof of hoeve	238
3.3.2.	Namen met winning	239
3.3.3.	Namen met geleeg	239
3.3.4.	Namen met huis	240
3.3.5.	Namen met erf of goed	240
3.3.6.	Namen van buitenverblijven	240
3.3.7.	Namen van herbergen en uitspanningen	240
3.3.8.	Andere namen van gebouwen	241
4.	Straat- en wegnamen	242
4.1.	De grondwoorden	242
4.1.1.	Overzicht van de grondwoorden naar de oudste vorm	242
4.1.2.	Namen met weg, straat, baan en steenweg	242
4.1.3.	Namen met dijk	243
4.1.4.	Gat, mestweg en veldweg	243
4.1.5.	Voetweg en dreef	244
4.2.	Verkeerswegen	244
4.2.1.	Wegen naar een andere plaats	244
4.2.2.	Wegen naar een gehucht of gebouw	245
4.2.3.	Andere namen van verkeerswegen	245
4.3.	Kleinere wegen of straten	246
4.3.1.	Naar eindpunt of omgeving genoemde veldwegen	246
4.3.2.	Naar andere elementen genoemde veldwegen	247
4.3.3.	19de-eeuwse voetpaden	247
4.3.4.	Recente straatnamen	248
4.4.	Namen van bruggen	249
5.	Enige taalkundige aspecten van de toponiemen	250
5.1.	De lokaliserende voorzetsels	250
5.1.1.	Nederzettingsnamen	250
5.1.2.	Veldnamen	251
5.2.	Lidwoord en aanwijzend voornaamwoord	252
5.2.1.	Vormen van het bepalend lidwoord	253
5.2.2.	Het aanwijzende gene	254
5.3.	Verandering van geslacht of getal	254
5.3.1.	Verandering van geslacht	254
5.3.2.	Verandering van getal	256
5.4.	Voor- en achtervoeging	257
5.4.1.	Voorgevoegde de van het bepalend lidwoord	257
5.4.2.	Voorgevoegde h en n	257
5.4.3.	Achtergevoegde n	258
5.4.4.	Achtergevoegde t	258
5.5.	Suffixen	259
5.5.1.	Adjectivische -er- en -s-afleidingen	259

5.5.2. Personificatie met de suffixen -aard en -aar (-er) 259
5.5.3. Het verzamelsuffix -t 259
5.5.4. Verkleinsuffixen 261
5.6. Persoonsnaam en toponiem 261
5.6.1. Van persoonsnamen afgeleide toponiemen 261
5.6.2. Van toponiemen afgeleide familienamen 262
6. Chronologisch overzicht 262
6.1. Voor 1200 263
6.2. 13de eeuw 263
6.3. 14de eeuw 264
6.4. 15de eeuw 265
6.5. 16de eeuw 265
6.6. 17de eeuw 266
6.7. 18de eeuw 266
6.8. 19de eeuw 267
6.9. 20ste eeuw 267
Besluit 268
Corrigenda 268

V. Bronnen en bibliografie 270

1. Onuitgegeven bronnen 270
1.1. Archief van de Abdij van Averbode 270
1.2. Algemeen Rijksarchief te Brussel 270
1.3. Stadsarchief te Diest 276
1.4. Rijksarchief te Hasselt 280
1.5. Kadasterdirectie van Brabant te Brussel 281
1.6. Universiteitsbibliotheek te Leuven, afdeling handschriften 282
1.7. Archief van het aartsbisdom te Mechelen 282
1.8. Parochiearchief te Webbekom 282
1.9. Persoonlijk bezit 282
2. Uitgegeven bronnen 282
2.1. Uitgegeven kaarten en plannen 282
2.2. Andere uitgegeven bronnen 283
3. Geraadpleegde boeken en artikelen 283

TOPONYMIE VAN WEBBEKOM

WOORD VOORAF

Tot deze toponymische studie van mijn geboortedorp Webbekom ben ik gekomen door mijn te vroeg overleden leermeester Prof. Dr. H. Draye (+ 1983). Eind 1974 moedigde deze me ertoe aan de plaatsnamen die mijn vader in een artikel over het oudste verleden van Webbekom had vermeld (H. Claes 1974), wetenschappelijk te verklaren. Toen ik op dit verzoek inging, dacht ik aanvankelijk nog alleen maar aan verklarende aantekeningen bij de door mijn vader gevonden plaatsnamen. Gaandeweg is deze studie echter uitgegroeid tot een zo volledig mogelijke toponymie, omdat ik vond dat mijn geboortedorp deze moeite wel waard is.

Zowel voor de oudere als voor de nieuwere periode heb ik getracht alle toponiemen op te nemen en te verklaren die op het grondgebied van Webbekom gebruikt werden of nog worden. Dit grondgebied heb ik afgegrensd als dat van de gemeente Webbekom van 1825 tot 1972. Voor 1825 hoorde dit gebied gedeeltelijk tot de heerlijkheid Webbekom, onder de abt van Sint-Truiden, en gedeeltelijk tot de heerlijkheid Kaggevinne, onder de heer van Diest. In 1972 werd de gemeente Webbekom bij Diest gevoegd.

In een inleidend gedeelte geef ik eerst een kort overzicht van de geschiedenis van Webbekom. Voor een uitvoeriger historische schets verwijs ik echter naar mijn *Geschiedenis van Webbekom* (Tielt-Winge, Oostbrabantse Werkgemeenschap, 1982). Na een lijst van afkortingen en fonetische tekens volgt een beknopte klankleer van het Webbekomse dialect en een verantwoording van de wijze waarop ik het toponymische materiaal heb verzameld en bewerkt. Het eigenlijke toponymische gedeelte begint met een bespreking van de namen van de twee oude heerlijkheden, Webbekom en Kaggevinne. Het uitvoerigste deel, het verklarende alfabetische glossarium, omvat een bespreking van bijna 700 plaatsnamen van het dorp. In een laatste hoofdstuk geef ik een systematisch overzicht van de toponymische gegevens, met de betekenis van de verschillende bestanddelen met betrekking tot de bodemgesteldheid, de bodembewerking, de nederzettingen, de huizen en de wegen. Tenslotte volgt de lijst van de geraadpleegde bronnen en werken.

Ik dank Dr. J. Verbesselt omdat deze toponymische studie eerst in *Eigen Schoon en de Brabander* kan verschijnen en Prof. Dr. K. Roelandts omdat het *Instituut voor Naamkunde* er een uitgave in boekvorm van wil bezorgen. Verder dank ik ook Dr. J. Molemans, die een eerste versie van mijn glossarium kritisch heeft willen doorlezen, en K. Rymen (Zelem), die de uitvoering van de kaarten heeft verzorgd.

Leuven, oktober 1984
Frans Claes s.j.

I. INLEIDING

A. Beknopt overzicht van de geschiedenis van Webbekom

De eerste schriftelijke gegevens die betrekking hebben op Webbekom, handelen over Wicbold, de vader van Sint-Trudo. De kroniek van de abdij van Sint-Truiden verhaalt namelijk dat Wicbold, een naaste verwant van koning Chilperik of Childerik II, Merovingisch koning 660-675, in 645 begraven werd in de kerk van zijn eigengeërfde "villa" (landgoed) en dat deze villa naar hem "Wibekem" werd genoemd (De Borman II 90-91). Dezelfde kroniek verhaalt dat Adela, de moeder van Sint-Trudo, een nicht van Pepijn van Landen, hofmeier 622-640, in 644 bij de villa van Zelem, eigengeërfd bezit van Sint-Trudo, in de kerk begraven werd (ibid. 90).
Deze gegevens uit de kroniek van Sint-Truiden schijnen bevestigd te worden niet alleen door de naam Webbekom en door Sint-Trudo als patroon van Webbekom, evenals Adela van Zelem, maar ook doordat Webbekom en Zelem van bij de stichting aan de abdij van Sint-Truiden hebben toebehoord. Hoewel dit deel van de kroniek pas laat, in de 14de eeuw, geschreven werd, meent Mgr. G. Boes dat er redenen zijn om er geloof aan te schenken, vooral omdat de verwantschap van Trudo met de Frankische vorsten de uitzonderlijke ontwikkeling van de abdij in haar beginstadium kan verklaren (1).
Door latere schenkingen werd het domein van de abdij van Sint-Truiden in de omgeving van Diest nog uitgebreid. Zo schonk Robert, graaf van Haspengouw, in 741 aan de abdij de villa van Donk (bij Halen) met de kerk die hij er zelf gebouwd had, alsook de villa's van Halen, Schaffen, Velpe (onder Halen), Meerholt (onder Donk) en al hun onderhorigheden (Piot I, 1-4). In 837 maakte een edelman, Hotbert, zijn eigendommen te Assent eveneens aan de abdij over (ibid. 4-5).
In de periode van de 11de tot de 13de eeuw verloor de abdij van Sint-Truiden een groot deel van haar bezittingen in de streek van Diest, vooral doordat de heren van Diest, Bekkevoort en Halen hun gebied uitbreidden (of tot stand brachten). De abdij, die afhing van de bisschop van Metz, kwam in moeilijkheden toen in 1085 een zekere Bruno onrechtmatig tot bisschop aldaar werd aangesteld door keizer Hendrik IV van Duitsland. Deze Bruno verkocht omstreeks 1088 op onwettige wijze de goederen van de abdij te Webbekom, Pelt (Overpelt en Neerpelt), Helchteren en Wijch-

(1) G. Boes, *L'Abbaye de Saint-Trond. Des origines jusqu'à 1155.* (Tongeren) 1970, p. 20.

maal aan Otto, heer van Diest. Om het goed recht van de abdij te handhaven, kwam de bisschop van Luik toen met de monniken en met de relikwieën van Sint-Trudo naar Halen. Vandaar gingen ze in processie naar Webbekom, waar de bisschop de mis opdroeg en zich met al zijn gezag verzette tegen de onrechtmatige toeëigening van het bezit van de abdij (De Borman I, 55-56).
Omstreeks 1120 verwoestte de heer van Bekkevoort de villa van Assent met de kerk en nam Otto van Beveren, heer van Diest, een deel van het domein van Sint- Truiden aldaar in bezit (De Borman I, 270). Tot het einde van de 18de eeuw hoorde een deel van Assent, met o.a. het gehucht Meerbeek en delen van de gehuchten Reinrode en Struikt, tot de heerlijkheid Kaggevinne onder de heer van Diest. Het andere deel van Assent, met het dorpscentrum, het grootste deel van Struikt en een deel van Reinrode, hoorde tot de heerlijkheid Webbekom onder de abt van Sint-Truiden. Deze verdeling van Assent dateert vermoedelijk van omstreeks 1120. Wellicht is toen ook het gebied van Papenbroek en de Bosterestraat bij de heerlijkheid Kaggevinne gekomen. Dit gebied had blijkbaar tevoren, evenals heel Assent en Kaggevinne, tot Sint-Truiden behoord.
Uit de kroniek van Sint-Truiden weten we dat de abdij in deze periode, omstreeks 1130, een deel van haar bezittingen in leen gaf, maar dat een veel groter deel door omwonende vrije heren bezet en in bezit gehouden werd. Zo verloor de abdij in Halen en Webbekom samen meer dan 70 "mansi", d.i. ongeveer 1120 ha, aan akkerland, bossen en weiden. De abdij leed ook veel schade doordat bijna al haar bossen hier toen gerooid werden (De Borman I, 239).

In 1213 kreeg Arnold I van Diest het advocaatschap of de voogdij van Webbekom. Volgens één bron kreeg hij dit te leen van Lodewijk, graaf van Loon, maar volgens een andere kreeg hij de helft ervan te leen van de hertog van Brabant, die zelf de andere helft ervan voor zich behield (2). Hier krijgen we de indruk dat de graaf van Loon (dit graafschap kwam overeen met het huidige Belgisch-Limburg) en de hertog van Brabant elkaar het advocaatschap, en vermoedelijk ook het leenheerschap, van Webbekom betwistten. Wellicht is Webbekom in 1213 voorgoed bij Brabant gekomen. In elk geval hebben van dat jaar af de heer van Diest en de hertog van Brabant samen de voogdij over de heerlijkheid Webbekom.

(2) E. Poncelet, *Actes des princes-évêques de Liège. Hugues de Pierpont, 1200-1229*. Brussel 1941 (1946), p. XIX-XX; Stallaert, p. 170, en D 1, f. 3v°.

In 1247 kregen de begijnen van Diest de toestemming van de abt van Sint-Truiden om op het grondgebied van Webbekom een kerk te bouwen. De grond waarop deze kerk en het begijnhof zelf stonden, stond de abt in 1253 aan de heer van Diest af (Cart. Dst. 455-459). Nog in 1253 ruilde de heer van Diest met de abt van Sint-Truiden 13 bunder grond op het Nedermolenveld, tussen de Nedermolen, een watermolen op de Begijnenbeek, en de villa en burcht van Diest (op de huidige Warande). Deze grond diende voor de oprichting van de Sint-Jansparochie te Diest. Sint-Truiden kreeg in ruil een even groot stuk grond te Rode onder Schaffen (Cart. Dst. 459-460).

Nog in hetzelfde jaar 1253 spreekt abt Willem van Rijkel over onrechtmatige aanspraken van hertog Hendrik III van Brabant op gronden te Webbekom: het *Liebroek,* "waar elshout groeit", nu o.a. de Els en het Gasthuisbos, 40 bunder groot, het *Demerbroek,* tussen Webbekom en Diest, 16 bunder groot, en het *Wendelbroek,* tussen Webbekom en Zelk, 14 bunder groot (Pirenne 216-217). Hierbij merk ik op dat een deel van het Liebroek later onder de heerlijkheid Kaggevinne, dus onder de heer van Diest hoorde, dat in het Demerbroek 10 bunder wei aan de heer van Diest en 6 bunder aan de abt van Sint-Truiden toebehoorden, dat bij het Windelbroek 10 bunder aan de heer van Diest toebehoorden naast 3 1/2 bunder gemeentewei, het Wingelbroek. Op deze drie plaatsen heeft de heer van Diest dus blijkbaar een deel van de door de hertog van Brabant opgeëiste grond in zijn bezit gekregen.

In 1253 spreekt abt Willem van Rijkel ook over onrechtmatige aanspraken van Arnold van Diest op gronden (meer dan 100 bunder) en op cijnzen te Schaffen. Het allodium van Schaffen moet, zo zegt hij, evenals de villa van Molenstede van rechtswege half aan Sint-Truiden en half aan de heer van Diest toebehoren (Pirenne 207). Hierbij merk ik op dat Schaffen geruime tijd tot de parochie Webbekom heeft behoord. In de 16de en 17de eeuw wordt Webbekom nog de moederkerk van Schaffen genoemd. De pastoor van Webbekom kreeg er trouwens een derde van de grote tienden, juist zoals in zijn eigen parochie te Webbekom en Assent (BKe 4493, 5). De kerk van Schaffen wordt weliswaar al omstreeks 1060 vermeld, maar vermoedelijk is ze pas omstreeks 1400 een zelfstandige parochiekerk geworden (3).

Tot op het einde van de 18de eeuw hoorden onder de heerlijkheid Webbekom, met als heer de abt van Sint-Truiden, Webbekom-Dorp en het gehucht Aardeweg, Assent-Dorp, het grootste deel van het gehucht Struikt en een deel van Reinrode (op een grillige-

(3) F. Claes, *Iets over de parochiegeschiedenis van Schaffen,* in *Oost-Brabant* XVI (1979), p. 179-186.

Webbekom en omgeving.

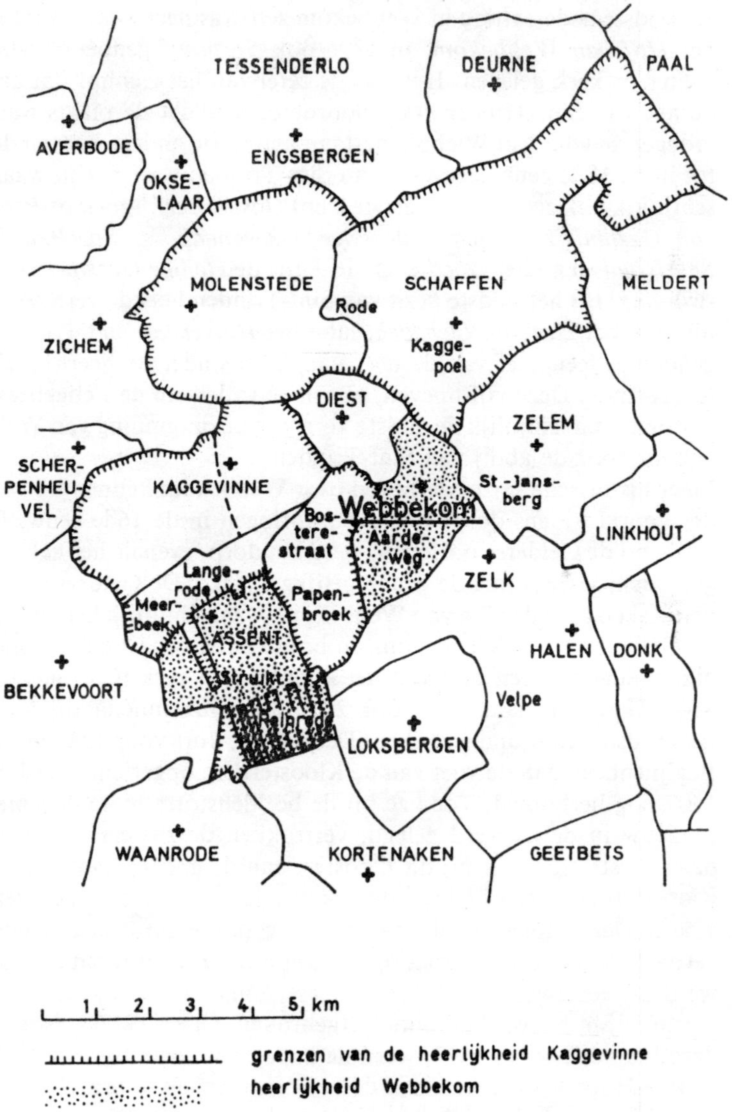

manier verdeeld). Onder de heerlijkheid Kaggevinne, met als heer de heer van Diest, hoorden Schaffen, Molenstede, het huidige Kaggevinne, de gehuchten Papenbroek en Bosterestraat, het gehucht Meerbeek met een klein deel van Assent-Dorp, van Struikt en van Reinrode.
De oudste nederzetting in Webbekom zelf was heel waarschijnlijk het *Hof van Webbekom,* in 1396 ook *Steenhof* genoemd, vlak achter de kerk gelegen. Het was de zetel van het leenhof dat aan de abt van Sint-Truiden toebehoorde en wellicht de plaats waar vroeger de villa van Wicbold gestaan had. Drie andere hoeven die tot in de 18de eeuw leengoed van Sint-Truiden waren, zijn waarschijnlijk ook zeer oud: de eerste werd *Gasthuiserf, -goed* of *Peter van Geelhuisje* genoemd, de tweede *Zwanenborg, Speelhof* of *Speelgoed* en nu het *Goedje,* en de derde de *Heilige-Geesthoeve* of *-winning.* Bij het oudste bezit van Sint-Truiden hoorde vermoedelijk ook het *Hof van Liebroek,* later het *Duivelskot* en de *Schans* genoemd, leengoed van de heer van Diest onder de heerlijkheid Kaggevinne. Deze vijf hoeven, alle in de vallei van de Leugebeek, vormen waarschijnlijk de oudste kern van de ontginning van Webbekom door de abdij van Sint-Truiden.
Meer historische bijzonderheden over Webbekom kennen we verder vooral tijdens de troebelen en oorlogen in de 16de eeuw. In 1507, bij de Gelderse oorlogen, werd het dorp, evenals het naburige Halen, vrijwel met de grond gelijkgemaakt. De Gelderse troepen staken toen de villa van Webbekom (waarschijnlijk het bovenvermelde Hof van Webbekom) in brand en verwoestten ze volledig, samen met een deel van het koor van de kerk (Chron. Dst. 434). Hetzelfde jaar werd ook de cisterciënzerinnenabdij Sint-Bernardsdal in brand gestoken. Deze abdij, kort voor 1235 bij de Begijnenbeek aan de voet van de Kloosterberg opgericht, werd na 1507 nog herbouwd. Toen ze bij de beeldenstorm in 1578 echter opnieuw in de as werd gelegd, vertrokken de zusters voorgoed naar Diest (4). Dicht bij dit klooster, aan de andere kant van de Kloosterberg, werd in 1577 de watermolen van Boksbergen verwoest. Deze molen werd daarna nog gerestaureerd en opnieuw verpacht, maar bij de bezetting van Diest door de Fransen in 1635 werd hij een tweede keer ernstig beschadigd. Het volgende jaar stortte hij in en werd definitief afgebroken (Claes 1977e). Nog in dezelfde periode, in 1578, werd de kapel van Onze Lieve Vrouw van de Hoge Wijngaard door de beeldenstormers in brand gestoken. Deze kapel, in 1323 door een broederschap uit Diest vlak bij de grens met die stad opgericht, schijnt mooier en ruimer geweest

(4) F. Claes, *Iets over de abdij van Sint-Bernardsdal te Webbekom en Diest,* in *Oost-Brabant* XIV (1977), p. 11-16.

te zijn dan de parochiekerk van Webbekom. De puinen van die kapel waren tot in de 19de eeuw nog te zien (Philippen 1971). Van de hier vermelde verwoeste gebouwen, die de belangrijkste van Webbekom waren, werd alleen de kerk heropgebouwd. De andere gebouwen verdwenen weliswaar voorgoed, maar in de toponymie hebben ze nog lang sporen nagelaten. Ook op de bevolkingscijfers hebben de crisisperiodes een sterke invloed gehad. Volgens de voorhanden zijnde gegevens was de bevolking in de 15de eeuw al geweldig gedaald: in 1437 zouden er in de heerlijkheid Webbekom (dus met een deel van Assent erbij) 144 bewoonde huizen geweest zijn, in 1480 nog 127 en in 1496 maar 50 meer; in 1526 waren er weer 82, maar in 1680 opnieuw maar 42, waarvan 21 in Webbekom en 21 in Assent (Claes 1982a, 30). Afgaande op de verschuldigde cijnzen, kunnen we echter vermoeden dat Webbekom tevoren ongeveer eens zoveel inwoners had als Assent (ibid. 20).

In 1794 maakte de Franse overheersing een einde aan het Ancien Régime in onze gewesten en dus ook aan de oude heerlijkheden. Voorlopig bleven de grenzen echter ongewijzigd. Pas in 1825 werden Papenbroek en de Bosterestraat van Kaggevinne-Leuvens (het deel van de vroegere heerlijkheid Kaggevinne ten zuiden van de Demer) losgemaakt en bij Webbekom gevoegd. Anderzijds werden Assent-Dorp en de delen van Struikt en Reinrode die vroeger bij Webbekom gehoord hadden, toen samen met de rest van Kaggevinne-Leuvens tot de gemeente Kaggevinne-Assent verenigd.

De gemeente Webbekom had in 1825 een oppervlakte van 1041 ha, met in 1829 419 en in 1969 1263 inwoners (Claes 1982a, 85). In 1970 werd het besluit genomen de gemeente op te heffen en bij Diest te voegen. Doordat de uitslag van de tot februari 1971 uitgestelde gemeenteraadsverkiezingen achteraf betwist werd, duurde het nog tot augustus 1972 eer de samenvoeging van Diest en Webbekom administratief geregeld werd. Deze administratieve regeling doet echter niets af aan het feit dat Webbekom een eigen karakter behoudt, zoals het ook een eigen geschiedenis en toponymie heeft.

B. AFKORTINGEN EN FONETISCHE TEKENS

1. Afkortingen

(zie ook bij Bronnen en Bibliografie)

a	are
ca	centiare
ca.	circa
ha	hectare
HCTD	Handelingen van de Koninklijke Commissie voor Toponymie en Dialectologie
kop.	kopie
KU	Katholieke Universiteit
KVA	Koninklijke Vlaamse Academie voor Taal- en Letterkunde
Med. Naamk.	Mededelingen van de Vereniging voor Naamkunde te Leuven en de Commissie voor Naamkunde te Amsterdam
Mned.	Middelnederlands
msch.	misschien
reg.	re(en)genoten, d.i. aanpalende (eigenaars)
V.	volksmond
v°	verso
vklw.	verkleinwoord
voors.	voorschreven, d.i. bovengenoemd
wsch.	waarschijnlijk

2. Fonetische tekens

2.1. Klinkers

ɑ als in bal
a als in baak
ɛ als in bek
e als in beek
ə als in de
i als in bieden
ɔ als in bos
o als in boos
œ als in freule
ø als in beuk
y als in nu
u als in boek

2.2. Medeklinkers

χ als in lachen
ɣ als in goed
ŋ als in tang
s als in meisje

2.3. Diacritische tekens

. halflang
: lang
' klemtoon op de volgende lettergreep

C. BEKNOPTE KLANKLEER VAN HET WEBBEKOMSE DIALECT

Bij deze beschrijving van het Webbekomse dialect steun ik vooral op de werkwijze van R. Van Passen (1962, 16-21), alsook op die van R. Billiet (1955, 14-21) en V. Verstegen (1967, 5-9), in hun toponymische studies. Om praktische redenen heb ik de weergave van de klanken evenwel wat moeten vereenvoudigen.

1. Ontwikkeling van de korte klinkers

Wgm. a
A. Normale ontwikkeling
1. in gesloten lettegreep ɑ, bijv. blɑt (blad), vɑt (vat), mɑn (man), hɑnt (hand); vklw. met umlaut (zie B) of ɔi, bijv. 'blɔikə (blaadje), 'vɔikə (vaatje).
2. in open lettergreep
ɔ: voor dentalen, bijv. 'hɔ:lə (halen), ɔ:r (aar), bɔ:n (baan), hɔ:s (haas); vklw. verkort tot ɔ, bijv. 'ɔrkə (aartje), of ɔi, bijv. 'bɔiŋkə (baantje), 'hɔiskə (haasje).
a: voor labialen en velaren, bijv. za:k (zaak), ha:χ (haag), 'na:ɤəl (nagel), ha:m (haam), 'ra:pə (rapen); vklw. met umlaut (zie B). soms verkort tot a, bijv. ɤə'makt (gemaakt).

B. i-umlaut
1. in gesloten lettergreep
e, bijv. bet (bed), lest (laatst), 'zeɤə (zeggen) 'eŋəl (engel), 'dekə (dekken); met ronding ø, bijv. 'høfə (heffen).
ɛ, bijv. ɛt (erwt), flɛs (fles), 'wɛrəm (warm), 'bɛkər (bakker), 'witɛχtəχ (witachtig), en in verkleinwoorden, bijv. 'pɛkskə (pakje), 'mɛnəkə (mannetje), 'hɛŋkə (handje).
2. in open lettergreep
e.i, bijv. be.ik (beek), be.is (bes), e.iχ (eg), 'e.izəl (ezel); in eenlettergrepige vklw. verkort tot e, bijv. 'bekskə (beekje), 'beskə (besje).
e.jə, bijv. in 'be.jətər (beter), 've.jərə (varen).
ɛ: in vklw., voor labialen en velaren, bijv. 'zɛ:kskə (zaakje), 'hɛ:χskə (haagje), 'nɛ:ɤəlkə (nageltje).

C. Consonantische invloed
a voor velaren, bijv. aχt (acht), pak (pak), taŋ (tang).
a: soms voor n + weggevallen consonant, bijv. ma:n (mand), dat naast mɑnt (mand) gezegd wordt.
ɔi soms voor dentaal, bijv. ɔin (aan), plɔits (plaats), zwɔis (zwoerd).
ɔu voor gesyncopeerde l + d of t, bijv. kɔut (koud), zɔut (zout), 'hɔuwə (houden); verkort tot ɔ in hɔt (houdt, werkwoordsvorm).
ɔ.wə bij syncope van d, bijv. 'lɔ.wə (laden), 'sχɔ.wə (schade), 'vlɔ.wə (vla(de).
e.jə voor gesyncopeerde r + dentaal, bijv. 'pe.jət (paard), 've.jəs

(vaars), en bij syncope van d met umlaut, bijv. bə'ste.jə (besteden).
ɛ: voor rr, bijv. kɛ:r (kar), wɛ:r (war), 'sχɛ:rə (scharren).
i soms voor gedekte nasaal, bijv. mins (mens), 'sχiŋkə (schenken); soms gerond tot y, bijv. hym (hemd).

Wgm. e
A. Normale ontwikkeling
1. in gesloten lettergreep
ɛ, bijv. stɛm (stem), 'vɛχtə (vechten), 'stɛrəvə (sterven), ɣɛlt (geld), stɛt (staart).
e, bijv. 'meləkə (melken), nest (nest), zes (zes), 'smeltə (smelten), gest (gerst).
soms met ronding ø, bijv. 'høləpə (helpen), 'wøstələ (worstelen).
2. in open lettergreep
gewoonlijk e.jə, bijv. 'e.jətə (eten), 'le.jəvə (leven), 'ɣe.jəl (geel).
soms e.i, bijv. ste.il (steel), 'zwe.irə (zweren); vklw. verkort tot e, bijv. 'stelkə (steeltje).
soms i.jə, bijv. 'zi.jəl (zeel), 'i.jəmər (emmer).

B. Consonantische invloed
rekking tot e.jə voor dentaal of nasaal, bijv. 'e.jədə (aarde), 'ke.jən (kern), maar 'ɛdbe.is (aardbei).
soms i voor gedekte nasaal, bijv. 'vinstər (venster), 'iŋkəl (enkel).

Wgm. i
A. Normale ontwikkeling
1. in gesloten lettergreep
i, bijv. dik (dik), kint (kind), 'liɣə (liggen).
e, bijv. smet (smid), 'dekəs (dikwijls), 'kerək (kerk), mest (mest), 'kerəməs (kermis).

2. in open lettergreep
e.i, bijv. 'be.ivə (beven), stre.ik (streek), 'ne.iɣə (negen).
e.jə, bijv. 'pe.jər (peer), 'ɣe.jəvəl (gevel), 'le.jəvərə (leveren).
soms i.i, bijv. 'ki.itələ (kittelen), 'zi.ikəl (sikkel).
soms met ronding œy, bijv. 'lœynə (leunen), rœys (reus), vœyl (veel).

B. Consonantische invloed
ɛ voor (gesyncopeerde) r + consonant, bijv. 'bɛrək (berk), 'dɛrdə (derde), 'dɛtəχ (dertig), vɛs (vers, bn.).
y voor m, bijv. slym (slim), 'krympə (krimpen), 'sympəl (simpel).

Wgm. o
A. Normale ontwikkeling
1. in gesloten lettergreep o, bijv. hof (hof), kop (kop), vot (vod), bol (bol); vklw. met umlaut (zie B).
2. in open lettergreep
gewoonlijk ɔ.u, bijv. 'bɔ.uvə (boven), bɔ.uχ (boog), 'vɔ.uɤəl (vogel).
soms u.ə, bijv. 'wu.ənə (wonen), 'bu.ən (boon), 'pu.ət (poot); vklw. met ui, bijv. 'buiŋkə (boontje), 'puikə (pootje).
B. i-umlaut
1. in gesloten lettergreep
ø in vklw., bijv. 'høfkə (hofje), 'køpkə (kopje), 'vødəkə (vodje), 'bøləkə (bolletje).
2. in open lettergreep
œy in vklw., bijv. 'bœyχskə (boogje), 'vœyɤəlkə (vogeltje).
y.yə in 'dy.yən (doren); vklw. verkort tot y, 'dynkə (dorentje).

C. Consonantische invloed
voor (gesyncopeerde) r + consonant soms ø, bijv. vøst (vorst), 'mørəɤə (morgen), 'dørəp (dorp), 'kørəf (korf); soms ɔu, bijv. kɔut (koord), wɔut (woord); vklw. met umlaut œy, 'kœydəkə (koordje), 'wœydəkə (woordje).
voor gesyncopeerde l + d (t) gewoonlijk ɔu, bijv ɤɔut (goud), stɔut (stout); soms ɔ:, bijv. zɔ: (zou), wɔ: (wou), werkwoordsvormen.
u voor m, bijv. bum (bom), sums (soms), pump (pomp); vklw. met umlaut y, bijv. 'kyməkə (kommetje), 'pympkə (pompje).

Wgm. u
A. Normale ontwikkeling
1. in gesloten lettergreep
gewoonlijk o, bijv. vos (vos), hont (hond), 'woləf (wolf).
u vaak voor bilabialen of velaren, bijv. krum (krom), juŋ (jongen, zn.), 'vuχtəχ (vochtig), zuχ (zeug), luχt (licht, bn.).

2. in open lettergreep ɔu, bijv. zɔun (zoon), 'kɔuɤəl (kogel), 'sχɔutəl (schotel).
Vklw. zie B en C.
B. i-umlaut
1. in gesloten lettergreep
ø in vklw., bijv. 'høŋkə (hondje), 'vøskə (vosje), 'wøləfkə (wolfje), en ook bijv. in støf (stof), 'møldər (mulder), 'drøpəl (druppel).
y bijv. in dyn (dun), styk (stuk), 'vylə (vullen), en in vklw., bijv. 'jyŋskə (jongetje).

y.y bijv. in sχy.yr (schuur); vklw. verkort tot y, 'sχyrkə (schuurtje).
y.yə bijv. in 'dry.yəχ (droog).
2. in open lettergreep
œy in vklw., bijv. 'kœyɣəlkə (kogeltje), 'sχœytəlkə (schoteltje), 'zœyχskə (zeugje), in het mv. 'zœyɣə (zeugen), en ook bijv. in dœyr (deur), nœys (neus), 'mœylə (molen), 'lœyɣə (leugen); vklw. van eenlettergrepige woorden verkort tot ø, bijv. 'nøskə (neusje), 'dørkə (deurtje), maar 'mœyləkə (molentje) enz.
ø bijv. in dør (door), vør (voor), voorzetsels.

C. Consonantische invloed
ɔi in vklw. voor n, bijv. 'zɔiŋkə (zoontje).
ø voor (gesyncopeerde) r + consonant, bijv. køt (kort), 'bøstəl (borstel), 'wørəm (worm).

2. Ontwikkeling van de lange klinkers
Wgm. â
A. Normale ontwikkeling
gewoonlijk ɔ:, bijv. jɔ:r (jaar), rɔ:p (raap), strɔ:t (straat), hɔ:k (haak), zɔ:t (zaad); vklw. verkort tot ɔ, bijv. 'jɔrkə (jaartje), 'rɔpkə (raapje), 'hɔkskə (haakje), maar ɔi voor gesyncopeerde dentaal, bijv. 'strɔikə (straatje), 'zɔikə (zaadje).
a: in enige latere ontleningen, bijv. bra:f (braaf), 'ka:dər (kader).

B. i-umlaut
gewoonlijk e.jə, bijv. 'ke.jəs (kaas), 'sχe.jər (schaar), -e.jər(-aar, achtervoegsel); vklw. verkort tot e, bijv. 'sχerkə (schaartje), 'keskə (kaasje).
e in verkorte werkwoordsvormen, bijv. brekt (breekt), et (eet), nemt (neemt).
ɛ in 'twɛləf (twaalf).
ɛ: bijv. in 'blɛ:tə (blaten), trɛ:χ (traag).

C. Consonantische invloed
ɔi vaak voor dentaal, bijv. nɔil (naald), 'mɔindaχ (maandag), mɔint (maand), ɣɔin (gaan).
ø soms voor n, bijv. støn (staan), ɣə'døn (gedaan).
ɔ.wə bij gesyncopeerde j of d, bijv. 'brɔ.wə (bra, d.i. plakje spek), 'drɔ.wə (draaien), 'nɔ.wə (naaien).
ɔu voor w, bijv. flɔuw (flauw), blɔuw (blauw), lɔu (lauw).

Wgm. ê[2]
gewoonlijk i.i, bijv. bri.if (brief), kri.ik (kriek), ri.im (riem), 'spi.iɤəl (spiegel); vklw. van eenlettergrepige woorden verkort tot i, bijv. 'brifkə (briefje), 'krikskə (kriekje), 'rimkə (riempje), maar 'spi.iɤəlkə (spiegeltje).
i.jə in enige oude leenwoorden, bijv. 'bi.jət (biet), 'fi.jər (fier), 'li.jəf (leeuw).

Wgm. î
gewoonlijk ɛ: bijv. wɛ:f (wijf), 'dɛ:staχ (dinsdag), lɛ:n (lijn), bɛ:l (bijl); vklw. verkort tot ɛ, bijv. 'wɛfkə (wijfje), 'lɛŋkə (lijntje), 'bɛlkə (bijltje).
soms i.i, bijv. vi.is (vies), spi.ir (spier); vklw. verkort tot i, bijv. 'spirkə (spiertje).
i in 'ɤirəχ (gierig).

Wgm. ô
A. Normale ontwikkeling
gewoonlijk u.w, bijv. blu.wt (bloed), hu.wt (hoed), stu.wl (stoel), kru.wχ (kroeg), plu.wχ (ploeg); in vklw. umlaut (zie B), of ui, bijv. 'stuilkə (stoeltje), 'huikə (hoedje).
soms u.wə, bijv. 'stru.wə (stro), 'ku.wəpə (kopen).
soms u.jə, bijv. 'vu.jər (voeder), 'ru.jə (roeien).
soms ui, bijv. 'muitə (moeten), kui (koe).
soms u, bijv. duk (doek), blum (bloem), ɤə'nuχ (genoeg).

B. i-umlaut
y.y in vklw., bijv. 'kry.yχskə (kroegje), 'ply.yχskə (ploegje), en bijv. ook in bry.yr (broer), 'ny.ymə (noemen), zy.yt (zoet), ɤry.yn (groen), by.yk (beuk).
y in vklw., bijv. 'blyməkə (bloempje), 'dykskə (doekje), 'bryrkə (broertje), en ook in zy (zo).

Wgm. û
A. Normale ontwikkeling
gewoonlijk œ:, bijv. brœ:n (bruin), dœ:f (duif), kœ:l (kuil), hœ:s (huis), 'krœ:pə (kruipen); vklw. verkort tot œ, bijv. 'dœfkə (duifje), 'kœlkə (kuiltje), 'hœskə (huisje).
soms œ, bijv. 'lœstərə (luisteren), 'vœləχɛt (vuiligheid), ɤə'brœkt (gebruikt).
soms u, bijv. struk (struik).

B. Consonantische invloed
ɔu voor w, bijv. rɔu (ruw), 'bɔuwə (bouwen), 'dɔuwə (duwen).

umlaut tot y.y voor r, bijv. my.yr (muur), y.yr (uur), 'dy.yrə (duren); vklw. verkort tot y, bijv. 'myrkə (muurtje), 'yrkə (uurtje). soms ook uw voor r, bijv. buwr (boer), zuwr (zuur), 'luwrə (loeren); vklw. verkort tot u, bijv. 'burkə (boertje).

3. Ontwikkeling van de tweeklanken

Wgm. ai

gewoonlijk i.jə, bijv. 'bi.jən (been), 'sti.jən (steen), 'hi.jər (heer), 'bri.jət (breed); vklw. verkort tot i, bijv. 'stiŋkə (steentje), 'biŋkə (beentje), 'hirkə (heertje).

i bijv. ook in ɤin (geen), mitst (meest), ist (eerst).

soms ɛ:, bijv. klɛ:n (klein), 'dɛ:lə (delen), 'mɛ:nə (menen), ɤə'mɛ:n (gemeen), rɛ:s (reis), ɛ:r (ei); vklw. verkort tot ɛ, bijv. 'rɛskə (reisje), 'ɛrkə (eitje).

ɛ ook bijv. in ɤə'mɛntə (gemeente), 'hɛləχ (heilig).

soms e.i, bijv. ble.if (bleef), sχre.if (schreef).

y.yə, met ronding, bijv. 'hy.yətə (heten).

Wgm. au

A. Normale ontwikkeling

u.wə, bijv. 'bru.wət (brood), 'bu.wəm (boom), 'bu.wən (boon), 'u.wəχ (oog), 'sχu.wən (schoon), 'ɤru.wət (groot); vklw. met umlaut (zie B) of ui, bijv. 'buiŋkə (boontje).

ui ook in comparatieven, bijv. 'sχuindər (schoner).

B. i-umlaut

y.yə in vklw., bijv. 'bry.yəkə (broodje), 'y.yəχskə (oogje), en ook bijv. in 'dry.yəm (droom), 'hy.yərə (horen), ɤə'ly.yəvə (geloven), 'ɔinhy.yəɤə (aanhogen).

y in vklw., bijv. 'bymkə (boompje), 'drymkə (droompje), en comparatieven, bijv. 'ɤrytər (groter).

C. Consonantische invloed

ɔu voor w, bijv. vrɔuw (vrouw), nɔuw (nauw), mɔuw (mouw).

Wgm. eo

gewoonlijk i.i, bijv. di.ip (diep), sti.ir (stier), di.ir (dier); verkort tot i in vklw., bijv. 'stirkə (stiertje), 'dirkə (diertje), en ook in niks (niets).

Wgm. iu

A. Normale ontwikkeling

gewoonlijk œ:, bijv. 'hœ:lə (huilen), 'dœ:kə (duiken), ɤə'tœ:ɤə (getuige).

soms verkort tot œ, bijv. 'dœstər (duister), dœts (Duits).
soms y.y, bijv. vy.yr (vuur), 'dy.yvəl (duivel), 'y.yə (uwe); in eenlettergrepige vklw. verkort tot y, bijv. 'vyrkə (vuurtje).
soms ontrond tot i.i, bijv. ni.if (nieuw), di.ir (duur), 'ki.ikə (kuiken); vklw. verkort tot i, bijv. 'kikskə (kuikentje).

B. Consonantische invloed
ɔu voor w, bijv. 'brɔuwə (brouwen), trɔuw (trouw), rɔuw (rouw).

4. Ontwikkeling van de medeklinkers
Over het algemeen komt de ontwikkeling van de medeklinkers overeen met die in het algemeen Nederlands. Ik wijs hier alleen op enige bijzondere afwijkingen.
d valt soms weg na een andere medeklinker, bijv. 'sχɑnə (schande), nɔil (naald), 'hɛnəχ (handig), 'hɑnfəl (handvol), ma:n (mand), maar daarnaast ook mɑnt (mand).
d is tussen twee klinkers soms j geworden, bijv. 'rɛ.jə (rijden), 'bɔjəm (bodem), 'hy.yə (hoeden), en soms w, bijv. 'ɔuwə (oude), 'du.wə (dode), 'ru.wə (rode).
d is soms ingevoegd na n of l, bijv. 'sχuindər (schoner), 'klɛndər (kleiner), 'møldər (molenaar).
d is na een stemloze medeklinker soms t geworden, bijv. 'dɛ:staχ (dinsdag), 'ɣuinstaχ (woensdag).
f is voor t soms χ geworden, bijv. 'hɛləχt (helft).
h is te Webbekom een foneem (te Diest niet).
j is na een lange klinker soms w geworden, bijv. stru.wə (strooien, bn., tegenover het werkwoord 'stry.jə, strooien), 'drɔ.wə (draaien).
k is, door Duitse invloed, χ geworden in iχ (ik), miχ (mij), uχ (u).
k is in de uitgang na ŋ vaak bewaard, bijv. ɣaŋk (gang), riŋk (ring), 'køyniŋk (koning), maar niet bijv. in ɣuŋ (ging), zuŋ (zong).
l werd soms gedissimileerd tot r, bijv. 'sløytər (sleutel), 'le.ipər (lepel), 'vløyɣər (vleugel).
n is weggevallen voor s in os (ons), bə'ɣost (begon), kost (kon).
nd is tussen twee klinkers vaak ŋ geworden, bijv. 'viŋə (vinden), 'ɣriŋəl (grendel), maar soms ook bewaard, bijv. 'mindər (minder), 'windəl (windel), en soms is de d weggevallen (zie boven bij d).
r is soms weggevallen voor dentalen bijv. ɛt (erwt), 'dy.yən (doren), pɔut (poort), kə'ti.ir (kwartier), 'døsə (dorsen), wøst (worst), of op het einde van een woord, bijv. hi.i (hier), we.i (weer, bw., tegenover 'we.iər, zn.), mɔ (maar, vgw., tegenover mør, bw.)
r is l geworden in 'duŋkəl (donker), 'pylẹpər (purper).
metathesis van r en l heeft plaatsgehad in 'døləpər (dorpel), 'kelə-

vər (kervel), 'ɛləvər (armvol).
in tegenstelling met het algemeen Nederlands heeft geen metathesis plaatsgehad in sprɔut (sport, van een stoel).
t is soms d geworden voor een klinker, bijv. bə 'di.jəmət (meteen).
w is vaak weggevallen na k, bijv. 'kɔwət (kwaad), kə'ti.ir (kwartier).
w is vaak v geworden voor r of tussen twee klinkers, bijv. 'vriŋə (wringen), 'sχri.jəvə (schreeuwen), 'zwɔiləvər (zwaluw), 'li.jəvərik (leeuwerik), 'lɛ:vərt (lijnwaad).
w is vaak f geworden in de auslaut, bijv. 'li.jəf (leeuw), 'sni.jəf (sneeuw), we.if (weduwe).

D. Verzameling en bewerking van het materiaal

1. Geografische afbakening

Als afbakening van het behandelde gebied heb ik de grenzen van Webbekom genomen, zoals dit een gemeente is geweest van 1825 tot 1972. Iets meer dan de helft van dit gebied behoorde tot het einde van de 18de eeuw tot de oude heerlijkheid Webbekom: dit waren de dorpskom en het gehucht Aardeweg, die nu de kadastersecties A, B en C vormen. Tot de heerlijkheid Webbekom behoorden verder ook de dorpskom van Assent en delen van Struikt en Reinrode, gehuchten van Assent. Het andere deel van de vroegere gemeente Webbekom, met de gehuchten Papenbroek en Bosterestraat, nu de kadastersecties D en E, behoorde vroeger tot de heerlijkheid Kaggevinne. Tot deze heerlijkheid behoorden vroeger ook de boven niet vermelde delen van Assent en de dorpen Kaggevinne, Schaffen en Molenstede.
Vermoedelijk had dit hele gebied, zowel van de heerlijkheid Kaggevinne als van de heerlijkheid Webbekom, oorspronkelijk aan de abdij van Sint-Truiden toebehoord. Omstreeks 1100 nam de heer van Diest echter delen van het domein van Sint-Truiden in bezit, die dan later de heerlijkheid Kaggevinne hebben gevormd. Wat aan Sint-Truiden bleef toebehoren, vormde de heerlijkheid Webbekom. Sporen van vroeger bezit van Sint-Truiden in het deel van Webbekom onder de heerlijkheid Kaggevinne heb ik gevonden in de namen *Papenbroek,* waarschijnlijk naar een vroegere hoeve van de abdij, de hoeve van Liebroek genoemd, en *Monniksveld* (Claes 1982a, 15-17).
In de 12de en 13de eeuw werden de grenzen van de heerlijkheid Webbekom nog betwist door de heren van Diest en Bekkevoort en door de hertog van Brabant. In de tweede helft van de 13de eeuw werden die grenzen waarschijnlijk definitief vastgelegd tot het einde van de 18de eeuw (Claes 1982a, 15-20). Een kleine wijziging had nog in 1757 plaats na de rechttrekking van de Demer, toen Webbekom op drie plaatsen een stuk weide van Zelem kreeg, dat ten zuiden van de Demer was komen te liggen. Er was toen immers overeengekomen dat de nieuwe Demer de grens zou vormen tussen de Oostenrijkse Nederlanden, waartoe Webbekom behoorde, en het prinsbisdom Luik, waartoe Zelem behoorde (ibid. 73-75). Op een andere plaats had in 1822 nog een kleine grenswijziging plaats: een deel van het perceel het Rad (E 101-102) werd van Diest naar Kaggevinne-Leuvens overgeheveld (DHG 124).
De gemeente Webbekom werd, zoals boven reeds gezegd, in 1825 gevormd uit delen van de vroegere heerlijkheden Webbekom en

Kaggevinne. De afbakening van mijn gebied tot die gemeente heeft meegebracht dat ik niet alleen de archiefstukken met betrekking tot de heerlijkheid Webbekom, maar ook die met betrekking toe de heerlijkheid Kaggevinne heb bestudeerd. Zo heb ik nu een bijna volledige toponymische documentatie verzameld niet alleen over Webbekom, maar ook over Assent, Kaggevinne, Schaffen en Molenstede. Ik hoop ook over deze dorpen later nog heel wat te kunnen publiceren.

2. Wijze van verzameling

Omstreeks 1950 heeft mijn vader, Henri Claes, al een aanvang gemaakt met de verzameling van plaatsnamen uit de goederenregisters van de oude heerlijkheid Webbekom. Op aanraden van prof. Henri Draye heb ik dit werk systematisch voortgezet en aangevuld, ook met de gegevens uit goederenregisters van de heerlijkheid Kaggevinne en van de kloosters en andere instellingen die in Webbekom bezittingen hadden. Voor de latere periode heb ik ook een aantal notarisakten en enige jaargangen van de Gazette van Diest geëxcerpeerd en oudere mensen gevraagd naar nog bekende toponiemen.
Zoveel mogelijk heb ik ook de geschiedenis van huizen en percelen gereconstrueerd, met de namen van de eigenaars ervan. Voor de lokalisering, en soms voor de verklaring van de naam, is dit van belang gebleken. Er bestaan niet veel oude kaarten van Webbekom met aanduiding van grondpercelen. De beste hulp bij de lokalisering zijn echter twee oude volledig topografisch gerangschikte goederenregisters geweest: van de heerlijkheid Webbekom in 1680 (HST 6943) en van Kaggevinne-Leuvens in 1646 (BS 2345/2; samen met Kaggevinne-Kempens ook in BS 2279/2). De in deze registers vermelde percelen heb ik voor het grootste deel onmiddellijk kunnen overbrengen op de kadasterkaart van Popp. Door vergelijking van de percelen, met de aanpalende eigenaars, in andere goederenregisters heb ik de meeste toponiemen kunnen lokaliseren. Als werkkaart heb ik bij het lokaliseren zowel de kaart van Popp als de recente kadasterkaart van 1976 gebruikt.
De hedendaagse straatnamen heb ik opgenomen in zover die enig verband houden met de plaatselijke geschiedenis of toponymie. Daarom heb ik alleen een uitzondering gemaakt voor enige namen in nieuwe wijken, gegeven sinds de samenvoeging met Diest: *Anjerstraat, Asterstraat, Fabiolalaan, Hortensiastraat, Hulststraat, Irisstraat, Krokusstraat, Meidoornstraat, Nieuwstraat* en *Tulpenstraat*. Deze namen heb ik niet opgenomen, omdat er geen toponymische verklaring bij te geven is.

In totaal heb ik op ca. 850 toponiemen (ca. 160 meer dan het aantal nummers in het glossarium, omdat een zelfde naam soms meer dan eens voorkomt) er slechts 44 niet met zekerheid kunnen lokaliseren, d.i. 5,2 %. Van die 44 heb ik er nog 27 met enige waarschijnlijkheid gelokaliseerd, zodat er slechts 17, d.i. 2%, nietgelokaliseerde toponiemen overblijven. In totaal heb ik dus niet minder dan 98% van de toponiemen, althans met waarschijnlijkheid, gelokaliseerd.

3. *Voorstelling van het glossarium*

In het glossarium heb ik de plaatsnamen gemoderniseerd volgens de huidige schrijfwijze van het Nederlands, met aanpassing van de vormen aan het algemeen Nederlands. Ik schrijf bijv. *Aardeweg* (i.p.v. Eerdeweg), *Gemeente* (i.p.v. Gemeijnte) en *Zurebeemd* (i.p.v. Soerbemt of Surenbempt). Ook heb ik van persoonsnamen afgeleide plaatsnamen gemoderniseerd bijv. *Buikswinning* (van Buycx), *Filipsberg* (van Philips), *Kokshof* (van Cockx) en *Krauwelshof* (van Crauwels). Modernisering is ook in zulke namen aangewezen omdat ze los van de persoonsnaam ingeburgerd kunnen raken en het in dergelijke gevallen vaak niet zeker uit te maken is of er een persoonsnaam aan ten grondslag ligt.
Wanneer de huidige vorm, bijv. door volksetymologie, sterk van de oorspronkelijke afwijkt, rangschik ik de naam op de huidige vorm, bijv. *Kaarskesgat* (uit Gijskensgat), *Kraas* (uit Crauwels), *Parelsberg* (uit Prelsberg), *Rozendel* (uit Roelofsdel) en *Wierook* (uit Wierik en Wieriksbroek). Bij de oudere vormen plaats ik dan een verwijzing naar de huidige vorm. Een uitzondering heb ik echter gemaakt voor vormen die duidelijk op de kadasterkaart gekomen zijn door verschrijvingen in de 19de eeuw, bijv. *Creas* (i.p.v. Kraas), *Dromblok* (i.p.v. Rondblok) en *Drug Wind* (i.p.v. Drogewinning). Bij dergelijke vormen die alleen op papier bestaan, verwijs ik naar de echt levende vormen.
Vormen die duidelijk alleen maar als een verschrijving voorkomen, heb ik niet als trefwoord opgenomen. Zo zijn duidelijke verschrijvingen in 17de-eeuwse goederenregisters tweemaal *driesberch* voor *driffwech,* in een 18de-eeuws kartenboek tweemaal *groechstraetken* voor *broekstraetken* en in 18de-eeuwse notarisakten *leinroostenbunder* voor *Klein Oostenbunder.* Uit de 19de-eeuwse kadastrale bronnen vermeld ik zo bijv. nog *Cloutsberg* (BKa 545), *Claesberg* (KB) en *Goesberg* (KB) voor *Kloosterberg, Cuveldkote* (BKa 1001) voor *Duivelskot* en *Ren* (KB) voor *Reu.*
Het bepalend bestanddeel heb ik in de titelwoorden altijd aan het grondwoord vast geschreven, behalve in namen waarvan het eerste

lid een adjectief is als *achterste, voorste, middelste, grote, kleine, oude* en *nieuwe*. Indien het grondwoord hierbij het eigenlijke toponiem is, dat nader bepaald wordt, heb ik dergelijke verbindingen op het grondwoord gerangschikt. Indien het adjectief echter een essentieel bestanddeel van het toponiem is en het grondwoord niet afzonderlijk voorkomt, heb ik het toponiem op het voorafgaande adjectief gerangschikt.
Het aanwijzende voornaamwoord *geen* of *gene* heb ik alleen bij het grondwoord behandeld, omdat dit te Webbekom geen enkele blijvende verbinding heeft opgeleverd: de vormen zonder *geen* hebben het uiteindelijk gehaald (Claes 1983c, 180-191). Daarentegen heb ik namen op het voorzetsel gerangschikt die met het voorzetsel een vaste verbinding gevormd hebben, bijv. *Met het Edeke, Naast het Surplus, Over de Tiensestraat, Ter Bost, Ter Hofstad* en *Van Fonderie*. Wanneer een perceel uitdrukkelijk op die wijze genoemd wordt, heeft de naam een andere betekenis dan het grondwoord zonder het voorzetsel.
In het glossarium vermeld ik naast het trefwoord de uitspraak van de naam in de volksmond (afkorting: V.), wanneer deze nog bekend is. De fonetische transcriptie wordt verklaard onder I. B. Beknopte klankleer van het Webbekoms dialect.
Van elk toponiem neem ik de oudste en de jongste attestatie op met jaartal, vindplaats en relevante context. Van de andere gevonden attestaties neem ik alleen beknopt de afwijkende vormen op, telkens met jaartal en vindplaats. Deze attestaties heb ik in elk artikel chronologisch gerangschikt.
Na de attestaties volgt, zo mogelijk, een kadastrale en topografische omschrijving, met aanduiding van 1) de kadastrale sectie (A tot E) en het perceelnummer, verwijzend naar een van de zeven bijgevoegde detailkaarten; 2) de situatie waarop het toponiem betrekking heeft, volgens de kadastrale legger van 1844 (WKad), 3) de oppervlakte, volgens dezelfde legger. Tenslotte geef ik nog informatie over de ligging of geschiedenis van het benoemde onderwerp (perceel, straat...), die relevant kan zijn voor de verklaring van het toponiem.
De etymologische verklaringen heb ik zo beknopt mogelijk gehouden, met verwijzingen naar vakliteratuur, vermeld in de lijst van geraadpleegde boeken en artikelen. Bij toponiemen die van een familienaam zijn afgeleid, heb ik zoveel mogelijk ook oude attestaties van die familienaam in Webbekom of omgeving vermeld. Van een aantal grondwoorden geef ik nog verdere uitleg in IV. Systematisch overzicht van de toponymische gegevens.

4. De toponymische kaarten

Als basis voor de hier bijgevoegde zeven toponymische kaarten heb ik om praktische redenen de kadastrale kaart van Popp (ca. 1860) genomen. Voor het grootste gedeelte kwamen de percelen toen nog overeen met die in de 17de en 18de eeuw. Deze kadastrale kaart werd tot een voor dit werk hanteerbare schaal verkleind en ingedeeld naar de huidige kadastrale secties, waarbij de secties A en E nog eens in tweeën gesplitst werden. De toponymische benamingen zijn voluit op de kaarten geschreven. Voor de namen van gehuchten, grotere complexen, wegen en rivieren of beken is ten behoeve van de overzichtelijkheid een groter lettertype gekozen. Heel wat percelen die op deze kaarten geen naam hebben, werden (en worden) overigens altijd naar een groter complex genoemd.

II. DE NAMEN VAN DE HEERLIJKHEDEN WEBBEKOM EN KAGGEVINNE

A. DE NAAM WEBBEKOM
V. /'wøbəkom/ of soms /'wøbəkum/.

1. Oude vormen

1107 (kop. ca. 1250) *Webbekeym* ... *Webbecheym* (HST Cart. 93), 1114 (kop. ca. 1150) *Guebechem* (Gysseling 1960, 1054); 1136 (kop. ca. 1150) *Guebechem* ... *Guebecheym* (ibid.); 1139 (kop. ca. 1250) *Webbecheym* (HST 6678/5, 43); 1160-1164 *Webbenkem* (HST Cart. 93); 1161 *Webbekeim* (ibid.); ca. 1180 Walteri de *Webbekem* (ibid.); 1213 (kop. 1350) *Wobekom* (D l, 3v°); 1228 *Webekem* (HST 6678/5, 186); 1238 (kop. 1590) *Webbencheym* (BS 6090/54, 1v°); 1247 *Webbiche* (HST 6678/5, 4); 1253 *Webbichem* (HST 6940, 3); 1253 *Webbinchem* (LPh XVI 2);1261 *Webbincheym* (HST Cart. 93); 1266 *Webbekem* (HST 6678/8, 4), 1280 *Webenkem* (DLO 3); 1295 *Wobbekem* (DKAKa 7 Wb); 1301 *Webbygheem* (BKe 13700, 15); 1312 Jan van *Webbekim* (DLS 1,10-4-12); 1340 *Webbekum* (DKABg 96, 12v°); 1356 *Webbeckym* (DLG 27); 1381 *Webbecom* (DLS 10, W 1); 1434 *Webbekeem* (DKABg 98, 6); 1532 *Webbekom* (DHG 1422/1, 11v°); 1574 *Wubbecom* (DLH 1, 12); 1579 *Weebekum* (BKe 10861, 5); 1661 *Wubbekum* (HST 6733, 613); 1701 *Weubbecum* (BKe 4500, 89v°); 1743 *Weubbecom* ... *Webbecum* (BKe 13632/9). Sindsdien vrijwel altijd *Webbecom* of *Webbekom*.
Opm.: de vormen in 1114 en 1136 zijn van een Romaans auteur (Gysseling 1960, 1054).

2. Verklaring

Reeds in de 14de eeuw schrijft de anonieme kroniekschrijver van de abdij van Sint-Truiden dat *Wicbold,* de vader van Sint-Trudo, in 645 stierf en begraven werd in de kerk van zijn eigengeërfde villa, die naar hem *Wibekem* werd genoemd (De Borman II 90-91). Ook ca. 1720 wordt gezegd: "Webbecom siue antiquitus webbekem deriuatur a wiboldo aut wibo, qui fuit pater S. Trudonis" (BKe 22774, 1). Gysseling verklaart de naam uit het Germaanse *Wibbinga haim,* woning van de lieden van Wibbo (Gysseling 1960, 1054). De naam Webbekom is samengesteld uit de persoonsnaam *Wibbo* of *Wibo* en de elementen *inga,* de lieden, d.i. de afstammelingen of huisgenoten, en *heem,* woonplaats (Claes 1977a, 29).
We weten niet waarop de kroniekschrijver van Sint-Truiden steunt voor de identificatie van Wicbold als vader van Sint-Trudo. Toch schijnt zijn verhaal bevestigd te worden, niet alleen door de naam Webbekom, maar ook door het feit dat het dorp van het begin af aan de abdij van Sint-Truiden heeft toebehoord en doordat Sint-Trudo er patroon van de parochie is. Webbekom behoorde blijkbaar, evenals Zelem, tot het oorspronkelijke erfgoed van Sint-Trudo (Claes 1982a, 12-14).
Gysseling schrijft dat de zeer talrijke namen op *haim* met een patroniem in de genitief meervoud in hoofdzaak dateren van omstreeks de 7de eeuw. Als voorbeelden geeft hij o.a. *Adegem* uit *Addinga haim,* woning van de lieden van Addo, en *Baaigem* uit *Badinga haim,* woning van de lieden van Badu (Gysseling 1978, 13). Dit verstevigt de overlevering dat de naam Webbekom in de 7de eeuw gevormd is.

B. DE NAAM KAGGEVINNE

V. /'kakəvin/.

1. Oude vormen

1301 jan van *cagghenvinna* (BKe 13700, 16); 1317 Johanne van *kaeghenvinne* (ibid. 50); 1321 wouter *de kackeuinne* (DKAKe 1,5); 1366 bouen *caggheuinne* (BKe 13703, 178); 1379 heilwigen van *kaggeuinne* (DHG 1889, 27); 1393 den poel te *kakeuenne* (D 792/2, 22 los bl.); 1396 Johannis de *kaggheuinne* (ibid. 62v°); 1397 op *kacheuine* (ibid. 92); 1403 Wouter van *kaggeuynne* (D 793, 39); 1409 (kop. 16de eeuw) *Caggeuin* (BKe 13868/2, 1); 1416 te *Caggeuenne* (DKAKa 10); 1440 meyer ende schepenen van *caggeuenne* (BS 335, 3)... *kakeuenne* (ibid. 3v°); 1446 den poel te

Caggheuenne (ibid. 43v°); 1452 *Cakeuin* (HST 6733, 528); 1454 Scabinorum de *Cackeuenne* (HST 6678/8, 23)... der banck van buyten geheyten van *kacghenuenne* (ibid. 23v°); 1493 meyer ende schepenen van *kackeuin* (DKAKe 14, 192, los bl.); 1509 Scepenen van *Caggeuynne* in den buyten lande des heeren van diest (BS 337, 1); 1540 inden lande van buten diest geheeten *kakeuenne* (HST 6744, 45); ca. 1550 *Caggeuen Louens* (BKe 13868/3, 1); 1560 tbuijten landt van diest, genoempt d'lant van *Caggeuinne* (BS 334ter, 19); 1566 te *caggeuen* aent ueken daermen van Tschonarde Tschaffen waert gaet (BS 340, 78); 1640 *Caggeuenne Louens* (BS 347, 1); 1826 *Caggevinne-Leuven* (BKa 1168, passim).

2. *Verklaring*

De heerlijkheid Kaggevinne, waaronder een deel van Webbekom tot 1825 hoorde, was ontstaan toen de stad Diest in 1229 een vrijheidskeure kreeg. Het gebied buiten de stad dat ook van de heer van Diest afhing, werd toen het "land van Diest buiten" genoemd: 1301 "scepenen buten int sheren lande van Dyst" (BKe 13700, 16) en 1313 "de lande van dyest binnen ende buten" (D 1, 53). Later wordt met dezelfde betekenis de naam Kaggevinne gebruikt: zie boven in 1440, 1454, 1493, 1509, 1540 en 1560 (Claes 1983d, 177-178).
Sinds de 16de eeuw werd de heerlijkheid Kaggevinne in twee delen onderscheiden, ten noorden en ten zuiden van de Demer en de stad Diest. Het zuidelijke deel wordt reeds in 1337 afzonderlijk vermeld: "dlant van buten van der demeren op die zide te beylaert wert" (D 1, 50) (1). In 1552 wordt "de bancke van Caggeuynne op de kempensche zyde" gesteld tegenover "die bancke voirs. op die beylaersche zyde" (BS 339, 226).Boven heb ik de term Caggevinne Louens al vermeld, die sinds ca. 1550 geregeld voorkomt, in tegenstelling met Caggevinne Kempens (2). Uitleg over deze indeling van de heerlijkheid Kaggevinne krijgen we o.a. in 1565: "de gesworenen der seluer bancken, van welcke de vijffue woonen op de sijde vander deemeren ter kempene waert, ende dander drije op dander sijde vander deemeren nae Louen waert" (BS 340, 43). In 1666 blijkt echter nog duidelijk dat Caggeuinne Kempens en Caggevinne Louens "één jurisdictie" vormen, "gesepareert mette riuiere den demer" (BS 350, 38).

(1) Beilaar, later Ballaar, was een gehucht bijna in het centrum van het huidige dorp Kaggevinne (Claes 1983d, 179).

(2) Ik merk op dat ik hier altijd de vorm *Kempens* heb gevonden, geen enkele keer de nu in Vlaanderen gebruikte vorm Kempisch. Zie hierover ook J. Leenen, De Kempense kwestie, in *Nu Nog* 11 (1983), p. 1-3.

In 1570 zegt men dat de schepenbank van Kaggevinne "placht haer vierschaere te houdene buyten Diest, onder haer jurisdictie, by eenen vyver genaempt den Caggepoel, daer dese banck haeren naem aff schynt genoemen te hebben, ghelyck sy aldaer noch een huysken, dwelck de dingbancke plach te syne, syn hebbende" (Casier 128). Zoals in deze tekst wordt gezegd, was Kaggevinne oorspronkelijk inderdaad de naam van een plaats te Schaffen, bij de oude dingbank. Dit blijkt ook uit de bovenvermelde teksten in 1393, 1446 en 1566. De daar vermelde poel heet thans trouwens nog altijd de Kaggepoel (Claes 1983d, 177).
Bij de Kaggepoel was blijkbaar het centrum van de oude heerlijkheid Kaggevinne. Daar stond de dingbank en daar was ook een kruispunt van oude verkeerswegen. De naam Kaggevinne, die vroeger vaak, evenals nu nog in het dialect, in de vorm Kakevin voorkomt, betekent vermoedelijk *vin,* d.i. ven, bij een *kaak,* d.i. een schandpaal. Al is er niets over bekend, toch is het goed aan te nemen dat er bij de dingbank van Kaggevinne ook een schandpaal heeft gestaan.

III. VERKLAREND GLOSSARIUM

1. AARDE:
1777 *Erden* (KF); 1794 onder Webbekom *ten aerde* (BS 1827, 190).
Identiek met *Aardeweg,* gehucht, gelegen bij de *Aard* of *Vroente* (1), gemeenteweide.

2. AARDEWEG /dən 'e.jədəwɛχ/ V.
1) 1294 Gerard dictus *van den Erdweghe* (LPh XVI 71); ca. 1380 te webbekem *aenden ertwech* (DKAKe 2, 19)... te beueren *inden eertwech* (ibid. 2/3, 10 v°); 1532 *aenden Eerdewech* oft thiensche strate (HST 7039, 19); 1562 sheeren strate geheeten *den Eertwech* HST 7039/2, 15); 1579 bouen *den aerdt weech* (BKe 10861, 21v°); 1599 *aen den Aerden wech* (BKe 4496, 25); 1623 sheeren straet geheeten *den erdenwech* (HST 7039/4, 32); 1755 de straet genaemt *den aerdenwegh* (BS 368, 173v°).
Naam van de oude Tiensestraat, die van Diest uit naar een belangrijk deel van de *Aard,* vroente, van Webbekom liep. Toch is het

Webbekom in 1777 volgens Ferraris

mogelijk dat deze naam oorspronkelijk niet was samengesteld met *aard,* vroente, maar dat hij een vervorming was van *heerweg,* belangrijke verbindingsweg. Een aanwijzing hiervoor zou kunnen zijn dat de naam aanvankelijk veel in Diest, bij het oude gehucht Bevere, voorkomt. De Tiensestraat was vroeger een zeer belangrijke verbindingsweg. Later werd de naam opgevat als "aardeweg", onverharde weg (vgl. Lindemans 1949, 67).
2) 1514 (kop. 1622) *op den Eerdewech* (BKe 10849, 109); 1680 *Opden eerdenwech* (HST 6943, 43); 1818 au lieu dit *Aerdenweg* (BKa 1001).
Gehucht, sinds de 16de eeuw genoemd naar de weg die erdoorheen loopt.
3) ca. 1600 het huijs dat *den eerdenwech* genoempt is (BKe 4509/2, 17); 1615 huere wininge gelegen onder wubbecum genaempt *den eerdenwech* (DN 266).
B 41-44, land, hof, huis, 1 ha 1 a 90 ca.
Huis genoemd naar de ligging aan de *Aardeweg* (1).

3. AARDEWEGSTRAAT:
1625 aenden Thiensschen oft *eerdenwech strate* (BS 6090 bis, 5v°); 1646 *den Aerdewechstraete* (BS 2345/2, 240 v°).
Naam enige keren gebruikt voor *Aardeweg* (1), toen *Aardeweg* een gehuchtnaam geworden was.

4. AARTS VAN BERINGENHOF:
1442 onder *den hof arnts van beringhen* (BS 335, 24) ... gesworen late arnouts van beringen (ibid. 24v°); 1523 *in aerts van beringen hoff* te webbecom (DHG 1098, 13v°); 1535 *in aerts van beringhen hoff* (DHG 1104, 34v°).
Cijnshof met bezittingen te Webbekom, dat oorspronkelijk aan *Aert* of *Arnout van Beringen* toebehoorde. In 1500-1506 was een Arnout van Beringen meier van Webbekom (Claes 1982a, 90-91), maar reeds in de 14de eeuw was er in Diest een Walter van Beringen (Van den Hove 1983, 84).

5. ABDISSENBEEMD(EN):
1379 bi *der abdissen beemt* (DHG 1889, 45); 1532 bij *de abdissen beempt* (DLS 10, Z19); 1618 *d'abdisse beemden* (HST 6733, 575); 1638 een pleck bempt genampt *den Abdissebempt* geleghen onder webbecom groet synde vier bounder (BKe 10863, 63); 1838 *in den abdissenbemd* (BN 35018, 160/1).
A 14-16, hooiland, 5 ha 4 a 40 ca.
Beemd, laaggelegen weiland, vooral gebruikt voor hooiwinning, toebehorend aan de *abdij* van Sint-Bernardsdal. Ook *Sint-Bernardsbeemden* genoemd.

6. ABTSBEEMD(EN), -BUNDER(S):
1381 ons heren *des abds bempt* van sintruden (DLS 10, W 1); 1617 *dabtsboender* (BS 1820, 21-11-17); 1618 syne bempden genaempt *Des Abts bempden* (HST 6709, 337); 1652 onse bempden bij Diest gelegen genaempt *die Abdstbempden* groot wesende vijf bonderen (HST 6737, 591); 1688 sesse bunderen weijde genaempt *d'abtsboinders* (BS 6092/10, 5); 1866 *de abtsbunders* (BN 35038/78, 5); 1976 *Absbunders* (KK).
A 9-13, hooiland, 8 ha 37 a 30 ca.
Beemd die toebehoorde aan de *abt* van Sint-Truiden. Er waren vijf percelen, gemiddeld iets meer dan een bunder groot. Afzonderlijke namen droegen het *Derde Bunder, het Predelbunder of Vissershuiske* en het *Vijfde Bunder.* Thans worden deze weiden de *Bunders* genoemd.

7. ABTSBROEK:
1399 tot *sabs broeke* wert (DHG 1865, 82v°); 1405 *s'abas broec* (DHG 1866, 48v°); 1456 (kop. 1686) *s'abts van Sintruden broeck* (BS 6607/59, 1, 1v°); 1531 *des abts broec* (DHG 1870, 17v°).
C 14-23, huis, hof, land, wei, hooiland, 24 ha 14 a 10 ca.
Vroegere naam van de *Els,* die tot in de 16de eeuw aan de *abt* van Sint-Truiden toebehoorde en gelegen was in het oude *Liebroek,* een moerassig weidegebied.

**Abtsbunder(s):* zie Abtsbeemd(en).

8. ABTSHOF:
1371 *curia abbatis* sancti Trudonis quam habet in webbekem (HZ 14,4); 1393 (kop. 1625) onder den voors. *Abs hoff* onder webbecum (BKe 10849, 20); 1414 myns heeren *des abts* van sinttruyen *in zynen hoff* te webbecom (BKe 13665/1, 1).
Cijsnhof van de *abt* van Sint-Truiden te Webbekom, ook genoemd *Prelaatshof, Hof van Sint-Truiden* en *Hof van Webbekom.*

9. ABTSZIL:
1420 vnam sillam terre arabilis mon(asterii) sancti trudonis dictam *sabs sille* (HST 6745, 14); ca. 1570 vnam zillam ... dicta *des abts zille* (HST 6749, 29); 1603 dicta *S abdts zille* (HST 6747, 56).
Wsch. A 124, hooiland, 5 ha 12 a 80 ca (gedeeltelijk).
Perceel akkerland dat een *zil* (32 a) groot was en aan de *abt* van Sint- Truiden toebehoorde. Het hoorde waarschijnlijk bij het *Hof van Webbekom* en kan wel identiek zijn met het *Panland.*

* *Achterbunder:* zie *Achterste Bunder (1).*
* *Achterhof:* zie *Akkerhof.*
* *Achterste Blakenberg:* zie *Blakenberg.*
* *Achterste Bosterveld:* zie *Bosterveld.*

10. ACHTERSTE BUNDER:
1) 1501 *dachter boender* vanden seluen ganslaken gelegen opte demere (BH 110, 11); 1574 *Dachterste boender* (DLH 1, 13); 1772 *Het achtersten bunder* (BH 3257, 31v°).
A 8, hooiland, 2 ha 24 a 30 ca (gedeeltelijk).
Identiek met de *Langestichel.* Van Diest uit gezien het *achterste* van de percelen van de heer van Diest in de Ganzelake.
2) 1816 un bonnier de prairie *het agterste Boinder* (BKa 1001); 1818 Prairie dite *agterste bounder* (ibid. 314); 1819 dite *het agterste bunder* (ibid. 64).
A 164 en 165, hooiland, 2 ha 12 a (gedeeltelijk).
Het *achterste* van de percelen van de heer van Diest bij de Stokbeemden, op de grens met Zelem en Zelk gelegen.

* *Achterste Heiblok:* zie *Heiblok.*

11. ACHTERWEIDE:
1590 den drooghen *beempt* groot omtrent vyff zillen geleghen *achter* der winninghe (DHG 1881, 85v°); 1771 een parceel weijde genaemt *den Agchter weijde* 3 B. 1 z. 74 r. (DHGK 4); 1796 drij bunderen en een half in d'Else genaempt *de agter weijde* (DLHG 5, 14/58); 1877 aan *de achterste weide* (GvD 11-7-77).
C 26 en 30, weide, 4 ha 31 a 10 ca.
Is identiek met de vroegere *Crauwelsbeemd, Crauwelsblok* of *Crauwelsbroek* en omvat de vroegere percelen *Drogebeemd* (1) en *Paardsbeemd* (1). Deze weide is ca. 700 meter *achter* de Heilige-Geesthoeve gelegen, waarbij ze hoorde.

12. AKKERHOF:
ca. 1560 1 1/2 sille landts, geheeten *den ackerhoff* (BS 2264/2, 3); 1620 1 1/2 sille lants, geheeten *den achterhoff* (BS 2267/3, 4v°); 1715 onder halff sille lants geheeten *den acht hoff* (BS 2272bis/3, 158); ca. 1780 onderhalf sille Lants tot Paepenbroek op 't stuijckblock, genaemt *den Ackerhoff* (BS 2276, 208).
D 110, land, 65 a 30 ca.
Perceel *akker*land dat hoorde bij de *Kinderen Cranenhoeve,* op ca. 350 meter vandaar. De betekenis van de naam is niet zeer duidelijk. Zou *achter* hier niet waarschijnlijker zijn als oorspronklijk element? Zou *hof* hier ''moestuin'' betekenen?

13. AMOERSHOF:
1540 Aerdt *amours* ... eenen Laet*houe* gelegen tot webbekem (BH 69, 15); 1573 meijer ende Laeten *indie Amours hoff* (BS 6607/26, 1v°); 1590 wed. Joncker Aert van amours eenen Laethoff geheeten *den hoff van amours* (BH 73, 79v°); 1796 *in den Amours hoff* (DLHG 5, 14/157).
Cijnshof, genoemd naar jonker Aert *Amours,* die er in 1540 eigenaar van was. Deze Aert Amours heb ik nog in 1562 vermeld gevonden als eigenaar van een bos te Assent, dat tevoren in 1532 toebehoorde aan Zeger Amours, drossaard van Brabant, vermoedelijk zijn vader (HST 7039, 18 en 7039/2, 45v°). Verder is deze familie niet bekend.

* *Annabeemd:* zie Sint-Annabeemd.

14. ARMENWINNING:
ca. 1845 *de Arme winning* (KB).
C 38-39, tuin en huis, 25 a.
Is de Heilige-Geestwinning, die vroeger toebehoorde aan de Heilige-Geesttafel of *Armen*tafel van Diest.

15. ASSENTSESTRAAT:
1646 *de Assentse straete* (BS 2345/2, 145).
Is de weg van Papenbroek naar Assent, gewoonlijk de *Veldstraat* of *Papenbroekstraat* genoemd.

16. AUGUSTIJNENBLOK:
1672 *het augustijnen block* een oudt half bonder oft onderhalf sille (BKe 4498, 21).
B 94, land, 39 a 80 ca.
Blok, door een houtgracht of heining omsloten akker (MNW), dat toebehoorde aan de *augustijnen* van Diest. Deze paters waren daar sinds 1614 gevestigd (Van der Eycken 1980, 227).

17. AVERBROEK:
1253 *Averbruch* (Pirenne 217).
Slechts eenmaal aangetroffen, nl. door abt Willem van Rijkel naast de naam *Wendelbruch* (oudste vorm van *Wingelbroek)* geschreven. Het eerste lid van *Averbruch* is moeilijk te verklaren. Zou *Aver* soms staan voor *over* en "hoger gelegen" betekenen, dus "hoger gelegen broek"? Dan zou *Averbruch* kunnen slaan op de *Hogewei* (A 168-169), die naast het *Wingelbroek* gelegen was.

18. BADSTRAAT:
1976 en 1980 *Badstraat* (KWD).

Is de huidige naam van de vroegere *Vluchtdijk,* die leidt naar de *bad*plaats de Halvemaan. Sectie A blad 1.

19. (OUDE) BAREEL: /dɔuw bə'ri.jəl/ V.
1880 *In den Bareel* (GvD 11-8-80); 1877 achter *de oude barrier* (GvD 16-7-77); 1890 ten herberge *in den Ouden Bareel* (GvD 28-6-90).
B 95, huis en hof, 20 a 90 ca.
Na het aanleggen van de weg Diest-Hasselt (1837-1839) kwam er een herberg, genoemd naar de "bareel", d.i. tol- of draaiboom, daar ter plaatse. Reeds ca. 1600 worden daar, iets dichter bij de het Dorp, "draaibomen" vermeld: "op het Stockvelt binnen Webbecom aen den draijbomen geleghen" (BKe 4496, 21). Nu wordt deze plaats de *Oude Bareel* genoemd.

20. BEDDEREBRUG:
ca. 1845 Ponteau dit Bedderebrug (B); 1875 *de berden brug* ter plaats Keerdijk (BN 43.552, 108/17).
Brug in de *Broekstraat* (nu *Webbekomstraat*) over de Leidgracht, tussen A 42, 128, 129 en 130.
Mned. *berderen,* van hout of planken gemaakt (MNW), dus: "houten brug".

21. BEEMDSTRAAT:
1976 *Beemdstraat* (KWD); 1980 *Beemptstraat* (KWD).
Is de vroegere *Bosteredreef,* die leidt naar de *beemden,* weiden, bij de Begijnenbeek. Sectie E blad 1.

22. BEGIJNENBEEK: /də bə'ɣɛ:nəbe.jk/ V.
1819 le ruisseau dit *begijnebeek* (BKa 717); ca. 1845 *Beggynebeek* ou Beverebeek (KW); 1978 *Begijnebeek* (KWD).
Secties E 1 en 2, A.
Deze beek, die dicht bij het *Begijnhof* van Diest komt en daarnaar genoemd werd, heette vroeger, althans in de buurt van Diest, gewoonlijk *Beverbeek* of *Koebeek.* Elders heette ze o.a. ook *Molenbeek* of *Boksbergsebeek.* Het laatste stuk bij de Demer vormde vroeger de grens van Webbekom met Diest, maar ca. 1840, bij aanleg van de nieuwe wallen van Diest, werd het binnen deze wallen verlegd. Zie verder H. Claes, 1966, p. 65-69.

23. BEGIJNENBEEMD:
1343 *beghynen bempt* (BKe 10850, 1); 1631 *den bagijnenbeemt* (BS 1821, 21-2-31); 1702 *die begijnen bempt* aen die koijporte (BKe 4500, 91).
A 61, hooiland, 1 ha 90 a 60 ca + A 62, hooiland, 43 a 60 ca +

deel van A 75 v2 (de Halvemaan; in 1834 omvatte A 62: 1 ha 40 a 40 ca).
Is de vroegere Hoge*beemd,* weide die aan de *begijnen* van Diest toebehoorde.

24. BEGIJNENBERG /də bə'ɣɛ:nəbɛrəχ/ V.
B 148-150, land, 4 ha 68 a 40 ca.
Is de vroegere *Bremberg* of *Breskensberg,* waar de *begijnen* van Diest 5 zillen land bezaten.

25. BEGIJNENBLOK:
1491 een *block* gelegen te webbekum (BKe 13707, 488); 1567 *het beghijnenblock* inden kuckelsbergh (DKABg 144, 4); 1569 *het beghijnenblock* (ibid.); 1597 *onsen* lande oft *block* aenden kuckels berch (ibid. 17).
B 169, land, 2 ha 90 a.
Blok, afgesloten stuk akkerland, dat al in 1491 aan de *begijnen* van diest toebehoorde.

26. BEGIJNENBOS(SEN):
1625 opten doijenman reg. *die baghijnenbosschen* van diest (BS 345, 238); 1630 *den Begynenbosch* in die Thiensche straete (HZ 7, 14); 1877 *op den beggynenbosch* (BN 34554, 175); 1877 aan het *Beggijnen-boschje* (GvD 20-6-77).
D 61, bos, 1 ha 55 a 10 ca.
Bos dat toebehoorde aan de *begijnen* van diest.

27. BEGIJNENWEIDE:
1828 *de Beggyne Weyde* (BN 35018, 116/20); 1865 *de beggijnen Weijde* (BN 35057/69, 2).
E 203, beemd, 1 ha 10 a 30 ca.
Weide die toebehoorde aan de *begijnen* van Diest.

28. BEGIJNHOFSTRAAT:
1874 ter plaatse genaamd Klein *Begijnhof* ... een huis... zich bevindende op omtrent 8 a gemeentegrond, toebehorende aan de gemeente van Caggevinne assent reg. *de beggijnhofstraat,* tegen de limietscheiding van Papenbroek (BN 34551, 106).
Sectie E 114 enz.
Identiek met de Wolfputstraat. Ca. 1820 werden aan de Assentse kant van deze straat verscheidene kleine huizen op gemeentegrond gebouwd. Vermoedelijk gaf de overeenkomst met een begijnhof aanleiding tot de naam *(Klein) Begijnhof* en vandaar *Begijnhofstraat.*

29. BEGIJNHOFVOETWEG:
ca. 1845 *Beggijnhofvoetweg* (KB).
Sectie E 6, 11, 27.
Binnenweg te Papenbroek naar de wijk *Begijnhof* te Assent, bij de grens met Webbekom.

30. BERGJE:
1686 een clijn Bosch geheeten *het Berchsens* groot ontrent een half bonder (BKe 10867, 151); 1701 *het berghsken* (ibid. 61v°).
D 103, land, 1 ha 55 a 90 ca (gedeeltelijk).
Gelegen op een kleine hoogte boven de Kloosterwinning, waaraan het toebehoorde.

31. BERGVELD:
1823 *Berg Veld* (BKa 545); 1868 ter plaets genaemd *Bergveld* tegen den Kloosterberg (BN 35060, 83); 1976 *Bergveld* (KK).
E 70-105.
Veld, d.i. akkerland, op de hellingen van de Gasthuis*berg* en van de Klooster*berg*.

32. BERGWEGSTRAAT:
1874 *de Bergwegstraat* (BN 34551, 107).
Identiek met de Blaken*bergweg* of Blaken*bergstraat*. Sectie D.

33. BERKENBOS:
1816 2 h. 60 a. (2 b.) nommé duivelscot et surnommé *berkebosch* (BKa 1001); 1829 *Berkenbosch* (ibid.).
C 25, bos, 7 ha 37 a 20 a (gedeeltelijk).
Deel van het Gasthuisbos, dat in 1816 en 1829 in drie delen werd onderscheiden, naar de bomen die er stonden: Berkenbos, Eikenbos en Elzenbos (2).

34. BERKENHOF: /'dbɛrəkənhof/ V.
C 31, land, 1 ha 67 a.
Hoeve, door oudere mensen nog zo genoemd, naar *berken* die er groeiden. Het Berkenbos was er trouwens vlak achter gelegen. Op deze plaats was vroeger de Hofstad te Rode.

35. BERNARDUSBLOK:
ca. 1845 *Bernardusblok* (KB).
E 108-109, land, 5 ha 57 a.
De plaats waar de vroegere abdij Sint-*Bernardsdal* gestaan heeft (E 108) met daarbij het vroegere Klooster*blok*. Thans zonder meer *Blok* genoemd. Op de kaart van Ferraris (1777) wordt dit perceel aangegeven als een met een haag afgesloten stuk akkerland.

Hoeve het Berkenhof

36. BERNARDUSBLOKWEG:
ca. 1845 *Bernardusblokweg* (KB).
Weg tussen de Kloosterberg en het *Bernardusblok*. Sectie E 2.

37. BEVER(MOLEN)BEEK:
1271 riuum qui vocatur *Beuernem* (D 1, 73 v°); 1540 *die beuere beke* (BH 69, 10v°); 1544 *de beueren beke* (BH 70,27); ca. 1750 *de beuere Molen beke* (BKP 336R); 1777 *Bever Beeck* (KF); 1932 *Beverenbeek* (KMK).
Identiek met de *Begijnenbeek,* vroeger ook vaak *Molenbeek* genoemd. Genoemd naar de oude wijk *Bevere* te Diest, die reeds ca. 1110 voorkomt in de naam Otto de *Bewere,* heer van Diest (1). De naam *Bevermolenbeek* komt van de *Bevermolen,* te Bevere op deze beek gelegen. Sectie E blad 1 en 2, sectie A blad 1.
Deze waternaam is een oude afleiding, met het suffix *ana,* van de diernaam *bever* en betekent "beek waar bevers wonen" (Gysseling 1978, 3; Schönfeld 1955, 129; Molemans 1976a, 56).

38. BEVEREWEIDE:
1860 *de bevereweijde* (BN 35052, 55/26); 1863 *de Bevere Weijde* (BN 35103, 245/113).
E 156, weide, 2 ha 35 a 80 ca.
Weide vlak bij de *Bever*beek.

39. BIEBLOK(SKE):
1564 (kop. 1677) sijn blocxkens genaemt *het bieblocxkens*(BKe 4497, 78); 1634 dat *biebloxken* (BS 1821, 14-3-34); ca. 1675 een sille landt ghenaemt *het bieblok* (BS 7013, 469); 1797 *het bieblock* (WVA 111).
B 239-240, land, 1 ha 33 a 50 ca.
Twee *blokjes,* d.i. omheinde percelen, waarop *bijen*korven stonden.

40. BIEHAL:
1688 een bunder landts, geheeten *de biehalle* (BKe 4500, 49v°); 1797 een bonder land genaemt *die biehal* (WVA 114).
B 147, land, 1 ha 33 a 40 ca.
Hal, d.i. overdekte plaats, waar *bijen*korven stonden (Molemans 1975d, 123).

(1) Deze tekst uit de kroniek van de abdij van Sint-Truiden (De Borman I, 239) wordt gewoonlijk ca. 1130 gedateerd, maar vermoedelijk heeft hij betrekking op feiten van een 20-tal jaren vroeger, aangezien er al in 1116 en 1117 een Arnold als heer van Diest wordt vermeld. Zie F. Claes, *De eerste Arnold van Diest,* in *Oost-Brabant* 19 (1982), p. 81.

41. BIESEMSTRAAT:
1834 *de biesemstraat* (BN 35024, 54); 1866 *de Biezestraat* (BN 35038, 99); 1871 *de Biesemstraat* (GvD 24-6-71).
Identiek met de huidige Lammerdriesstrat, Sectie D. Blijkbaar een afleiding van de plant *bies,* al komt die aan die kant niet voor. Daar is er nu uitsluitend akkerland en vroeger veel bos. De weg gaat trouwens naar de hoogte van de Blakenberg.

42. BIEZENBEEMDEKE:
1793 twee sillen *het biesebemdeken* (BS 7026, 8v°).
Msch. E 112, wei, 98 a 50 ca.
Bij het oude klooster Sint-Bernardsdal, vlak bij de Begijnenbeek. Genoemd naar de begroeiing met *biezen.*

43. BIJL: /də bɛ:l/ V.
B 203, land, 35 a 10 ca.
Perceel dat de vorm van een *bijl* vertoont (Molemans 1976b, 150).

44. BIJLKE:
1) ca. 1680 een halff boonder genaempt *het bijlken* (BS 2351, 16).
E 162, land, 2 ha 4 a 10 ca (gedeeltelijk).
2) 1532 1 1/2 zillen beempts gelegen byt wygaertvelt geheeten *tbijlken* (HST 7039, 7v°); 1623 1 1/2 sille bempts geheeten *dbylken* (HST 7039/4, 12).
A 35, hooiland, 45 a 10 ca.
3) 1654 onderhalf sille geheeten *het beijlheijmde* (HST 6755, 8); 1682 *het beijlke* in de stockbeempden (HST 6942, 8); 1684 onderhalf sille beempts geheeten *het bijlken* (BS 1835bis, 50v°).
A 185, hooiland, 44 a 50 ca.
Blijkbaar oorspronkelijk *bijl*vormige percelen, al is deze vorm nu in geen van de drie gevallen meer terug te vinden.

45. BISDOM:
1379 *besdom* (DHG 1889, 36); 1399 j. zille lànts, heit *besdom* (DHG 1865, 20); 1532 eenen blocke lants, groot omtrent iiij 1/2 sillen ende plach te heytene *dbisdom* (HST 7039, 33); 1684 een plecke lants opden eerdenwech geheeten *het bisdom* (BS 1835bis, 18v°).
B 27, land, 1 ha 99 a 30 ca.
Dit perceel hoorde vroeger toe aan het klooster Sint-Annadal te Diest. In 1601 had het kapittel van de Sint-Sulpitiuskerk aldaar er een rente op (DKASp Kp T). In het verband met dit kapittel ligt misschien de oorsprong van de naam *Bisdom.*

46. BLAKENBERG:
1420 op *blakenberch* (HST 6745, 9); 1521 *opten blaeckberch* (BH

66, 31); 1558 sur *le blanckenberch* (BH 3246, 7); 1582 vyff zillen bossche, geheeten *den blaeckenberch* (BS 342, 39); 1604 op *blackenberch* (HST 6747, 65); 1638 ons landt genampt *den blaeckenberch* (BKe 10863, 15); 1783 op *den blanckenberg* (DdKa 1); 1968 *Blakenberg* (Houet).
Hoogste punt van Webbekom, 77 m hoog, Sectie D. *Blak,* open, bloot en van ver zichtbaar (Lindemans 1930, 84)
Achterste Blakenberg: 1546 *opten achtersten blakenberch* (BS 339, 109v°); 1656 *opden achtersten blakenberch* (DHG 1537, 73).
± D 71-76, het deel van de Blakenberg aan de kant van Assent.
Kleine Blakenberg: 1546 *op den cleynen blakenberch* oft genoempt ter hoffstadt (BS 339, 95).
± D 29-30, het deel van de Blakenberg dicht bij Papenbroek.
Voorste Blakenberg: 1542 *opde vorste blakenberch* (DKASlp 132, 73v°); 1686 *opten voorsten blackenberch* opten Doodeman (BH 2748, 2v°).
± D 55-58, het deel van de Blakenberg aan de kant van Webbekom.

47. BLAKENBERG(SE)STRAAT, -WEG:
1) 1638 *den blackenberchse straet* (BKe 10863, 16).
Deel van de Oude Tienseweg bij de Muizennest, Sectie D. Van Struikt (Assent) uit is dit de weg naar de Blakenberg.
2) ca. 1845 *de Blaekenbergweg* (KB); 1904 den karweg genaamd *Blaekenbergweg* (GvD 16-1-04); 1976 en 1980 *Blakenbergstraat* (KWD).
Weg van Webbekom uit naar de Blakenberg, identiek met de Dodemansstraat (1). Secties C en D.

48. BLAKENBERGVELD:
1823 *Blacken Berg Veld* (BKa 545); ca. 1860 *Blaken Veld Berg* (KP); 1976 *Blaeken Berg Veld* (KK).
D 77-90.
Veld, d.i. akkerland, op de helling van Papenbroek naar de *Blakenberg.*

Fr. Claes

TOPONYMIE VAN WEBBEKOM

(Vervolg van blz. 248)

49. BLAZENBERG:

1522 te papenbroeck achter den hoff geheyten *den blasenberch* (BH 66, 43); 1575 den hoff geheeten *den blasenberch* (BH 72, 14v°).
D 30, land, 1 ha 50 a 40 ca + D 36, weide, 73 a 50 ca.
Gewoonlijk de Hofstad of de Oude Hofstad genoemd. De grond waarop deze hoeve gestaan had, hoorde sinds 1493 toe aan de Commanderij van Bekkevoort. Toen stond de hoeve er waarschijnlijk al niet meer, want in 1431 is er al sprake van "ter hofstat" (zie bij Hofstad).
Het is mogelijk dat de naam *Blazenberg* hier een verschrijving is voor Blakenberg, onder invloed van de Blazenberg, nu de Blaasberg, te Molenstede. Daar heb ik in 1394 al een Henr. van blasenberghe gevonden (D 792/2, 16) en in 1571 Den hoff van Blaesberghe (BS 2279, 731). De naam *Blazenberg* komt vermoedelijk van *blaas,* bobbel, en wijst dan op de bobbelige vorm van de berg.

* *Bleienhoek:* zie Feienhoek.

50. BLEUKEN:

1) 1340 *inde blocke* (DKABg 96, 27); 1400 *inde bloeke* (DKABg 39, 14); 1403 (kop. 16de eeuw) *int block* (BKe 13868/2, 1); 1560 *aenden bloicke* (HST 6039/5, 37); 1565 sess boender bosch *de bloeken* genaemt (BS 340, 4); 1569 *aende bloken* (ibid. 192); 1584 twee boender bossche geheeten *die bleuck* (BS 342, 49v°); 1682 *Aende blocken* (HST 6942, 61); 1749 twee bunders genaemt *de Bleucken* (BH 80, 225).
D 63, bos, 2 ha 76 a 80 ca + D 64-66, land, 6 ha 11 a 50 ca.
Verscheidene percelen, ingesloten tussen de Oude Tienseweg, de Bosstraat (1) en de grens met Zelk-Halen. Sectie D.
2) 1560 een half bonder lants gelegen *in eenen bloixken* (HST 7039/5, 44); 1626 *een besloten block* lants gelegen rontomme in zijn grachten (BS 1821, 9- 6-26); ca. 1675 een audt boinder Landts *die blockens* (BS 7013, 120); 1680 *die blocxkens* (HST 6943, 32); 1792 *de Bleucken* aghter de kerck (DHG 1662, 98).
A 194, land, 53 a 80 ca + A 195-196, hooiland, 51 a 20 ca.
Drie percelen, grotendeels door grachten ingesloten.
Bleuken is een meervoudsvorm, met umlaut, van *blok,* ingesloten perceel.

* *Bleukstraat:* zie Blokstraat.

51. BLOK:

1) 1616 een stuck erfuen *in een block* (BS 2202, 5); 1659 *'t Block* achter de kerck 1 B. 45 r. (BKe 5009, 78); 1678 *den Block* (A 106 C 2, 61); ca. 1720 hun *block* achter die kerck (BKe 22774, 80).

A 123, huis, 57 a 50 ca + A 124, hooiland, 5 ha 12 a 80 ca (gedeeltelijk).
Is de plaats waar vroeger het Hof van Webbekom of Steenhof stond. Dit perceel wordt op de kaart van Ferraris (1777) nog aangegeven als met een haag omgeven.
2) /də 'blok/ V.
1858 beneden den Cloosterberg, ter plaetse genaemt *het Blok* (BN 35050, 121); 1904 eene weide, groot 1 hectaar, genaamd *het Blok* (GvD 24-8-04).
E 108-109, land, 5 ha 57 a (gedeeltelijk).
Identiek met het Bernardus*blok*.
3) ca. 1860 *Block* (KP); 1976 *Blok* (KK).
E 55, land, 2 ha 47 a 80 ca.
Perceel grotendeels ingesloten tussen twee voetwegen.
4) Zie Bleuken (1).

52. BLOKBEEMD:
1826 *Bloeckbemp* (BKa 1461).
A 202-203, hof en huis, 19 a 40 ca.
Identiek met de herberg De Zwaan en het erbij horend perceel, voor het grootste deel door wegen ingesloten.

53. BLOKJE:
1832 een parceel land, genaemd *het Blockxken,* groot acht roeden vier ellen (BN 35022, 171).
A 202a, hof, 12 a 90 ca (gedeeltelijk).
Is een deel van de *Blok*beemd.

54. BLOKSTRAAT:
1552 By *de Bloeckstraet* (DKAKa 4); 1599 *de Blockstrate* (DHG 1130, 2v°); 1610 *die bleuckstrate* (BS 343, 305 v°); 1683 *de blockstraat* (DHG 1584, 38v°).
Naam van de Oude Tienseweg in de nabijheid van de *Bleuken*. Secties C en D.

55. BOEKELAARSBLOK:
1766 een block groot ontrent ij 1/2 sillen genaemt *boeckelaers block* (BS 6837/1, 9); 1773 ij 1/2 sillen genaemt *bockelaers block* (ibid. 3,9).
D 121, land, 99 a 60 ca.
Dit perceel ligt vlak naast het *Boelaartsblok* en is vermoedelijk een vervorming van dezelfde naam. Te Reinrode onder Assent heb ik ook een toponiem gevonden waarin dezelfde twee vormen naast elkaar voorkomen: het *Boelaerts-*, *Boekelaers-* of *Boclaershof.*

56. BOEKHOUT:
1633 aen *d'boeckhout* reg. henrick van bouchout (BS 346, 41v°).
E 24-25, land, 1 ha 44 a 40 ca.
Slaat op het bezit van de genoemde Henrick van *bouchout,* wiens naam afgeleid kan zijn van het in het volgende nummer vermelde toponiem *Boekhout*.

57 BOEKHOUT(SBOS): /dbukəzbos/ V.
1340 bi *den bosch te boechout* (DKABg 96, 27); 1398 *aent bue-chout* (D 792/2, 94); 1479 bij den *bosch te boeckhout* (BKe 13849, 3v°); 1568 aen *t'Bouckhoudt* (HST 6733, 556); 1655 bij het *bosch genoempt Boechout* (HST 6749, 785); 1881 te Webbecom ter plaatse *Boekersbosch* D 59 reg. de Thiensche Straat (GvD 23-7-81). D 59, land, 57 a.
Het huidige toponiem *Boekhoutbos* ligt op de grens van Zelk-Halen met Webbekom. Het vroegere *Boechout* lag eigenlijk onder Zelk vlak bij die grens. Slechts eenmaal, in 1881, heb ik het toponiem op het grondgebied van Webbekom gelokaliseerd gevonden. Cleeremans vermeldt *de Boekhoutbosch* onder Halen voor het eerst in 1428 (nr. 83; hij vermeldt onder nr. 81 een ander Boekhout te Rotem). De naam *Boekhout* is samengesteld uit Mned. *boek, buuk* (deze laatste vorm is nu nog de plaatselijke dialectvorm), en *hout,* bos. Toen *hout* niet meer als "bos" begrepen werd, voegde men aan het toponiem ten overvloede nog eens *bos* toe.

58. BOEKHOUTSTRAAT:
1532 *de bouchoutstrate* (HST 7039, 3v°); 1623 *de boeckhoutstraet* (HST 7039/4, 31).
Naam van de Oude Tienseweg bij het *Boekhoutbos* onder Zelk-Halen, juist over deze weg. Secties C en D.

59. BOELAARTSBLOK:
1766 ontrent vijff sillen bosch genaemt *Bolaerts block* (BS 6837/1, 4) ... *boelaerts block* (ibid. 2,4); 1771 *boelaerts block* (ibid. 3,4). D 122, land, 2 ha 3 a.
Gevormd met de familienaam *Boelaerts,* die o.a. voorkomt in 1473 lijsbeth *boelaerts* (BKe 16414, 13v°) en in 1793 Peeter *Boelaerts* (BS 7206, 13v°).

60. BOGAARDENWINNING:
1608 tot papebroeck *opde bogaerde winninge* (DN 267); 1614 *opde hoeue vanden bogaerden* (DN 270, 13-3-14).
D 25-28, huis, hof, weide en land, 1 ha 52 a 70 ca.
Identiek met de Buikswinning, die zeker van 1503 tot 1601 aan de familie Van den Bogaerde uit Diest toebehoorde: in 1503 aan vaes *vanden bogaerde* anders vander eect (BS 336, 50), in 1546 aan bartholomeus *vanden bogaerden* (BS 339, 110) en in 1601 aan Jan *vanden bogarde* (BS 343, 175v°). Tot dit geslacht behoorden drie bekende Diesterse schilders: Hendrik, vader en zoon (in de jaren 1429-1495) en Arnold (Van der Eycken 1980, 118).

61. BOKKENBERGSTRAAT:
1980 *Bokkenbergstraat* (KWD).
Identiek met de vroegere Molenweg (1) op de grens met Zelk-Halen. Sectie B.

Cleeremans vermeldt de *Boekenberg* onder Halen, bij deze straat gelegen, sinds 1537, een andere *Boekenbergstraat* (1769) en de *Boekhoutberg* (1428-1774), wat zuidelijker. Al deze namen zijn afgeleid van het bovenvermelde *Boekhoutbos*.

62. BOKSBERGBEEMD:
1400 unum pratum dictum *bocxberghbeempde* (DKABg 39, 18v°).
Weide te *Boksbergen*, deel van het latere Sofieënbroek en van de Gasthuiswei (2).

63. BOKSBERGEN:
1379 mechtilt *van bocberghe* (DHG 1889, 36v°); 1383 *te boxberghe* (DKAKa 10); 1409 *te boexberghen* (HZ 15, 5); 1410 Gielis *van buxberge* (D 795, 99v°); 1416 Nijs *van boxbergen* (D 796, 39); 1535 *bouen boecxberch* (BH 67, 174v°); 1686 *naer boeckenbergh* (BH 2862, 3); 1710 *tot bockbergen* (BS 7007/7, 6v°); 1865 *te Boxbergen* (BN 35057, 69/2); 1904 *de Boxbergen*-Hondsteert (GvD 29-6-04).
Oude nederzetting aan beide zijden van de Begijnenbeek ten westen van de Kloosterberg. Sectie E blad 2.
De naam is gevormd uit Mned. *boke, boek,* beuk, en *berg*. De Kloosterberg is de enige berg in die buurt, zodat *Bok(s)bergen* blijkbaar de oorspronkelijke naam van deze berg is geweest, voor het klooster Sint- Bernardsdal in die buurt ca. 1235 werd gesticht.

64. BOKSBERGSEBEEK:
1540 die *beke van boxbergen* (BH 69, 3) ... *die boxberge beke* (ibid. 4); 1636 *de boecxberghsche beke* (BH 117, 161v°).
Identiek met de Begijnen*beek,* die door *Boksbergen* stroomt.

65. BOKSBERGSEDIJK:
1646 *opden Boxberchsen dijck* (BS 2345/2, 134).
Identiek met de Molendijk, 's-Herendijk of Prinsendijk, nl. een wegje door de weiden naar de watermolen van Boksbergen.

66. BOKSBERGSEMOLEN:
1389 *de moelen van boxberghen* (BKe 1850, 3); 1467 *vanden moelen te buxberghe* (BH 3245/2, 15); 1568 by *de boxbergsche moelen* (DHG 1457, 6v°); 1569 twee watermolens deen gheheeten de molen tot moelstee ende dander *de molen te Bocxbergen* (BS 2279, 2); 1579 *die bocxbergemolen* (BKe 10861, 67v°); 1650 *aende boucxsberchse vergaene molen* (BH 3249, 24); ca. 1680 *aende boecxberger meulen* (BS 2351/2, 144v°); 1793 *aen den boxbergschen molen* (BS 7026, 13v°).
Watermolen op de Begijnenbeek te Boksbergen, waarschijnlijk op E 71, de Verloren Kost. Deze watermolen was reeds in de tweede helft van de 16de eeuw door oorlogsgeweld verwoest, maar werd in 1609-1611 gerestaureerd. In 1635 werd hij door Franse soldaten

opnieuw verwoest en in 1636 stortte hij in (Claes 1977e).

67. BOKSBERGSESTRAAT:
1638 de boucxberchstraat (BKe 10863, 61); 1754 *de Boxberghsche straete* (BS 2275, 41); ca. 1780 *de Bockxbergsche straete* (BS 2276, 149).
Wegje van Boksbergen naar de weg Diest-Leuven, thans een deel van de Reustraat. Sectie E blad 2.

68. BOOMGAARD:
1) 1618 eenen dries genaempt *den boomgaerdt* (BS 1820, 30-1-18); 1622 seker stuck erffuen genaempt *den boogaert* groot dry sillen (BS 1828, 7-6-22); 1684 drije sillen beempts te vooren *boomgaerdt* daer ertijts huijs ende hoff opgestaen heeft (BS 1835bis, 14).
C 41, land, 97 a 30 ca.
2) 1569 huijs ende hoff metten *boomgaert* daraene ghelegen inden fyen hoeck een halff boender (BS 2279, 529); 1636 een halff boender weijden genaempt *den boomgaert* geleghen in den fijenhoeck (BS 346, 93).
E 151, land, 73 a 20 ca + E 152, huis, 1 a 50 ca.
3) 1646 ses sillen *boomgaerts* (BS 2345/2, 145v°); 1765 seker Block genaemt *den Boomgaert* groot ses a seuen zillen (BS 360, 67); 1777 seker blok genaemt *den boomgaert* (BS 374, 62v°).
D 43, huis, land enz. 2 ha 38 a 60 ca.
Een deel hiervan werd in 1661 *Kalverenboomgaard* genoemd.
Drie percelen waarop vroeger een boomgaard gestaan had.

69. BOOMPJESWEI: /də 'bymkəswe:/ V.
A 30, hooiland, 1 ha 73 a 10 ca.
Een deel van de vroegere Papenbroekjes, tussen ca. 1920 en ca. 1960 het enige perceel van het *weide*gebied op Sectie A dat met canada*bomen* beplant was.

70. BORGBEEMD(EN):
1562 *dye borchbeempde* toebehoirende den heer van diest (HST 7039/2, 27); 1599 in *die borcht-bemden* (BKe 4496, 17); 1603 zekere beempden geheeten *de borchbeempden* (BH 2810); 1639 *den borchbempt* (DKASlp 95, 13); 1786 aen *de borghbempden* (HZH 7, 13v°).
A 164-167 + 175-176, hooiland, 13 ha 7 a 50 ca.
Weiden van de heer van Diest vlak bij de grens met Zelem en met Zelk-Halen. Vrancken (18,39) vermeldt ook onder Zelem bij de Demer de *Borchbeemden,* die grensden aan die onder Webbekom. Zelf heb ik onder Zelem eveneens gevonden: ca. 1560 vier bonder beemps geheeten *de borchbeempde* (DdWt 1). Al deze weiden hoorden bij de *burcht* van Zelem, die vlak bij de grens met Webbekom en Zelk stond, maar in 1438 reeds bouwvallig was. De heer

van Diest was sinds ca. 1100 ook heer van Zelem, maar vaak kreeg een jonger lid uit het geslacht van Diest de heerlijkheid Zelem (Vrancken 208; Claes 1980a, 176-180).

71. BORNEBEEMD, -BUNDER, -PUT:
1438 *vanden bornenbeempde* groet omtrent 1 boender (BH 3244, 6); 1501 *den bornebeempt* (BH 110, 10); 1636 *den Borneputt* groot een boender (BH 117, 30); 1680 *het borne boinder* (HST 6943, 116); 1682 *den beunen beempt* groot een boinder (BS 6607/102, 4v°); 1819 *Bornebempt* (BKa 1001, 66).
A 176, hooiland, 1 ha 49 a 80 ca.
Beemd, een *bunder* groot, bij een *born,* bron. In de weiden bij het Broek zijn er bronnen. Vaak zijn ze echter niet meer te vinden omdat er op die plaats een sloot gegraven is of, zoals op de *Bornebeemd* nu, een vijver aangelegd.

72. BOS: /də 'bos/ V.
C 120, land, 24 a 40 ca + C 119, bos, 2 ha 10 a 40 ca (gedeeltelijk).
Akkerland, dat vroeger *bos* geweest is.

73. BOS IN/ UIT DE RANE:
1696 *den bosch in de raene* (BKe 4500, 81); ca. 1720 *den bosch uyt die Raeue* (sic) (BKe 22774, 6); 1797 *den bosch uijt die Raene* (WVA 28).
C 150, land, 1 ha 12 a 80 ca.
Vroeger bos, gelegen onder de heerlijkheid Webbekom vlak bij de grens met de heerlijkheid Kaggevinne en met Zelk-Halen. Vermoedelijk is *rane* een vorm van *rein, reen,* grens (cf. WBD 248, o.a. te Zelem, Diest, Halen). Ook te Webbekom wordt dit woord gebruikt, /'re.jən/ uitgesproken. De bovenstaande vormen, uit registers van pastoors, komen blijkbaar van iemand met een andere uitspraak.

74. BOSSENBERGVELD:
ca. 1845 *Boschenbergveld* (KB).
D 84, land, 4 ha 50 a 20 ca.
Veld, akkerland, op de plaats van het vroegere Lang*ebos,* bij de Blaken*berg.*

75. BOSSTRAAT:
1) 1684 *die Boschstraete* (BH 87, 200); 1717 *die boschstraet* (BH 79, 299v°); 1787 *het bosterstratie* (BKe 960, 13).
Weg tussen de Bleuken (1) en het Hemelrijk, die beide *bos* waren, later Tien-Bunderstraatje genoemd. Sectie D.
2) 1823 *Boschstraet* (KDB 208).

Naam van de Oude Tienseweg bij de Blakenberg, de Bleuken (1) en het Hemelrijk, waarop de Bosstraat (1) uitkomt.
3) zie Bosterestraat (1).

76. BOST:
1340 *te bost* (DKABg 96, 30v°); 1352 mabilie *de bost* (DKASlp 103, 25v°); 1417 *te boscht* (D 796, 94v°); 1428 Arnout *van bost* (D 798, 100); 1479 Reyner *van post* (DKABg 54, 46v°); 1483 reyner *vander bost* (ibid. 121); 1506 *ter boest* (BS 336, 111bis); 1508 *te boost* (BS 337, 2bis); 1542 *ter boerst... ter borst* (BH 70, 5v°); 1638 de straet *van terbost* (BKe 10863, 43); 1644 *Ter Bosch* (BKe 10861,11); ca. 1680 *tot ter bost* (BS 2351/2, 12); 1704 *ter boscht (DHG 1907, 15v°); 1783 ter Bost* (BS 375, 151v°); 1787 ter plaetse genaemt *ter Borst* (BKe 10921, 4); 1968 *Bosten* (Houet).
Vroeger gehucht aan de Bosterestraat. Sectie E, blad 1.
Waarschijnlijk afgeleid van *buks,* buksboom of palmboompje, met het verzamelsuffix *t,* dus: plaats waar buksbomen groeien (Gysseling 1960, 169). Minder waarschijnlijk is de afleiding van *bos,* takkenbos of struik (Carnoy 1951, 46-47). Ik merk op dat er te Bost vanaf de 14de eeuw vrijwel geen bos meer was. De vorm *Terbost,* die vanaf 1638 (na de verdwijning van het gehucht) voorkomt, was tevoren de naam van een hoeve aldaar.

77. BOSTEREDREEF:
ca. 1845 *Bostere Dreef* (KB); 1869 le Chemin dit *Bostere dreef* (DdWG 90).
Wegje van Papenbroek in de richting van *Bost,* nu Beemdstraat genoemd. Sectie E, blad 1.

78. BOSTERELOOP:
ca. 1845 *Bostereloop* (KW).
Beekje dat van de *Bosterestraat* komt, tussen de Molenbeemd en de Gasthuiswei door stroomt en in de Begijnenbeek uitmondt. Sectie E, blad 2.

79. BOSTERESTRAAT:
1) : t ə'bostərəstrɔ / V.
1501 *die bosterstrate* (BS 336, 13); 1549 *die bostersche strate* (BS 339, 162); ca. 1560 *de borstraet* (BS 2264/3, 4); 1579 binnen *de bosstraten* (BKe 10681, 1); 1587 *die bosscherstraet* (BS 342, 88 v°); 1646 *terbosterstraete* (BS 2345/2, 101); 1747 *de bosterestraet* (BKe 10874/2, 1); 1764 *de borstere straete* (DKASlp 101, 231); 1980 *Bosterestraat* (KWD).
Naam van de weg naar het vroegere gehucht *Bost,* in de 19de eeuw tevens gehuchtnaam geworden. Sectie E, blad 1 en 2.
2) zie Bosstraat (1).

80. BOSTERVELD, BOSVELD:
1440 *opt bostervelt* (BS 335, 7v°); 1508 *op ter bostervelt* (BH 65, 70v°); 1573 *het borstels velt* (DKASpKp, D 158); 1580 *int borster velt* (BN 17599/1, 1); 1625 *int bostersсhe velt* (BS 6090bis/B, 4v°); 1685 *int bostereveldt* (BS 6119, 13v°); ca. 1730 *op 't Bostveldt* (BS 2274, 45v°); 1819 au *Bosserenveld* (BKa 1001, 360); 1823 *Bosch Veld* (BKa 545); 1890 *in 't Bostereveld* (GvD 11-10-90); 1957 *Bosterveld* (KMK); 1976 *Boschveld* (KK).
E 157-226.
Veld, akkerland, te *Bost,* aan weerszijden van de Bosterestraat.
Achterste Bosterveld: 1603 *int achterste bostervelt* (BS 343, 188). *Achter*aan, aan de kant van Assent, gelegen deel van het Bosterveld.
Geen Bosterveld: 1402 *op gheen bostervelt* (D 792/2, 201). Het aanwijzende *geen* wordt hier aan een verderaf gelegen toponiem toegevoegd (Claes 1983c).

81. BOSZIL:
1476 (kop. 1622) een zille Landts geheeten *die Bossille* op den noensborch (BKe 10849, 199).
Slechts eenmaal aangetroffen naam voor een perceel op de vroegere Nodenberg, nu de Parelsberg. Sectie B. Juiste ligging onbekend.
Dit perceel was een *zil* groot en blijkbaar was het nog *bos* geweest, terwijl de omgeving akkerland was.

82. BOUTSVELD:
ca. 1675 een halff boinder ghelegen *int boutsuelt* (BS 7013, 409) ... een boinder int voors. velt (ibid. 410).
B 24 + 26, land, 1 ha 34 a 80 ca.
Deze twee percelen hoorden bij het Goedje, dat van 1642 tot 1787 in het bezit was van de familie *Van Baussele* uit Diest. Heel waarschijnlijk is *Bouts* in het toponiem een vervorming van *Baussele.* De familienaam Bouts heb ik in deze periode te Webbekom of Diest niet gevonden. Het best bekende lid van de familie Van Baussele is Jonkheer Hendrik Karel (°1616), schout van Diest 1643-1651 en daarna drossaard tot zijn dood in 1667 (Van den Hove 1982, 63 en 1983, 92). Van 1671 tot ca. 1680 was het Goedje in het bezit van de heer van Budingen, gehuwd met de weduwe van Hendrik Karel van Baussele (Claes 1978c; Van den Hove 1982, 64).

83. BRANDSHOF:
1608 eenen heerlycken chyshoff genaempt *den brantshoff* met een halff boender lants ende een hoffstadt alsoe tselue gelegen is te

bost (BN 17601/2, 10-4-08).
E 179, land, 1 ha 79 a 60 ca.
Heel waarschijnlijk had daar vroeger een hoeve gestaan. Wellicht is de naam *Brandshof* gevormd nadat de hoeve afge*brand* was. Later, zeker van 1611 tot 1635, stond er weer een hoeve, eerst toebehorend aan Hendrik Jacobs en daarna aan Dirk vanden Boom, uit Diest (BS 343, 322v°, en DN 390).

84. BREDASTRAAT:
1976 en 1980 *Bredastraat* (KWD).
Sectie E blad 1 en 2.
Nieuwe naam, gegeven naar de vroegere heren van Diest uit het huis Oranje-Nassau, die ook heer van *Breda* waren.

85. BREMBERG:
1) 1543 *opten bremberch* (DLS 10, Z 63); 1532 omtrent iij 1/2 bonder erffs zoe lant scomme ende roitsche heijtende *den breemberch* gelegen tusschen die hegge ende den nitzelbempt (HST 7039, 32); 1609 een wel gelegen plecke Lants groot ontrint xij zillen genaemt *den bremberch* (BN 17601, 2, 18-3-09); 1780 vijff zillen ghenaempt *den Bremberg* zijn bestaende in eene steenrotse (BKe 13951/5, 1v°).
B 148-150, land, 4 ha 68 a 40 ca.
Ook Breskensberg, Steenberg (1) en nu Begijnenberg genoemd.
2) 1638 achter de Closter, *brem berch* ... ons *Brem berch* (BKe 10683, 60); 1787 Een stuck Landt genaempt *den Brembergh* (BKe 10921, 3v°).
E 113, land, 2 ha 68 a 40 ca (gedeeltelijk, met de Paardsbeemd (2) of Koewei).
Kleine Bremberg: 1560 opde hegghe *aenden cleynen bremberch* (HST 7039/5, 45); 1623 *aenden kleynen bremberch* (ibid. 7, 25).
B 144, land, 44 a 20 ca.
Kleinere hoogte, 40 m hoog, niet ver van de *Bremberg* (1), 46 m hoog. In de drie gevallen is de betekenis van *Bremberg:* hoogte met minder vruchtbare grond, waarop (vaak) *brem* groeit.

86. BREMSTRAAT:
1978 *Bremstraat* (KWD).
Sectie E blad 2.
Nieuwe naam, bij de *Bremberg* (2), al is dit verband waarschijnlijk heel toevallig.

87. BRESKENSBERG:
1602 *op Breskens bremberch* (BKe 4495/2, 30); 1602 *op desen breskens berch* (BKe 4497, 83); 1612 drij parceelen van erffuen ge-

heeten *breskens berch* metten gelege, eertijts vercregen tegen henr. *breskens* (BS 1820, 23-8-12); 1642 een plecke lants genaempt *den breskens berch* (BS 1821, 24-4-42).
B 148-150, land, 4 ha 68 a 40 ca.
Identiek met de Bremberg (1), die in 1562 toebehoorde aan Hendrik *Breskens* (HST 7039/2, 37). De familienaam Breskens was nog in de 17de eeuw zeer frekwent te Diest.

88. BRESKENSGELEEG:
1612 *breskens* berch metten *gelege,* eertijts vercregen tegen henr. *breskens* (BS 1820, 23-8-12); 1621 huys ende hoff met zynen toebehoirten groot ontrint dry bunder genaempt *breskens gelege* (BS 1828, 20-4-21).
B 169, land, 2 ha 90 a (gedeeltelijk: daar stond de hoeve); in 1621 wordt de erbij horende *Breskensberg* erbij gerekend.
Geleeg, boerderij (WBD I 7; Claes 1975), in 1560 toebehorend aan Hendrik *Breskens* (HST 7039/5, 37).

89. BRIJKRAUWELS:
1568 den bodem tegen 't Gasthuys syde ende tegen kerckhoffs syde geheeten *Brycrauwels* sorteert geheel onder webbekem (HST 6733, 556).
Grensstrook, vermoedelijk een greppel, van C 25 (nu het Gasthuisbos) en C 27-28-29 (Kerkhofskrauwels), bij de grens van de heerlijkheid Webbekom met Kaggevinne.
Brij, slijk, in het *Krauwels* (*Kraas).

90. BROEK: /dbruk/ V.
1381 *int webbecom broeck* (DLS 10, W1); 1405 *int ghemeyn broec* (DHG 1866, 48); 1478 *int webbecomsche broeck* (DHG 1820, 18); 1523 achter die kercke van webbecum *int broeck* (DLKe 4, 89v°); 1579 *int gemeijn broeck* genaempt *het weebekums broeck* (BKe 10861, 6v°); 1589 *opt Broeck* (HST 6733, 565); 1674 communi prato de webbecom vulgo *'t broec* (M 2, lv°); ca. 1720 *het webbecoms Broeck* is elf bonder en drij zillen (BKe 22774, 1v°); 1792 tegen *het gemeijn webbecoms broek* (BS 1827, 18); 1797 *het gemeijn broek* (WVA 48) ... *aen het broek* (ibid. 110); 1976 *Webbekoms Broek* (KK).
Vroeger ongeveer A 140-157, hooiland, 14 ha 76 a 30 ca, later uitgebreid tot A 129-176. Tot kort geleden was *het Broek* in de volksmond speciaal de gemeenteweide, A 145-146 + 155-157, 3 ha 5 a 10 ca.
Broek, moerassig hooiland, maar ook gemeenschappelijke weideplaats (Helsen 1938, 17). Van de 15de tot de 18de eeuw waren de weiden van het Webbekoms Broek in particulier bezit. De toevoe-

ging *gemeen* betekende dat de weide na de hooitijd door de gemeentenaren vrij gebruikt mocht worden, zoals de gemeenteweide tot ca. 1950. Het *Gemeen Broek* werd in 1386-1405 *Gemene Beemden* genoemd.

91. BROEKSKE:
1857 dry perceelen weyde, genaemt *het Broeksken,* gelegen in de Else 8 ha 50 a (BN 35049, 181); 1867 de weijden genaemd *het Broeksken* (BN 35059, 39).
C 10-13, hooiland, 10 ha 40 a 70 ca.
Het vroegere Sint-Bernards*broekske,* in 1865 ook Grote Wei, Middenste Wei en Voorste Wei genoemd.

92. BROEKSTRAAT:
1) 1424 beneden de kercke aen *de Broeckstrate* (DLS 10, W 13); 1659 sekere straete genaempt *de broeckstraete* (DN 391, 7-10-59); 1739 *de brucksere straedt* (BS 6607/61, 24); 1901 den Dijck of *Broekstraat* (GvD 9-10-01).
Weg van bij de kerk naar het Broek, bij de Keerwei. Sectie A.
2) 1532 *de broickstrate* (HST 7039, 64); 1771 *de groech straetken* (DHGK 1); 1880 *de Broekstraat* (GvD 3-3-80).
Weg van bij de H.-Geestwinning naar het Lie*broek,* ook Liebroekstraat, nu Elzenstraat genoemd. Sectie C.
3) 1412 die gemeyn *broeckstrate* (BKe 13706, 434); 1608 de gemeyn *broeckstraet* (HST 7039/3, 59v°).
Identiek met de Vluchtdijk, later ook Gemeentedijk genoemd, die langs moerassige weiden liep. Sectie A blad 1.
4) 1532 *de broickstrate* (HST 7039, 3); 1756 *de broeckstraete* (BS 745/2, 11).
Identiek met de Scham*broekstraat* of Reustraat. Sectie E blad 2.
5) /'dbrukstrɔikə/ V.
1627 *het broeck straetken* (BKe 13719, 1126).
Wegje van de Keerwei naar het Broek. Sectie A blad 2.
6) 1783 *de broeck straet* naer den boeckbergschen molen (DdK 1).
Identiek met de Molenweg (6) van Diest naar Boksbergen, door de weiden bij de Begijnenbeek. Sectie E blad 2.
7) 1864 *de broeckstraet* (BN 35056/20, 7).
Identiek met de Molenvoetweg of de Rechtedijk, door de weiden naar Zelk. Sectie A blad 2.

93. BRUGSBEMD:
1862 weyland, genaemd *Brugsbemd* (BN 35102, 133/1, 2).
E 19, weide, 30 a 40 ca.
Hoewel we er geen gegevens over hebben, is daar blijkbaar een *brugje* over de Begijnenbeek geweest.

94. BUIKSWINNING:
ca. 1680 te papenbrock reg. *de Buijcxwinninge* (BS 2351, 134).
D 25-28, huis, hof, weide en land, 1 ha 52 a 70 ca.
Winning, boerderij (WBD I 7), in 1685 toebehorend aan de erfgenamen van "Sr. Peeter *Buijcx*" (BS 6119, 8). Ca. 1610-1620 was Pieter Buycx secretaris van Kaggevinne, meier van Zelem en rentmeester van de heer van Diest (Van den Hove 1980, 38). Volgens de parochieregisters van Sint-Sulpitius te Diest had deze in 1621 een zoon Petrus, die zelf in 1650 ook weer een zoon Petrus had. Deze hoeve werd tevoren de Bogaardenwinning genoemd.

95. BUNDER:
1) 1876 Een parceel vetweide genaamd *bunder* groot 1 ha 29 a 30 ca (BN 34 552, 95/1); 1880 Eene vetweide naast den Dijk, genaamd *het Bunder* (GvD 14-2-80).
A 45, hooiland, 1 ha 29 a 30 ca.
2) 1877 op het zoo genaemd *bunder* tegen den dyk (BN 34554, 146); 1878 op *het Bunder* (BN 34555, 187).
A 129, hooiland, 1 ha 27 a 60 ca.
Percelen, ongeveer een *bunder* (ca. 1 ha 30 a) groot.

96. BUNDER VAN JUCHTMANS:
1877 op het zoo genaamd *Bunder van Juchtmans* (BN 34554,148).
Wsch. C 131, land, 1 ha 32 a 50 ca.
Perceel C 131 hoorde in 1844 toe aan de weduwe van Henricus *Juchtmans,* rentenierster te Diest (WKad) en was ongeveer een *bunder* groot. De familienaam Juchtmans is te Diest zeer frekwent.

97. BUNDERBLOK:
1431 in loco dicto *boenreblock* (HOB Cart. 1220).
Wsch. D 121, land, 99 a 60 ca.
Vermoedelijk identiek met het Boekelaarsblok, bijna een *bunder* groot, dat in de 18de eeuw aan de Commanderij van Bekkevoort toebehoorde. De naam *Bunderblok* komt ook in stukken van deze Commanderij voor.

98. BUNDERS:
/də'buındərs/ V.
A 9-13, hooiland, 8 ha 37 a 30 ca.
Huidige naam van de Abst*bunders* of Abtsbeemden.

99. BUVENSWINNING:
1877 *aan Buvens winning* ... aan de winning van Buvens (BN 34554, 148).

C 98-99, huis, hof, 22 a 40 ca.
Identiek met de Korsendonkwinning. Op deze hoeve woonden in de 18de-19de eeuw pachters uit de familie *Buvens:* in 1792 Christiaan en in 1856 Michel (Claes 1982a, 63 en 104).
C (in persoonsnamen): zie K.

100. CELZUSTERSBLOK, -BOS, -BUNDER:
1568 tegen *den Celsusteren* (HST 6733, 556); ca. 1720 *celsustere bonder* (BKe 22774, 6); 1750 *het celsustere block* (M 1 b, 2); 1797 *Celsusteren bonder* (WVA 28) ... *Cellesusters block* (ibid. 77).
C 149, land, 1 ha 10 a 40 ca.
Een stuk *bos,* bijna een *bunder* groot, toebehorend aan de *celzusters* van Diest. Deze zusters worden al in 1376 te Diest vermeld (Van der Eycken 1980, 98-99).

101. DEL:
1) 1532 omtrent de hegge *inde delle* (HST 7039, 29 v°); 1682 *inde delle* HST 6942, 15).
Identiek met de Rozendel. Sectie B.
2) ca. 1620 *in de delle* (BS 2202, 63); 1735 *in die delle* (BS 2203, 49). Bij de Oude Tienseweg, de omgeving van het Waterblok en het Natbunder. Sectie B.
Mned. *delle, del,* laagte, dal. Beide plaatsen liggen in de laagte.

102. DEMER: /dən'de.ɹəmər/ V.
ca. 905 (kop. 14de eeuw) *Tameram* (Gysseling 1960, 261); 1266 supra *Daemeram* (HST 6678/8, 4; Piot I 133); 1277 ad aquam que *themera* vocatur (LPh XVI 40); 1279 *inde deemere* (D 1, 3); 1486 (kop. 17de eeuw) achter die aude borght ende voirt aldair *die oude demer* plach te gaene tot in die nuw demere (HZ G 2); 1501 *opte demere* (BH 110, 10v°); 1570 *ter demeren* weerde (DHG 1813, 21); 1585 *op den demere* (BH 111, 18); 1638 *den demer* (BKe 10863, 63); 1781 het bedde van *den ouden demer* (BS 2201, 49).
De Demer vormt de grens van Webbekom met Zelem en met Schaffen. Sectie A.
Keltische naam, *tem-,* donker, met het hydronymisch suffix *-ara.* *T* is naar *th* verschoven en in het Nederlands is *th* in de 12de eeuw verder geëvolueerd tot *d* (Gysseling 1978, 2 en 8). De Indoeuropese hydroniemen zijn over het algemeen vrouwelijk (ibid. 2). Ook de naam Demer was vrouwelijk tot in de 16de eeuw.
De naam *Oude Demer* wijst op twee rechttrekkingen. De eerste, bij de grens met Zelem en Zelk, in de Borgbeemden, had plaats voor 1486, volgens het citaat uit dat jaar. Tevoren vormde de Demer ook daar de grens tussen Webbekom en Zelem. In 1757 werden nog verscheidene bochten van de Demer afgesneden (Breugel-

mans 1980, 272). Op de kaart van Ferraris (1777) staan twee percelen die thans tot Webbekom behoren (A 139 en 144), maar tussen de "oude" en de "nieuwe Demer" liggen, nog als behorend tot het prinsbisdom Luik, nl. tot Zelem.

103. DEMERBROEK:
1253 *Demerbruch,* inter Webbinchem et Dist, quod habet circa 16 bonuaria (Pirenne 217); 1420 prata mon. sti. trudonis dicta *demerbroec HST 6745, 19); 1541 aent demerbroeck* (HST 6746, 40v°); 1677 die bemden van st truijen genaempt *het demersbrock* (HST 6749, 816).
Oorspronkelijk wsch. A 3-16, 23 ha 2 a 10 ca, hooiland, later alleen A 9-13, 8 ha 37 a 30 ca., nl. de Abtsbeemden of Abtsbunders.
Broek, nat weiland, gelegen bij de *Demer.*

104. DERDEBUNDER:
1589 den bempt geheyten *tderde boender* oijck een boender (HST 6737, 470); 1598 *het iije boender* (ibid. 507).
A 9-13, hooiland, 8 ha 37 a, 30 ca (gedeeltelijk).
Een deel van de Abtsbunders, die in 16de-eeuwse stukken van de abdij van Sint- Truiden in vijf percelen van ca. 1 bunder werden onderscheiden. Andere percelen werden het Predelbunder of Vissershuiske en het Vijfde Bunder genoemd.

105. DIESTERSBROEK:
1618 Des Abts bempden *int Diester Broeck* (HST 6709, 337); ca. 1850 *Diesters Broek* (KVDM).
Broek, moerassig weiland, aan de kant van Diest gelegen, nl. de Abtsbunders en de Ganzelake. Sectie A blad 1.

106. DIESTERSVELD:
1525 dry zillen lants gelegen opde scandbrake *op diesters velt* (BS 338, 177).
Veld, akkerland, dicht bij de grens met *Diest* gelegen en deel uitmakend van het Land van *Diest,* d.i. de heerlijkheid Kaggevinne, nl. de Schambraak en de Gasthuisberg. Sectie E blad 2.

107. DIJK:
1) /dən'dɛ:k/ V.
1505 *den dijck* ter gauslaken wert (BKe 13712, 736); 1645 int wijgaertvelt reg. *den dijck* van wubbecom (DN 461); 1976 *De Dijken* (KK).
Gewoonlijk de *Vluchtdijk* genoemd. Tot de samenvoeging met Diest was de officiële naam *Dijkstraat,* sindsdien Badstraat. Sectie A blad 1.

2) / dəan'dɛ:k/ V.
1532 *aenden dyck* reg. de groote stockbeempde (HST 7039, 29); 1616 *aenden dijckt* (BS 2202, 36); 1680 *den cleijnen dijck* (HST 6943, 122). Dit wegje is identiek met de Stokbeemdenweg en vormt het begin van de *Krommedijk* en de *Rechtedijk*. Sectie A blad 2.
3) 1871 Keerweide gelegen tegen *den dijk* (GvD 20-6-77); 1901 *den Dijck* of Broekstraat (GvD 9-10-01).
Identiek met de *Keerdijk*.
Het woord *dijk* heeft hier telkens de betekenis van weg door of bij laag gelegen weiden (Helsen 1938, 30-31).

108. DIJKSTRAAT:
1619 *aende dijckstraat* tot wubbecom (DN 317).
Identiek met *Dijk* (1), waarvan *Dijkstraat* ca. 1930-1970 de officiële naam was.

109. DILLENBURGSTRAAT:
1976 en 1980 *Dillenburgstraat* (KWD).
Moderne naam naar de heren van Diest uit het huis Oranje-Nassau, die ook heer van *Dillenburg* waren.

110. DISTELPOEL:
1616 *den distelpoel* (BS 2202, 52); 1640 een stuck lants ofts beemts genaempt *den distelpoel* (BS 1821, 30-8-40); 1723 seker halff Bonder lants genaemt *den distelpoel* in d'eeck (BKe 13582/2,1); 1797 *op den distelpoel,* nu de augustijnen Careel oven (WVA 119).
C 81, land, 96 a 10 ca.
Identiek met de *Kareeloven* of de *Steenovens* (1). Een natte plek grond, waar vroeger blijkbaar veel *distels* bij een *poel* groeiden.

111. DODEMAN:
/dən'duwəmɑn/ V.
1478 *bijden doideman* (DHG 1820, 15); 1526 eenen bosch gheheten *den dooden man* groot synde een boinder (BKe 10891, 15); 1531 eenen halff boender bosch ghelegen onder webbecom ghenoempt *den doyen man* (DHG 1421, 61v°); 1569 een boender lants gheheeten *den doodenman* ghelegen te papenbroeck (BS 2279, 372); 1680 negen sillen landt genaempt *den doeyman* (HST 6943, 53); 1751 *op den Dooman* (BS 6610/2, 4v°); 1825 *op den doodenman* (BKa 1001).
C 111-120, 141-150, D 44-54.
Plaats waar een *dode* gevonden werd (Vannérus).

112. DODEMANSBOS:
1) 1591 *eenen dooden mands bosch* ... vyff zillen lants *aenden dooden mans bosch* gelegen (DHG 1813).
C 146, land, 1 ha 39 a 30 ca.
In 1771 was dit perceel 1 bunder 30 roeden *bos* op de *Dodeman* (DHGK 7).
2) 1904 *in het Doodenmansbosch* (GvD 10-2-04).
Wsch. D 57-57, bos, 4 ha 37 a.
Perceel *bos* op de *Dodeman.*

113. DODEMANSMESTWEG:
ca. 1845 *Doodemansmestweg* (KB).
Een *mestweg* was een weg naar akkerland. Hier is het de weg van het gehucht Aardeweg naar de akkers op de *Dodeman.* Sectie C.

114. DODEMANSSTRAAT:
1) ca. 1780 tegens *de doode mansch straet* (BKe 16413/4, 8); 1803 *de doode man straete* (BKe 141, 36v°); 1976 *Doodmanstraat* (KK).
Identiek met de Blakenbergstraat (2), waarlangs men van Papenbroek naar de *Dodeman* kan gaan. Sectie D.
2) də'duwəmɑnstrɔ:t/ V.
Identiek met de *Dodemansmestweg.*

115. DODEMANSVELD:
1823 *Doode man veld* (BKa 545); ca. 1845 *Doodemansveld, Doodmansveld* (KB); 1976 *Doodman Veld* (KK).
D 36-58.
Op de *Dodeman* gelegen *veld,* akkerland.

116. DODEMANSVOETWEG:
ca. 1845 *de Dodemansvoetweg* (KB); 1904 de straat genaamd *Doodmansvoetweg* (GvD 16-1-04).
Voortzetting van de *Dodemansmestweg* op de *Dodeman,* tot aan de Oude Tienseweg, thans verdwenen. Sectie D.

117. DOELEN:
1755 *de doelen* (BS 1825, 256); 1877 aan *de Doelen* (GvD 27-6-77).
B 64-65, hooiland, 1 ha 21 a 20 ca.
Identiek met de Vogelsgeerde. Daar was, zeker sinds 1599, de schietbaan van het schuttersgilde. Tevoren was het Schuttershof bij het Hof van Webbekom, waar in 1562 de "*doelen* en bergen" stonden van "de kamer en gilde vanden hantboge tot Webbekom" (A 212 B 4 III 86).

118. DOLAGE:
1640 metten beemde genaempt *die doolaege* groot tsamen een boender (BS 1821, 30-8-40); 1797 erve genaemt *de doolage* (WVA 134).
B 49, land, 1 ha 54 a 50 ca.
Mned. *dootlage, doodlage, doolage,* moeras, slijkpoel. Nog als dialectwoord vermeld o.a. in Aarschot, Linkhout en Leuven (WBD 194).

119. DONK:
1676 drije sillen weijde genaempt *den donck* (DLHG 5).
C 31, land, 1 ha 67 a.
Identiek met de vroegere Hofstad te Rode. *Donk* is een zandige hoogte in een moerassig terrein (Molemans 1973b, 301, en 1977, 44; Gysseling 1981a, 76). Dit perceel ligt inderdaad iets hoger dan de omliggende weiden.

120. DOOIVELD:
1823 *in het doyveld* (BKa 1001).
A 96 en 98, land, 1 ha 19 a 90 ca.
Misschien is *dooi* hier "dode" en moeten we vergelijken met Dodeman. Toch kan het ook een 19de-eeuwse vervorming zijn van een ander element, dat echter raadselachtig blijft.

121. DOORN:
1457 op die demere aen *die dorne* (DHG 1817, 36v°); 1535 aen *die doerne* (DHG 1872, 87).
Vermeld bij het Steenhoveke (A 19), dat aan de oude Demer gelegen was. Deze vormde de grens met Zelem. De *doorn*struik werd inderdaad veel gebruikt als grensboom (Lindemans 1931, 224-226).

122. DOORNEBEEK:
1597 de Dornebeek (Vrancken 37); 17de eeuw *de Dornebeek* (id. 45).
Beek die de grens met Zelem en Zelk vormde tot de A2 daar werd aangelegd. Ze is gedeeltelijk, nl. op de grens met Zelem, identiek met de oude Demer, die daar vóór 1486 werd rechtgetrokken (zie bij Demer). Onder Zelem wordt daarbij een wei vermeld die *Dorne* of *Doorne* heet (Claes 1980a, 180). Ook hier heeft *doorn* de betekenis grensboom.

123. DORP: /ətø̨rəp/ V.
1532 te webbekom *int dorp* (HST 7039, 46); 1680 *in het dorp* van webbecum (HST 6943, 24); 1823 *Het Dorp* (BKa 545).
A 109-128 en 200-208.

Nu de gewone naam zowel voor het dorpsplein als voor de dorpskom. Ook elders in Vlaanderen heeft *dorp* het oudere *plaats* verdrongen (Molemans 1977, 27-28, en Pée 1970).

124. DORPSVELD: /tørəpfɛlt/ V.
1490 *opt dorpvelt* (DHG 1823, 2); 1534 *int dorpvelt* (DHG 1104, 15); 1625 vier zillen ende half lants geheeten *het dorpelvelt* (BS 2202/3, 5v°); 1976 *Dorpsveld* (KK).
B 94-121 en 234-249.
Bij het *dorps*centrum horende *veld,* akkerland.

125. DORPSVELDSTRAAT(JE):
1647 *het dorpveltstraetken* (BS 2203, 106); 1980 *Dorpsveldstraat* (KWD).
Weg naar het *Dorpveld,* een deel van de vroegere *Kerkweg* (1). Sectie B. Nu echter uitgebreid tot de hele Kerkweg, ook Sectie C.

126. DORPSVELDWEG:
ca. 1845 *de Torfveldweg* (KB).
Weg van het *Dorpveld* (vervormd) naar de Leugebeek, nu Heggestraat genoemd. Sectie B.
*DRESENBOSVELD:
zie Driesenbosveld.

127. DRIEBEK:
1) 1599 een zille lands genaempt *den drye beck* oft Roselbloexken liggende aenden Eerdenwech (DHG 1130, 20v°).
Wsch. C 94, land, 1 ha 54 a 50 ca (gedeeltelijk).
2) 1630 halff bunder lants gelegen opden eerdenwech genaemt *den dryen beck* (DN 46); 1663 seker halff boinder Landts genaempt *den dry beck* (BS 1822, 30-5-63).
B 33, land, 3 ha 24 a 30 ca (gedeeltelijk).
3) 1695 een zille landts gelegen by den Bocxberghschen molen, genaempt *den drijebeck* (BH 79, 187v°).
E 72, land, 49 a 20 ca.
4) 1735 op d'Hegge, aen *den drijbeck* (BS 1824, 77).
B 181, land, 62 a 40 ca.
5) 1832 zeker parceel land Groot 65 roeden 20 ellen, genaemt *den drijbeck* (BN 35022, 103).
E 145-146, huis, land, hof, 68 a.
Driehoekige of spits uitlopende percelen (vgl. Dewolfs 55 en Lindemans-Borgers 1949, 82). Op de huidige kadasterkaart kunnen we echter alleen de percelen 3) en 4) terugvinden.

128. DRIEHALVEBUNDERS AAN DE KROMMEDIJK:
1680 *drij halff boinders* reg. *den crommendyck* (HST 6943, 115); 1690 het bunder met het half bunder voort' sluijsken, genaempt *de drij halve bunders opden crommendijck* (BH 3251, 44v°); 1819 une prairie dite *de drie halve bunders au Crommendyk* (BKa 1001, 69).
A 166, hooiland, 2 ha 25 a 70 ca.
Oorspronkelijk, zoals we in 1690 nog zien, een perceel van een bunder met ernaast een perceel van een half bunder.

129. DRIEHALVEBUNDERS AAN DE RECHTEDIJK:
1580 *De drye halff boenderen* leggende *opten rechten dyk* (DLH 3, 11); 1819 une prairie dite *de dry halve bunders aen den regten dyk* (BKa 1001, 66).
A 167, hooiland, 5 ha 89 a 30 ca (gedeeltelijk).
Dit perceel bestond in 1438 nog uit twee percelen, een "groten boender" en "1/2 boender neuen den scerpenbeempt" (BH 3244, 6).

130. DRIE PRINSENHALFBUNDERS:
1871 2 ha 25 a 70 ca weide genaamd *de Drie Prinsen Halfbunders* (GvD 24-6-71); 1890 in *de Drij Prinsen Halfbunders* (GvD 25-6-90).
A 166, hooiland, 2 ha 25 a 70 ca.
Identiek met de *Driehalvebunders aan de Krommedijk,* die vroeger aan de Heer van Diest, sinds de 16de eeuw de *Prins* van Oranje, toebehoorden. Nu in de volksmond *Prinsenhalfbunder* genoemd.

131. DRIES:
1459 een eeusel groot omtrent 5 zillen geheiten gemeynlic *den driesch* te liebroeck (BH 64, 47v°).
Wsch. D 1, land, 2 ha 53 a 90 ca (gedeeltelijk).
Op D 1 wordt in 1765 nog gesproken over "drij sillen *dries* te Liebroeck oft Bocxbergen synde actuelyck lant" (BH 80, 449). Het woord *dries* betekent hier wel ongecultiveerde, woeste grond of onrendabel land (Molemans 1976b, 288, en 1977, 27).

132. DRIESEN (VAN ANCIAUX):
1664 6 zillen lant off *driesch* gelegen by het open deurken (DN 322, 22-11-64); 1754 *op den driesch*... het varrebeemdeken (BS 2275, 41v°); 1765 *de Driesen* onder den Galgen Berg (DdK 2, 8); 1780 aende soogenaemde *driesen van Anceau* (BS 375, 34v°); 1826 zeker parceel land genaemt *de driesen van Anciaux*, groot 2 bunder 48 roeden 58 ellen (BN 35016, 30); 1862 3 ha 75 a 85 ca land

genaemd *de Driesen* (BN 35102, 211).
E 136, land, 3 ha 81 a 30 ca.
In 1780 hoorden de percelen E 134-139 toe aan kanunnik Anceau. Deze percelen werden tevoren de *Voorste Heide* genoemd, later het *Driesenbosveld*. De naam Anceau komt in de Diesterse parochieregisters sinds 1625 voor, de vorm Anciaux sinds 1660.

133. DRIESENBOSVELD:
1823 *Driesen Boschveld* (BKa 545); 1862 2 ha 3 a 60 ca land genaemd *Driesenboschveld* (BN 35103, 19/ 3 C); 1873 au lieu dit *Driesenboschveld* (BN 34550, 249/ 3).
E 120-156.
Veld, akkerland, op en bij de vroegere *Driesen* van Anciau, gelegen bij het begin van de *Bos*terestraat.

134. DRIEZILLEN:
1871 Een perceel land genaamd *de dry zillen* groot ontrent vyftig aren (X 2).
D 31, land, 89 a 20 ca.
Dit perceel was ongeveer *drie zil* groot. Volgens het kaartenboek van de Commanderij van Bekkevoort was het in 1782 3 zil 20 en 8/10 roeden (BKe 16412, 5).

135. DRIFTWEG, -STRAAT(JE):
1532 opt wygaerdt velt, *den dreffwech* nae de gauslake dair ouer gaende (HST 7039, 21v°); ca. 1600 den *drifwech* (BKe 4509/2, 4); 1622 henr. witten broexken reg. die *dreft straete* in twee zijden (BS 1820, 1-2-22); 1646 *de drifft straete* (BS 2345/ 2, 143)... het drifftstraetien (ibid. 143v°); 1782 *den driftwegh* (BS 375, 102).
In totaal heb ik acht verschillende wegjes met deze benaming gevonden, die alle naar weiland leiden. De naam is waarschijnlijk afgeleid van het werkwoord *drijven:* het is de weg waarlangs het vee wordt gedreven (Verstegen 63). In de 17de eeuw was deze benaming zeker nog een soortnaam, maar in de 18de eeuw is hij wellicht een eigennaam geworden voor de vroegere Boksbergsestraat.

136. DROGEBEEMD:
1) 1587 *Den drooghen beempt* groot omtrent vijff sillen (DHG 1813, 84v°); 1613 vijff zillen geheeten *den droogen beempt* (DHG 1469, 58).
C 30 en C 26, weide, 4 ha 31 a 50 ca (gedeeltelijk).
2) 1823 *Druge Bemd* (BKa 545); ca. 1860 *Drug bemp* (KP); 1976 *Drug Bempt* (KK).
E 13-26.
Percelen akkerland en weide naast de *Drogewei* of *Drogewinning*

gelegen en vermoedelijk daarnaar genoemd.
Droge wei was een gewone naam voor hoger gelegen grasland, in tegenstelling met nat gelegen broekweiden. In 1688 werd de weide onder 1) nog genoemd "vijff sillen *drooghe weijde*" (BS 6092/10, 29).

137. DROGEBERG:
/dən 'dry:jəɣəbɛrəχ/ V.
1682 *op den droogenberge* (HST 6942, 15); 1875 *op den Drougenberg* (BN 34552, 183).
B 227-228, land, 3 ha 12 a 70 ca, en omgeving.
- *Kleine Drogeberg:* 1880 *op den Kleinen Droogenberg* (GvD 7-7-80).
B 233-234, land, 35 a.
Op de helling van de Drogeberg gelegen perceel.
Identiek met de vroegere *Hogeberg. Droge* grond, wegens de hoge ligging. Tevens in tegenstelling met het *Natbunder* en het *Vijverke,* die er vlakbij gelegen zijn.

138. DROGEWEI, -WINNING:
1568 *de drooch wynninghe* (HST 6733, 556); 1638 een wye genampt *de droeghe winninghe* groet synde dry bounder (BKe 10863, 80); 1787 een stuck Bosch, genaempt *de drooge weijde* groot drij Boinderen (BKe 10921, 6); 1823 *Drug Wend* (BKa 545); 1863 48 a land te Paepenbroek genaemd *Drooge Winning* (BN 35103, 165/3); 1976 *Drug Wind* (KK).
E 6-12, twee huizen, land, weide, tuin, 4 ha 12 a 40 ca.
De oorspronkelijke naam *Drogewinning* werd eerst *Drogewei* (nadat er wei geweest was) en later vervormd tot *Drogewind.* De grond is er *droger* dan in de iets verder gelegen weiden bij de Begijnenbeek. De oorspronkelijke naam schijnt erop te wijzen dat er vroeger een *winning*, pachthoeve, gestaan heeft. Hierover heb ik echter niets kunnen vinden.

**Dromblok:* zie Rondblok (1).

**Dromblokloop:* zie Rondblokloop.

139.*DROOGBOS:* 1515 (kop. 1579) *den droogen bossche,* met grooten eijcken beplant (BKe 18361, 3v°).
Is wsch. een deel van de *Drogewei* of *Drogewinning.*

140. DROOGEUSEL:
1420 van enen eusele geheiten *tdroeghe eusel* (DHG 1869, 61v°).
Wsch. D 92, land, 1 ha 26 a 30 ca.

Eusel, schrale weide, dienstig als grasland voor het jongvee (Pijnenburg 1976). Is waarschijnlijk identiek met de Lammerdries (1).

**Droomklok:* zie Rondblok (1).

141. DROOMBLOKSTRAAT:
ca. 1845 Mestweg dit *Droomblokstraat* (KB); 1980 *Droomblokstraat* (KWD).
Thans nog officiële naam van de veldweg van de Heilige-Geestwinning naar het *Rondblok* (1). Sectie C.

**Drugwind:* zie Drogewei.

142. DUIVELSGAT:
1) 1646 de straete genaempt *het Duuelsgadt* (BS 2345/2, 148).
Is identiek met het *Duivelsstraatje*, nl. de weg van de Kloosterberg naar Papenbroek langs het *Duivelskot*, waarnaar hij genoemd is. Gewoonlijk *Neerveldstraat* genoemd. Sectie D en E blad 1.
2) 1817 terre, nommee *Duivelsgat* (BKa 1001, 261).
B 196, land, 2 ha 47 a 40 ca.
Waarschijnlijk betekent *duivelsgat* hier onvruchtbaar, slecht land, dat "des duivels" is: beide elementen van het woord hebben een pejoratieve betekenis (Schönfeld 1950, 59).
3) zie Duivelskot.

143. DUIVELSKOT:
/ə'ty.yvəlskot/ V.
1569 eenen beempt groot ontrint een half boender gheheeten *het duijuels cotte* (BS 2279, 280); 1691 dat hij vrijelick sal moegen doen affbreecken seeckere huijsinge cum appendentijs et dependentijs, genaempt *het duijuelscot* (BS 354, 127); 1695 eertijdts geweest onder het Pachthoff genaempt *het Duijuelscot* (BS 355, 21); 1714 sekere twee plecxkens wijde aen malcaderen comende genaempt *het duijuelskot* (BS 360, 47v°)... genaempt *het duijuelsgat* (ibid. 48); 1793 aen *'t duyvels gat* (BS 7206, 36); ca. 1860 *Ter Veld kost* (KP); 1866 *in het duijvelskot* (BN 35058, 30); 1976 *Inveldkost* (KK).
D 2-3, land, 4 ha 63 a 90 ca, later uitgebreid tot D 1-8.
De hoeve die vroeger op het Duivelskot stond, heette het Hof van Liebroek. De naam *Duivelskot* werd vermoedelijk gegeven omdat de hoeve daar lang in bouwvallige toestand is blijven staan. Waarschijnlijk was ze omstreeks 1570, wellicht bij de beeldenstorm in 1568, verwoest (Claes 1982a, 37). De benaming *Duivelskot* zal dan op een soort "spookhuis" wijzen.

144. DUIVELSSTRAATJE:
1646 het duijuelstraetie (BS 2345/2, 139). Is identiek met het *Duivelsgat* (1) en de Neerveldstraat, die langs het *Duivelskot* komt. Sectie D en E blad 1.

145. DUIVELZIL: /də'dy.yvəlsil/ V.
1608 *die duijuels zille* (BN 17601/2, 26-2-08); ca. 1675 een sille, ghenoempt *de duyuels sille* (BS 7013, 102); 1816 pré dit *duyvels sille* (BKa 1001); 1904 de weide genaamd *Duivelszil* (GvD 15-6-04).
A 147, hooiland, 36 a 40 ca.
Waarschijnlijk betekent *duivels* hier moerassige, onrendabele plek wei. Vgl. *Duivelsgat* (2).

146. EEGDEKE:
1) 1501 *deegdeken* vander voors. grooter ganslaken afgemeten gelegen opte leygracht by tsluysken houdende omtrint een sille (BH 110, 11); 1558 Du pres nomme *deeghdecken* contenant ung zille (BH 3246, 11v°); 1621 *het d'eechdeken* groot een sille (BH 113, 27v°); 1633 *het eechdeken* groot een zille (BH 114, 30v°); 1756 een boender genaempt *t'Edeken* (BS 7453/2, 29v°); 1795 Een boinder *D'Edeken* (BS 6607/102, 2); 1818 Prairie dite *het hedeken* (BKa 1001).
A 5, hooiland, 1 ha 99 a 60 ca (gedeeltelijk).
Vanaf 1688 wordt er gesproken over "het boinder met d'ediken", een groter perceel waarbij het Eegdeke werd gevoegd. Zie hiervoor *Met het Eegdeke.*
2) 1560 dat Schildeken oft *eechdeken* (HST 7039/5, 77); 1623 tschildeken off *eegdeken* (ibid./7, 72).

A 47, hooiland, 2 ha 3 a 50 ca (gedeeltelijk).
Is identiek met het Schildeke.
Benoemd naar de vorm: een driehoekig perceel in de vorm van een eg, Mned. *egede, eegde,* hier in de verkleinvorm (Molemans 1982b, 394 *Eegde,* 395 *Eegtje, Eegdeke*). In beide gevallen is het perceel nu echter bij een groter gevoegd, zodat de oorspronkelijke vorm niet meer terug te vinden is.

147. EEK(T):
1352 wilhelmi *de Eekt* (DKASlp 103, 6v°); 1355 (kop. 1517) Walterus *van der Ecket* (HST 6744, 22); 1363 (kop. 1707) Arnoldus *vanden Eecket* filius Walteri (HST 6768, 625); 1381 Jan *van der Eeck* (DLS 10, W 1); 1412 achter *de eeckt* (BKe 13706, 429); 1458 *ter eect* (DLS 10, W 21); 1530 *op deect* (HST 6737, 325); 1560 drye sillen Lants geheeten *deect* (HST 7039/5, 22)... de hoeue ge-

naempt *deeckt* (ibid. 102); 1613 *opt deeckt* (BS 1820, 5-3-13); 1623 een keurhoeue genaempt *de Eeckt* (HST 7039/7, 93); 1684 een keurhoeue genaempt *d'Eckt* gelegen achter webbecum (BS 1835bis, 41); 1723 *in d'eeck* (BKe 1382/2, 1); 1773 aen *d'eeckt* (BS 6364/2); 1787 *op d'eeck* (BKe 4506, 2).
C 84, land, 94 a 60 ca, en omgeving.
Oude nederzetting met een cijnshof (zie 1623 en 1684), dat in 1560 drie hoeven aldaar omvatte: een ervan had vroeger toebehoord aan Henrick *vander Eect,* een andere aan Gielen *vander Eect* (HST 7039/5, 102). De naam is gevormd van Mned. *eke,* eik, met *-t* als verzamelsuffix: met eiken begroeide plek (De Brouwer 1959, 106).

-Kleine Eekt: 1544 een zille lants gelegen tot webbekem *in die cleyn eeckt* (HST 6733, 155).
Bij de Eekt gelegen akkerland, niet juist te lokaliseren.

148. EERSTE BUNDER IN DE GANZELAKE:
1735 Het bunder voor het Sluijsken, genaemt het *Eerste bunder inde gaselaken* (BH 3254, 32v°); 1743 Het boinder voor het Sluijsken genaempt het *Eerste boinder in de Ganselaeken* (BH 3255, 26).
A 4, hooiland, 1 ha 64 a 90 ca.
Identiek met het *Voorste bunder van de Ganzelake* en *Voor het sluisje.* Van Diest uit gezien was dit, bij de Demer, het eerste van de acht percelen, elk ongeveer een bunder, van de heer van Diest.

**Eerste Zevenzillen:* zie Zevenzillen.

149. EIKENBOS:
1754 *den eijcken bosch* reg. de else oost en de vijvers noord (BKe 22774, 69); 1816 2 h. 60 a. (2 b.) surnommé *eikenbosch* ... le bois dit *Eikenbosch* (BKa 1001); 1829 *Eykenbosch* (ibid.).
C 25, bos, 7 ha 37 a 20 ca (gedeeltelijk).
Deel van het *Gasthuisbos,* naar de boomsoort onderscheiden van het *Berkenbos* en het *Elzenbos* (2).

150. EIKERBLOK, NEKKERSBLOK, - VELD:
1396 (kop. 1622) *opt neckersuelt* (BKe 10849, 8); 1443 *opt neckersblock* (BS 2279, 400v°); 1622 *op Neckerblock* (BKe 10849, 13); (BS 335, 33); 1546 *upt neckersvelt* (Bke 10850, 16); 1569 *opt eckersblock* (BS 2279, 400 v°); 1622 *op Neckerblock* (BKe 10 849, 13); 1635 een blocxken geheeten *deckersblock* (DN 390); 1638 thien zille landts genampt *het eckerblock* (BKe 10863, 83); 1787 een stuck Landt genaemt *het Eijckers Block* groot thien daghmae-

len (BKe 10921, 2v°); 1793 thien sill *het eykersblock* (BS 7206, 9).
D 114, land, 4 ha 50 a 70 ca (gedeeltelijk).
De oorspronkelijke vormen met *necker* kunnen wijze op Mned. *nicker, necker,* waterelf, watergeest, kabouter (cf. Moerman 167: *Nekkerspoel, Nekkersgat).* Dit is echter minder waarschijnlijk daar er op die plaats nooit van enige waterloop of poel sprake is. Daarom is afleiding van een persoonsnaam waarschijnlijker: in 1394 heb ik de naam Petrus *Neckers* gevonden (DKAHW 34, 3).

151. EIKVELD:
1532 iij 1/2 sillen lants heytende *deyckuelt* ... reg. den verloren cost ... ende de straete naeden blaekenberch Ende plach oick te heytene dmonicklandt (HST 7039, 42).
C 88, land, 2 ha 70 a 70 ca (gedeeltelijk).
Deel van het Langblok en van het Monnikenland. Waarschijnlijk genoemd naar de opvallende aanwezigheid van een *eik* in het *veld,* maar misschien ook naar de nederzetting de *Eekt,* waar dit perceel dichtbij ligt.

**Ekkersblok:* zie Eikersblok.

152. ELS(T), ELZE:
/dels/ V.
1253 siluam ubi crescit *elsholt* que vocatur Libruc, juxta Webbinchem, que habet circa 40 bonuaria (Pirenne 217); 1568 tegen *delze* ... tegen *delzen* (HST 6733, 521); 1622 *die else* (BS 1820, 1-2-22); 1688 *d'elsen* groot ontrent achtien boinderen (BS 6092/10, 41); 1745 *de els* (BKe 22774, 69); 1756 18 boinder bosch, schauije & doolage genaemt *d'else* (BS 7453/2, 25v°); 1797 *de elst* (WVA 120); 1823 in *d'elst* (BKa 1001); 1976 *De Else* (KK).
C 14-23, huis, hof, land, wei, hooiland, 24 ha 14 a 10 ca, op het huidige kadaster uitgebreid tot C 1-77.
In 1253 groeiden er al *elzen.* Het toponiem heb ik toch pas in 1568 gevonden en de vorm met eind-*t* pas in 1797 (cf. De Brouwer 1959, 112: *d'Elze;* Van Passen 1962, 106 en 628: *Elst*).

- *Grote Els:* 1797 achttien bonders in *de groote els* (WVA 123); 1813 7 ha weyland, genaemt *Grandelze* (BVNG 321, Aff. 80).

In 1797 wordt de hele, grote, Els bedoeld, in 1813 een deel ervan, waarschijnlijk C 22-23, wei en land, 7 ha 65 a 50 ca.

- *Kleine Els:* 1804 *de Kleyne Elze* (DdWb); 1880 Een parceel weide, groot 7 ha, genaamd *de Klein Else* (GvD 3-3-80).
C 14-18, land, huis, hof, 7 ha 23 a 10 ca.

Kleinste deel, ongeveer een derde, van de Els, dat in 1772 gemeenteweide werd, daartoe afgestaan door de priorij van Korsendonk. Tot dan toe bezat deze priorij de hele Els, maar had de gemeente recht op de naweide (BS 1825, 727, en 6607/13, 13 en 13v°).

153. ELZENBOS:
1) 1507 bouen *aenden elsenen bosch* (BS 336, 135v°); ca. 1560 den bosch, geheeten *Delsenbosch* (BS 2264/3, 7v°); 1631 vanden bosch geheeten *delsenbosch* (BS 2273, 35v°).
D 81, land, 2 ha 97 a 30 ca.
2) 1568 aent Gasthuijs landt tot aen *t'Elzen Boschken* (HST 6733, 556); 1745 de els oost, de vyuers noordt en *den elsen bosch* west (BKe 22774, 69); 1829 *Elsenbosch* (BKa 1001).
C 25, bos, 7 ha 37 a 20 ca (gedeeltelijk).
Deel van het *Gasthuisbos,* naar de boomsoort onderscheiden van het *Berkenbos* en het *Eikenbos.*
3) 1569 eenen *elsen bosch* gelegen tot Papenbroeck (BS 2279, 494); 1721 twee bunderen landt geleghen tot Papenbroek, genaempt *den elsenbosch* (BS 362, 130).
D 91, land, 2 ha 74 a 30 ca.
4) 1631 ontrent een boinder *elssenbosch* (BS 2273, 38v°); 1787 Vijf sillen schaerbosch genaemt *den Elsenbosch* (BR 46777/31, 18).
D 79-80, land en bos, 1 ha 80 a 80 ca.
Is identiek met het *Stichelbos.*
5) ca. 1680 een boonder bosch genaempt *den elsenbosch* (BS 2351, 40).
D 89 en 102, land, 1 ha 51 a 90 ca.
Op deze vijf plaatsen was er in de 16de-17de eeuw *elzenbos,* nu is er alleen nog op 2).

Fr. Claes

Toponymie van Webbekom

(Vervolg van blz 484, 1985)

154. ELZENBUNDER:
1745 seker boinder bosch competerende d'abdije van sint Truijden gelegen onder Papenbroeck genaemt *d'elseboinder* (DN 25, 48)... het Elsenboinder (ibid. 127).
D 115, land, 1 ha 72 a 40 ca.
Met *elzen* beplant *bunder* bos.

155. ELZENHOUT:
1794 onsen *elsen bosch* (BKe 10906, 15); 1826 *Dilsenhout* (BKa 1461).
E 185, bos, 86 a 90 ca.
Elzen + hout, bos, in 1826 met voorgevoegde *d.*

156. ELZENSTRAAT:
1976 en 1980 *Elzenstraat* (KWD).
Identiek met de *Broekstraat* (2), die naar de *Els* leidt. Sectie C.

157. ENGEL:
1560 1/2 boinder erffs houdende huys ende hoff heytende *den Engel* (HST 7039/5, 42); 1668 sekere plecke landts, daer eertijts twee huysen op ghestaen hebben, d'een ghenaempt *den Inghel* ende het ander die Swane (BS 1830, 17-1-68); 1730 een audt boinder landts genampt *den Enghel* (BS 1823, 112).
A 199, land, 98 a 80 ca (gedeeltelijk).
Huisnaam, vermoedelijk naar een uithangteken, dat zou zinspelen op de *engel* Rafaël, die de jonge Tobias op zijn reis vergezelde. Minder waarschijnlijk is de afleiding van het Latijnse *angulus,* hoek (Gysseling 1950, 132; Van Passen 1962, 631; Molemans 1982b, 442).

158. ERF MET DE BIJL:
1532 Aert van eccele van hueren huse ende houe bij *erue metten bijle* (DLS 10, Z 5).
A 109, land, 1 ha 37 a 20 ca (gedeeltelijk).
Gelegen naast het *Goed van Eksel.* Vermoedelijk genoemd naar een bij dit erf horend *bijl*vormig perceel (vgl. boven: *Bijl* en *Bijlke*).

**Everschot:* zie Overschot.

FIJENHOEK:
1502 een boender droech eusel *inden fijen hoeck* (DKAHW 42, 17); 1508 *inden fienhoick* (DHG 1848, 104v°); 1529 *aenden sop-*

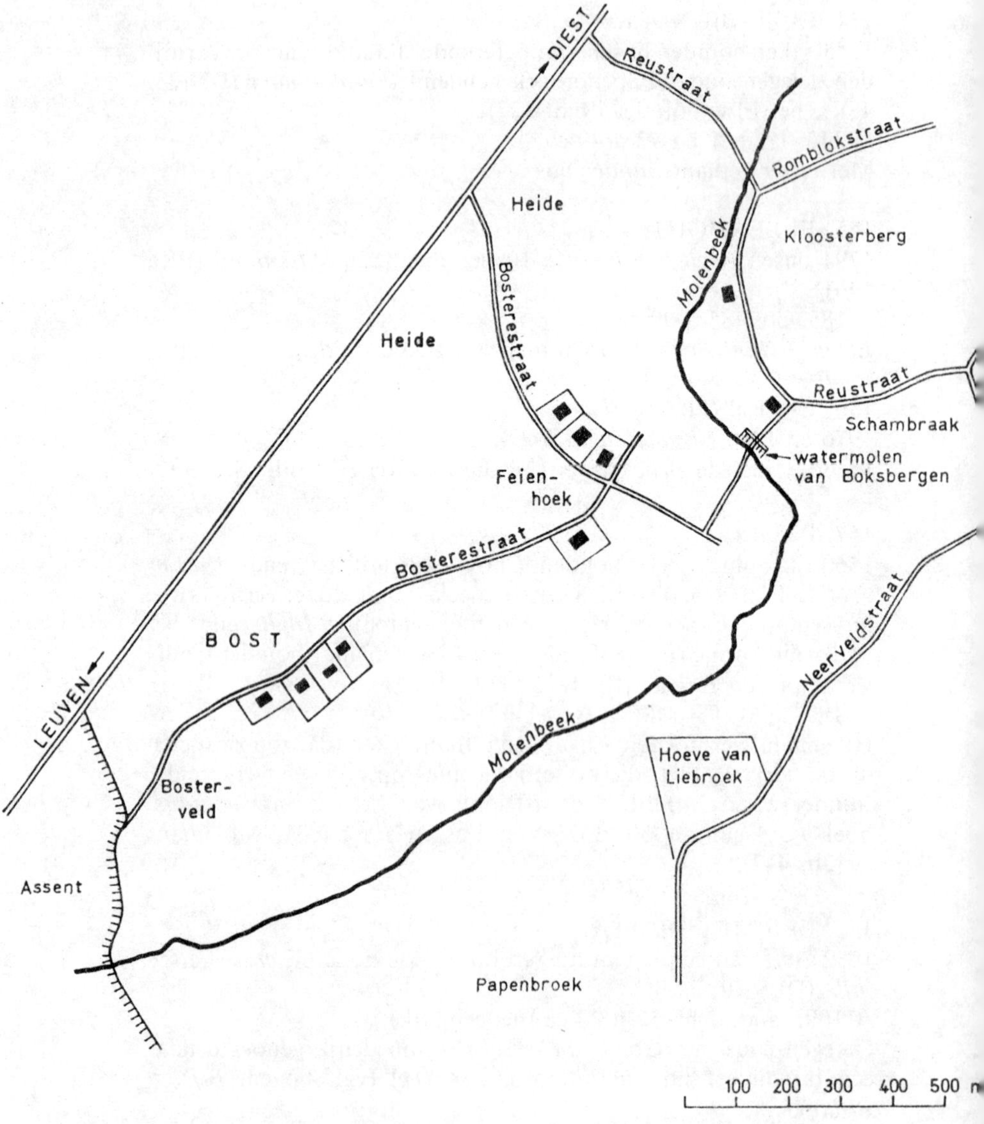

Het oude gehucht Bost

hyen hoeck (BS 338, 285v°); 1531 1 1/2 boender beempts geheyten *den fyenhoeck* (DHG 1870, 19); 1598 *aenden zophyenhoeck* (DHG 1131, 7v°); 1599 *inden fynhoeck* (DHG 1130, 21)... *in den fyenhoeck* (ibid. 26); 1646 *blijenhoeck* (BS 2345/2, 135); ca. 1680 *inden feimenhoeck* (BS 2351/2, 159v°); 1687 *aenden feynen hoeck* (BH 79, 109v°); 1793 *op den bleyen hoek* (BS 7206, 14v°); 1862 een parceel Weijde genaemt *den fijnen hoek* (BN 35054, 64/82).
E 159, land, 1 ha 31 a 70 ca, en omgeving.
Hoek, agglomeratie van enkele huizen in hoekvorm, meestal tussen drie wegen (Molemans 1973b, 308). Hier is het de hoek gevormd door de Bosterestraat, bij de weg naar de Prinsendijk en de Boksbergsemolen. In de 16de eeuw stonden daar verscheidene huizen. De plaats werd genoemd naar het oudere *Sofiënblok,* dat er vlak bij gelegen was, afgeleid van de naam *Sofie* (cf. Molemans 1982b, 1654: *Feijenhoff*).

160. FIJENHOEKBEEMD:
1531 vanden beempde gelegen inden fyenhoeck... *vanden fyenhoeckbeempde* voors. (DKAHW 42, 386).
Bij de *Fijenhoek* gelegen weide, juiste ligging onbekend. Sectie E blad 2.

161. FILIP GRIETENHOF:
1541 achter *phil. grieten hoff* omtrent den kerwey tot webbekem (HST 6752, 286, los bl.).
A 123-124, huis en hooiland, 5 ha 70 a 30 ca (gedeeltelijk).
Identiek met het Steenhof of Blok (1), dat in 1522 eigendom werd van *Philippus Grieten* (HST 6744, 31v°) en in 1538 toebehoorde aan diens weduwe (HST 6768, 678). De dochter van Filip Grieten en Marie van Assche, Marie Grieten, huwde met Jonker Joachim van Ghele, schout van Diest (+ 1579; van den Hove d'Ertsenryck 1983, 91). De bij deze hoeve horende weide werd later *Van Geelswei* genoemd.

162. FILIPSBERG:
1779 den berg genaemt *Philips bergh* (DLSt); 1789 *den philips bergh* soo genoemt ter oorsaecke van twee parceelen aldaer opgebroken doer sekeren Peeter *Philips* (BS 2271, 306); 1790 ontrent *den Flipsberg* (BS 377, 67v°); 1890 achter den Molen *Philipsberg* (GvD 13-9-90).
E 222-223, land, 83 a 10 ca.
In 1774 verkreeg Peeter *Philips* drie percelen grond, o.a. de twee vermelde, samen 3 zil en 75 roeden groot (BS 373, 38). Later werd de Leuvensesteenweg erdoorheen getrokken. Het is de hoogte waarop ca. 1826 een windmolen werd geplaatst (Claes 1982a, 76-77). De naam Philips kwam in de 18de eeuw in Diest en omgeving meer voor. Te Webbekom werd in 1712 een Peter *Flips* gebo-

ren, maar het is niet duidelijk of het over deze man gaat.

163. FISKAALBUNDER:
1828 *'t fiscaal bunder* (BN 35018, 230/6).
B 11, land, 1 ha 33 a 60 ca.
Dit perceel had tevoren toebehoord aan Becquet (BN 35016, 37), vermoedelijk notaris Jean Becquet, 1719-1759 notaris in Diest en in 1741 schepen van Webbekom (Claes 1982a, 92). De naam *fiscaal* kan wijzen op de rechten die soms aan een notaris betaald moesten worden.

164. FRANSEZIL:
1684 *Die fransoise sille* (HZH 6/2, 6); ca. 1760 een sille, genaempt *de francoise sille,* reg. den ouden demer west ende noordt (HZH 8, 9).
A 139, hooiland, 5 ha 61 a 60 ca (gedeeltelijk).
Dit perceel hoorde onder Zelem, tot het in 1757-1758 door de rechttrekking van deze rivier ten zuidwesten ervan kwam te liggen (Breugelmans 272; Claes 1982a, 73). Wellicht had het vroeger aan Fransen (of Franssprekenden?) toebehoord.

165. GAAR:
1684 drije sillen beempts gemeynelick geheeten *de gaer* (BS 1835bis, 51).
A 179 en 180, hooiland, 1 ha 69 a (gedeeltelijk).
Gaar is plaatselijk nog het gewone woord voor het hek van een wei of erf (Claes 1982b; WBD I 233). Het toponiem kan hier ook, onder invloed van dit woord, een vervorming zijn van het oudere *Geilaard,* dat dezelfde wei aanduidde.

166. GAASBEEK:
1755 den Bempd genaemd *de Gaesbeeck* (A 20 B 1 V, 86v°).
A 45, hooiland, 1 ha 29 a 30.
Weide in de *Ganzelake,* waarvan de naam dezelfde betekenis heeft als Gaasbeek: *gans* + beek, ook vaak in de vorm *Gazelake.*

167. GALGEBERG:
1682 tot Webbecum ontrent *den galgenberge* (HST 6942, 10v°); 1684 ontrent *den galgenberch* (BS 1835bis, 52v°).
Hoogte bij het Kaarskesgat en het *Galgeblokje* (1). Sectie B. Herhaaldelijk wordt daar ook een galg vermeld, o.a. 1400 prope *patibulum* int wyndelbroeck (DKABg 39, 1v°); ca. 1675 int dorpuelt, ontrent *de galge* (BS 7013, 61). Deze plaats wordt ook het *Gericht* genoemd. Over het gebruik van deze galg is verder niets bekend (cf. Claes 1982a, 20).

168. GALGEBLOKJE:
1) 1680 een halff bonder lant genaempt *het galgenblockxen* (BS 7452/2, 5); ca. 1720 *t' galgeblocxen* (BKe 22774, 50).
B 118, land, 55 a 10 ca.
Perceel op de *Galgeberg,* waar vermoedelijk de *galg* had gestaan.
2) 1623 een halff boinder lants *in eenen bloke* (HST 7039/7, 40); 1680 een halff bonder lant genaempt *het galgen blocxken* reg. het wijngaerde kerckhoff (HST 6943, 12).
A 139, land, 1 ha 39 a 50 ca (gedeeltelijk).
Op deze plaats hebben we geen spoor van een galg gevonden. Zou deze naam hier soms een verschrijving zijn? Of had het oude perceel misschien de vorm van een galg?

169. GANZELAKE:
/də'ɣ:azəl:akər/ V.
1280 de pascuis iacentibus versus Webenkem que *Ganselake* dicuntur (DLO 3); 1490 *inde ganslake* (DHG 1823, 2v°), 1500 (kop. 1625) *inde Gaselake* (BKe 10849, 107); 1505 *ter gauslaken* wert (BKe 13712, 736); ca. 1520 bij *de Ganselaeck* (BKe 13950/5, 1v°); 1562 *de gaenslaecke* (BH 70, 143); 1579 *inde ganslage* (BKe 18061, 6); 1599 (kop. 1626) *die gaeslaec* (BKe 4497, 27); 1601 *inden gansenlaker* (HST 6747, 57); 1611 naer *die geyslaecken* (DHG 1906, 63 v°); 1638 *inden gheyselaec* (BKe 10863, 64); 1661 *inde ghaslaecke* (DN 392, 18-7-61); ca. 1700 Den Leijdt-gracht en *den Gansenlack* loopende onder de koijebeke (BKP 335/1, F); 1721 in *de gaselaeck* (BKe 4504, 5); 1733 *inde gijeselaeckers* (BS 1824, 29); ... in *de geijslakers* (ibid. 30); 1806 La pêche sur les fossés dit *de gaeselhaeken* (DdWb); 1825 aan *den Gansenlaag* (BKa 1001, 374); ca. 1845 *Gaselaekenbourden, Ganslaken* (KB); ca. 1860 *De Ganse* (KP); 1871 in *de Ganzelagen* (GvD 7-6-71); 1875 in *de Ganzelaken* (GvD 9-6-75); 1976 De Ganse (KK).
A 1-60, hooiland.
Gans + Mned. *lake,* waterloop, beek. De dialectuitspraak van *gans* is te Webbekom nu /ɣɑns/, maar blijkbaar is ze vroeger ooit /ɣa:s/ geweest. Onmiddellijk ten oosten van Webbekom is dit overigens nu nog de uitspraak volgens het WBD, te Halen, Loksbergen, Linkhout, Geetbets enz. (I 1009). In 1279 was *Ganslake* reeds de naam van weiland, maar ca. 1700 en in 1806 was het toch de naam van een stuk van de Leidgracht, aan de kant van de Koebeek of Begijnenbeek. Dit zal ook wel de oorspronkelijke betekenis geweest zijn.

- *Grote Ganzelake:* 1334 pratum dictum *magnum Ganselake* (Cart. Dst. 499); 1337 *die grote ganslake* (D 2, 51); 1442 eenen bempt geheijten gemeijnlic *die groot ganslake* (HST 6733, 499);

1680 *de groote gauslaecken* (HST 6943, 100).
In 1442 worden de Abtsbunders bedoeld en in 1680 weiden van de heer van Diest, telkens tegen de Demer gelegen. Blijkbaar lag *de Grote Ganzelake* tussen de Leidgracht en de Demer (A 4-14).

- *Kleine Ganzelake:* 1334 *parvum Ganselake* (Cart. Dst. 499); 1337 *die cleyne ganslake* (D 2, 51); 1438 *vander cleynder ganslaken* (BH 3244, 7); 1574 Tsurplus *vander cleynder ganslaecken* (DLH 1, 13); 1715 in *de kleyne ganslaecken* (BS 6936b, 48).
In 1574, en blijkbaar meestal, wordt een perceel tussen de Leidgracht en de Vluchtdijk bedoeld, maar in 1715 een perceel tussen de Leidgracht en de Demer. Normaal was *de Kleine Ganzelake* echter het deel aan de kant van de Vluchtdijk (A 1-3 en 47-60).

170. GANZELAKERBEEMDEN:
1523 alsulcken beemden mijnen heere van struijden toebehorende liggen onder webbecum geheiten *die ganslakerbeempden* (HST 6737, 305); 1560 De heer van diest van zyne *gauslakerbeempden* (HST 7039/5, 17); 1659 *Den gaese-laeck bemt* (BKe 5009, 78); 1684 in *de gaensenlaecken beempden* (BS 1835bis, 47v°).
Verschillende weiden, gelegen in de *Ganzelake,* eerst de Abtsbunders, daarna weiden van de heer van Diest en van de abdij van Averbode. Sectie A, blad 1.

171. GANZENDRIES:
1) 1518 een out boender bossch geheyten *den gansdries* (BH 67, 8); 1687 een boender bosch geheeten *den gansendriesch* (BH 79, 109v°); 1783 *den Gansendriesch* (BH 82, 62).
D 89 en 102, land, 1 ha 51 a 90 ca.
2) 1564 een boender bosch geheijten *den gansen dries* (BH 70, 156); 1664 een boender bosch geheeten *den gansen driesch* (BH 77, 121v°).
D 70, land, 1 ha 68 a 70 ca.

Beide percelen hoorden toe aan het klooster Mariëndaal uit Diest. Het eerste perceel ligt vlak bij de *Oudenhof* (2), zodat het goed aan te nemen is dat daar ganzen gehouden werden. Het tweede ligt echter ver van elke hoeve, zodat we moeten veronderstellen dat de naam bij vergissing enige keren aan dat perceel gegeven werd.

172. GANZENHOF:
/'txanzənhof/ V.
E 50-51, hof en huis, 27 a 20 ca.
Alleen in de volksmond bekende naam van de vroegere Kommanderijwinning, blijkbaar naar *ganzen* die er ooit gehouden werden.

173. GASTHUISBEEMD:
1532 *tgasthuysbeempt* van diest (DLS 10, Z 20); 1635 *Gasthuys bempdt* (BS 2203, 28).
A 43, hooiland, 2 ha 58 a 60 ca.
Weide die aan het Groot *Gasthuis* van Diest toebehoorde.

174. GASTHUISBERG:
/də'ɣastəsbɛrəx/ V.
1379 Te Webbekom tusschen de vroende ende den *gasthuys berch* (DHG 1889, 45); 1459 (kop. 1686) beneden *'s gasthuijsberch* (BS 6607/59, 1/2); 1980 *Gasthuisberg* (KWD).
E 79-99.
De Gasthuisberg vormt een geheel met de Kloosterberg. Een deel van de Gasthuisberg, nl. het *Gasthuisblok*, hoorde toe aan het Groot Gasthuis van Diest, terwijl de Kloosterberg geheel toebehoorde aan het klooster Sint-Bernardsdal.

- GENE GASTHUISBERG:
1404 op *genen gasthuysbergh* (D 794, 23v°).
Met het aanwijzende *gene*, voor een op een zekere afstand gelegen plaats (Claes 1983c).

- GROTE GASTHUISBERG:
1569 *opden grooten gasthuys berch* (BS 2279, 622).
Waarschijnlijk duidt de toevoeging *grote* hier op het bezit van het *Groot* Gasthuis van Diest. De berg is kleiner dan de erbij gelegen Kloosterberg.

- OUDE GASTHUISBERG:
1598 bouen *den ouden Gasthuysberch* (DHG 1131, 9).
De toevoeging *oude* wijst hier waarschijnlijk op de ligging achter het *oude gasthuis*, op het grondgebied van Diest, dat reeds in 1250 naar het stadscentrum was overgebracht. De gebouwen van het oude gasthuis stonden er echter nog in de 14de en misschien in de 15de eeuw (H. Claes 1973, 35-36; Van der Eycken 1980, 78).

175. GASTHUISBERGSTRAAT:
1823 *Gasthuisbergstraat* (KDB 208).
Weg tussen de Gasthuisberg en de Kloosterberg, nu zonder meer *Gasthuisberg* genoemd. Sectie E blad 2.

176. GASTHUISBLOK:
1553 *aent gasthuys block* reg. tseluen *gasthuys block* (BS 339, 261v°).
E 96-98, land, 6 ha 7 a 10 ca.

Afgesloten perceel, *blok*, vroeger bezit van het Groot *Gasthuis* van Diest.

- GROOT GASTHUISBLOK:
1513 byden eertwech *int 't grootgasthuysblock* (BS 337, 51).
Identiek met het *Gasthuisblok*. De toevoeging *groot* kan slaan op de *grote* omvang van het perceel, maar ook op het *Groot* Gasthuis van Diest, eigenaar ervan.

177. GASTHUISBOS:
/'tχastəzbos/ V.
ca. 1720 die schaueij van *gasthuis* daer sy hun vijfuers en *Boschen* af gemaeckt hebben (BKe 22774, 68v°); ca. 1810 in *den gasthuys bosch* (DdW); 1867 7 ha 67 a bosch genaemd de Els of *Gasthuysbosch* (BN 3059, 94/1); 1980 *Gasthuisbos* (KWD).
C 25, bos, 7 ha 37 a 20 ca + C 26, weide, 3 ha 62 a 60 ca.
C 25 hoorde vroeger toe aan het Groot *Gasthuis* van Diest en werd in het begin van de 18de eeuw *bos*. Dit bos werd in het begin van de 19de eeuw onderscheiden in *Berkenbos, Eikenbos* en *Elzenbos*. Later werd ook C 26 bos. Dit perceel hoorde vroeger toe aan de Heilige-Geesttafel van Diest en was een deel van de Achterwei.

178. GASTHUISBUNDER:
ca. 1675 drij sillen tegen *het gasthuijsboinder* (BS 7013, 127).
Msch. A 148, hooiland, 66 a 70 ca + A 129, hooiland, 1 ha 27 a 60 ca (gedeeltelijk).
Op de aangegeven plaats was een perceel van een *bunder* wei eigendom van het Groot *Gasthuis* van Diest.

179. GASTHUISERF, -GOED:
1452 *t' gasthuijs Erue* van Diest (HST 6733, 522); 1532 by *des gasthuys goet* van diest (DLS 10, Z 6).
A 43, hooiland, 2 ha 58 a 60 ca + A 109, land, 1 ha 37 a 28 ca (gedeeltelijk).
Plaats waar, zeker van 1420 tot ca. 1550, een hoeve van het Groot *Gasthuis* van Diest heeft gestaan die leengoed was van de abdij van Sint-Truiden (Claes 1982a, 24). In de 17de eeuw wordt deze hoeve Peter van Geelhuisje genoemd.

180. GASTHUISHOEVE, - WINNING:
1599 (kop. ca. 1620) den win van *gasthuys van diest winninge* (BKe 4497, 155); 1602 *tcasthuys winninghe* (BS 6091, 3); 1616 aenden eerdenwech tegen ouer *de gasthuijs hoeue* (HST 6746, 20); 1676 achter *die gasthuijs winninghe* (HST 6755, 100); 1703 op den aerdewegh achter *der gasthuijs winninghe* (DKAHW 49, 8/3v°).

C 38-38, tuin en huis, 25 a.
Identiek met de Heilige-Geesthoeve. In 1619 werden de goederen van de Heilige-Geesttafel en het Groot *Gasthuis* gescheiden (Van der Eycken 1980, 208).

181. GASTHUISLAND:
1) 1616 *Gasthuys landen* in wygaert velt (BS 2202, 27); 1625 bouen aen *het gasthuijslant* van Diest (BS 6090bis, 6).
A 104, land, 3 ha 66 a 80 ca.
2) 1532 op den hoelenteer reg. den gruenenwech *aent gasthuys lant* (HST 70/39, 3v°).
B 196, land, 2 ha 47 a 40 ca.
Akker*land*, vroeger toebehorend aan het Groot *Gasthuis* van Diest. Het tweede perceel werd later *Duivelsgat* (1) genoemd.

182. GASTHUISOVERSCHOT:
1610 van *tgasthuijs euerschot* (DHG 1113,1).
A 161, hooiland, 2 ha 77 a 60 ca.
Perceel in het *Overschot*, oorspronkelijk *Everschot*, dat aan de Heilige-Geesttafel van Diest toebehoorde. De goederen van de Heilige-Geesttafel en het Groot *Gasthuis* werden echter pas in 1619 gescheiden (Van der Eycken 1980, 208). De naam *Everschot* komt waarschijnlijk van het dier *ever* + *schot*, beboste hoek hoger land in moerassig terrein (Gysseling 1960, 901).

183. GASTHUISTWEEBUNDER:
1612 op den Gasthuijsberch reg. *die gasthuijs twee boenderen* (DN 267, 4-2-12).
E 96, land, 3 ha 33 a 30 ca.
Deel van het bovenvermelde *Gasthuisblok*, iets meer dan *twee bunder* groot.

184. GASTHUISVIJVER:
ca. 1720 die schaueij van *gasthuijs* daer sy hun *vijfuers* en Boschen af gemaeckt hebben (BKe 22774, 68v°); ca. 1810 *de gasthuys vyvers* in den gasthuys bosch (DdW); 1829 Le *gasthuis vyver* (BKa 1001); 1834 een bunder land genoemt *Gasthuysvyver* (BN 35024, 5/14).
C 24, land, 3 ha 62 a 60 ca.
Identiek met de huidige *Gasthuiswei* (1). Van het begin van de 18de tot het begin van de 19de eeuw zijn er vijvers geweest, zoals ook op de kaart van Ferraris te zien is (KF 1777).

185. GASTHUISWEI:
1) /də'ɣɑstəʂsɛ:/ V.

ca. 1684 *tgroot gasthuys wye* (DLH Le. 26).
C 24, land, 3 ha 62 a 60 ca.
Identiek met de *Gasthuisvijver*, eigendom van het Groot *Gasthuis* van Diest. Nu is dit perceel weer *wei*, zoals in de 17de eeuw.
2) 1712 beneden den galgenbergh reg. de bosterstraet, *tgasthuijswijde* (BS 359, 90v°)... *gasthuijswijde* (ibid. 91).
E 142 + 153-154, weide, 4 ha 17 a 30 ca.
Vroeger bezit van het Groot *Gasthuis* van Diest. Een deel ervan is identiek met het Sofieënblok.

**Gasthuiswinning:* zie Gasthuishoeve.

186. GEBRANDE EIKEN:
1412 opte hegghe tusschen erue des Abds van sintruden ende *de ghebernde eyke* (BKe 13706, 429).
Wsch. tussen B 132 en 129.
Blijkbaar een plaats waar stammen van eiken na een brand waren blijven staan. Vgl. de *Verbrande Staak*.

187. GEBROEK:
1823 *Ge Broeck* (KDB 208).
A 1-2 en 60, hooiland, 7 ha 55 a 80 ca.
Identiek met het Surplus en de Ossebeemd, laagliggende weilanden of *broek*. Het voorvoegsel *ge-* zal hier wel een collectieve betekenis hebben (Weijnen 1963, 16).

188. GEBROEKSTRAAT:
1823 *Ge Broeckstraat* (KDB 208).
Weg bij het *Gebroek*, vroeger een deel van de Vluchtdijk.

**Geen Bosterveld:* zie Bosterveld.

**Geenhegge:* zie Hegge.

**Geerkes:* zie Heerke(s).

189. GEILAARD:
1532 drie sillen beemps geheeten *den gheylaert* (HST 7039, 29); 1616 *aenden geijlaert* (BS 2202, 36); 1635 in die stockebeemden reg. *den galaert* (BS 2203, 24).
A 179, hooiland, 1 ha 30 a 10 ca (gedeeltelijk) + A 180, hooiland, 38 a 90 ca.
Identiek met de Gaar. Mned. *geil*, vruchtbaar, welig + personifiërende afleiding op *-aard* (Lindemans 1928, 133-148). Een slijkachtige, natte bodem wordt *geil* genoemd (Helsen 1938, 13). Ook

te Halen was er in 1522 een toponiem *Geilaard* (Cleeremans 281).

190. GELEGRACHT:
1675 *den gelen gracht* (BH 78, 217); 1747 aen *den geilengracht* (BKe 10874/2, 61v°); 1976 *Gelegracht* (KWD).
Sloot die over het hele gebied van Sectie E (blad 1 + 2) parallel loopt met de Begijnenbeek, maar er driemaal onderdoorgaat. Van Papenbroek tot aan de Schom loopt ze rechts van de beek, van de Bevereweide tot de Boksbergsestraat links ervan, vanaf die straat weer even rechts en vanaf de Kuipersbeemd weer links. Waarschijnlijk werd deze sloot gegraven voor de bevloeiing van de weiden. Vandaar ook de naam met *geil*, vruchtbaar. Ze werd ook Leidgracht (2) genoemd.

**Gemeenbroek:* zie Broek.

191. GEMEENGERICHT:
1420 prope papenbroec *int gemeyn gerichte* op blakenberch (HST 6745,9); 1641 apud Rode iuxta limites Jurisdictionis domini de diest *int gemeyne gherichte* (HST 6753, 282); 1707 *int Gemeyn Gericht* op Blakenbergh (HST 6768, 632).
Met *Gemeengericht* wordt in deze stukken van de abdij van Sint-Truiden de grens van de heerlijkheid Webbekom, die onder de abt hoorde, met de heerlijkheid Kaggevinne, die onder de heer van Diest hoorde, bedoeld. *Gericht* heeft hier de betekenis "gebied waarover de jurisdictie van de schepenbank zich uitstrekt" (Smulders 1955, 2).

192. GEMEENTEDIJK:
1) 1828 *de Gemeente Dyck* (BN 35018, 116/ 17); 1831 *den gemeynten dyk* (BN 35021, 62/8).
Identiek met de Keerdijk. Sectie A, blad 1-2.
2) 1840 un terrain Communal dit *Gemeynten Dyk* (DdWG 112).
Identiek met de Vluchtdijk. Sectie A, blad 1.
De Keer*dijk* en de Vlucht*dijk* waren *gemeente*grond. De brede graskanten ervan werden vroeger met de andere "gemijntegoederen" verhuurd, bijv. in 1746 (BS 6090/2, 2v°).

193. GEMEENTESTRAAT:
1) 1778 parceelkens uyt dese *Gemeynte Straete* op den eerden wegh (BS 1826, 90)... de voors. *gemynte straete* (ibid. 91).
Weg bij de Vroente op de Aardeweg, nu een deel van de Papenbroekstraat. Sectie C.
2) 1791 tot paepenbroeck, reg. *de gemijntestraet* (BS 377, 144v°).
Weg van Papenbroek naar Assent, vroeger Zandstraat genoemd,

Sectie D.
De verbindingswegen hoorden toe aan de *gemeente*.

**Gemene Heerstraat:* zie Heerstraat.
**Gemeentevroente:* zie Vroente.
**Gemeneheide:* zie Heide.
**Gene Gasthuisberg:* zie Gasthuisberg.
**Gene Hegge:* zie Hegge.
**Gene Kievitsberg:* zie Kievitsberg.

194. GERICHT:
1477 aent windelbroeck by *tgherichte* (DHG 1916, 71); 1523 teghen *tgherichte* ouer (DLKe 4, 83v°); 1682 inde delle bij *t' gericht* (HST 6942, 15).
Hier wordt de galg op de Galgeberg bedoeld (Molemans 1976c, 94, n. 8: *Gericht*, galg). Sectie B.

195. GEUZENTEMPEL:
1680 op *den geusentempel* (HST 6943, 38); ca. 1680 huys ende hof, genaempt als nu *den geusentempel* (BKe 4498, 18v°); 1820 twee hectaren land genoemd *Geuzentempel* (BKa 1001, 96).
B 50, land, 5 ha 57a (gedeeltelijk) + B 51-52, land, 69 a 90 ca.
Waarschijnlijk een scheldnaam, omdat men er niet christelijk leefde. Er was ook een Geuzentempel in Beringen (Lauwers 1977) en in Molenstede (in 1786 een zil akkerland op de hoek van een weg, BS 376,78v°).

196. GEZETHAAG:
1420 de ij bonuarijs terre arabilis dictis *ghesethaghe* (HST 6745, 15); 1641 *Ghesetthage* gelegen op de mortel (HST 6753, 319); 1668 *aende gesette haege* (WP 6, H. Geest 2); 1797 aen *die gesette haeghe* (WVA 141).
C 124-127, land, 2 ha 34 a 70 ca.
Wsch. *gezet*, breed uitgegroeid + *haag*, heining van struikgewas.

**Gielis Lukershof:* zie Lukershof.
**Gijskensgat:* zie Kaarskesgat.

197. GOEDJE:
/'tχuikə/ V.
B 59-63, huis, speelhuis, tuin en land, 1 ha 44 a 35 ca.
Een buiten*goed*, al van in de 18de eeuw, toen het *Speelgoed, Speelhof* of *Zwanenborg* werd genoemd (Claes 1978c). *Goedje* is

nog het gewone dialectwoord voor buitengoed.

198. GOEDJE VAN DE MATTENELLE:
/'tχuikə vɑn də mɑtə 'nɛ lə/ V.
C 13, land, 1 ha 84 a 90 ca.
Hier was in de tweede helft van de 19de eeuw een buiten*goed* van de familie *Di Martinelli* uit Diest. In 1844 hoorde de grond toe aan Fredericus Gulielmus di Martinelli, kandidaat-notaris. Deze werd in 1801 te Diest geboren en overleed er in 1872, ongehuwd. Het buitengoed zou kort na 1900 verdwenen zijn. De pijlers van de toegangspoort, die er nog staan, worden de Torekes genoemd.

199. GOED VAN EKSEL:
1532 Aert *van eccele* ende henri *van eccele* van hueren huse ende houe (DLS 10, Z 5); 1706 dit goet geheeten *tgoet van Excele* (A 212 B 4 III, 86v°).
A 109, land, 1 ha 37 a 20 ca (gedeeltelijk).
Plaats waar vroeger een hoeve stond, genoemd naar de vroegere eigenaars. Hun familienaam was afgeleid van de plaatsnaam *Eksel.*

**Goesberg:* zie Kloosterberg.

200. GOOT:
1536 opt velt geheeten *die gote* (HST 6746, 11v°); ca. 1570 *die goete* (HST 6749, 15); 1654 een boender lants *opde gote* (HST 6755, 199); 1655 *Ten Gote* (HST 6749, 753); 1679 *ter gote* (ibid. 753); 1680 twee oude boinders landt genaempt *die gote* (HST 6943, 59); 1786 op *de gote* (BS 1826, 365); 1876 een parceel land genaemd *de goot* (GvD 22-3-76).
C 102-105, land, 4 ha 48 a 10 ca, en omgeving.
Mned. *gote,* afvoerbuis, goot, riool, greppel (Lindemans en Borgers 1949, 50: weide die *de Goot* heet). Op de bovenvermelde plaats wordt in 1792 nog een ''waterloop'' vermeld, ''neffens den hof van t' pachthoff van Corstendonck'' (DHG 1662, 101). Sindsdien is hij verdwenen.

**Groechstraatje:* zie Broekstraat (2).

201. GROENEWEG, GROENSTRAAT:
1) /də'ɣry.ynəwɛχ/ V.
1675 (kop. 1684) opt wijngaerdt velt reg. *den groenenwech* (BH 88, 106).
Wegje van de Wijngaardkapel naar de Ganzelake. Sectie A, blad 1.

2) 1747 *de groenstraet* van de koijpoort naer Webbecum (DN27, 64); 1786 spoor- of Karrc-weg *groenenweg* genaemt (DKM).
Wegje van de vorige Groeneweg naar de Koepoort te Diest. Sectie A, blad 1.
Alleen in deze twee gevallen is *Groeneweg* een echte eigennaam geworden, maar als soortnaam komt hij veel meer voor.
In totaal heb ik in Webbekom 23 "groenewegen" of "groenstraten" kunnen lokaliseren. De oudste vermelding is in 1412 'toten *gruenen weghe* die te zelkewert ghaet" (DLS 10, W 8). Deze weg is identiek met de Molenweg (1) op de grens met Zelk-Halen, Sectie B. Ook de andere "groenewegen" of "groenstraten" zijn minder belangrijke wegen die dwars door akkerland lopen. De enige uitzonderingen zijn de Vluchtdrijk en een wegje te Papenbroek, die de grens van akkerland en weiland vormen. In 13 gevallen geeft de groeneweg alleen toegang tot akkerland, in 10 gevallen kan hij ook toegang geven tot weiland. Het verband met weiland lijkt me voor de benaming *groene*weg echter niet primair te zijn. Daarom lijkt de verklaring "weg die hoger gelegen is dan het omgevende en *groen* begroeid is" (Cuvelier en Huysmans 121) juister dan "weg naar het *groen*" (Molemans en Paulissen 1975, 43, en 1976, 73).

202. GROENHOEKJE:
1819 Pré à Webbekom nommée (sic) *Grunhoxcken* hooiland (BKa 1001, 93).
A 19, hooiland, 60 a.
Identiek met het Steenhoveke. Dit perceel is gelegen op een *hoek* gevormd door de Keerdijk en de weg naar de Papenbroekjes. De toevoeging groen is wel eigenaardig voor een perceel midden in het weidegebied. Het is blijkbaar een eenmalige 19de-eeuwse benaming.

**Groenstraat:* zie Groeneweg.

203. GROOTBLOK:
1467 een besloten *block* ... gelegen es tusschen syne viere grachten (HST 6678/8, 24v°); 1532 *int groot block* tegen wygaerden kercke oeuer (HST 7039, 16v°); 1620 een plecke Lants *het Groot block* genaempt (DN 268, 16-9-20); 1684 *int grootblock* tegen ouer de wijgaerde kercke (BS 1835bis, 44v°).
B 1-2, land, 3 ha 58 a 60 ca.
Vrij *groot* perceel, *blok,* ingesloten door grachten langs wegen, nl. de Oudebaan, de Processieweg (2), het Vrijheidsstraatje en een Groeneweg.

204. GROOTBUNDER:
1438 *Vanden groten boender* (BH 3244, 6); 1501 *Tgroot boender* ende 1/2 boender vor tsluysken (BH 110, 7v°); 1682 *het groot boinder* met het halff voor tsluyken (BS 7452/2, 39).
A 3, hooiland, 1 ha 80 a 10 ca (gedeeltelijk).
Perceel dat blijkbaar iets *groter* was dan een *bunder*. Nu is het vroegere Halfbunder voor het sluisje, ook naast het surplus genoemd, erbij gevoegd.

**Groot Hemelrijk:* zie Hemelrijk.

205. GROOTSTUK:
1876 het zoo genaamd *groot stuk* onder webbecom (BN 34553, 238); 1878 op *het Grootstuk* (BN 34555, 187).
A 129 + 136 + 151, hooiland, 2 ha 64 a 70 ca.
Drie aan elkaar grenzende percelen, ook genoemd Pastoriezil + Scherpebeemd, Bunder tegen de Dijk en Soersbunder, die ook al in 1844 (WKad) aan dezelfde persoon toebehoorden en zo een *grote* oppervlakte hadden.

206. GROOTVELD:
1680 seuen sillen landt genaempt *het grootvelt* (HST 6943, 17); 1704 *in t' groot veldt* (DHG 1907, 15v°); 1752 seuen sillen landt genaempt *grootveldt* (BS 7453/1, 28).
B 33, land, 3 ha 24 a 30 ca (gedeeltelijk).
In het midden van de 18de eeuw werd dit perceel met de Driebek (2) uitgebreid tot de Negenzillen (2) of Wittesteen.
2) 1738 onder den galgenbergh reg. *het grootveldt* (BS 366, 69).
E 211 + 212, land, 3 ha 29 ca.
Dit perceel lag dicht bij de Galgeberg van Diest (te Kaggevinne).
Veld, akkerland, met een vrij *grote* oppervlakte.

207. GROTEBEEMD:
1) 1399 *inden groten beemt* aenden ghemeynen wech tot sabs broeke wert (DHG, 1865, 82v°); 1535 *inden groten beempt* (DHG 1104, 46).
Weidegebied van de Aardeweg tot het Gasthuisbos, vroeger gewoonlijk Liebroek genoemd. Sectie C.
2) 1515 (kop. 1579) tot papenbroeck, *den grooten beempt* (BKe 10861, 3).
E 22 + 32, weide, 5 ha 96 a 10 ca.
Identiek met de Neerwei.
Beemd, weiland, met een *grote* oppervlakte.

208. GROTEBRUG:
1579 den beempt aen *die groote brugge* (BKe 10861, 1v°).
Brug over de Begijnenbeek bij het oude klooster Sint-Bernardsdal (E 108) en de Hoppekruidbeemd (E 114), die in de tekst bedoeld wordt. Wellicht was er zo een verbinding met de Putterepoort (nu Leuvensepoort) te Diest.

**Grote Els:* zie Els.

**Grote Ganzelake:*

**Grote Gasthuisberg:* zie Gasthuisberg.

209. GROTEGRACHT:
1406 *den groten gracht* (DKAKa 7); 1532 *opten groten grecht* (DLS 10, Z 36); 1684 *op den grooten gracht* (BS 1835bis, 64v°).
Oudere naam van de Leidgracht (1). Sectie A.

**Grote Leidgracht:* zie Leidgracht (1).

**Grote Steenweg:* zie Steenweg (4).

210. GROTEWEG:
1648 int weyngaerts veldt reg. *den groeten weg* (BS 7451, 89); 1759 *den grooten wegh* van Diest naer webbekom (BS 1825, 338); 1797 op de hegge reg. *den grooten weg* (WVA 133).
Identiek met de *Oudebaan,* de vroegere verkeersweg van Diest naar Halen en Hasselt; Sectie A-B.

211. GROTEWEIDE:
1865 eene weijde, bekent onder de naam van *de groote Weijde,* ook genaemd het Broeksken en gelegen in de Els (BN 35057/71, 3).
C 10, land, 5 ha 7 a 60 ca + C 11, hooiland, 1 ha 79 a 80 ca.
Het *grootste* deel van het Broekske of Sint-Bernardsbroekske, onderscheiden van de *Middenste* en de *Voorste Weide.*

212.GULDENBERG:
1646 vier sillen landts genaempt *den guldenberch* (BS 2345/2, 148); 1646 4 sillen landts *den guldenberch* (BS 2279/2).
D 1, land, 2 ha 53 a 90 ca (gedeeltelijk).
Wsch. Mned. *gulden,* vruchtbaar + berg. De bodem stijgt er lichtjes.

**Haaffeiken:* zie Houweiken.

213. HAAN(S)BOS, HANENSBOS, -BLOK:
1490 *inden haenbosch* (DHG 1823, 2); 1569 vier boender elssen scharbosch gelegen opden blakenborch genaempt *den hanensblock* (BS 2279, 672v°); 1575 *den haenenbosch* (BH 72, 147); 1651 *die haensbosschen* (BS 348, 135); 1715 *den hasenbosch* (BS 2272bis, 3/165); ca. 1730 *den Hannebosch* (BS 2274, 43); 1829 *den Handsbosch* (BKa 1001); ca. 1845 *Den Haesbosch* (KB).
D 41, land, 5 ha 28 a 90 ca.
Wsch. vernoemd naar Johannes *den haen* uit Reinrode, die in 1484 vier bunder bos en land te leen kreeg, gelegen bij Papenbroek "int gemeyn gerichte op blakenberch" (HST 6745, 424). Wellicht was dit het Haansbos, dat inderdaad dicht bij de grens (Gemeengericht) van Kaggevinne-Leuvens met Webbekom ligt.

214. HAASBOSVELD:
1823 *Denheer Bochveld* (BKa 545); 1830 *Den haes Boschveld* (BKa 1001); ca. 1860 *Den heer Veld* (KP); 1976 *Den Haese Boschveld* (KK).
D 59-70, land en bos.
Veld, akkerland, in de omgeving van het *Haansbos.* Onbebrijpelijke vervormingen van de naam op het 19de eeuwse kadaster.

**Haaseiken:* zie Houweiken.

215. HAGELANDSESTEENWEG:
1828 *den Haegelandschen Steenweg* (BN 35018, 230/11); 1864 *den Hagelandschen steenweg* (BN 3514, 165/1).
Identiek met de *Leuvensesteenweg* of *Steenweg* (2) van Diest naar Leuven, in 1778-1781 aangelegd. Sectie E. Deze weg loopt dwars door het *Hageland.*

216. HALENSEBAAN, -STRAAT, -WEG:
1) 1415 *inden halensche wech* (D 796, 42); 1682 *die halensche straete* (BS 7452/2, 4); 1682 *de halensche baen* (HST 6942, 57); 1785 den steenwegh oft *haelensche baene* (BS 1826, 310).
Identiek met de Oudebaan, de oude weg van Diest naar *Halen.* Sectie A-B.
2) 1976 en 1980 *Halensebaan* (KWD).
Sinds 1973 de officiële naam van de verkeersweg Diest-Hasselt, tevoren Hasseltsesteenweg genoemd. Sectie A-B.

217. HALFBUNDER:
1873 de weide genaamd *halfbunder* (BN 34550, 165); 1878 op *het Halfbunder* (BN 34552, 207).
A 127, hooiland, 63 a 10 ca.

Perceel weide, ongeveer een *half bunder* groot.

218. HALFBUNDER VOOR HET SLUISJE:
1438 *1/2 boender neuen tsluysken* (BH 3244, 6); 1467 *dat halfbunder neuent tsluysken* (BH 3245/2, 11); 1501 Tgroot boender ende *1/2 boender vor tsluysken* (BH 110, 8); 1682 *het halff boinder voor tsluijsken* (BS 7452/2, 39); 1743 de weijde *het halff boinder voor 't Sluijsken* (BH 3255, 209).
A 3, hooiland, 1 ha 80 a 10 ca (gedeeltelijk).
Identiek met het perceel Naast het surplus, nu samengevoegd met het Grootbunder. Het perceel lag aan de Begijnenbeek, dicht bij de monding ervan in de Demer. Daar stond blijkbaar en *sluis.*

219. HALFBUNDERKES VAN LOYENS:
1877 op de zoo genaamde *half bunderkens van Loijens* (BN 34554, 146); 1890 4 parcelen weide genaamd *"de Halfbunderkens van Loeyens-* (GvD 14"6-90).
A 35, 45 a 10 ca + A 37, 44 a 20 ca + A 39, 41 a 90 ca + A 41, 49 a 40 ca, alle hooiland.
Deze vier percelen, elk iets minder dan een *half bunder* groot, hoorden in 1844 toe aan Egidius Joannes *Loyens,* koopman, Turnhout.

220. HALVEMAAN: /dəhɑləf 'mɔ:n/V.
1919 de stadsgracht *"De Halve Maan"* (DLW 40, 12C); 1976 Badplaats *de Halve Maan* (KDW).
A 75 b, fortificatie, 11 ha 23 a 50 ca.
Deel van de wallen van Diest, ca. 1840 aangelegd. Verkeerde vertaling van het Franse woorde *lunette,* klein verdedigingswerk in de vorm van een bastion (Loix 1978). Sinds ca. 1940 badplaats van Diest. Tot Webbekom in 1972 bij Diest gevoegd werd, mocht de Diesterse politie daar, op grondgebied Webbekom, geen procesverbaal opmaken.

**Ha(n)nenbos:* zie Haansbos.

221. HARDEBEEMD:
1635 drij zillen bempdts ghenaempt *den herden bempt* (BS 2203, 6)... inde gaselaken, *hardenbempdt* (ibid. 7).
A 47, hooiland 2 ha 3 a 50 ca (gedeeltelijk).
Msch. Mned. *harde, herde,* herder, of *hard,* d.i. met hardere grond dan de ernaast liggende weiden (Molemans 1982b, 548: *Ha(a)rdenbeemd(en).*

222. HARENBEEMD:
1532 omtrent 1/2 boender beemps gelegen onder de ganslakerbeempde heytende *den harenbeempt* oft het kelderken (ibid. 4, 102).
A 46, weide, 63 a 30 ca.
Msch. *haar,* met struikgewas begroeide plek (Moerman 80). Het is een zeer natte wei, meestal het Kelderke genoemd.

223. HASSELTSESTEENWEG: /dən ’hɑsəlsə’sti.jəwɛχ/V.
Naam in de volksmond en officiële naam tot 1973 van de in 1837-1839 aangelegde verkeersweg Diest-Hasselt. Sinds 1973 Halensebaan genoemd. Sectie A-B.

224. HAVERBLOK:
1) 1431 tres zillas cum dimidia terre in loco dicto *Hauerblock* ... superius dictum locum *hauerbloc* nuncupatum (HOB Cart. 1220).
Wsch. D 9, land, 36 a + D 10, bos, 20 a 30 ca.
2) 1526 een buender beempts geheyten *thauerblock* (BS 338, 204v°); 1560 thauerenblock gelegen voer Tcloisters van Corssendonck winninghe (HST 7039/5, 14); 1684 een bunder beempts genaempt *t’hauerblock* (BS 1835bis, 14).
C 33, wei, 1 ha 92 a.
Op deze percelen had blijkbaar *haver* gestaan.

225. HAVEREUSEL:
1431 tria bonuaria prati dicti *hauereeussel* (HOB Cart. 1220).
Wsch. D 6, weide, 3 a 69 a 60 ca.
Identiek met de Langewei. Blijkbaar *eusel,* droge wei, waarop vroeger *haver* gestaan had.

**Heerbaan:* zie Heerstraat.

**Heerbosveld:* zie Haasbosveld.

226. HEERKE(S):
1665 die gemeyne vreunde genaempt *het heerkens vreundeken* (BS 1822, 22-4-65); 1680 het mager ende *heerken* (HST 6943, 91); 1686 *de Heerkens* (BS 7450, III 1); 1734 *het Herkens* (BS 6090/20, 2); 1781 *de heerkens* ende mager groot 2 sillen (BS 1835/1, 5); 1804 *de Geerkens* (DdW); 1813 60 a onbepaelden grond, genaemt *Geerkens* en Maeger (BVNG, 321, 80).
B 46, weide, 1 ha 5 a 30 ca (gedeeltelijk).
Wsch. afgeleid van de familienaam *Heerkens,* wellicht naar iemand die daar mocht weiden. Vgl. 1523 die erfghenamen machgiel *heerkens* (DL Ke, 4, 88v°).

227. HEERSTRAAT, -BAAN:
1385 aen di *heerstrate* daer men van halen te dyeste weert gheet (DKAKa 7); 1451 *de gemeyne herstrate* (BKe 13709, 583); 1530 *die ghemeijn heerbaen* (DHG 1924/1, 71v°); ca. 1600 *de herbaen* (BKe 13950/9, 3v°); 1680 *die heirstraete* (HST 6943, 22); 1792 *de Heerbaen* van Webbecom naer Papenbroeck (DHG 1662, 99).
Mned. *heerstrate,* legerweg, heerweg, of brede weg. In feite had *heerstraat* of *heerbaan* de betekenis ''openbare verkeersweg''. Ik heb vijf wegen met die benaming gevonden, alle verbindingswegen met andere dorpen of steden. Deze wegen werden ook *'s-Herenstraat* genoemd, een naam die bovendien nog aan minder belangrijke openbare wegen werd gegeven. Geen van beide namen is echter een strikte eigennaam geworden.

**Heerveld:* zie Haasbosveld.

228. HEG: /də'heχ/ V.
1253 *Hecge* (silva, 2 bonuaria) (Pirenne 217); 1373 in campo vulgariter dicto *die hegghe* (HZ 14,4); 1412 *opte hegghe* (BKe 13706, 429); 1470 *opte Heigghe* (DHG 1915/2, 32v°); 1477 op die strate *vander hegghen* in beyen syden *vander hegghen* (DHG 1916, 71v°); 1579 *inde heegge* (BKe 10861, 5v°); 1774 op *de heg* (BKe 22774, 30v°); 1823 *De heek... De Hegge* (BKa 545); 1976 *De Hegge* (KK).
B 113-186. KMK 1957 situeert ten onrechte *Hegge* op de plaats van *Itselaar* en omgekeerd.
Mned. *hegge, hage,* bos van laag hout of met kreupelhout begroeide bodem (cf. Lindemans en Borgers, 1949, 53). In 1253 was er op de Heg inderdaad bos. Later heb ik er echter geen meer gevonden.

-Geenhegge: 1406 *aen gheene hegghe* gelegen... gelegen oic *op gheen hegge* (BKe 13706, 413); 1420 in loco dicto *ghene hegghe* (HST 6745, 7); 1655 inde plaetse genoempt *geenhegge* (HST 6749, 749); 1707 *op Gheen Hegge* (HST 6768, 621).
Identiek met de Heg. Het aanwijzende *geen* wijst op een zekere afstand van het dorpscentrum (Claes 1983c).

229. HEGGESTRAAT:
1976 en 1980 *Heggestraat* (KWD).
Weg door het Dorpveld naar de Heg, vroeger Dorpveldweg genoemd. Sectie B.

Fr. Claes
(Vervolgt)

Toponymie van Webbekom

(Vervolg van blz 256)

230. HEG(GE)VELD:
ca. 1845 *Heggeveld, Hegveld* (KB).
B 113-186.
Op de *Heg* gelegen *veld,* akkerland. In feite identiek met de Heg.

231. HEGGEWEG:
ca. 1845 Mestweg dit *Heggeweg* (KB).
Weg van bij het Mager langs de *Heg* naar de Itselaar. Nu Itselaarweg genoemd. Sectie B.

232. HEIBLOK:
1) 1646 ses sillen lants *theijblock* (BS 2345/2; 103); 1783 ses sillen land *het heijblock* (DdKa 1); 1793 ses sillen land *het huijsblock* (BS 7206, 32 v°).
E 213, land, 1 ha 64 a 40 ca (een klein deel van het oude perceel ligt onder de vroegere gemeente Kaggevinne).
2) 1646 thien sillen landts *theijblock* (BS 2345/2, 230).
E 133, land, 2 ha 41 a 10 ca (ook hier ligt een klein deel van het oude perceel onder de vroegere gemeente Kaggevinne).
- *Achterste Heiblok:* 1628 ses zillen weijde oft landt gelijck de selue in haer grachten gelegen syn beneden den Galgenberch genaempt *het achterse heijblock;* 1678 *het achterste heijblock* (BS 7006, los stuk).
E 127, land, 2 ha 10 a.
Deze drie percelen behoorden oorspronkelijk tot de Heide (1). Van de eerst twee wordt ca. 1730 gezegd dat ze "eertijts uijter heijde genomen" zijn (BS 2274, 47v° en 51). Het derde, het *Achterste Heiblok,* ligt *achter* het tweede perceel, wanneer men van de Oude Leuvenseweg komt.

233. HEIDE:
1) 1472 beneden den galchberch *aende gemeyne heyde* (BS 335bis, 14); 1541 inden fyenhoeck reg. *die heyde* (BS 339, 21v°); 1715 *die heijde* (BS 2272bis, 3/186).
E 125-139 en 213-221.
- *Voorste Heide:* 1685 negen boinderen erffs genaempt *die voorste heijde,* gelegen onder den galgenberch (BS 353, 97).
E 134-137, land, 11 ha 20 a 20 ca (een deel van het oude perceel ligt nog onder de vroegere gemeente Kaggevinne). Dit perceel ligt in de Heide (1), vooraan tegen de Oude Leuvenseweg. Deze Heide werd ook Vroente genoemd.
2) ca. 1845 *De Heyde* (KB).
B 114, land, 53 a.
Heide, open, onbebouwd veld (Molemans 1973d, 200, en 1976b, 493). Voor 1) geldt deze omschrijving zeker. Deze Heide werd in de 17de en 18de eeuw verkaveld. Waarom het perceel onder 2) echter zo genoemd werd, is niet duidelijk.

234. HEIKE: /'thɛ:kə/V.
1680 een boinder schaueije genaempt *het heijken* (HST 6943, 46); 1751 een boinder genaempt *Heydeken* (BS 6610/2, 5v°); 1877 op *het Heike* (BN 34554, 148).
C 123, land, 1 ha 48 a.
Is een deel van de *Schapenheide.* Volgens de eerste tekst was het "schavei", d.i. onvruchtbare grond (Helsen 1938, 16-17). Blijkbaar werden er schapen geweid.

235. HEILIGE-GEESTBLOK(SKE):
1682 den *H. Geest* van webbecum... een *blocxken* aent kerckhoff tot webbecum gelegen (BS 7452/2, 26); 1686 onder halff sille lants nu *den block* (BS 7451, los bl.); 1695 *het block van den H. Geest* (BKe 4500, 77)... de huijsen op *den H. Geest bloxsken* (ibid. 78v°); ca. 1720 *int H. geest Block* (BKe 22774, 45v°); 1797 het *H. geest block* aen het kerkhof (WVA 142).
A 204, land, 29 a 79 ca + A 205-206, hof en pastorie, 19 a 10 ca.
Blok, perceel dat aan drie kanten ingesloten was door een wegje (zie: Straatje) en toebehoorde aan de *Heilige-Geest*tafel van Webbekom.

236. HEILIGE-GEESTHOEVE, -WINNING:
1379 *de woninghe sheylichs ghees* (DHG 1889, 45v°); 1395 te webbekem bouen *sheilichs gheests winninghe* (D 792/2, 36v°); 1490 by *sheylichs geests hoff* (DHG 1823, 2); 1652 *de H. Gheesthoeue* op den eerdenwech (DHG 1529, 18v°); 1721 *de H. Geest winninghe* tot webbecum (DLHG 5, 17); 1818 la ferme nommée *de heyligen geestwinninghe* (BKa 1001, 252); 1824 eene winning genaamd *heyligen geest* (ibid. 132); 1968 *Heilige Geest Winning* (Houet).
C 38-39, tuin en huis, 25 a.
Winning of pacht*hoeve* die volgens een leenregister uit 1707 reeds in 1355 als leen van de abdij van Sint-Truiden in het bezit was van de *Heilige-Geest*tafel van de Sint-Sulpitiusparochie van Diest (HST 6768, 648). Nu behoort ze nog toe aan het O.C.M.W. van Diest. In de volksmond wordt ze *de Winning* genoemd.

237. HEINENBEEMD:
1532 *vanden heynen beemde* gelegen opten groten grecht (DLS 10, Z 36).
A 37, hooiland, 44 a 20 ca.
Persoonsnaam *Hein,* Hendrik.

238. HEMELRIJK:
1379 *bijt hymelrijc* (DHG 1889, 45v°); 1379 *bi hiemelrijc* (BKe 19568, 22); 1399 *bi hemelrijc* (DHG 1865, 86); 1431 ses boinder

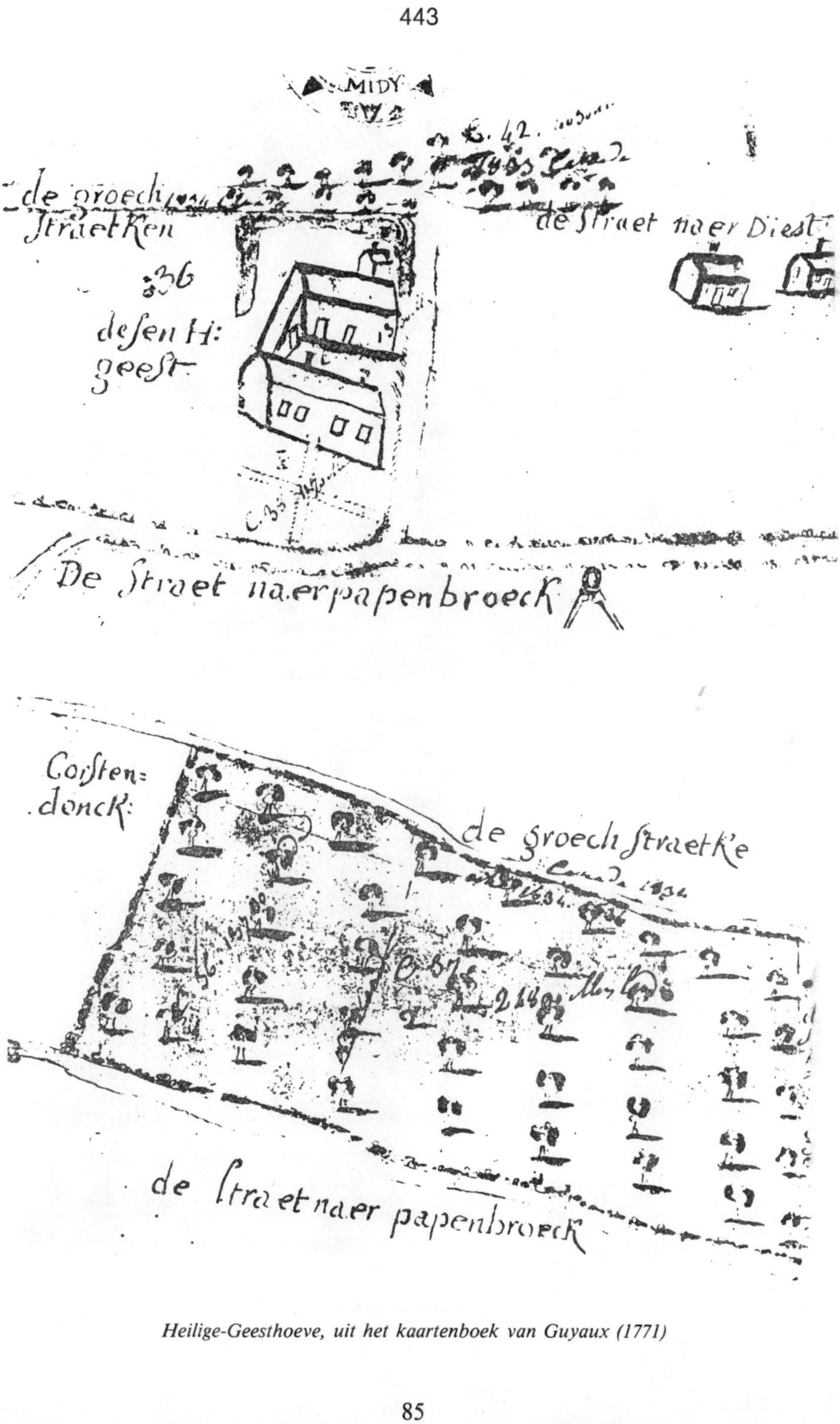

Heilige-Geesthoeve, uit het kaartenboek van Guyaux (1771)

444

Heilige-Geesthoeve
(foto F. Goyens)

lants te papenbroeck *op hemelrijc* (BH 63, 90v°); 1569 een pleck scharbosch geheeten *het hemelrijck* (BS 2279, 497); 1795 een parceel schaerbosch genaemt *het Hemelrijck* drie bunder 1/2 sille (DKASpKp D).
D 69, bos, 4 ha 34 a 40 ca.
Msch. Mned. *heem,* met de betekenis grensscheiding (Lindemans 1928, 150) + *rike,* gebied, volksetymologisch vervormd tot het bekende woord "hemelrijk". Het perceel ligt op de grens van de heerlijkheid Kaggevinne met Zelk-Halen. Minder waarschijnlijk is hier Mned. *ham, hemmekin,* afgeperkt of omheind stuk grond, of perceel in de kromming van een weg (Van Passen 1962, 951; Helsen 1938, 51, en 1944, 99). Het was een groot en afgelegen perceel dat waarschijnlijk niet omheind was.

- *Groot en Klein Hemelrijk:* 1552 eenen bosch geheeten *cleyn hemelrijck* alsoe dien gelegen es neuen eenen anderen bosch geheeten *groot hemelrijck* (KASpKp G 60v°); 1552 *cleyn hencteryck* reg. *tgroot hemelryck* (BS 339, 238v°); 1686 drij bunderen bos genaempt *het groot en cleyn hemelrijck* reg. die tiense straet (BH 2907, 1).
In 1552 werd het *Klein Hemelrijk* eigendom van het Kapittel van de Sint-Sulpitiuskerk van Diest, dat toen het *Groot Hemelrijk* al in zijn bezit had. Het *Klein Hemelrijk* lag aan de zuidkant, maar is later niet meer te onderscheiden.

239. HENDRIK VAN LOVERENWINNING:
1568 van *Henr. van Looueren winninge* aff (HST 6733, 555); 1569 pachter op *henricx vanden looueren wnninghe* (BS 2279, 283).
B 38, land, 95 a 60 ca.
Winning, pachthoeve, toebehorend aan *Hendrik van Loveren.* Deze naam is bekend als die van een lid van het Feodale hof van Diest en Zichem ca. 1574 (Van den Hove d'Ertsenryck 1982, 60).

240. HENDRIK-WITTENBROEKSKE:
1622 zekere weijde gemeijnl. genaempt *henr. witten broexken* (BS 1820, 1-2-22); 1680 st. bernaertsbroecxken voor desen gemeijnlijck genaempt *hendrick witten broecxken* (HST 6943, 89).
C 10-13, hooiland, 10 ha 40 a 70 ca.
Identiek met het Sint-Bernardsbroekske of Monniksbroek, dat ca. 1550 toebehoorde aan *Henrick witten* (BKe 13780, 35). Een andere Hendrik Witten was in 1627 schepen van Webbekom (Claes 1982a, 92) en bezat er in 1623 een huis (HST 7039/7, 32).

241. HENGSTEGELEEG: /heŋstəgəle.jəχ/V.
C 38-39, tuin en huis, 25 a.

Identiek met de Heilige-Geesthoeve. *Geleeg,* hoeve, waar *hengsten* gehouden worden, al sinds verscheidene generaties. De pachter van de hoeve wordt in de volksmond "hengsteboer" genoemd.

242. HENNE(KE)SBORN:
1396 *aenden hennens borne* (DKAKa 4); 1532 *aenden hennekensborne* (DLS 10, Z 2)... op dwijgaert velt reg. tgemeyn straetken van *den hennensborne* (ibid. 27).
Henne(ke)n, vleivorm van *Hen*drik of Jo*han*nes, + *born,* bron. Deze bron moet gelokaliseerd worden bij het begin van de Vluchtdijk, aan de kant van de Leugebeek, waarschijnlijk op A 109.

243. HENNEPHOF:
1504 onderhalf zille lants te webbekem geheyten *den henniphof* (DKAKa 4).
Niet met zekerheid te lokaliseren, maar wellicht identiek met de latere Kemphoeven.

244. 'S-HERENBEEK:
1459 (kop. 1686) tot bocxbergen reg. *scheeren becke* (BH 2873, lv°); 1522 op *sheeren beke* (BS 338, 94); 1544 *tsheeren beke* (BS 339, 69v°); 1569 te bocxberghen reg. *Sheeren beke* (BS 2279, 611v°).
Identiek met de Begijnenbeek. Sectie E. Wellicht werd deze beek hier speciaal naar de *heer* (van Diest, die ook heer was van de heerlijkheid Kaggevinne) genoemd, omdat de Boksbergsemolen erop stond, die aan de *heer* van Diest toebehoorde.

245. 'S-HERENDIJK:
1) 1532 inde stocbeempde neuen *tsheerendijck* (DLS 10, Z 17). 1635 *theeren dyck* (BS 2203, 24).
Identiek met de Krommedijk. Sectie A.
2) 1564 te boxberghen reg. *sheeren dijcke* (BH 70, 156); 1783 *s'Heeren deijck* (BH 82, 62).
Identiek met de Prinsendijk of Molendijk. Sectie E blad 2.
3) 1713 tegen den vlucht deijck van webbecum ende tegens *sheeren deyck* aende koyebeke (BH 121, 46v°).. eenen tweeden *deijck van den heere* (ibid. 48); 1725 *S'Heeren deijck* aen de koeybeecke (BH 3253, 26v°).
Een wegje, eigenlijk een jaagpad, langs de Begijnenbeek. Dit wegje liep verder langs de Demer en diende als vluchtweg voor de Boeren in 1798, nadat ze in Diest ingesloten waren (Claes 1982a, 75). Sectie A blad 1.
Dijk, weg door laaggelegen weiden (Helsen 1938, 30-31). Bij 1) en

3) hoorden deze weiden toe aan de *heer* van Diest, 2) was vlak bij de Boksbergsemolen, die aan dezelfde heer toebehoorde.

246. 'S-HERENHEIDE:
1650 het heijblock reg. *sheeren heijde* (DN 391, 1-12-50).
E 125-139 en 213-221.
Identiek met de *Heide,* die toebehoorde aan de *heer* van de heerlijkheid (Kaggevinne), nl. de heer van Diest.

247. HERENLANDEN:
1825 Overschot reg. *de herelanden* (BKa 1001, 374).
A 164-167 + 175-176, hooiland, 13 ha 7 a 50 ca.
Identiek met de Borchtbeemden, die vroeger aan de *heer* van Diest toebehoorden. *Land* heeft hier de betekenis van bezitting. Anders betekent het altijd akkerland.

248. 'S-HERENSTEENWEG:
1626 *den heeren steenwech* (BKe 4499,7); ca. 1720 *tsheren steenwech* (BKe 22774, 47)... *s'heeren steenwegh* (ibid. 50).
Identiek met de *Steenweg* (1), de huidige Oudebaan. De openbare wegen hoorden aan de *heer* van de plaats toe.

249. 'S-HERENSTRAAT(JE):
1487 tsheeren straete (BKe 10850, 8); 1521 *sheren strate* (BS 338, 86v°); 1579 *theeren strate* (BKe 10861, 6); 1602 (kop. 1721) *het s'heeren straecken* (BKe 4504, 9); 1787 *s'heere straete* (BKe 13641, 3).
De openbare *straten* of wegen hoorden toe aan de *heer* van de plaats (Molemans 1976b, 528). Ik heb tien wegen met de benaming *'s-heren* gevonden, waarvan er vijf ook *heerstraet* of *heerbaan* genoemd worden. De vijf andere zijn kleinere wegen, die naar huizen, akkers of weiden leiden. Ik merk nog op dat verbindingen met *baan* (een grotere weg) na *'s-heren* niet voorkomen.

250. HERPEKUM:
1748 ses sillen landt reg. *het herpecum* (BS 7451, 81).
C 110-112, land, 5 ha 73 a 60 ca.
Akkerland dat in 1680 toebehoorde aan "mr. peeter van *herpecom"* (HST 7451, 81). In 1671 werd in de Sint-Supitiusparochie in Diest een Petrus geboren, zoon van *Petrus* Ludovicus *van Herpecom.* Deze familienaam is afgeleid van de plaatsnaam *Erpekom* (Grote-Brogel).

251. HEULENTEER:
1379 Bi dboechout *opten holentere* (DHG 1889, 45v°); 1399 op

den holenter (DHG 1865, 85); 1532 op *den hoelenteer* (HST 7039, 3v°) ... op *den huelenteer* (ibid. 33); 1568 *opden Heulencker* (HST 6733, 556); ca. 1675 drij sillen ghenaempt *den heulenteir* (BS 7013, 365); 1737 *inden heulentair* (BS 7449, 131); 1818 lieu dit *Heulentien* (BKa 1001, 264); 1864 67 a 40 ca land genaemd *den Heulenteer* (BN 35104, 199).
B 217, land, 1 ha 23 a 20 ca, en omgeving.
Van het oude woord *holenteer,* vlierboom, is thans nog te Webbekom de bijvorm *heunenteun* en te Loksbergen *heulenteen* bekend (Claes 1976). Het oorspronkelijke toponiem ligt vlak bij de grens met Zelk. Daar stond vermoedelijk een vlierboom als grensboom (Lindemans 1931, 222-223; cf. Molemans 1976b, 1226, en Lindemans 1951b, 118).

252. HEUVELBEEMD:
1532 aenden zeellemsschen dyck ende *den hoeuelbeempt* (DLS 10, Z 46); 1616 *den hueuel beempt* (BS 2202, 40).
A 190, hooiland, 1 ha 66 a.
Heuvel, wat hoger gelegen plaats + *beemd,* wei.

253. HEUVELBUNDER:
1438 *vanden hoeuelboender* (BH 3244, 6); 1541 eenen beempde geheeten *thoeuel buender* (BS 339, 18); 1558 *Thouelboender* (BH 3246, 10v°); 1645 een boender beemps genoempt *het hueuel boender* (DN 390); 1688 *het heuuel boinder* (BS 6092/10, 48v°); 1795 *het heuuel* oft suer *boinder* (BS 6607/102, 4v°); 1819 *het heuvel bunder* (BKa 1001).
A 167, hooiland, 5 ha 89 a 30 ca (gedeeltelijk).
Identiek met het Zuurbunder. *Heuvel,* wat hoger gelegen plaats, een *bunder* groot.

254. HEUVEVELD:
1818 champ dite (sic) *heuueveld* tenant le groenen weg le grand chemin vers Diest (BKa 1001).
B 4, land, 1 ha 58 a 40 ca.
Identiek met de vroegere *Veldhoeve* en vermoedelijk een vervorming van die naam ofwel van *Heuvelveld* (het perceel ligt op de Parelsberg).

**Hitselaar enz.:* zie Itselaar enz.

255. HOF:
1781 *den hof* van Guilliam swinnen (of Micken bemptdeken) heeft aengenomen Melsen swinnen (BKe 10906, 27); 1790 heeft d'Abdisse van ste Bernaerts Dael toegelaten aen melsen swinnen een

huijsje voor int woonen te timmeren op haer goet genaemt *den hoff* of mikken bemdeken (ibid.).
Wsch. E 7-10, weide, tuin en huis, 67 a 10 ca.
Identiek met het *Mikkenbeemdje.* Het perceel waar het over gaat, werd in 1769 gepacht door Guilliam Swinnen (BKe 10906, 27) en in 1783 door Melchior Swinnen (BKe 10908, 1), volgens de geboorteakten van de Sint-Sulpitiusparochie °1756, een zoon van Guilliam, + 1777. De naam *hof* werd gegeven voor er een huis gebouwd was en betekent dus blijkbaar tuin.

256. HOFKE:
1635 aen *het hoffken* (BS 2203, 59); 1667 seker clijne huijs van plaisantien genampt *het heufken* (HST 6733, 481); ca. 1675 huys ende hoff ghenaempt *het hoffken* (BS 7013, 411); ca. 1720 op *het hofken* (BKe 22774, 68).
B 59-63, huis, speelhuis, tuin en land, 1 ha 44 a 35 ca.
Identiek met het *Speelgoed, Speelhof, Zwanenborg of Goedje. Hofke* heeft hier, evenals het huidige dialectwoord *goedje,* de betekenis buitengoed.

257. HOFSTAD:
1) 1431 ad locum dictum *ter hofstat*... iuxta locum dictum *hofstat* (HOB Cart. 1220); 1546 opden cleynen blakenberch, oft genoempt *ter hoffstadt* (BS 339, 95); 1573 *opte hoeffstat* (BH 71, 27); 1579 op *die hoofstadt* (BKe 10861, 2); 1646 (kop. 18de eeuw) *de oude hoffstadt* een boinder schaueijj (DdK 1); 1782 *Hofstadt* (BKe 16412, 3v°); 1793 twee bunder land en drie bunder weijde *de aude hofstad* (BS 7206, 10v°).
D 30, land, 1 ha 50 a 40 ca + D 36, weide, 73 a 50 ca.
Plaats waar vermoedelijk voor 1431 een *hoeve* had gestaan, in de 16de eeuw ook enige keren Blazenberg genoemd. Perceel D 36 wordt nu Ridderswei genoemd.
2) 1726 tegenouver *de hoffstad* (BKe 16403, 10).
E 50-52, huis, hof en weide, 1 ha 75 a 52 ca.
Identiek met de Kommanderij*hoeve.* Al in 1431 werd op die plaats een hoeve vermeld.

258. HOFSTAD TE RODE:
1560 een bonder droogher weyen voertyts huys ende hoff heytende *de hoffstadt ten Roye* (HST 7039/5, 5); 1682 genaempt *de hoffstadt te Roe* (HST 6942, 61); 1684 genaempt *de hoffstadt te Roe* (BS 1835bis, 14v°).
C 31, land, 1 ha 67 a.
Op deze plaats, te *Rode,* stond in 1420 de *hoeve* van Goeswin *van den Rode* (HST 6745, 11; cf. voor deze familienaam Claes 1983b,

135). Nu staat het Berkenhof er.

259. HOFSTADSTRAAT(JE):
1442 *de hoffstadsche strate* (BS 335, 26v°); ca. 1845 *Hofstadstraatje* (KB); 1976 *Hofstadestraat* (KK).
Wegje van het centrum van Papenbroek naar de Hofstad (1). Identiek met de Ridderstraat. Sectie D.

260. HOF VAN LIEBROEK:
1367 late *des hoefs lodewijchs van liebroec* (DKAKa 10); 1394 laten *des hoeffs van liebroec* (BKe 10850, 5v°); 1394 (kop. 1622) onder *t'hoff van Lybroec* (BKe 10849, 4); 1444 *te libroeck aent hoff* (BH 64, 13); 1451 eenen cleynen laethoue geheiten *den hof van liebroeck* (BH 64,7); 1518 *thoff van liebroeck* metten toebehoirten houdende tsamen twee boenderen (BH 67, 14v°); 1591 den Chynsboeck ende heerlyckheydshoff genaempt *den hof van Liebroeck* daeraf die gronden onder den seluen resorterende meest al gelegen syn tot papenbroeck (BS343, 53 v°); 1763 sekeren Laethof, genaempt *den hof van Liebroeck* (BH 80, 390).
E 63, land, 2 ha 58 a 70 ca.
Cijnshof, oorspronkelijk verbonden aan een hoeve, die stond op het latere Duivelskot. Deze hoeve moet omstreeks 1570 verwoest zijn (Claes 1982a, 37). Het cijnshof werd in 1591 aan de commandeur van Bekkevoort verkocht, maar had niets te maken met de Kommanderijhoeve (cf. Grauwels 1312).

261. HOF VAN MEERHOUT:
1506 *inden laethoeue van merhout,* huys ende hoff ter boest (BS 336, 111bis); 1542 helwych *van meerhout ... enen Laethoff* houdende huijs hoef ende erue 5 boender liggende ter boerst (BH 70, 5v°); 1570 Weyn *van merhout* arts sone... *eenen laethoff* van goyende ende ontgoidende houdende tsamen onder huys ende hoff vboender gelegen te bost (BH 71, 11); 1603 *eenen laethoff* geheeten *den hoff van meerhout* gelegen ter bost groot ontrent vijff boenderen (BH 75, 40v°); 1684 den Chijnshoff genaemt *den hof van Merhoudt* (BH 87, 15); 1715 *den Chijnshoff van meerhaudt* (BH 79, 293); 1782 Den cheijns boeck genaemt *den hoff van meerhoudt* (BH 82, 23- 24).
Wsch. E 178, land, 1 ha 8 a 80 ca.
Cijns*hof* met een hoeve te Bost, dat lang aan de familie *Van Meerhout* toebehoorde. In de jaren 1344-1361 was een Willem van Meerhout schout van Diest (Van den Hove 1983, 84), in 1424 was Heinric van Meerhout laat van het Crauwelshof (DLS 10, 13) en van het Hof van Zelk (ibid. 14) en in 1430 was Hubrecht van Meerhout schepen van Webbekom (ibid. 15).

262. HOF VAN SINT-TRUIDEN:
1385 (kop. 1625) onder *t'hoff van St Truyen* tot webbecum (BKe 10849, 19); 1499 meyer *shoofs van sintruyen* (DHG 1841, 67).
Cijns*hof* van de abt van *Sint-Truiden* te Webbekom, ook genoemd Abtshof, Prelaatshof of Hof van Webbekom.

263. HOF VAN WEBBEKOM:
ca. 1136 ubi olim camba extiterat et modo *status curtilicius* est (De Borman I 177-178); 1373 prope *curiam de webbekem* (HZ 14, 4); 1379 betaelt *den houe van webbekem* (DHG 1889, 45); 1381 scepenen ons heren des abds ende conuents des monsters van sintruden *inen hof van webbekum* (DLS 10, W1); 1554 de valbrugghen reg. *thoff van webbekem* (HST 6747, 259v°); ca. 1600 *thooff van webeckom* genaempt die schuttershoue (HST 6749, 172); 1643 binnen *den houe* ende banck *van webbekum* (HST 6710, 135); 1706 het bunder achter de kerke geheeten *thoff van webbekem* is leen onder s. Truyden (A 212 B 4 III, 86v°).
A 123, huis, 57 a 50 ca + A 124, hooiland, 5 ha 12 a 80 ca (gedeeltelijk).
Cijns*hof,* toebehorend aan de abt van Sint-Truiden, heer *van Webbekom,* in 1373, 1554, ca. 1600 en in 1706 gelokaliseerd op het Steenhof of Blok (1). Daar bevond zich in 1396 het "hof jans van webbekem" (DLHG 38), die "richter in den hof van webbekum" was (DKAKa 7), als vertegenwoordiger van de heer. Op die plaats was ook het Schuttershof (zie ca. 1600) gevestigd. De hoeve aldaar, de "villa" van Webbekom, werd in 1507, tijdens de Gelderse oorlogen verwoest (Chron. Dst. 434) en vermoedelijk niet meer opnieuw opgebouwd (Claes 1982a, 30).

264. HOF VAN ZELK:
1385 late mijns heren *van selke inden hof* van webbekem (DKAKa 7); 1389 late *des hoefs heren Aerts van zelke* des ridders dien hij heeft te webbekem (ibid.); 1446 Onder *Arnts hof van zelke* (BS 335, 44v°); 1465 *inden hoff van selke* (DLHG 37); 1480 laten *shoefs van selke* (DKAKa 7); 1604 Curia prescripta vocatur *t'hooff van Zelck* (HST 6747, 61); 1616 Den Chynshof genaempt *den hof van zelc* gelegen tot wubbecom, Reynrode...(BS 2202, titelbl.); 1796 in *den hoff van zelck* (DLHG 5, 14, 157).
Cijnshof, genoemd naar de heren van *Zelk*-Halen, aan wie het toebehoorde. Behalve Aert van Zelk in 1389 worden als eigenaar nog vermeld: in 1431 Arnoldus de Zelck, in 1485 Arnoldus de Zelck filius Arnoldi en in 1531 nog een Arnoldt van Zelck, die het verkocht aan Peter vanden Kerckouen (HST 6768, 687). In 1406 verkochten de gebroeders Arnold en Goswijn van Zelk een vierde

deel van de heerlijkheid Zelk aan de kartuizers van Zelem (Vrancken 136).

265. HOGEBEEMD(EN):
1)1479 (kop. ca. 1520) opt Wijgaertuelt reg. *de hooge beempden* (BKe 13950/5, 1v°); ca. 1520 iij boender beempts buijten de koeijpoort genaempt *de hooge beempden* (ibid. 8, 1v°); 1547 sesse sillen beemps buyten de coepoorte gheheeten *den hooghen beempt* (DKABg 100, 105); 1597 twee beempden aen een geleghen gheheeten *die hoeghe beempden* (DKABg 146, 13v°); 1688 ontrent drij boinder vredebempt genaempt *den hooghen bempt* (BS 6092/10, 7v°); 1756 *de hoogebempden* (BKe 13950/4, 6).
A 75 (gedeeltelijk), maar in 1834: A 62, hooiland, 1 ha 40 a 40 ca + A 61, hooiland, 1 ha 90 a 60 ca (KDB 208).
- *Voorste Hogebeemd:* 1566 *vanden vorsten hoeghen beempt* (DKABg 144, 7); 1573 vyff zillen eussels gelegen beneden die nedermolen buyten der coeporten van diest genaempt nu *den vorsten hooghen beempt* (BH 72, 67); 1684 *den voorsten hoogen bempt* (BH 79, 108v°); 1791 *den voersten hooghen bempt* (BS 5948, 24). In 1834: A 62 (zie boven).
Twee percelen wei, merkelijk *hoger* gelegen dan de weiden tussen de Vluchtdijk en de Demer. Nu is de Halvemaan daar aangelegd. De *Voorste* Hogebeemd ligt het dichtst bij de Koepoort en bij het Begijnhof van Diest, waaraan deze weiden toebehoorden.
2) 1569 *byden hooghenbeempt* (BS 2279, 250v°).
E 27, land, 3 ha 45 a 70 ca + E 28, weide, 2 ha 10 a 70 ca.
Identiek met de Koebeemd. Deze weide is merkelijk *hoger* gelegen dan de *Neerwei,* bij de Begijnenbeek, en het *Neerveld.*

266. HOGEBERG:
1317 heinric van *den hughenberghe* (BKe 13700, 50); 1355 (kop. 1517) Guilielmus *de Huijgenbergh* (HST 6744, 26); 1420 *Te Hugenbergen* te webbecum (DHG 1869, 84v°); 1420 *op hughenberch* (HST 6745, 7); 1529 op *den hougen berch* (HST 6724, 383); 1606 *opden huijgers bergh* (HST 6747, 39); ca. 1675 op *den hoogenberch* (BS 7013, 133); ca. 1720 op *den hoegenberch* (BKe 22774, 80v°); 1823 op *den hoogen bergh* (WP 16/3, 1v°).
Hoogte (46 m) bij de Oude Tienseweg en de Kerkstraat, nu *Drogeberg* genoemd. Van de Aardeweg af is de weg er nogal steil. Tot in de eerste helft van de 17de eeuw stond daarboven een hoeve, op B 228, land, 1 ha 18 a 20 ca.

Heilige-Geesthoeve (foto F. Goyens).

267. HOGEBERGBLOK:
1494 *dat hugebergeblok* (BKe 1711, 704).
Wsch. B 131, land, 31 a 60 ca.
Waarschijnlijk hoorde dit perceel in 1487 toe aan Willem *van hugenberge* (BKe 13711, 678), wiens naam afgeleid was van het vorige toponiem. Het perceel werd wellicht een *blok* genoemd omdat het aan twee kanten door een wegje werd ingesloten.

268. HOGEBOOMGAARD:
1638 *de hoege bogarde* (BKe 10863, schutblad vooraan)... *de Bogarde* van ons winninghen (ibid. 84).
Wsch. D 108, boomgaard, 33 a 40 ca.
Boomgaard bij de hoeve van Sint-Bernardsdal te Papenbroek, *hoger* gelegen dan de hoeve zelf. Vermoedelijk was deze boomgaard in de 17de eeuw op dezelfde plaats gelegen als in de 19de en nu nog in de 20ste eeuw.

269. HOGELAND:
1323 vna pecia terre... communiter appellatur *hoeghelant* (DKAHW 33).
A 102, land, 73 a 40 ca.
Hoogste punt van het Wijngaardsveld, waar in 1323 de kapel van Onze Lieve Vrouw van de Wijngaard werd opgericht.

270. HOGEWEI:
1714 *die hooghwaijde* reg. die strate en het groot windelblock (BKe 4500, 106); ca. 1720 sess zillen wijde genaemt *die hooghwijde* (BKe 22774, 69); 1807 six journeaux de pré nommé *le hooge weyde* (DdWG); 1904 op *de Hoogeweide* onder Webbecom en Zelck 6 ha (GvD 15- 6-04).
A 168-169, hooiland, 2 ha 72 a 90 ca.
Weide die wat *hoger* gelegen is dan het ernaast gelegen Windelbroek en dan de weiden bij de Leidgracht.

271. HOGEWIJNGAARD:
ca. 1350 tseghen onse vrouwe kerke *the wijngaerde* (DKAKe 2, 20); 1379 (kop. 1599) Te webbekem *te wigarde* wert (DHG 1122/2, 62) 1427 *te wyngarden* aenden kerchof (D 798, 46v°); 1502 der kerken van onser lieuer vrouwen *ten hogen wyngaerde* (BS 336, 47); 1638 een halff boender landts geleghen *inde wyngaert* bij de kerck (BKe 10863, 47); 1721 *ten Hooghen wijngaerde* tussen webbecom & diest (BKe 4504, 109); 1796 de Capelle *van hoog wijngaerde* (DLHG 5/14, 158).
A 102, land, 73 a 40 ca, en omgeving.
Identiek met het *Hogeland,* nadat de kapel van Onze Lieve Vrouw

van de *Wijngaard* (later van de Hogewijngaard), de Wijngaardskapel of Wijngaardskerk, er was opgericht. De benaming *wijngaard* komt hier waarschijnlijk van de Broederschap van Onze Lieve Vrouw van de Wijngaard. Deze broederschap had immers reeds in 1302 te Diest een kapel van de *Wijngaard* (Philippen 20-21). Weliswaar heb ik ook eenmaal een vermelding van wijngaard gevonden in deze omgeving, maar dan onder Diest en pas in 1544 (BS 339, 65).

272. HOGEWIJNGAARDSKAPEL, -KERK:
1424 neder *wigarde kerke* (D 797, 140v°); 1593 *wyngaerden Capelle* (BN 17599/3, 17-2-93); 1679 De capella ad altam vineam, dicta *de wijngaerde kerc* (BKe 4497, 163); 1682 *hoochwijngaerden cappelle* (BS 7452/2, 31); 1797 die stenen van *hoogwijgaerde Capelle* (WVA 102).
A 102, land, 73 a 40 ca (gedeeltelijk).
De kapel van de *Hogewijngaard,* in 1323 opgericht, werd in 1578 door de beeldstormers verwoest. De puinen ervan werden nog tot in de 19de eeuw vermeld. Op de plaats ervan werd in 1925 een veldkapelletje opgericht (Philippen 26-39; Claes 1982a, 29-30). Tot in 1832 werd er nog gesproken over "de vervalle kerk" als plaatsaanduiding (BN 35022, 96/75).

273. HOGEWIJNGAARDSKERKHOF:
1394 tseghen *den kerkof onser vrouwen van den wijngarde* (DKAHW 34, 6v°); ca. 1560 *op wygaerden kerckhoff* (DdWt 1); 1681 *het wijngaert kerchof,* daer de verualle kerc staet (BKe 4500, 58); 1748 *het hooghenweijngaerden kerckhoff* (BS 7451, 31); 1756 2 sillen lant genaemt *t'Hooghwijngaerden kerckhoff* (BS 7453/2, 23); 1795 een plecke landt int wyngaerts veldt onder webbecom genaemt *het wijngaerde kerckhof* (BS 4517/2, 16).
A 102, land, 73 a 40 ca.
Kerkhof dat bij de *Hogewijngaardskapel* hoorde.

**Holenteer:* zie Heulenteer.

274. HOLLESTRAAT, -BAAN, -WEG:
1) 1407 Cloosterberg, aen *die hoelstraete* (BKe 10850, 2); 1442 (kop. 1622) opden Gasthuijsberch opden hoeck *vande hoolstraten* byt Clooster van Sinte Bernaerts (BKe 10849, 11); 1459 (kop. 1686) *de holstraet* (BH 2873, 1v°); ca. 1680 *de holle straet* (BS 2351, 141); 1794 op de gasthuijs bergh reg. *de holstrate* gaende naer paepenbroeck (BS 378, 72); 1904 ter plaatse Kloosterberg tegen *de Hollestraat* (GvD 4-5-04).
Holle weg, die de scheiding vormt tussen de Kloosterberg en de

455

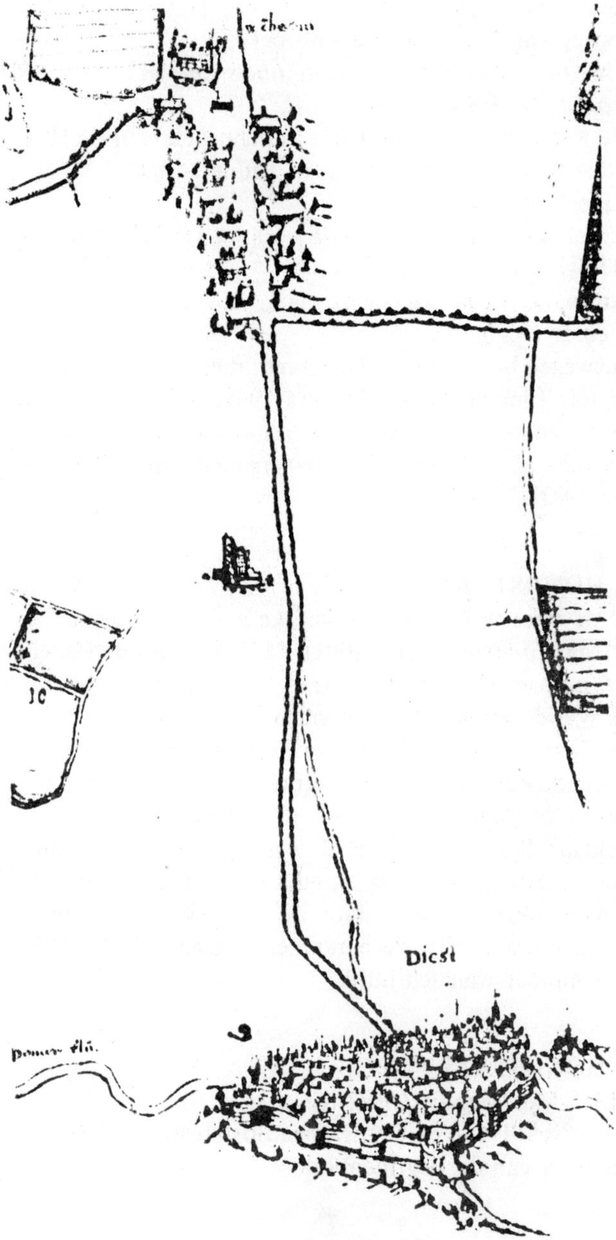

Hogewijngaardskapel
Puinen halfweg Diest-Webbekom, in 1659 getekend door C. Lowis (BKe 5009, 21).

Gasthuisberg. Deze weg werd in 1823 Gasthuisbergstraat genoemd en nu zonder meer Gasthuisberg. Het was een oude verbindingsweg van Diest met Papenbroek.
2) 1569 tot Papenbroeck reg. *de hoelstrate* (BS 2279, 670); 1571 *de hoelstrate* (BS 340, 250).
Holle weg van het centrum van Papenbroek naar de Hofstad (1), identiek met de Hofstadstraat of Ridderstraat.
3) /dən 'holəwεχ/ V.
1822 la rue dite *holle straat* (BKa 1001); 1890 tegen *de Hollebaan* (GvD 5-7-90).
Is de oude weg van Diest naar Webbekom, nu Oudebaan genoemd.
Holle wegen komen in het Hageland, met zijn ijzerzandsteen, veel voor (cf. Lindemans en Borgers 1949, 53-53, n. 20). In Oost-Vlaanderen kwamen echter ook al in de 13de eeuw en 14de eeuw de vormen *Hoolstrate* of *Hoelstraete* naast *Holestrate* voor (Gysseling 1981b, 121-122).

275. HONDSTAART:
1830 de twee weinig aanmerkelijke gehuchten genaamd Papenbroek en *Hondstede* (BKa 1001); 1841 habitans de Papenbroek et du *Hondsteert* (DdWG 121); 1845 Voetweg dit *Hond steert* (KB); 1865 Weijde genaemd *den hondsteert* (BN 35057/103, 12); 1904 in de Bosterestrat en *den Hondstaart* (GvD 2-1-04).
Gedurende korte tijd de benaming voor het gehucht dat gewoonlijk Bosterestraat heet, een enkele keer ook voor een weg en een wei aldaar. Sectie E blad 1 en 2. Waarschijnlijk genoemd naar *stede,* nederzetting + *honds,* minderwaardig. Juist voor 1830 werden daar voor het eerst sinds de 17de eeuw weer enige huizen gezet. Een oorzakelijk verband met de grens (Helsen 1961, 28-29) is hier minder waarschijnlijk.

276. HONDSTAARTWEG:
ca. 1845 Mestweg dit *Hondsteertweg* (KB).
Wegje tussen E 155 en 159, van de Bosterestraat of *Hondstaart* in de richting van de Begijnenbeek.

277. HOOGGAT:
1560 int wygaertvelt *aent hoichgat* dair den voetpat vander herstraeten op gaet (HST 7039/5,19); 1684 aen *thoogh gat* (BS 1835 bis, 5).

Gat, toegang tot akkerland (WBD 229-230), nl. tot de Kwadezil (1), A 103. Deze toegang bestond enige jaren geleden nog, maar nu leidt hij alleen nog naar het erf van een huis aldaar.

278. HOOGSTRAAT:
1560 de gemeyn strate nae thienen heytende *de hoochstrate* (HST 7039/5, 37).
Naam voor de Oude Tienseweg, waar deze over de *hoogte* bij de Dodeman en de Blakenberg gaat. Sectie C en D.

279. HOPPEGARD/HOPPEKRUIDBEEMD:
1638 een Bempt geleghen ouer de meulebeck genampt *den hoppecruyt bempt* (BKe 10863, 58); 1793 vijf sillen bemd genaemt *den hoppengaert* (BS 7206, 8v°).
E 114 (gedeeltelijk), wei, 2 ha 43 a 10 ca.
Deze weide lag dicht bij het oude Sint-Bernardsdal en hoorde aan deze abdij toe. Heel waarschijnlijk was bij de abdij een brouwerij en werd vroeger op die weide hop geteeld (Claes 1982a, 42-44).

280. HORTERSLAND, - VELD:
1532 1 1/2 zillen lants gelegen aen den voors. thienschen wech genaempt *hortters lant* (DLS 10, Z 52); 1635 *het hotters velt* (BS 2203, 62).
B 220, land, 57 a 40 ca.
Identiek met de Kraathoek. Het eerste lid *horter* is misschien een persoonsnaam, een bijnaam afgeleid van *horten,* stoten, Mned. ook zich verzetten, ten strijde gaan.

281. HOUWEIKEN:
1522 op *de haueycke* (BS 338, 94v°); 1546 dry zillen lants gelegen ter bost opt bosteruelt geheeten *de houeycken* (BS 339, 99v°); ca. 1560 *opte houteijcke* (BS 2264/2, 1v°); ca. 1560 ter bost *opten haeffeijck* (BS 2264/3, 7); 1569 ter bost *opde houweycke* (BS 2279, 268v°); 1614 *aenden hauweijck* (BS 344, 78v°); 1631 ter bost *opten haeffelijcke* (BS 2273, 34); 1715 op *den houdeijcken* (BS 2272bis, 3/182); ca; 1730 op *den hou Eijcken* (BS 2274, 47).
E 205, land, 98 a 40 ca.
Houw, het houwen, van *eiken,* naar een bos of akkergrachten die geregeld gehouwen of gehakt worden (Molemans 1976b, 619; Molemans 1982b, 713).

**Huisblok:* zie Heiblok.

282. HUISVELD:
1875 op *'t huisveld* reg. den dijk (GvD 3-7-75).
Wsch. A 109, land, 1 ha 37 a 20 ca (gedeeltelijk).
Vermoedelijk gaat het hier over een perceel dat hoorde bij de enige hoeve die daar (A 110) toen aan de Keerdijk stond, een *veld,* stuk akkerland, bij het *huis* gelegen.

283. HUIVETTERSBUNDER, VETTERSBEEMD, -BROEK, -BUNDER:
1532 *het vettersbonder* (HST 7039, 29v°); 1535 des ambachts *van den vetters boender* (DHG 1872, 44); 1587 *den vetterbeempt* (DHG 1880, 88v°); 1610 *het vettersbroeck* (DKASlp 90, 5 v°); 1671 het *huijuetters* ambacht... een *bonder* weyde genaempt *het huyuettersboinder* (DN 322, 26-1-71); 1753 *t'vetters boinder* (DLHG 33); 1827 *het huyvettersbunder* (BN 35017, 92/1).
A 160, hooiland, 1 ha 75 a 80 ca.
Een *bunder* weide, toebehorend aan het ambachtsgilde van de *huidevetters,* d.i. leerlooiers, van Diest. Daar werden de vetters of huidevetters al in 1417 en 1477 vermeld (Van der Eycken 1980, 110).

284. IJDEKESBEEMD:
1387 beempt die men heet *den ydekens beempt* (DLS 10, W): 1530 *ykens beempdt* (DHG 1864, 96v°); 1616 *den eijden beempt* (BS 2202, 22); 1635 den crijten oft *den ijdekens bempt* (BS 2203, 10).
A 20, hooiland, 1 ha 29 a 50 ca.
Persoonsnaam *Ida,* vgl. 1381 *Ide* Pauwels (DLS 10, W1), waarvan de verkleinvormen *I(J)deke en Yke,* vgl. in 1532 *Yken* vanden kerchoue (HST 7039, 7v°).

**Inveldkost:* zie Duivelskot.

285. ITSELAAR, ITSELBEEMD, -BROEK:
/dən'itsəle.jər/ V.
1476 by *die nitchelbeempde* (DdWG); 1476 (kop. 16de eeuw) een boender lants geheyten *den nitselbeempt* (BKe 13849, 2v°); 1504 *inden nichelbeempt* (BS 336, 93v°); 1523 twee boender Lants *int Inselbroeck* (DHG 1098, 14v°); 1532 *in den ytselbeempt* (DLS 10, Z 56); 1535 *int nitselbroeck* (DHG 1104, 32v°; 1540 *inden Itselere* (DKABg 99,72v°); 1546 *inden nitselere* (BS 339, 110); ca. 1550 *aenden nicheler* (BKe 13780, 35v°); ca. 1550 (kop. 1681) *inden hitseler* (BS 6607/59, 2/1); 1560 omtrent twee bonderen Lants gelegen *inden nidtzelbeempt* heytende *den nidtzeleer* (HST 7039/5, 77); 1563 *den nitserbempt* (DKAKa 4); 1568 *opten Etseleer* (DKABg 144, 4); 1579 *inden nietzelaer* (BKe 10861, 5); 1612 naer

den Itselaer (BS 1820, 16-10-12); 1616 *inden ixsalaer* (BS 2202, 32); 1617 op *den eytzelaer* (ibid. 3, 1v°); 1630 *aende mitselaer* (HZ 7, 14v°); 1638 *op den netselaer* (BKe 10863, 30); 1659 in *den hixelaer* (BKe 5009, 78); ca. 1675 in *de nitselbempden* (BS 7013, 283); 1682 *inden nitseleir* (BS 7452/2, 35 en passim); 1754 op *den neijtselaer* (BKe 13664, 475); 1823 op *den Hetzelaer* (BKa 1001); ca. 1845 *den Itselaer* (KB); 1957 *Itselaar* (KMK).
B 187-233. KMK 1957 lokaliseert ten onrechte Itselaar op de plaats van Hegge en omgekeerd.
Waarschijnlijk gevormd van de stam van *etten,* beweiden, laten afgrazen, + het suffix *-sel.* Moerman (1956, 68) noemt *etsel* en *etting* Brabantse namen voor weiland, Lindemans (1946, 121) vindt *etsel* slechts "bij een kleine rand rondom Brussel", Pijnenburg (1976, 53) lokaliseert het "in Vlaanderen" en Leenders (1978,195-196) geeft ook voorbeelden uit het westen van Noord-Brabant. Verwante vormen in de streek van Diest meen ik echter te vinden in de naam van het gehucht *Ertsenrijk* onder Halen (oudste vormen in 1921 *escherike* en *echerike,* me meegedeeld door K. Verhelst, Halen, en *Etsrike, etserike,* bij Cleeremans, 250) en in de naam *Etbroek* (1607: HZ 4, 51) te Zelem.
Vanaf 1476 heb ik op de Itselaar alleen akkerland gevonden, maar oorspronkelijk moet er weiland geweest zijn, vermoedelijk op enige nattere plaatsen, als het Natbunder en het Vijvertje. Daarop slaan wel de vormen met *-broek.* Omdat er geen *beemd* of *broek* meer was, waren deze elementen niet toepasselijk. Ze werden vanaf de 16de eeuw vervangen door een personiefiërend suffix *-aar* (Lindemans 1928, 155-156). Vanaf de 15de eeuw reeds werd er voor de aanvangs-i, die in het dialect vaak met *e* wisselt, vaak een *n* gevoegd, later vaak een *h* en één keer een *m.*

286. ITSELAARSTRAAT:
1976 en 1980 *Itselaarstraat* (KWD).
Wegje over de Itselaar naar de Oude Tienseweg. Sectie B.

287. ITSELAARVELD:
1617 *opt hixelaer velt... in thiselaer velt* (A 20 B 1 V, 86v°); ca. 1830 *Itselaer Veldt* (BKa 1001); 1976 *Itselaar Veld* (KK).
Op de Itselaar gelegen *veld,* akkerland.

288. JAN ELENHOF:
1532 int Corssendoncx block reg. *Jan Elen hoff* (HST 7039, 41).
C 36, weide, 1 ha 37 a 80 ca (gedeeltelijk).
Deze *hoeve* hoorde in 1532 toe aan *Jan Eelen* (HST 7039, 64). Al in 1448 was de eigenaar een *"Joh. Elen"* (HST 6745, 97), in 1485 een *"Joannes* filius *Joannis Elens"* (HST 6768, 625), en nog in

1562 een Thomas Elen, zoon van Jan (HST 6768, 694), in 1611 een Lambertus Elen, zoon van Thomas, en in 1612 Lambertus vander Stucken, echtgenoot van de dochter van Thomas Elens (HST 6747, 37).

289. JANNES VAN DER EEKTHOF:
1458 *Jans erue van der eect* (DLS 10, W 21); 1533 reg. die peeters straete ende *Jannes vander eeckt hoff* (BKe 13713, 816); 152 *Jannes vander eeckt hoff* (DKASlp 132, 74).
C 84, land, 94 a 60 ca.
Identiek met de *Eekt*. In 1452 erfde *Jan vander eect* de hoeve aldaar, die tevoren aan zijn vader Roelof vander eect had toebehoord (HST 6940, 73, en HRt Cart. 353).

290. KAARSKESGAT: /'tkɛskəsχɑt/ V.
1527 op die hegghe *aent ghyskens gat* (DKAKe 3, 83 v°); ca. 1675 die straete *van gijskens gat* (BS 7013, 364); 1742 sekere plecke landts groot vijff zillen genaempt *het gijskens gat* (BS 1824, 239v°); 1756 *aent geskens gat* (BS 7453/2, 10); 1771 een parceel land genaemt *de gesche gaeten* (DHGK 52); 1818 *Geiskensgat* (BKa 1001, 268); 1826 *het Keskesgat* (ibid.); 1876 een parceel land genaamd *Keskensgat* (GvD 22-3-76).
Wegje van de Halensebaan naar de akkers op de Heg, tussen B 124 en 175. Ook akkers aan beide kanten van dit wegje (erdoor doorsneden) worden zo genoemd.
Op de Heg bezat Peter *Ghijskens* in 1553 grond (DKABg 135, 14v°) en Wouter *Ghyskens* in 1560 (HST 7039/5, 81). Volksetymologisch werd *Ghyskens* later vervormd tot *Keskes,* de dialectvorm van "kaarskes, kaarsjes". *Gat* betekent nu nog toegang tot een akker, o.a. te Tienen en Leuven (WBD I 229-230; vgl. ook Lindemans en Borgers 1949, p. 60, n. 42).

291. KALVERBEEMD:
1684 drije vierendeel beempts genaempt *den Caluerbeempt* (BS 1835bis, 59).
C 34, hooiland, 42 a 20 ca.
Beemd, weide, die hoorde bij de Korsendonkwinning en ertegenover lag. Blijkbaar werd ze gebruikt voor de *kalveren* van die hoeve.

292. KALVERENBOOMGAARD:
1661 sekeren cleynen boomgaert gelegentot paepenbroeck achter die pachthouff vanden heere Commandeur genaempt *den Caluerren boomgaert* (DN 321, 5-8-61).
D 43, huis, land enz., 2 ha 38 a 60 ca (gedeeltelijk).

Identiek met een deel van de *Boomgaard* (3). Deze boomgaard hoorde bij de ertegenover gelegen Kinderen-Kranenhoeve en werd blijkbaar voor de kalveren ervan gebruikt.

293. KALVEREUSEL:
1438 *Vanden caluereusele* (BH 3244, 6)... *Aent caluereusel* (ibid. 54); 1574 *Tcaluereussel* houdende een boender (DLH 1, 12); 1648 *Het Caluer Euvsel* (DLH 5, 20v°); 1715 *het calver eerssel* (BS 6936b, 49); 1762 *het Calverijsel* (BS 7450, 63); 1819 *den kalver Eersel* (BKa 1001, 340).
A 167, hooiland, 5 ha 89 a 30 ca (gedeeltelijk).
Eusel, dor, weinig vruchtbaar weiland (Pijnenburg 1976), waar *kalveren* grazen. Deze weide hoorde oorspronkelijk bij de oude burcht van Zelem, die eraan paalde, vlak over de grens van Zelem (Claes 1980 a).

294. KAREELOVEN:
1723 *Careelhoven* tot Webbecom (BKe 13582/2, 2v°); 1724 een half Bunder Landts genaemt den Distelpoel ofte *Den Careelhouen* (ibid. 4v°); ca. 1745 *careel oven* (BKe 22774, 68); 1797 op den distelpoel, nu de augustijnen *Careel oven* (WVA 119).
C 81, land, 96 a 10 ca.
Identiek met de Distelpoel en met de Steenovens (1). Primitieve veldoven waar stenen gebakken werden (Molemans 1976b, 1492: steenoven). Oude mensen herinneren zich inderdaad nog dat er vroeger op deze plaats leem werd gedolven voor steenbakkerij (H. Claes 1974, 77). Voor andere steenbakkerijen in Webbekom zie *Steenhoeveke* en *Steenovens* (Claes 1982a, 47).

295. KARISBUNDER:
1560 een bonder lants geheeten *tkaris bonder* (HST 7039/5, 65); 1684 *karisbunder* (BS 1835bis, 13v°).
C 138-139, land, 1 ha 56 a 40 ca.
Identiek met het Wolfsbunder. Een perceel, een *bunder* groot, waarvan in 1650 gezegd wordt dat het vroeger aan Mathys Caris toebehoorde. In 1474-1476 was Mathijs *Karijs* of *Karis* schepen van Webbekom (DKASlp 7; Claes 1982a, 92). De familienaam *Karis* was in de 17de eeuw in Diest nog frequent.

**Karwei:* zie Keerweide.
Keerbeemd: zie Keerweide.

296. KEERDIJK:
/də'ki.ɣədɛ:k/ V.
1771 *Keer Dijck* (DHGK 12/2); 1806 La digue ditte *Keerdijck*

(DdWG); 1976 *Keerdijck* (KK).
Dijk, d.i. weg door de weiden, nl. bij de *Keerweide.* Sectie A.

297. KEERWEIDE, -BEEMD:
1420 viam publicam dictam *Carweyde* (HST 6745, 14); 1444 iuxta *kerwey* (ibid. 16); 1455 op *die keerwey* (ibid. 113); 1532 *opte keerbeempde* oft *weyde* (DLS 10, Z 33); 1635 op *de kerweijde* (DHG 1509, 48v°); 1746 ontrent seuen sillen weyde genaemt *de keerbeemden* reg. *de keerweyde* der gemeynte van Webbecum (DN 26, 22): 1816 *de Karweide* (BKa 717); 1890 69 aren genaamd *Keerweide* (GvD 5-6-90).
A 42, hooiland, 69 a 70 ca + A 130-133, wei, 54 a 10 ca.
Langwerpig langs de Broekstraat en Keerdijk gelegen weide, die aan de gemeente toebehoorde. Waarschijnlijk oorspronkelijk *kar* (ter plaatse kɛ:r uitgesproken) + *weide,* nl. weide die als verbrede weg diende voor de karren. De Keerwei werd, zeker tot in 1890, door de gemeente verhuurd.

298. KEERWEISTRAAT:
1561 die strate geheeten *die kerweyde strate* (BS 6092/1, 1)... *die kerweystrate* (ibid. 2).
Identiek met de *Keerdijk,* nl. de weg of *straat* bij de *Keerweide.*

299. KEIENBLOK:
1646 twee sillen Landts *het keijenblock* (BS 2345/2, 144v°); 1646 *tkeyblock* 2 sillen lants (BS 2279/2).
E 3-5, land, tuin, hooiland, 58 a 50 ca.
Blok, afgesloten perceel, waarop blijkbaar veel *keien* lagen.

300. KELDERKE(S):
/də'keldərkəs/ V.
1532 omtrent 1/2 boender beemps gelegen onder de ganslakerbeempde heytende den harenbeempt oft *kelderken* (HST 7039, 54v°); 1606 een beemdeken ghenaemt *het kelderken* onder het wyngaertuelt (BS 2202, 38); 1756 een out half boinder weyde genaemt *kelderken* (BS 7453/2, 34); 1867 3 ha 50 a weyde genaemd *het Kelderken* gelegen in de Ganzenlaegen (BN 35059, 52/3).
A 46, weide, 63 a 30 ca, en omgeving.
Identiek met de Harenbeemd. *Kelderke* is een volkshumoristische benaming voor een laaggelegen plek (Molemans 1973d, 283; Lindemans en Borgers 1949, p. 59, n. 41). Hier is het inderdaad een zeer natte wei, waar nu een vijver aangelegd is (H. Claes 1974, 73).

Fr. Claes

TOPONYMIE VAN WEBBEKOM

(Vervolg van blz. 462, jg. 1986)

301. KEMPHOEVEN:
1626 1/2 zille lants gelegen in *die kemphouen* (BS 1821, 26-23-3, 15-12-26); 1668 seuen vierdel lants gelegen *inde kemphoeuen* (WP 6, 2).
B 103-104, land, 1 ha 36 a.
Hof, omheind erf, waarop *kemp,* d.i. hennep, geteeld werd (Lindemans en Borgers, 1949, p. 59, nr. 41). Hier gaat het over twee percelen.

302. KEMPHOF:
1638 een halff bounder landts genampt *den kempthof* (BKe 10863, 82); 1787 *den Kemphoff* (BKe 10921, 2v°).
D 109, land, 2 ha 56 a 40 ca (gedeeltelijk).
Soortgelijk perceel als in het vorige nummer, dat hoorde bij de Kloosterwinning of Sint-Bernardushoeve, die er vlakbij stond.

303. KERKEBEEMD:
1858 een parceel weyde groot 75 a 20 ca gelegen in de stokbemden, genaemd *Kerkenbeemd* (BN 35050. 179/5); 1859 *Kerkenbemd* (BN 35051, 31/4).
A 187, hooiland, 79 a 90 ca.
Dit perceel *beemd* had vroeger toebehoord aan het kapittel van de Sint-Sulpitius*kerk* van Diest.

304. KERKEBLOKSKE:
1750 *'t kercke blockxken* (Bs 1824, 391v°).
C 38-39, tuin en huis, 25 a.
Identiek met het Heilige-Geest*blokske,* een ingesloten perceel, vlak bij de *kerk* gelegen.

305. KERKEHALFBUNDER:
1861 reg. *het Kerkhalfbunder* (BN 35101, 134/2); 1871 65 a genaamd *Kerkehalfbunder* (GvD 6-9-71); 1890 58 aren genaamd *Kerkhalfbunder* (GvD 4-6-90).
A 36, hooiland, 42 a 70 ca.
Perceel weide, ongeveer een *half bunder* groot, dat tevoren toebehoorde aan de *kerk* van Webbekom. Identiek met de Motmanderbeemden.

306. KERKHOFSKRAUWELS:
1568 van *kerckhoffs Crauwels* op dweers door t' velt (HST 6733, 556).
C 27, weide, 91 a 20 ca + C 28-29, land, 1 ha 22 a 90 ca.
Deel van het Kraas, tevoren *Krauwels* genoemd, dat van 1512 tot 1604 toebehoorde aan leden van de familie *Van den Kerchove:* eerst

aan Petrus, vader en zoon, en daarna aan Cornelius (HST 6768, 614). Jonker Peter van de Kerckhove was schout van Diest 1503-1515 (Van den Hove d'Ertsenryck 1983, 90).

307. KERKSTRAAT(JE), -WEG:
1) /də'kerəkəwɛχ/ V.
1645 *die kerckstraet... de kercken straete* (BS 2203, 33); 1678 *De Kercke wech* (A 106 C2, 63); 1680 *het kerckenstratien* (HST 6943, 25); 1734 den mestwegh oft *kerckwegh* (BKe 22774, 28v°); 1875 de straat genaamd *Kerkeweg* (BN 34552, 101).
Weg, die bij de kerk begon, door het Dorpsveld en langs de Eekt tot bij de Heilige-Geestwinning op de Aardeweg liep. Grotendeels identiek met de huidige Dorpsveldstraat. Secties A, B en C.
2) 1666 *den kercken wech* gaende naerden eerdenwech (BS 1822, 1-2-66); 1756 int leunisuelt, reg. *het kerckenstraitken* suyd (BS 7453/2, 58v°).
Identiek met de Vroentestraat (2). Sectie B.
3) 1756 int wyngaerdenuelt, reg. *t'kerckenstraitken* noord (BS 7453/2, 53).
Wegje dat van de Groeneweg (grens Diest-Webbekom) recht over het Wijngaardsveld naar de Oudebaan liep en bij het Hooggat uitkwam. Drie wegen waarlangs men naar de *kerk* kwam, de eerste twee van het gehucht Aardeweg, de derde van bij de Koepoort in Diest.

**Kerstendonk* enz.: zie Korsendonk enz.

308. KIEVITSBERG:
1420 iuxta locum dictum kyuitsberghe (HST 6745, 7); 1446 *opten kyeuitsberch* (DLS 10, W 16); 1448 iuxta locum dictum kintsberghe (HST 6745, 97); 1532 een stuck lants geheeten *den kieuitsberch* (HST 7039, 22v°GRC); 1542 opten berch bouen webbecom geheeten *den kieuelsberch* (DKASlp 132, 74); 1547 *den kieuel berch* (DKABg 100, 72); 1564 (kop. 1677) bouen *den kijuetberch* in die hegge (BKe 4497, 75); 1633 *kiwitsberghe* (HST 6750, 20); ca. 1675 op *den kivitbergh* (BS 7013, 686); 1752 *opden kintsbergh* wedersijts het Gijskens gat (BS 7453/1, 9); 1787 onderhalf zille bouen het winderbroek aen de hegge genaemt *de kiuitsbergh* (BS 4507/331); 1880 op *den Kiewittenberg* (GvD 4-8-80).
- *Gene Kievitsberg:* 1707 op Gheen Hegge iuxta locum dictum: *op Gheenen Kivits bergh* (HST 6768, 621).
Hoogte op de Heg, bij het Kaarskesgat, ca. B 127-131.
De naam *kievit* werd hier gegeven wegens de nabijheid van de natte weiden aan de overkant van de Hasseltsesteenweg. Een zompig terrein is de ideale verblijfplaats van deze vogel (Molemans 1976b, 729). De eenmalige toevoeging *gene,* d.i. gindse, staat duidelijk onder invloed van het meer voorkomende *Geen*hegge (Claes 1983c, 187).

309. KIJNENHOF:
1560 huys ende hoff heytende *den kynenhoff* (HST 7039/5, 13); 1682 landt gelegen op den eerdenwech daer huijs en hoff opgestaen heeft genaemt *den keynenhoff* (HST 6942, 54); 1684 *den kijnenhoff* (BS 1835bis, 4v°).
B 50, land, 5 ha 57 a (gedeeltelijk).
In 1560 hoorde dit huis toe aan de erfgenamen van Michiel Vuchelen alias Scepers. Nu vinden we in dezelfde omgeving in 1532 een *"kyne sceeps"* vermeld (HST 7039, 63), die de vader van Michiel zou kunnen zijn. *Kijne* of *Keyne* is een vleivorm van de voornaam Christiaan.

310. KINDEREN-KRANENHOEVE:
1545 huyse houe metten gronden te papenbroeck geheeten *die kinderen cranenhoeue* daer gouaert wylen *cranen* douwen wuyt gestoruen es (BS 339, 90).
D 93-98, twee huizen, hof, boomgaard, land, 1 ha 31 a 30 ca. Deze hoeve hoorde in 1507 toe aan Reynder *cranen* (BS 336, 135), in 1542 aan Elizabeth *Cranen* "met haren man Jan zekers" (BS 339, 27v°) en in 1545 maakte Jan *Cranen* "Jans soene" ze over aan Henrick Vaes (ibid. 90). In de stamboom van de familie Cranen uit Diest vinden we o.a. Jan en Godevaert als kinderen van Godevaert de oudere (°ca. 1450, + voor 1530). Elisabeth, gehuwd met Jan Zekers, was een dochter van Jan. Godevaert de jongere (1490-1550) was de grootvader van Sara Cranen, de moeder van onze grote dichter Joost van den Vondel (Van Valkenburg 536-538).

**Kindsberg:* zie Kievitsberg.

**Klaasberg:* zie Kloosterberg.

311. KLEINBOSSELKE:
1572 de hellicht van een zille erfs genaempt *Tcleyn bosschelken,* gelegen ter Bost (BS 340, 306).
Msch. E 190, land, 19 a 10 ca.
Klein perceel *bos* of misschien maar struikgewas.

312. KLEINBUNDER.
1467 *dat cleyn boender* ende dat halfboender neuent tsluysken (BH 3245/2, 11).
Wsch. A 5, hooiland, 1 ha 99 a 60 (gedeeltelijk).
Vermoedelijk is dit het perceel waarbij het Eegdeke (1) later gevoegd werd. Het was blijkbaar wat *kleiner* dan een *bunder,* in tegenstelling met het er dichtbij gelegen *Grootbunder.*

313. KLEINEBEEK:
1890 Keerweide, reg. den dijk Z., *de kleine beek* W., Leibeek O. (GvD 4-6-90).
Identiek met de Leuge*beek,* die *kleiner* was dan de Leidgracht, hier Leibeek genoemd. Sectie A blad 1.

**Kleine Blakenberg:* zie Blakenberg.

**Kleine Bremberg:* zie Bremberg.

314. KLEINEBRUG:
1620 *die clijn brugge* ouer die Leugenbeke in die keerweyde (BS 1826, 19).
A 42-43.
Brug over die Leugebeek, in tegenstelling met de er dichtbij gelegen *Valbrug* over de Leidgracht.

Hogewijngaardskapel.
Puinen halfweg Diest-Webbekom, in 1659 getekend door C. Lowis (BKe 5009, 21).

**Kleine dijk:* Zie Dijk (2)
**Kleine Eekt:* zie Eekt.
**Kleine Els:* zie Els.
**Kkeine Ganzelaken:* zie Ganzelaken.
**Kleine Vroente:* zie Vroente.
**Klein Hemelrijk:* zie Hemelrijk.

315. KLEIN OOSTENBUNDER:
1746 een boinder Landts tot Papenbroeck genaempt *het klijn oosten boinder* (HH 80m175); 1760 twee half boinders gelegen aen malcanderen genaempt *het Cleijn oosten boinder* (ibid. 342).
E 41, land, 1 ha 67 a 70 ca (gedeeltelijk).
Dit perceel hoorde ca. 1684 toe aan Willem *Oosten* (DLH Le. 28v°) en in 1696 aan Catharina *Oosten* (BH 79, 195v°). Deze laatste werd in 1658 in de Sint-Sulpitiuskerk in Diest gedoopt als dochter van Gulielmus of Willem Oosten. Het perceel was blijkbaar iets minder dan een *bunder* groot.

316. KLEIN WEIKE:
1890 de wei genaamd *"het kleine Weiken"* gelegen achter de kerk te Webbekom (GvD 25-6-90).
Wsch. A 192, hooiland, 38 a.
Dit perceel hoorde toe aan dezelfde familie Valvekens, die de eraan grenzende grotere weide A 124 (5 ha 12 a 80 ca) bezat.

317. KLOOSTERBERG:
1407 (kop. ca. 1600) *Cloosterberg* (BKe 10850, 2); 1431 supra montem dictum *cloesterberch* (HOB Crt. 1220); 1638 een pleck bos genamp *den Clousterberch* groet synde vyf bunder (BKe 10863, 27)... een pleck landts genampt *den Closter berch* groet synde veyftien bounder ende vyf boundres bos (ibid. 52); 1793 zestien bunder land en drie bunder bos *den cloosterberg* (BS 7206, 8v°); 1823 *Cloutsberg* (BKa 545); ca. 1845 *Kloosterberg, Claesberg, Claessberg, Goesberg* (KB); 1976 Kloosterberg (KK).
E 110, land, 31 ha 84 a 3 ca, op het kadaster uitgebreid tot E 106-119.
Deze heuvel hoorde geheel toe aan het *klooster* Sint-Bernardsdal. Oorspronkelijk perceelsnaam, in de 19de eeuw, toen er huizen bij gebouwd werden, gehuchtnaam.

318. KLOOSTERBERGBOS:
1697 ons *Cloosterberg bosch* (BKe 10867, 81).
E 110, land, 31 ha 84 a 30 ca (gedeeltelijk).
Aan het klooster Sint-Bernardsdal toebehorend *bos* op de *Kloosterberg*.

319. KLOOSTERBERGMESTWEG:
ca. 1845 Kloosterbergmestweg (KB).
Identiek met de vroegere Boksbergsestraat, van de Leuvensesteenweg langs de Kloosterberg naar de Schambraak. Sectie E blad 2.

320. KLOOSTERBERGSTRAAT:
1646 *de Cloosterberchstrate* (BS 2345/2, 247); 1904 *Kloosterbergstraat* (GvD 13-8-04).
Weg van de Tiensestraat over de Kloosterberg naar de Schambraak en Papenbroek. Identiek met de Hollestraat (2). Sectie E blad 2.

321. KLOOSTERBERGVOETWEG:
ca. 1845 *Kloosterbergvoetweg* (KB).
Wegje van de Gasthuisweide (onder Diest) naar de Kloosterberg, waar het bij de Kloosterstraat komt. Sectie E blad 2.

322. KLOOSTERBLOK:
1638 een pleck landts genampt *den Closter block* groet synde thien zille (BKe 10863, 51).
E 109, land, 3 ha 42 a 70 ca.
Tussen het vroegere *klooster* Sint-Bernardsdal en de Kloosterberg, deel van het latere *Bernardusblok* of *Blok* (4).

323. KLOOSTERBOS:
1399 achter cloester winninghe... *tcloester bosch* (DHG 1865, 86); 1693 ons *Clooster bosch* 5(BKe 10867, 81).
D 95, land, 4 ha 50 a 20 ca + D 85-88, hof en huis, 26 a 50 ca. Identiek met het Langebos, dat aan het *klooster* Sint-Bernardsdal toebehoorde.

324. KLOOSTERSTRAAT:
1) 1459 (kop. 1686) *de cloosterstraet* (BH 2873, 2); 1514 *cloesterstrate* (DHG 1097, 16v°); 1877 aan *de kloosterstraat* (GvD 20-6-77).
Identiek met de Kloosterbergstraat. Sectie E blad 2.
2) 1638 ons *Closter straet* uyt ons eerf genomen (BKe 10863, 52). Weg tussen het *klooster* Sint-Bernardsdal en de Kloosterberg. Sectie E blad 2.

325. KLOOSTERVELD:
ca. 1680 beneden *het cloostervelt* (BS 2351, 54v°); 1747 *het Cloosterveldt* (BKE 10874/2, 59v°).
E 30-31, land, 10 ha 53 a 50 ca.
Veld, akkerland, toebehorend aan het *klooster* Sint-Bernardsdal.

326. KLOOSTERWINNING:
1379 achter der nonnen winninghe (DHG 1889, 45v°), 1399 achter *cloester winninghe* (DHG 1865, 86); 1638 ons *Closter winninghen* (BKe 10863, 20).
D 106-107, huis, 32 a 10 ca.
Winning, pachthoeve, die aan het *klooster* Sint-Bernardsdal toebehoorde. Identiek met Sint-Bernardus.

**Kloutsberg:* zie Kloosterberg.

327. KLUUTJE:
1532 *opt tcluetken* inde mortel bouen de winninge van Corssendonck (HST 7039, 60); 1608 *opt kleutken* (HST 7039/3, 58); 1623 *opt Cluetken* (HST 7039/4, 131).
C 121b, land, 4 ha 20 a (gedeeltelijk).
Wsch. verkleinwoord van Mned. *cloot,* kluit, klomp, bolvormig voorwerp, hier met de betekenis "hoger gelegen bolvorming perceeltje". Vgl. *klootke* bij Molemans 1973d, 315, 1976b, 147 en 1977, 20-21.

328. KOEBEEK:
1484 *die coubeke* (DKABg 141, 12); 1554 aen *die Coebeke* (BS 339, 297v°); ca. 1600 *de koeijbeeck* (BKe 13950/8, 1v°); 1655 *die*

koeyebeke (DN 320, 7-4-55); 1867 den Grooten leydgracht of *de oude Koeybeek* (BN 35059, 46); 1878 *Koey Beek* (BMK).
Identiek met de Begijnenbeek. Ca. 1840 werd deze binnen de wallen verlegd. Daarom werd het vroegere deel ervan waar de Leidgracht in uitkwam, daarna nog *Oude Koebeek* genoemd. Aan die kant was in Diest ook de *Koepoort,* die toegang gaf tot het weidegebied en veel voor *koeien* gebruikt werd.

329. KOEBEEMD:
1638 een pleck wije ende bos by onse vininge genampt *de Coeye bempt* groet synde vier bounder (BKe 10863, 79); 1787 *den Koij Bempdt* (BKe 10921, 3v°).
E 27-28, land en weide, 5 ha 56 a 40 ca.
Beemd, weide, tegenover de Kloosterwinning, blijkbaar gebruikt om er de *koeien* te laten grazen.

330. KOEWEI:
1754 den Peerdstbeemt, tegenwoordich *de Coë-weijde* (BS 2275,40); ca. 1780 *de Coëweijde* (BS 2276, 153).
E 113, land, 2 ha 49 a 50 ca (gedeeltelijk).
Identiek met de Paardsbeemd (2), later blijkbaar voor *koeien* gebruikt.

331. KOKSHOF, - HOEVE:
1446 (kop. 1707) (den Cocxhoff) Leonius Creuwels vendidit Mathiae filio Joannis *Cox* (HST 6768, 676); 1505 gesworen laten *cox hoff* (DKAKa 12, 94); 1573 Meijer ende Laeten *inden Cocxhoff* (BS 6607/26, 1); 1603 Creuweelshoeue, modo vocatur *Cockxhoeue* (HST 6747, 38); 1616 een cijnshoffken onder webbecom genaempt gemeijnlijck *Coxhoffken* (HST 6746, 20, los bl.); 1782 schepenen ende Lathen *vanden Coxhoff* (BS 1826, 227).
Cijnshof, voortzetting van het Krauwelshof, volgens het eerste citaat genoemd naar Mathias *Cox.*

332. KOKSWINNING:
1777 *Kockx Winning* (KF); 1827 de *Winninge* voortskomende van den heere *VCox* (BN 35017, 24).
B 45-47, huis, tuin en land, 1 ha 2 a 70 ca.
Winning, hoeve, in 1746 gebouwd en verhuurd door Arnold *Cox* (DN 26, 57), die 1730-1740 drossaard van Diest was (van den Hove d'Ertsenryck 1980, 39-40, en 1981, 65). Later ook de Winning (2) en de Roverswinning genoemd.

333. KOMMANDERIJWINNING:
1569 mijnheer den *commendeur* van Beckeuort zeker *winhoff*

De Kokswinning

gheleghen te papenbroeck (BS 2279, 251v°); 1604 *de winninge der* seluer *commanderije* (BH 75, 50v°); 1715 *bijde Commanderije winninge* (BS 360, 103).
E 50-52, huis, hof en weide, 1 ha 75 a 50 ca.
Identiek met de Hofstad (2) en de *Winning van Papenbroek,* die na 1431 in bezit van de *Commanderij* van de Teutoonse orde te Bekkevoort kwam (Liekens 1969, III 28, n. 3).

334. KONEMINNE:
1253 16 bonuaria culture sive terra arabilis, de quibus jacent 7 bonuaria simul in una parte, que vocantur *Coneminne* (Pirenne 332).
Msch. C 88-91 + C 93, land, 9 ha 95 a 80 ca. en dan identiek met het *Monnikenland.*
Afleiding van het Latijnse *condominium,* gemeenschappelijk eigendom (H. Dittmaier, Rheinische Flurnamen. Bonn 1963, p. 158). Ook in Lubbeek komt een plaatsnaam *Conneminne* of *Condeminne* voor (C. Wolfs en F. Scheys, 1982, 269). Daar lag de plaats bij een dries, in Webbekom was ze bezit van de abt van Sint-Truiden, heer van de plaats, en zo telkens gemeenschapsgoed (F. Claes, De plaatsnaam Kon(d)eminne, in Oost-Brabant XXII, 1985, p. 25).

335. KOOLBOS:
1822 un bonnier 46 perches de bois dit *Coolbosch* (BKa 1001); 1904 in *den Koolbosch* (GvD 21-12-04).
D 57, bos, 1 ha 91 a 30 ca.
Vermoedelijk *bos* waar houts*kool* gebrand werd (Van Passen 1962, 1431) of misschien bos dat uitgebrand werd eer het opnieuw aangeplant werd (Lindemans en Borgers, 1949, 54, nr. 26).

336. KOOLSTRAATJE:
1771 *'t kool straetje* (DHGK 52); 1827 *het Koolstraatje* (BN 35017, 196/22).
Identiek met het Kaarskesgat. Vermoedelijk genoemd naar de familienaam *Cools.* In 1625 bezat Jan *Cools* grond "aent ghijskens gat" (BS 6090 bis, 2). Een Paul *Cools,* °1544, was schout van Diest (van de Hove d'Ertsenryck 1983, 91) en een Jan *Cools* wordt in 1587 vermeld (id. 1981, 10).

337. KORSENDONK(SBLOK):
1532 *int Corssendoncx block* (HST 7039, 41); ca. 1675 *int kerstendonck* (BS 7013, 64); 1680 die hoeue competerende het clooster van *kerstendonck...* den *block* neffens die voors. hoeue (HST 6943, 50); 1684 *int' Cortsendonck block* (BS 1835bis, 57).

C 100, bos, 54 a 20 ca + C 101, land, 99 a 20 ca + C 96-97, land, 1 ha 98 a.
Bij de hoeve van *Korsendonk* horende en er vlak bij gelegen grond.

338. KORSENDONK(SE) WINNING:
1532 neuen *Corssendonxe winninge* (HST 7039, 60); 1546 by *kerstendonck wynninghe* (BS 339, 109v); 1608 *de Corssendonck-sche winninghe* (HST 7039/3, 58); 1864 une maison écurie... nommés *la ferme de Kerstendonck* (BN 35056, 59/1); 1904 Eene winning... genaamd *Corsendonckwinning* (GvD 16-1-04).
C 98-99, huis, hof, 22 a 40 ca.
Deze hoeve werd in 1496 door Thomas van Geel aan de priorij van *Korsendonck* geschonken (HST 6745, 94). Deze priorij had ze tot het einde van de 18de eeuw in bezit (Claes 1982a, 61-63).

339. KORTENAAKSEWEG:
1496 *den corttenaecsschen wech* (BLB 2278, 1); 1668 *den Corte-nackenswech* (BS 1835/1, los bl.).
Identiek met de (oude) Tienseweg, op de grens van Secties B en C, die tot de grens met Zelk-Halen ook naar Kortenaken leidde.

340. KORTRIJSESTRAAT:
1646 *de Curtrijsstraet* wesende reen tegen assent (BS 2345/2, 166v°)... *die Cortrijsstraet* (ibid. 169).
Identiek met de Wolvestraat, op de grens van Webbekom met Assent. Sectie D.
De naam is afgeleid van het *Kortrijs,* een bos onder Assent aan deze weg (1529 *Tcortryst... tcortrys,* HST 6724, 404). wsch. gevormd van kort + rijshout.

341. KRAAS:
1485 iij boender beempts die de voers. tafele (H. Geest van Diest) voertyts vercregen heeft jegen louijs *crauwels* (HST 6745, 96); 1490 een boender by papenbroeck geheyten *tcrauwels* (DHG 1823, 2v°); 1531 vyff zillen beempts geheyten *tcrauwels* (DHG 1870, 6v°); 1626 sess zillen bempts genaemt het craes (Dn 47. 21-10-26); ca. 1675 reg. *craijs* (BS 7013, 362); 1692 *int creijs* op den eerdenwech (DHG 1593, 24v°); 1703 het crauwels velt gelegen bouen *crauwels* (DKAHW 49/8, 4); 1715 twee boinder landt ghenaempt *het Craes* (BS 6936, 79); 1824 land op *het Cras* (BKa 1001, 132); ca. 1830 *het Creas* (BKa 1001); 1874 op *het Cras* (BN 34551, 107); 1976 *Het Creas* (KK).
C 26-30, weide en land, 6 ha 45 a 60 ca, nu uitgebreid tot c 94-110.
Reeds in 1379 bezat Arnold *Crauwels* en in 1418 zijn zoon Leonius

De Korsendonkwinning

Crauwels daar grond (HST 6768, 612-613). *Kraas* is een samentrekking van de familienaam Crauwels, op het kadaster via de schrijfwijze *Craes* vervormd tot *Creas*.

342. KRAASVELD:
1400 opt velt bouen papenbroeck by *crauwels lant* (DKABg 39, 4v°); 1676 (kop. 1707) *int Craesveldt* (HST 6768, 615); 1680 twee boinder landt genaempt *het craesvelt* (HST 6943, 58); 1703 *het crauwelsvelt* gelegen bouen crauwels (DKAHW 49, 4); 1707 *int craesveldt* (HST 6768, 614).
C 110, land, 3 ha 30 a 60 ca.
In het *Kraas* gelegen *veld,* akkerland.

343. KRAATHOEK:
1754 onderhalf sille landts op den neijtselaer nu genaempt *den craethoek* (BKe 13664, 475).
B 220, Land, 57 a 40 ca.
Identiek met het Hortersland. Het eerste lid *Kraat* zou van een persoonsnaam kunnen komen. *Pancratius?,* misschien een huurder of vroeger eigenaar (van de 16de eeuw af hoorde het perceel toe aan het klooster Mariëndal in Diest). *Hoek* zal slaan op de ligging waar een Mestweg of Groeneweg uitkomt op de (oude) Tienseweg.

344. KRANINGSBOSJE:
'tkrə:ninksbosk*ɑ*j V.
E 63, land, 2 ha 58 a 70 ca.
In 1866 hoorden E 63 en 66 toe aan Professor *Craninckx* te Leuven (BN 35038, 17/7). Volgens de overlevering heeft een zekere *Craninckx* daar ca. 1900 een bos gerooid. Deze plaats wordt ook de Schans (2) genoemd. In 1871 bezat Petrus Joannes Stephanus Craninx, "hoogleeraar der medecynen by de catholieke universityt van Leuven, aldaar wonende", de hoeve het Ganzenhof (X 1).

345. KRAUWELSBEEMD, -BLOK, -BROEK, -EUSEL:
1504 *int crauwels eusel* (DHG 1825, 117); 1532 *den Crauwelsbeempt* (HST 7039, 19); 1562 vj zillen beemps heytende *het Crauwelsbroeck* (HST 7039/2, 27); 1591 *den crauwels beempt* groot zynde sess zille (DHG 1813); 1682 ses sillen beempts genaemt *t' craewels block* (HST 6942, 24).
C 26, weide, 3 ha 64 a 40 ca (gedeeltelijk).
Identiek met de Paardsbeemd (3). In het *Kraas* gelegen *beemd,* weide.

346. KRAUWELSHOVE, -HOEVE:
1420 De mansionarijs censibus caponibus et auena quos habebat leonius *crauwels* apud webbekem in feodum (HST 6745, 6); 1424 gesworen late Lorijs *Crauwels* in sinen *hof* (DLS 10 w 13); 1430 ibidem ante bona dicta *crauwelshoff* (DKAka 12, 64); 1457 in *die crauwels hoeue* (DHG 1818, 28); 1603 *Creuweelshoeue* (modo vocatur Cocxhoeue). De Curia plurium mansiounariorum, quam dudum habebat Leonius filius Arnoldi *creuweels* apud webbekem (HST 6747, 38); 1641 De Curia dicta vulgo *Creweelshouen* nunc Cocxhoff (HST 6753, 300); 1698 (kop. 1702) den cheynshoff ghenaempt *Creuwelshoff* oft Cocxhoff (HST 6766, 274).
Cijns*hof,* naar Leonius *Crauwels* genoemd (cf. 1420), later Kokshof genoemd.

**Krauwelsland, - veld:* zie Kraasveld.

347. KRAUWELSWEI:
1713 een boender onder webbecom genaempt *de crauwelswijde* (BS 360, 9v°).
C 28-29, land, 1 ha 22 a 90 ca.
In het *Kraas* gelegen *weide.*

348. KREMERSSPEELHOF, -SPEELGOED:
1783 het soogenaamt *Creemers speelhof* (BS 375, 162v°); 1874 aan *Kremers Speelgoed* onder Webbecom (BN 34551, 34); 1890 vetweide, genaamd *Kremers Speelhof* (GvD 25-6-90); 1904 ter plaatse *Kremersspeelhof* (GvD 7-9-04).
E 117-119, speelhuis, huis, tuin, 81 a 50 ca + E 114-116, wei, 4 ha 16 a 20 ca.
In 1728 bezat Godefridus *Cremers* hier "seker *speelhuysken*" (BS 364, 44v°), d.i. een buitenverblijf. Het werd soms ook zonder meer het *Speelhof* (2) genoemd. Godefridus *Cremers* had kinderen in de Sint-Sulpitiusparochie in Diest van 1710 tot 1722.

348. KRIEKELAARS:
1640 de bempden ghenaempt *de krieckelaers* onder webbecom (BKe 15371, 253v°).
A 189, hooiland, 63 a 30 ca + A 124, hooiland, 5 ha 12 a 80 ca (gedeeltelijk).
Op een deel van dit perceel hebben vroeger blijkbaar *kriekebomen* of *ker*sebomen gestaan.

349. KRIJTENBEEMD:
1490 opte keerweye reg. vrou *creyten beempt* (DHG 1823, 2v°); 1616 een half bonder beempt geheeten *den cryten beempt* (BS

2202, 50); 1635 *den crijten* oft den ijdekens *bempt* (BS 2203, 10).
A 20, hooiland, 1 ha 29 a 50 ca.
Identiek met de IJdekesbeemd. In 1532 bezat Henrick *Crijters* wei in die omgeving (DLS 10 Z 19). In 1529 was er een Elisabeth Crijters te Diest, gehuwd met Henri van Merleberg (van de Hove d'Ertsenryck 1983, 90).

350. KRIK:
1904 op *de Krik,* ter plaatse Kloosterberg (GvD 4-5-04).
Op of bij de Kloosterberg (E 110), juiste ligging onbekend. Misschien is *krik* hier een bijvorm (in het plaatselijke dialect weliswaar niet voorkomend) van *kruk,* wellicht met de betekenis "stok met een dwarsstuk".

351. KROMHALFBUNDER:
1) 1874 op *het* zoogenaamd *Kromhalfbunder* (BN 34551, 246); 1875 ter plaats *Kromhalfbunder* (BN 34552, 207); 1876 *het* zoo genaamd *Krom half bunder* (BN 34553, 238).
A 151, hooiland, 84 a 60 ca.
Omvat o.a. de Pastoriezil en is gelegen in een bocht van de Leidgracht, met een oppervlakte van iets meer dan een *half bunder.* Naar de bocht van de leidgracht *krom* genoemd.
2) /'tkrumhalvαvbundαr/V.
A 166, hooiland, 2 ha 25 a 70 ca.
Identiek met de Drie*halvebunders* aan de *Kromme*dijk, waarvan de naam in de volksmond verkort werd.

352. KROMMEDIJK:
/dα'krumαndɪ:k/V.
ca. 1560 op *den Crommendyck* (DdWt 1); 1690 De twee deijcken den rechten ende *crommendeijck* genaempt (BH 3251, 45); 1819 au *Crommendyk* (BKa 1001, 69).
Identiek met de Zelemsedijk. Deze weg loopt langs de Leidgracht en volgt de bochten ervan, daarom *krom* genoemd, in tegenstelling met de Rechte- of Langedijk. *Dijk,* wegje door de weiden. Sectie A blad 2.

353. KROMSTUK, -VELD:
1379 (kop. 1599) 1/2 boender lants te papenbroeck gelegen geheeten *tcromstuck* (DHG 1122/2, 63); 1457 een stuck lants geheyten *crumstucke* (DHG 1817, 36v°); 1495 *de cromstock* (DHG 1868, 32vr°); 1518 opt crom velt (BH 66, 9); 1526 vi zillen geheiten *tcroemstuck* (BH 66,71); 1671 *opt' Cromvelt* (BH 78, 191); 1777 *het Cromstuck* (BH 79, 178).
D 7, land, 2 ha 4 a 20 ca.

Stuk veld, akkerland, *krom* genoemd naar de bocht die de weg er maakt.

354. KROON(TJE):
1599 (kop. 1626) *die croon* (BKe 4497, 31); 1608 huys ende hoff geheeten *de Croone* (HST 7039/3, 2); 1610 Aert vetpot *in die Croon* (DKASlp 90, 2/10); 1639 heijlken *in de Croon* tot webbecom (DKASlp 95, 15); 1736 int huijs genaempt *het Croonken* (BS 6607/96, 1); 1863 huijs met den gronde, 16 a 15 ca, genaemd *de Kroon* (BN 35055, 8).
A 113-114-115b, twee huizen en bakoven, 17 a 70 ca.
Kroon is een veel verspreide huisnaam, naar een krans, in de volksmond *kroon* genoemd, als uithangteken (Molemans 1973d, 341, en 1976 b, 901).

De Kroon, een oude afspanning, zoals ze was in 1953

355. KRUISBUNDER:
1558 Du pres nomme tvoirste boender... aultrement nomme *tcruysboender* (BH 3246, 11v°); 1574 Tforste *boender* commende aenden Langen dyck *aent cruys* (DLH 1, 12v°); 1769 weyde genaemt *het Cruijs boinder* (BH 3256, 28v°); 1904 *het Kruisbunder* (GvD 15-6-04).
A 175, hooiland, 1 ha 30 a 70 ca.
Identiek met het Voorste bunder. Weide, een *bunder* groot, waarschijnlijk genoemd naar het *kruis*punt van de Langedijk en de Rechtedijk, waaraan ze ligt. Het is weinig waarschijnlijk dat daar in de weiden een kruis gestaan heeft.

356. KRUISSTRAAT:
1438 op *die cruystrate* (DKAHW 35, 10); 1604 *opte cruysstraet* tot webbecum reg. de Thiensche straet (DKABg 43, 76); 1638 *aende Cruijsstraete* (BS 1821, 16-1-38).
Kruisstraat heeft hier de betekenis "*straat* die een andere *kruist,* zijstraat". Het gaat hier over de huidige Papenbroekstraat op de Aardeweg, zijstraat van de vroeger belangrijker (oude) Tienseweg. Sectie C.

357. KRUISWEG:
1) 1663 in het nat boinder reg. *den Cruijswech* (BS 1822, 7-8-63).
Een Mestweg op de Itselaar. Sectie B.
2) 1754 *den Cruijsweg* (B 3241, 785); 1759 *den Cruijswegh* (BS 1825, 338).
Wegje op de Parelsberg, op de grens met Diest. Identiek met de Processieweg (1). Sectie B.
Twee *zijwegjes* die een andere weg *kruisen.* Het tweede wegje kan echter ook genoemd zijn naar de *kruisdagen:* in 1680 was het "processie wech in *cruijsdagen*" (HST 7453/2, 58).

358. KUIPERSBEEMD(JE):
1628 *opt Cuijpers Bempdeken* (BKe 10849, 191); 1636 Sint Bernaerts voor Marten *Cuijpers* ende van hen lieden aengeslaegen twee sillen *beempts* (BS 2345/2, 251); 1638 ons *Cuypers bempt* (BKe 10863, 58)... een wye genampt *de Cuyper bempt* groet ontrent dry zille (ibid. 59); 1787 *den Kuijpers Bempdt* (BKe 10921, 5).
E 114, wei, 2 ha 43 a 10 ca + E 130, wei, 93 a 10 ca (gedeeltelijk).
Beemd, wei, genoemd naar de vroegere bezitter (cf. 1636) Marten *Cuypers.* Een Martinus Cuypers overleed in de Sint-Sulpitiusparochie in Diest in 1645.

359. KUKEL(S)BERG.
1373 in loco dictor *cuckelsberch* (HZ 14, 3v°); 1532 huijs ende

hoff, heijtende *den Cuckelsberch* (HST 7039, 16); 1542 de wininge *inden kuckelsberch* (DKASlp 132, 73); 1573 *Inden Cuckelssche berch* (DKAspKpD 131); 1600 op *den cuckensberch* (DKASlp 138, 48v°); ca. 1675 *den konckelbergh* (BS 7013, 281); ca. 1750 *den kuckelenberg*... ca. 1770 *den kuckelbergh* (BKe 10889, los bl.).
B 171-173, land, 78 a 38 ca.
Kleine hoogte aan de Halensebaan, genoemd naar *kukel,* vklw. van koek, met de figuurlijke betekenis "ronde hoogte" (Mansion 86). Ook te Zelk-Halen (Cleeremans 620) en te Binkom (Claes 1982d, 283) was er een *Kukel(s)berg*.

360. KUTSEBROEK:
1295 Lambertus *de kutsenbroeg* (LPh XXIV 16); ca. 1315 bi ians *van cutscenbroeke* (DLKe Cijnsrol 6); 1395 mechtilden *van cutsenbroec* (D 792/2, 36); ca. 1400 (kop. ca. 1600 *opt kitsenbroeck* (BKe 13950/8, 10); 1427 *op cutsenbroech* (DLS 10 W 16b); 1476 (kop. 16de eeuw) *te cutsenbroeck* (BKe 13849, 2v°); 1484 *op kochen broeck* (DKABg 141, 13); 1521 *opt cutselbroeck* (BS 338, 86); 1545 onder papenbroeck *op kutssenbroeck* (BS 339, 76); ca. 1600 *het Cuetensbroeck* (BKe 4496, 10); 1669 op *het keutselbroeck* (BS 1830, 8-2-69)... *op Kotselbroeck* (ibid. 19-2-69); 1696 *op cottebrock* (BKe 4511, 10); 1718 op *het koitsebroeck* (BS 1823, 47v°); 1739 op *het godtsschen Broek* (BS 1824, 173); 1744 op *het Goitsenbroeck* (ibid. 282v°)... op *het coetsebroeck* (ibid. 288v°); 1747 *opt Gosselbroeck* (BKE 10874/2, 10); 1787 *opt cortselbroeck* (BS 1826, 417); 1793 *opt goetsebroek* (BS 7206, 27); 1821 au lieu dit *Katselbroek* (BKa 1001, 100).
E 13-20, land, boomgaard, huis, hof, weide, hooiland, 5 ha 12 a 70 ca.
Kutsenbroek is een belangrijk toponiem onder Assent, maar enige percelen onder Papenbroek werden (o.a. in 1545) er ook bij gerekend. De naam is wsch. afgeleid van Mned. *cuts,* koopman, venter, msch. via een familienaam (cf. Molemans 1973d. 68, en 1976c, 195) + *broek,* moerassige weide. Ik merk op dat er volgens de oudste bewijsplaatsen al vroeg bewoning was op het Kutsebroek.

361. KWAADBUNDER:
1) 1585 dboender daer naest op den demere geheeten *tquaetbunder* (BH 111, 18); 1611 *het quaet boender* (BH 112, 26); 1819 dite *Kwaed bunder* (BKa 1001, 62).
A 7, hooiland, 1 ha 10 a 40 ca.
2) 1880 *Het Kwaad-Bunder* (GvD 26-6-80); 1904 *Het Kwaadbunder* aan Huybrechts (GvD 15-6-04).
A 176, hooiland, 1 ha 49 a 80 ca.

Identiek met het Bornebunder.
Weiden, ongeveer een *bunder* groot, *kwaad* genoemd wegens de drassige bodem of de begroeiing met veel houtgewas (Molemans 1971, 179; 1975d, 234, Molemans en Paulissen 1976, 159, en Molemans 1982, 1007).

362. KWADEZIL:
1) 1680 *die quaede sille* (HSt 6943, 13); 1672 *de quade sille* (BS 7449, 189).
A 103, land, 1 ha 39 a 50 ca (gedeeltelijk).
2) /dj'kə.zil/V.
1877 *Kwade sil* (GvD 20-6-77); 1877 op de zoogenaamde *Kwade Zil* (BN 34554, 148).
C 122, land, 36 a.
Kwaad, d.i. moeilijk te bewerkten stuk akkerland (Molemans 1982, 1009), ofwel vol onkruid (Helsen 1938, 14), een *zil* groot. Van het tweede perceel zeggen de mensen inderdaad dat het moeilijk te bewerken grond is.

**Laatste Zevenzillen:* zie Zevenzillen.

363. LAKENMAKERSBLOK:
ca. 1680 het *block* van den *laeckenmaecker* met naeme (BKe 22774, 18); ca. 1720 *het laeckemaeckers block* (ibid. 81); 1797 *het laeckemaeckers block* (WVA 134).
B 71-72, huis, tuin, 34 a 70 ca.
Identiek met de Oude Pastorie (2). Genoemd naar Mned. *lakenmaker,* lakenfabrikant, *blok,* afgesloten perceel.

364. LAMMERBOS, -HEIBOS:
1638 een bos ghenampt *den lamer bos* groet ses zille (BKe 10863, 26); 1646 *Lammerheydebosch* (BS 2345/2, 142v°); 1682 sess sielen schaerbosch genaempt *den Lamerheybosch* (BKe 10867, 76); 1761 *vanden Lammerheijde Bos* (DdK 1, 1).
E 14, huis, hof, land, boomgaard, 2 ha 34 a.
Op de *Lammerhei* gelegen *bos.*

365. LAMMERDRIES:
1) dαlamərdri:s/V.
1646 een bunder schaeueij *den lammerendriesch* (DdK 1); ca. 1780 *den Lammerdries* (BKe 16413, 4/N. 4); 1795 een boinder genaemt *den Lammerendries* (BS 378, 79v°).
D 92, land, 1 ha 26 a 30 ca.
2) = Lammerhei.
Dries, stuk wei bij het huis, waar lammeren lopen (Molemans

1973d, 362).

366. LAMMERDRIESSTRAAT(JE):
1) ca. 1845 *Lammerdries straetje* (B).
Wegje naast de *Lammerdries* (1) in de richting van de Blakenberg.
2) 1976 *Lammerdriesstraat* (KWD).
Identiek met de Bosteredreef en met de Langebosstraat of Biesemstraat, ertegenover. Sectie D en E blad 1. Blijkbaar bij vergissing werd dit wegje zo genoemd, dat op een zekere afstand van beide toponiemen *Lammerdries* ligt.

367. LAMMERHEI, -DRIESHEI, -DRIESBLOK:
1569 een halue zille bremschom *opden lammerdries* (BS2279, 667v°); 1593 *int lammerdries block* (BS 343, 76v°); 1631 vijff zillen lants geleghen bij Assent geheeten *den lammerdries* (BS 346, 19v°); 1633 op *die Lammerdriesheijde* (BS 1821, 12-33-33); 1633 *opde Lammerheijde* (BS 346, 41v°); ca. 1680 twee boonder bosch genaempt *de lammerije* (BS 2351, 93); 1680 op *den Lammerendriesch* (BS 351, 4); 1787 *de Lammerije* groot ses daghmaelen (BKe 10921, 6v°); 1890 op *de Lammeheide* (GvD 12-7-90).
E 1, huis, land, 4 ha 98 a 60 ca + E 14, huis, hof, land, boomgaard, 2 ha 34 a, en gedeeltelijk ook nog onder Assent.
De oorspronkelijke naam was *Lammerdries* (zie nr. 365). Later werd er *heide* aan toegevoegd, dat ongeveer dezelfde betekenis had, nl. onbebouwde grond.

368. LAMMERHEIDSTRAATJE:
1646 *die Lammerheijdestraetien* (BS 2345/2, 145). Identiek met de Bosteredreef en de Beemdstraat. Sectie E blad 1. Dit wegje loopt naast de *Lammerhei.*

**Landwei:* zie Langewei.

369. *Langblok:* ca. 1675 die hellicht van een boinder landt ghenaempt *het lanckblock* (BS 7013, 318); 1688 een boinder int voirs. *lanckblock* (BS 6092/10, 57); 1773 *opt' Lanckblock* (BS 6364, 114).
C 88, land, 2 ha 70 a 70 ca (gedeeltelijk).
Lang, langwerpig, *blok,* ingesloten perceel. Identiek met het *Langbunder* (1).

370. LANGBUNDER:
1) 1684 *tlanck bunder* (BS 1835bis, 56).
C 88, land, 2 ha 70 a 70 ca (gedeeltelijk).
Identiek met het *Langblok.*

2) 1742 seker boinder in 't wijngaerdts veldt genoempt *het lanckboinder* (BS 1824, 223 v°).
A 75b, fortificatie, 11 ha 23 a 50 ca (gedeeltelijk). Vroeger een *lang* en smal perceel, van de Groeneweg op de grens met Diest tot de Vluchtdijk.
Lang, langwerpig, perceel, ongeveer een *bunder* groot.

**Langebeek:* zie Leugebeek.

371. LANGEBEEMD:
1) 1605 een bonder beempts gelegen inde gansenlake, *den langenbeemt* genaempt (DKAKa 4); 1615 *den Langenbeemt* (BS 1820, 13-10-15).
A 56, hooiland, 1 ha 15 a 50 ca.
2) 1638 een wye genampt *den langhen bempt* geleghen tot papenbrouck groet synde ses zille (BKe 10863, 75); 1793 *den langen bemd* (BS 7206, 8v°).
E 22, weide, 2 ha 73 a.
3) 1646 thien sillen bemts *den langenbemt* (DdK 1).
D 6, weide, 1 ha 69 a 60 ca. Identiek met de *Langewei.*
In de drie gevallen gaat het over een *lang*werpig perceel wei.

372. LANGEBOS.
1638 Een bos genampt *den langhen bos* BKe 10863, 20); 1682 drij boenderen schaerbosch genaempt *den Languenbosch* (BKe 10867, 60); 1793 *den langen bos* (BS 7206, 9).
D 84-88, land, hof, huis 4 ha 76 a 70 ca.
Identiek met het Kloosber*bos, lang*werpig langs de Langebosstraat.

373. LANGEBOSSTRAAT:
1754 *de lange bosstraete* (BS 2275, 55v°); ca. 1780 *die lange boschstraete* (BS 2276, 208).
Identiek met de Biesemstraat. Weg naast het *Langebos.* Sectie D.

374. LANGEDIJK:
1558 *aenden Langendyck* (BH 3246, 11v°); 1585 *aenden Langen dyck* (BH 111, 18).
Identiek met de Rechtedijk en de Molenvoetweg in de richting van de kerk en de watermolen van Zelk.
Sectie A blad 2.

375. LANGENAKKER:
1771 Landt genamt *den langen acker* (DHGK 5); 1796 thien sillen *den langen acker* (DLHG 1/14, 47); 1818 *den Langenakker* (BKa

1001, 252).
C 91, land, 3 ha 19 a 60 ca.
*Lang*werpig perceel akkerland.

376. LANGESTICHEL:
1556 tsheeren van diest beempden daer *de langhe stichele* aenstaet (HST 6737, 398); 1589 de bempt *aende Lange stichel* een boender in die ganslake (HST 6737, 470); 1682 het boinder *den langenstichel* (BS 7452/2, 40); 1743 het boinder met *de Langen Stiggel* (BH 3255, 209v°); 1818 Prairie dite *Langen stiggel* (BKa 1001); 1819 dit *den langenstiggel* (BKa 1001, 214).
A 8, hooiland, 2 ha 24 a 30 ca (gedeeltelijk).
Identiek met het Achterbunder of Achterste Bunder (1).
Genoemd naar *stichel,* afrastering, een betekenis die dit woord nog te Webbekom heeft; *sticheling* heeft deze betekenis o.a. ook te Diest, Halen, Zelem en Schaffen (WBD I 219).

377. LANGEWEI(DE):
1726 *de langhe weijde* groot 2 boinderen (BKe 16403, 10); 1795 thien sillen genaemt *de Langen weijde* (BS 378, 79); ca. 1830 *Landweij* (BKa 1001); ca. 1845 *de Landweg* (KB); ca. 1860 *Langen weg* (KP); 1871 Eene weide genaamd *langeweide* (X 1); 1976 *Langenweg* (K).
D 6, weide, 3 ha 69 a 60 ca. Identiek met de Langebeemd (3).
*Lang*werpig perceel *weide.*

378. LANGEZIL:
1634 Een zille lants geleghen ter Bost genaempt *die Langezille* (BS 346, 60).
E 174, land, 35 a.
*Lang*werpig perceel, ongeveer een *zil* groot.

379. LANGHALFBUNDER.
1) 1720 seecker halff boinder ackerlandts gelegen opden mortel genaempt *het lanckhalffboinder* (BKe 13948/6, lr); 1748 *het Langhalfboinder* (DN 28, 6).
C 128, land, 72 a 80 ca.
2) 1723 seker halff boinder landt int Dorpvelt genampt *het lanck halffboinder* (BS 1823, 88 v°).
B 106a, land, 60 a.
3) 1877 *het lang half bunder* (BN 34554, 146); 1880 *het Langhalfbunder* (GvD 7-9-80).
A 37, hooiland, 44 a 20 ca. Identiek met de Heinenbeemd.
Telkens een *lang*werpig perceel, ongeveer een *half bunder* groot.

380. LAZARUSHUIS:
1625 *het lazarushuis* ... aent ghijskens gat (BS 6090 bis, 2).
Wsch. B 124, land, huis, 55 a 60 ca, of B 175, land, 58 a 80 ca, twee percelen die aan de H.-Geesttafel van Diest toebehoorden. Huis voor leprozen, op een afgelegen plaats, slechts eenmaal vermeld (Claes 1981a).

381. LEIBEEK:
1890 Keerweide reg. den dijk Z., de kleine beek W., *Leibeek* O. (GvD 4-6-90).
Identiek met de Leidgracht. Sectie A.
Mned. *leidebeke,* afleidingsbeek (Kempeneers 1983b, 43).

382. LEIDGRACHT:
1) /də'l³:txraxt/V.
1452 *den Leijtgracht* (HST 6733, 521); 1501 *opte leygracht* BH 110, 11); 1532 aenden groote gracht geheeten *de leijtgracht* (HST 7039, 46); 1604 *aenden Leetgracht* (HST 6749, 23); 1616 *die Laetgracht* (HST 6747, 60); ca. 1700 *Den Leijdt-gracht* vant' Webbecoms broeck en den Gansen-lack loopende onder de koije-beke, ende onder den Demer in de Swerte-beke (BKPHs 3335/1 F); 1797 aen *den lijtgragt* (WVA 110); 1976 *Lijgracht* (KK).

- GROTE LEIDGRACHT:
1686 *den grooten lytgracht* (BS 7451, los bl.); ca. 1860 *Groote Lyd Gracht* (KP).
- KLEINE LEIDGRACHT:
ca. 1600 *den klijnen leijtgracht* (BKe 13950/9, 2); ca. 1845 *Kleine Leydgracht* (KW).
Sectie A. De *Grote Leidgracht* is de hoofdsloot van het Broek en de Ganzelake, de *Kleine Leidgracht* is de naam van minstens vier vertakkingen ervan, nl. in de Stokbeemden (nu gewoonlijk), in de richting van Zelk, bij de Zevenzillen en in de Ganzelake.
2) 1525 te bocxberge comende op de sluyse reg. den dyck ende *den leytgracht* (BH 66, 64v°); 1784 *den leijtgracht* (BH 82, 80).
Sectie E. Identiek met de Gelegracht.
Mned. *leidegrave, leidegracht,* hoofdsloot, waterleiding (Kempeneers 1983b,43).

383. LEILOOP:
1750 *den leijloop* (DN 30, 102); 1763 *den leijloop* (BS 6799/5, 1v).
Identiek met de Leugebeek, in de omgeving van de Leidgracht. Sectie A blad 1.
Leiloop betekent hetzelfde als Leibeek. We hebben er evenwel geen bewijs voor dat de Leugebeek hier verlegd werd.

384. LEUGE(BEEK):
/də'lœyyɣəbe.ik/V.
1438 op *die loeghen... die loeghene* (DKAHW 35, 10); 1532 de beke heytende *de loegene* (HST 7039, 13); ca. 1600 *die Lueghebeeck (HST 6749, 121);* 1608 *de Leugenbeke* (HST 7039, 29); 1625 aende beeke genaempt *de leughen* (DKAHW 44); 1797 *de leugebeeke* (WVA 118); ca. 1845 *Lengebeek* (KW); ca. 1850 *Lange Beek* (KVDM); ca. 1860 *Leugebeek (KP); 1976 Leugenbeek* (KK).
Beek van het Gasthuisbos door de dorpskom naar de Leidgracht.
Secties C, B en A blad 1.
Vanschoenbeek (1960) vermeldt 12 maal een *Logenbeek,* Kempeneers (1983b, 30) 18 maal. Lindemans verklaart de naam als *"leugenachtige,* onechte beek, die buiten haar natuurlijke bedding afgeleid werd" (Lindemans en Theys 1948, 329). Volgens Kempeneers wijst *leugenachtig* op het feit dat er geen watermolen op stond: natuurlijke waterlopen werden tijdens de bloeitijd van de gemeenten vergraven, vooral met het oog op het goed functioneren van een watermolen (Kempeneers 1982, 510, cf. 479-483, en 1983b, 30). De vergraving van de Leugebeek te Webbekom houdt echter geen verband met een watermolen: deze beek is er te klein voor. Ze is echter zeker rechtgetrokken in de buurt van de Kokswinning: daar is de oude kronkelende loop ervan in de weide, de Dolage, nog aan te wijzen.

385. LEUGEBRUG:
1690 *aende leughenbrugge* (BH 3251, 57v°); 1713 *de leugenbrugge* (BH 121, 64v°).
Brug over de *Leugebeek* op de Oudebaan, grens van sectie B en A blad 1.

386. LEUGEMANSHOF:
1532 *vanden loegmans houe* (dls 10, z 539, 1616 *van de luegmanshouen* groot zes zillen (BS 2202, 43); 1635 van hunnen bemde gelegen aen het hoffken genaempt *den leugemans hoff* (BS 2203, 59); 1644 een halff boender weijde geheeten *den luegemanshoff* (ibid. 97v°).
B 61, land, 70 a 85 ca.
Weide die bij het Hofke of Goedje hoorde. Vermoedelijk had er vroeger een *hoeve* gestaan, genoemd naar een persoonsnaam, vgl. 1542 willem *lochemans* (DHG 1432, 68v°). Het valt op dat deze weide aan de *Leugebeek* grenst. Zou de bewoner niet naar deze beek genoemd zijn (Claes 1983b, 148 en 152, n. 9)?

387. LEUNISVELD, -BLOK:
/'tlœ́ynəsfɛ̝lt/V.

1615 *int Luenersvelt...int Lunersvelt* (BS 1820, 3-2-15); 1618 bouen *dat Luenaerts velt* (ibid. 29-12-18); 1625 in *het Luendersveldeken* (BS 1821, 2-12-25); 1627 *int Leunis velt* (DN 628); 1641 *opt Leunisvelt* (BKe 13948/9, 1); 1644 drij zillen lants *int luenblock* (BS 2203, 48); 1659 *De leun* 1 B. O Z. 88 R. (BKe 5009, 78); 1662 *int leunsvelt* (DKASpKp D 140v°); 1666 op *het Leunes velt* (BS 1822, 31-1-66);1682 *int' Leunens velt* (HST 6942, 54); 1786 *in't leunis veldt* (BS 1826, 372); 1968 *Leunisveld* (Houet).
B 10-31.
Gebied akkerland, genoemd naar een persoonsnaam, wsch. van de bezitter van een perceel. Vgl. 1623 Peeter *Lueníncx* (BS 1820, 13-3-23) = 1627 Peeter *Luenders* (BS 1821, 13-4-27).

388. LEUNISVOETWEG:
ca. 1845 *Leunesvoetweg (KB).*
Wegje van de oude Tienseweg (nu Papenbroekstraat) naar de Webbekomstraat, vlak bij het oude gemeentehuis en het *Leunisveld.* Sectie B.

389. LEUVENSEBAAN:
1722 de bosterstraat te vorens *de lovense bane* genaempt (BS 362, 171v°); 1762 *de aude Lovensche Bane* (BS 369, 236).
Identiek met de Bosterestraat, ook Oudestraat genoemd, vroeger gebruikt als weg naar *Leuven.*

390. LEUVENSESTEENWEG, -HEERBAAN, -STRAAT:
/də'lœyvəsə'sti.jəwɪx/
ca. 1780 *de Lovensche herbaene* (BS 2276, 154); 1976 *Leuvensestraat* (KK); 1976 *Leuvensesteenweg* (KWD).
In 1778-1781 aangelegde verkeersweg Diest-Leuven, die sinds 1823 de grens vormt van Webbekom met Kaggevinne en Assent. Sectie E.

391. LIEBROEK:
1253 silvam ubi crescit elsholt que vocatur *Libruch,* juxta Webbinchem, que habet circa 40 bonuaria (Pirenne 217); 1256 *in Lietbrueck* (Chron. Dst. 467); 1266 *in Libruec* (HST 6940, 13); 1308 clemenctie *de lybroec* (BKe 1700, 29); 1340 vanden kinderen *van liebroec* (DKABg 96, 12v°); 1451 *te liebroeck* achter thof dat wijlen was henric *van liebroec* (BH 64, 7v°); 1523 vij zillen weyen geheyten *dliebroeck* (DHG 1098, 14v°); 1532 henneken *int liebroick* (HST 7039, 3v°); 1627 Peeter vuechelen alias *int liebroeck* (BS 2202/3, 11); 1648 sekere winnige genaempt *Libroeck* (DN 322, 18-9-48); 1793 *tot liebroek* (BS 7206, 28v°); ... *te liebroek* (ibid. 48v°).
+/- C 10-25, 42 ha 55 a 80 ca + D 1-3, 6 ha 17 a 80 ca + E 59-63, 5 ha 14 a 30 ca.

Fr. Claes

TOPONYMIE VAN WEBBEKOM

(Vervolg van jg. 1987, blz. 334)

Op het Liebroek stond één hoeve (vgl. Hof van Liebroek), vermoedelijk eerst op het Duivelskot en daarna op de Schans (2) te lokaliseren. De naam is gevormd van Mned. *lede, leide*, wetering, afvoerkanaal + *broek*, moerassige weide. De Leugebeek, die hier ontspringt, zorgt voor de waterafvoer uit het Liebroek.

392. LIEBROEKSTRAAT:
1532 *inde liebroickstrate* (HST 7039, 3); 1684 *int' Libroeck straet* (BS 1835bis, 14v°).
Weg van bij de H.-Geestwinning naar het *Liebroek*. Identiek met de Broekstraat (2), nu Elzenstraat genoemd. Sectie C.

393. LIJBOS:
1787 een stuck Landt aldaer (Papenbroek) groot een Boinder gelegen op *den lijbosch* (BKe 10921, 3).
Slechts eenmaal aangetroffen. Het zou een vervorming van *Lammerheibos* kunnen zijn.

394. LIJSTERBEEMD:
1532 *opten lysterbeempt* (HST 7039, 62v°); 1682 op *den listerbeempt* (HST 6942, 20); 1684 op *de lijsterbeempt* (BS 1835bis, 60); ca. 1770 op *den Listeren bempt* (Bke 10889, los bl.).
A 33, hooiland, 93a.
Wsch. *lijster*, vogel + *beemd*, weide.

395. LINDEKES:
1890 tegen de Hollebaan, aan *de Lindekens* (GvD 5-7-90).
Identiek met de *Twee Linden*, op de plaats van de Hogewijngaardkapel, A 102. Deze oude linden, ook vermeld door Dubois (1934, 196), staan er nu nog.
De *linde* was de meest geliefde boom in vroeger tijden, o.a. als grensboom (Lindemans 1931, 205). Hier staat hij ook juist bij de grens met Diest.

396. LINTERMANSBOS:
1646 vijff sillen bosch *den Lintermansbosch* (BS 2345/2, 151v°); 1793 vijf sillen land *den lintermans bos* (BS 7206, 57v°).
D 13, land, 1 ha 67 a 60 ca.
In 1615 hoorde dit perceel toe aan de weduwe van Jan *Lintermans* (BS 345, 19). In de Sint-Sulpitiusparochie in Diest werd in datzelfde jaar een kind van Jan Lintermans gedoopt. De naam *Lintermans* is afgeleid van het dorp *Linter*.

De Lindekes

Logemanshof: zie Leugemanshof.

397. LOMBAARTSGOED:

1479 (kop. 16de eeuw) bijden bosch te boeckhout... *d'lombaerts goet* (BKe 13849, 3v°).

Juiste ligging onbekend, maar wel in de omgeving van het Boekhout of Boekhoutbos. In die buurt had Jacob *Lombaerts* in 1399 akkerland in bezit (DHG 1865, 87v°). Naar hem of een van zijn nakomelingen is het bovenvermelde *goed*, bezit, vermoedelijk genoemd. Een Jacob *Lombaert* was in 1350 schout van Diest (van den Hove d'Ertsenryck 1983, 84). De familienaam *Lombaert(s)* is afgeleid van Mned.*lombaert*, (uit Lombardije afkomstig) geldhandelaar, wisselaar.

398. LUKERSBEEMD:

1515 ons *luekers* hoff... heylken *luekers*... dry zillen beempts gelegen te webbekem geheeten *den luekers beempt* (DKAKa 12, 97); 1532 jonffrouw *lueckers beempt* (DLS 10 Z 34)... aen *lueckers* kinder *beempt* (ibid. 46)... aen die kinder *lueckers beempt* (ibid. 49); 1635 *den lucaerts bempdt* (BS 2203, 17).

A 191, hooiland, 89 a 10 ca.

Deze *beemd* hoorde toe aan de familie *Lukers*, waarover meer bij het Lukershof.

399. LUKERSHOF:

1452 achter *lueckers hoff* tusghen Erue... (HST 6733, 521); 1469 gelegen es achter *luekers hoff* (HST Cart. 1275); 1515 gesworen laete ons *luekers hoff* binnen webbekem (DKAKa 12, 97); 1516 gieles *lueckers* als soone sal hebben ende houden den chyss*hoff* van webbecom (DdS 15); 1537 in gielis *lueckers hoff*... Gielis lueckers onsen meyere (EKe 13714, 828); 1549 gerardt *luekers*... na doot ghilis syns vaders... den laet*hoff* met den pleck lants (HST 6749, 19); 1625 desen Chijnsboeck ghenaempt *den Lucaerts hooff* (BS 6090bis, titel); 1641 De Curia plurium Mansionariorum dicta *luyckerhoff* (HST 6753, 302); 1655 Het hoff genoempt *Luijckershoff* (HST 6749, 787); 1723 *lucas hoff* (BS 1823, 89); 1796 in *den Lucaers hoff* (DLHG 1, 14/159).

Cijnshof dat in de 15de eeuw aan een hoeve verbonden was, in het bezit van en genoemd naar de familie *Lukers*. De oudste bekende van deze familie is Gielis *Lukers*, schepen "ons Heren des Abts" in 1397-1412 (DLS 10 W 3-9 en BS 6091, 1).

400. MAAIVELD:

ca. 1930 / 'tmc.avelt/V.

Tot in de jaren 1930 was er ten zuiden van de Halve Maan (A 75b) een lager gelegen vlakte, *Maaiveld* genaamd (Loix 1978, 120; zie ook Put). Deze naam duidt gras*veld* aan dat ge*maaid* wordt.

401. MAAS:
1541 drij zillen lants geleghen te papenbroeck ter plaetsen gheheyten *die maesse* (BH 70, 1); 1576 een stuck lants geheten *de maesse* (BH 71, 34v°); 1602 *inde mase* (BH 75, 35v°).
D 100-101, huis, land, 1 ha 50 ca.
Mned. *mase*, modder, slijk, is een gewone benaming voor een beek of sloot (Helsen 1938, 15 en 39-40). Hier is de betekenis overgegaan op de erbij gelegen grond.

402. MAASBEEK:
1438 Van den viuere geheten *de maesbeke* (BH 3244, 17); 1562 op *de maesbeke* gelegen (BS 7006); 1569 een pleck beempts gheheeten *de maesbeke* (BS 2279, 170); 1611 *die maesbeke* groot ses sillen oft daerontrent die welcke een vijsscherije plach te sijn ende es ouer sekeren tijt doer het verlanden weijde geworden (BH 112, 35v°); ca. 1730 ontrent sesse sillen weijde, eertijts uyt te gemeijne vrointe genomen... genaemt *die Maesbeke* (BS 2274, 52).
E 124, land, 1 ha 15 a 70 ca (gedeeltelijk ook nog onder Kaggevinne gelegen.
Oorspronkelijk naam van de Opendeurtjeloop, daarna van een vijver en een weide aan die *beek*. Bgl. *Maas*.

403. MAASBEEMD
1) 1636 *den maesbeempt* (BS 346, 87); 1646 ses sillen landts *den maesdriesch* (BS 2345/2, 230v°); 1652 *maesbempt* (BS 348, 154).
Identiek met de *Maasbeek*, blijkbaar soms weide en soms *dries*, onbebouwde grond.
2) 1646 drij sillen genaempt *den maesbeempt* (BS 2345/2, 165v°); 1793 drij sill *de maesbempt* te paepenbroek (BS 7206, 54).
Identiek met de *Maas*, later wei geworden.

404. MAGER:
/'tma:àE/ V.
1680 *het mager* (HST 6943, 91); 1734 de vrunte genaempt *het mager* (BKe 22774, 28v°); 1773 op *'t Mager* (BS 2201, 1v°); 1781 de heerkens ende *mager* groot 2: sillen (BS 1835/1, 5); 1876 Een parceel land, genaamd *het Mager* (GvD 22-3-76).
B 56, weide, 1 ha 5 a 30 ca (gedeeltelijk).
Substantivering van *magere*, onvruchtbare grond. *Mager* wordt in de streek van Diest met deze betekenis gebruikt (WBD I 190: o.a. Diest, Zelem, Halen).

405. MANTELSHOF:
1579 opt cutselbroeck... *den mantels hooff* toebehoorende tgodshuijs van st bernaerts dale (BKe 10861, 9).
E 14, huis, hof, boomgaard, land, 2 ha 34 a.
Wsch. familienaam *Mantels* + *hof*, hoeve. Over deze hoeve is echter niets bekend.

406. MAZEROOIEN:
1) 1532 1 1/2 sillen *maesroijen* heijtende dwaterblock (HST 7039,25); 1560 dwaterblock staende met *maesroyen* (HST 7039/5, 59); 1579 bijde *maesroeden* (BKe 10861, 68); 1669 aen *die maesroij* groet drij sillen (BS 1830, 21-2-69); ca. 1675 een halff boinder landts gheheeten *die maesroije* (BS 7013, 628); 1756 *de maseroijen* (BS 7453/2, 54v°).
B 225, land, 86 a.
Identiek met het Waterblok en het Vijvertje.
2) 1550 *die maesroeyen* (HST 6746, 259); 1655 *de Maesruijen* (HST 6749, 775); 1662 een boender erffue genoempt *de maesroeijen* (DKASpKp D 146); 1675 *maesroeden* (BKe 13663, 12); 1676 seeckere erffue... beplant met *maseroijen* (BKe 8659/3); 1772 dry sillen weyde genaempt *de Maeseroede* (BS 1825, 745); 1823 een half boinder wijde in *de maseroode* (WP 16/3, 1v°).
A 34, hooiland, 73 a.
Het woord *maasroeien* begrijpen we door het in 1797 ervoor gegeven synoniem *maaswissen* ("beplant met *maeswissen*" WVA 122). *Wis* is een gewestelijk woord voor (wilge)teen of twijg om te binden. *Roede* betekent eveneens twijg of tak. Zulke 'wissen' werden veel aangeplant. Beide percelen zijn nat, daarom *mase*, modder, slijk. In buurdorpen heb ik nog andere plaatsnamen met *roeien* gevonden, nl. te Schaffen in 1646 een perceel weide de *mandroijen* (BS 2279/2,6/10v°; voor manden gebruikte tenen) en te Halen 1537-1725 *Karroeien*, 1552-1555 ook *Maesroeien* genoemd (Cleeremans 701).

407. MEER(TJE):
1471 (kop.1626) *die mier... die meer* (WP 4, 20v°); 1532 *de meere* (HST 7039, 43v°); 1595 Aent bosch geheyten *de mere* (BH 3242, 8); 1637 op *de meere* (BS 1821, 20-11-37); ca. 1675 drij sillen soo landt als bosch ghenaempt *die mere* (BS 7013, 190); ca. 1700 drij sillen Landt nu bempdt genoempt *het meerken* (BH 2856, 10); 1794 op *de miere* (BKe 4513, 4).
E 13, land, 91 a.
Mned. *mere*, paal, hier wsch. grenspaal (Billiet 1955, 650). Het perceel ligt vlak bij de grens van Webbekom (vroeger Kaggevinne) met Assent (vroeger Webbekom).

408. MEISENPERRE:
1560 van eender sillen Lants geleghen op den kyeuitsberch voertyts heytende *de meysenperre* (HST 7039/5, 59); 1623 voormaels geheeten *den meysenperre* (ibid./7, 34).
B 129, land, 33 a 40 ca.
Wsch. Mned. *meisen*, meisje + *perre*, afgesloten ruimte (Molemans 1975d, 249).

409. MENSENVELD:
1823 *Meusenveld* (BKa 545); 1833 *mensen veld* (BKa 1001); ca. 1845 *Meusenveld, Muizenveld* (KB); ca. 1860 *Mensen Veld* (KP); 1875 ter plaats Muizennest of *mensenveld* (BN 34552, 108/20); 1976 *Mensel Veld* (KK).
D 71-76, land en bos, 20 ha 92 a 30 ca.
Vervorming van *Muizenveld*, naar *Muizen*nest, dat ernaast ligt.

410. MESTWEG:
1532 het straetken heytende *den mestwech* (HST 7039, 16v°).
Wegje tussen het Grootblok en de Veldhoeve (B 2-4).
Als soortnaam komt *Mestweg* veel meer voor. In totaal heb ik in Webbekom 17 "mestwegen" kunnen lokaliseren. Voor vier ervan is verwarring met *Misweg* (door de gewestelijke uitspraak *mes* voor *mis*) mogelijk, voor één waarschijnlijk: zie beneden nr. 415. De meeste "mestwegen" leiden echter alleen naar akkerland, dat er soms bij genoemd wordt, bijv. 1542 *den mestwech* leydende nae den blakenberch (BS 339, 27v°); 1612 *den mestwech* naer den Itselaer (BS 1820, 6-10-12); 1628 *den mestwech* naer die twee boender (BS 1821, 4-7-28). De oudste gevonden vermelding is 1516 *den meestwegh* (BH 3620/207, 1).
De betekenis is "*weg* om *mest* over te rijden".

411. MET HET EEGDEKE:
1633 het voorste bunder vande groote ganslaecke *met het eechdeken* groot een zille (BH 114, 30v°); 1688 het boinder *met d'ediken* (BS 6092/10, 48); 1816 un bonnier de prairie dit *met het Edeken* (BKa 1001); 1819 dit *met het Edeken* grande un hectare vingt huit ares vingt centiares (ibid.).
A 5, hooiland, 1 ha 99 a 60 ca (gedeeltelijk).
Een *bunder* waarbij het * *Eegdeke* gevoegd werd.

412. MIDDELBUNDER:
1501 tboender opte demere geheeten *middel boender* (BH 110, 10v°).
A 7, hooiland, 1 ha 10 a 40 ca.
Identiek met het Kwaad*bunder*, gelegen *midden* tussen het Voor

ste Bunder (2) of voor het Sluisje en het Achterste Bunder (1) of de Lange Stichel.

413. MIDDELSTE WEIDE:
1865 eene weijde, bekent onder den naem van *de middenste weijde*, ook genaemd het Broeksken, gelegen in de Els (BN 35057/71, 3).
C 12, hooiland, 1 ha 68 a 40 ca.
Middelste deel van het Broekske of Sint-Bernardsbroekske, tussen de Groteweide en de Voorste Weide.

414. MIKKENBEEMDJE:
1769 *het Micken bempdeken* groot een half boender (BKe 10906, 27); 1790 haer goet genaemt den hoff of *mikken bemdeken* (ibid.).
Wsch. E 7-10, weide, tuin, huis, 67 a 10 ca.
Identiek met de Hof van Guilliam Swinnen. Wsch. *mik*, gaffelvormige paal, als vormaanduiding (Molemans 1975d, 209-210, en 1982b, 1147). Het vermoedelijke perceel ligt in een scherpe hoek gevormd door twee wegen.

415. MISWEG:
1560 *den miswech* (HST 7039/5, 49)... den gemeynen *miswech* (ibid. 82); 1599 (kop.1626) *den mestwech* (BS 4497, 25); 1613 *den mestwech* naer webbecom (BS 1820, 10-7-13); 1734 *den mestwegh* oft kerckewegh (BKe 22774, 28v°) 1787 *de mestwegh* (BKe 4506, 3).
Identiek met de Kerkstraat (1), *weg* om naar de kerk of naar de *mis* te gaan. (Lindemans en Borgers 1949, 66, nr. 64). Sectie B.

416. MOLENBEEK:
1638 *den meullebeck* (BKe 10863, 36); 1734 *de molenbeke* (BS 365, 50); 1754 tot boxbergen aen de sluijse reg. *de moelenbeik* (BKe 13664, 165); 1790 *de Molenbeke* (BS 377, 71v°).
Identiek met de Begijnenbeek, vooral in de omgeving van Boksberge naar de *molen* aldaar *Molenbeek* genoemd, al kan er ook invloed van de Bever*molen* onder Diest bij komen.

417. MOLENBEEMD:
1646 drij boenderen weijde *den meulenbeempt* (BS 2345/2, 134).
E 140-141, weide, 3 ha 56 a 20 ca.
Bij de Boksbergse*molen* gelegen *beemd*, wei.

418. MOLENBERG:
1904 ter plaatse *Meulenberg*, onder Webbecom (GvD 4-5-04); 1932 *Molenberg* (KMK).

Identiek met de Parels*berg*. Genoemd naar twee wind*molens* op deze heuvel op het grondgebied van Diest: de Onderste Molen, opgericht in 1700 (1980, 198), en de Bovenste Molen, vlak bij de grens met Webbekom, opgericht voor 1800 (Kempeneers 1983/a). Sectie B.

419. MOLENBERGSTRAAT:
1976 en 1980 *Molenbergstraat* (KWD).
Moderne *straat* op de *Molenberg* of Parelsberg. Sectie B.

420. MOLENDIJK:
1518 *den molendyck* (BH 67,8); 1522 *den moelendyck* (BH 68, 21v°); den *dyck* vanden *molen* (DHG 1813, 32v°); 1624 den *dyck* van den bocxberse *molen* (DHG 1488, 43v°).
Identiek met de Prinsendijk of 's-Herendijk (2), nl. weg van de Boksbergse*molen* naar Bost. Sectie E blad 2.

421. MOLENGRACHT:
ca. 1560 te bocxbergen reg. *den molengracht* (BS 2264/2, 4); 1631 *den molengrach* (BS 2273, 18v°).
Identiek met de Gele*gracht* in de omgeving van de Boksbergse*molen*. Sectie E blad 2.

422. MOLENSTRAAT, -WEG:
1) 1446 by *den molenwech* (HZ 14, 151v°); 1608 *den meulenwech* gaende naer zelck (HST 7039/6, 42); ca. 1680 *die meulenstraete* (BS 7013, 365); 1753 *het molenstraitken* naer Zelck (BS 1825, 91); 1792 *den auden molenwegh* (DHG 1662, 99); 1878 *den Molenweg* (BN 34555, 228).
Weg op de grens van Webbekom en Zelk-Halen, naar de water*molen* van Zelk. Door Cleeremans (812) vermeld als *Oude Molenweg* 1600-1927. Sectie B.
2) 1976 *Molenstraat* (KK).
Deel van de Bosterestraat, naar de vroegere windmolen aan de Leuvensesteenweg (in 1921 afgebroken: Claes 1982a, 76-77).
Verder heb ik nog vijf verschillende *Molenstraten* of *-wegen* gevonden, van 1540 tot ca. 1780, naar de Boksbergse*molen*, die in 1636 ingestort is, en ook de naam *Molenweg* als synoniem van de Vluchtdijk, van 1532 tot 1623, die leidde naar de Neder*molen* op het grondgebied van Diest en die ca. 1528 afgebroken werd. De naam *Molenweg* hield dus dikwijls veel langer stand dan de molen.

423. MOLENVELD:
1540 bouen die moelen te boexbergen ter plaetsen geheeten *het*

moelevelt (BH 69, 3); ca. 1680 opt boecxbergen *moelenvelt* (BS 2351/2, 90v°).
E 72-74, land, 3 ha 43 a 30 ca.
Veld, akkerland, bij de Boksbergse*molen*.

424. MOLENVOETWEG:
ca. 1845 *Molenvoetweg* (KB).
Identiek met de Rechtedijk, die door de weiden naar de water*molen* van Zelk leidt. Sectie A blad 2.

425. MOLENWEIDE:
1862 Weijde genaemt *Molenweijde* (BN 35054, 92/ 4); 1878 Een parceel weide, genaemt *Molenweide* (BN 34555, 228).
E 131, weide, 35 a 60 ca + E 140, weide, 95 a 60 ca.
Identiek met het Veirebeemdje + een deel van de Molenbeemd.
Weide, dicht bij de vroegere Boksbergse*molen*.

426. MONNIKAARTSHOF:
1471 Onder *den hoff vander monicken*... Onder *Jans hof vander monicken* (BS 335bis, 5); 1502 Onder *den hoff* toebehorende *Janne vander monnick* (BS 336, 42v°); 1509 onder *Jan monnickarts hoff* (BS 337, 4); 1569 vanden laethoff geheeten *den munnicaerts laethoff* (BS 2279, 694v°); 1590 eenen Laethoff met zynder toebehoirten geheten *den monnincx hoff* voertyts vercreghen es tseghen Jan de *moninck* (BH 73, 77v°-78); 1666 (kop. 1684) den Laethof ende heerelijkheit genaemt *den Monnickaerts hof*... gelegen onder 't landt van Diest (BH 87, 13); 1794 in *den monickaers hoff* van eenen Eussel tot Bocxbergen (DHG 1662, 155).
Cijnshof, genoemd naar Jan *Monnikaarts* of van der Monnik, misschien de Jan *vander Monicke*, die 1441-1445 meier van Webbekom was (Claes 1982a, 90).

427. MONNIKENLAND:
1532 3 1/2 sillen lants gelegen aen verloren cost, dit plach te heyten *dmonnicken lant* (HST 7039, 3)... *dmonnicklant* (ibid. 3v°); 1608 ontrent vier bunder lants, geheeten *dmonnicken lant* (HST 7039/3, 16v°); 1623 eertyden geheeten *dmonnicken lant* (HST 7039/4, 43).
C 88-91 en 93, land, 9 ha 95 a en 80 ca.
Deze percelen (en andere eromheen) waren leengoed en wsch. vroeger bezit van de abdij van Sint-Truiden: *veld*, akkerland, van de *monniken*. Msch. identiek met Koneminne.

428. MONNIKSBROEK:
1514 (kop.1625) neghen Boender Broecx geheeten *monnicxbroeck*

geleghen ouer Webbecum op den Eerdewech (BKe 10849, 109); ca. 1550 ontrent vij boenderen beempts geheeten *dmonickx broeck* (BKe 13780, 35); 1604 *het moninx broeck* (DKABg 43, 75).
C 10-13, hooiland, 10 ha 40 a 70 ca.
Identiek met het Sint-Bernardsbroekske of Hendrik-Wittenbroekske, dat tot 1266 aan de abdij van Sint-Truiden toebehoorde (HST 6678/8, 4 en 6940, 13).

429. MONNIKSVELD:
1360 *opter moncenvelt* (DKAKa 10); 1462 *opt moencxvelt* (BH 64, 64v°); ca. 1490 *opt monixvelt* (BKe 13661, 1); 1507 *opt monnickvelt* (BH 65, 50); ca. 1740 *op't moninx veldt* reg. de Boster straete zuijd de lovensche heerbaen noord (BS 2269, 132v°); ca. 1780 *op't monicxveldt* (BS 2276, 163).
E 206-208, land, 7 ha 15 a 40 ca, en gedeeltelijk ook nog onder Assent.
Tot de 16de eeuw had de abdij Sint-Bernardsdal hier 9 1/2 bunder akkerland (BS 339, 79v°). Deze abdij had bij haar stichting in de 13de eeuw heel wat grond gekregen van de abdij van Sint-Truiden (HST 6678/8, 4 en 6940, 13), zodat we kunnen veronderstellen dat dit gebied vroeger ook aan de *monniken* van deze laatste abdij behoord heeft.

430. MORTEL:
/daɤ'møtɤl/ V.
1526 *opde mortel* (BS 338, 204); 1532 1/2 bonder lants gelegen byt bochoudt heytende *den mortel* (HST 7039, 9); 1668 op *den muetel* (BS 1829, 11-1-68); 1751 op *den meutel* (BS 6608, 16); 1770 *te Mortel* (BS 1825, 668); 1976 *De Mortel* (KK).
C 116-150.
Gebied akkerland op de helling naar de Dodeman en de Blakenberg, met vettige kleiachtige grond. *Mortel*, slijk, modder (Molemans 1971, 184; 1973d, 422; 1975c, 170; 1975d, 80; 1976b, 271; Molemans en Paulissen 1976, 158).

431. MORTELBERG:
1748 een sille landt onder Webbecom genaemt *den Meuttelbergh* (DN 28, 9); 1759 *den mortelbergh* (BS 1825, 297).
C 122, land, 36 a.
Identiek met de Kwadezil. Kleine hoogte op de *Mortel*.

432. MORTELSTRAAT:
1976 en 1980 *Mortelstraat* (KWD).
Weg van de *Mortel* naar de Dodeman. Identiek met de Dodemansmestweg. Sectie C.

433. MOTMANDERBEEMDEN:
1532 *inde mottemmerbeempde* (HST 7039, 15); 1562 *inde mottumerbeempde* (HST 7039/2, 21); 1608 *inde motmansbempden* (HST 7039/3, 35); 1684 *inde motmanderbemden* (BS 1835bis, 48).
A 36, hooiland, 42 a 70 ca.
Wsch. naar de familienaam *Motmans*: vgl. bijv. Jan *Motmans* in 1617 te Webbekom (Claes 1982a, 93), in 1618 Janen Jacops alias *motmans* (BS 1820, 30-1-18).

434. MUIZENEST:
1532 *nae muijen* (HST 7039, 61v°); 1542 *inden mueiyennest* (DHG 1875, 170v°); 1546 *aenden musennest* (BS 339, 97v°); ca. 1550 *opten muysenest* (BKe 13667/1, 2); 1689 *de moijsenesten* (BKe 10867, 96v°); 1750 sekeren bosch groot derthien sillen tot Papenbroeck genaemt *den Muijsenest* (DN 30, 49); 1875 ter plaats *Muizennest* of mensenveld (BN 34552, 108/ 20).
D 121-123, land, 8 ha 3 a 70 ca, en ook nog onder Assent en Zelk-Halen (bijv. HZ 7, 3, en Vrancken 1967, 168).
Wsch. Mned. *moude, mouwe*, moelie, kneedtrog, wegens de vorm. Het is een dieper gelegen gebied tussen heuvels in, dat doet denken aan een (diepe) trog (vgl. Lindemans en Borgers 1949, p. 63, nr. 51: *Mouds*-blok en *Mouwken*). De toevoeging *nest* versterkte blijkbaar de gedachte 'diepte, hol' en gaf dan aanleiding tot de volksetymologische vervorming *Muizenest*.

435. MURMURENSBUNDER:
ca. 1720 die hellicht genaemt *het murmurens bonder* (BKe 22774, 68v°); 1797 *het murmurens bonder*, zijnde twee zillen land op den Reu (WVA 121).
B 35-36, land, 1 ha 4 a 70 ca.
Wsch. van de familienaam *Momereris*: in 1664 hadden de erfgenamen *Momereris* grondbezit in die omgeving (BS 1822, 26-2-64). Zou dit eigenlijk de familienaam Mommers of Mommaers zijn?

436. NAAST HET SURPLUS:
1690 het half boender geleghen *naest het surplus* tegen de koebeke ende tegens den leijdtgracht (BH 3251, 42); 1772.
Het half boinder *naest het surplus* (BH 3257, 29r-v°); 1812 la prairie dite *près de surplus* (BKa 1001, 159); 1816 unde prairie dite *naest het surplus* (BKa 1001).
A 3, hooiland, 1 ha 80 a 10 ca (gedeeltelijk).

437. NATBUNDER:
/'tnadbundər/ V.
1663 een sille lants gelegen in *het nat boinder* (BS 1822, 7-8-63);

1680 een boinder landt genaempt *het natboinder* (HST 6943, 70: tweemaal, nl. twee percelen naast elkaar); 1860 land, genaemt *het natbunder* (BN 35052, 55/18).
B 200-201, land, 2 ha 59 a 20 ca.
Twee percelen, elk van een *bunder*, *nat* gelegen, bij het Waterblok of Vijvertje.

438. NATTEBEEMD:
1531 drie zillen beempts gelegen in de gauslake geheyten *den natenbeempt* (DHG 1870, 6); 1532 *den natten beempt* (HST 7039, 20v°); 1684 *den natten beempt* in nouis genaempt den peers*beempt* (BS 1835bis, 65).
A 17, weide, 1 ha 3 a 60 ca.
Identiek met de Paardsbeemd (1). *Nat* gelegen *beemd*, weide.

439. NEDERMOLENBROEK:
1431 duo bonuaria prati nuncupati *nedermolenbroeck* (HOB Crt 1220).
Wsch. E 21, weide, 2 ha 46 a, identiek met de Zurebeemd.
Blijkbaar genoemd naar de familienaam Van der *Nedermolen*, die al in 1253 in Diest voorkwam, naar een watermolen aldaar (Claes 1983b, 152 en 154). Vermoedelijk had een lid van die familie de weide in bezit of in huur gehad.

440. NEDERMOLENVELD:
1412 onder Webbekem... *opt nedermolenvelt* (BKe 13706, 434); 1445 op *nedermolenvelt* (D 803, 3).
A 75b, fortificatie, 11 ha 23 a 50 ca (gedeeltelijk).
Veld, akkerland, bij de *Nedermolen*, een watermolen onder Diest op de Begijnenbeek, dicht bij de grens met Webbekom. Deze molen werd ca. 1528 afgebroken (Van der Eycken 1976, 13-14). Degeling vermeldt het gehucht Nedermolen, 1285-1507, als behorende "bijna gansch toe aan Webbekom" (p. 351). In stukken over Webbekom is hiervan echter geen spoor te vinden. Deze wijk moet volledig onder Diest gelegen hebben. Alleen de naam *Nedermolenveld* heb ik tweemaal ook op Webbekoms grondgebied gevonden.

441. NEERGANZELAKE:
1613 in *die neder ganslaecke* (BS 1820, 4-2-13); 1630 onder dat wijngaertvelt in *die neerganselaecke* (BS 1821, 8-1-30).
A 59, hooiland, 2 ha 48 a 90 ca.
Gedeelte van de Wierook, laaggelegen deel van de *Ganzelake* bij de Leidgracht.

442. NEERVELD:
/'tnejəxrvɛlt/ V.
1459 *opt nederste velt* (BH 64, 47v°)... *opt nedervelt* (ibid. 48); 1508 op *dnerste velt* (BH 65, 65v°); 1522 op *neerste velt* (BH 68, 3); 1569 *opt neervelt* (BS 2279, 279v°); 1638 pleck landts groet synde vyff bounder geleghen te papenbrouck genampt *het Ner veldt* (BKe 10863, 78); 1877 in *het Neerveld* (GvD 12-5-77); 1904 ter plaatse *Nereveld* (GvD 23-7-04).
E 38-39 en 55, land, 4 ha 37 a en 60 ca.
Veld, akkerland, naar de Begijnenbeek afhellend, lager gelegen dan het *Overste veld.*

443. NEERVELDSTRAAT:
1782 *Neervelp Straete* 'sic' (BKe 16412, 3); 1976 *Neerveldstraat* (KK); 1980 *Neerveldstraat* (KWD).
Weg langs het *Neerveld.* Sectie E blad 1 en Sectie D.

444. NEERWEI:
1638 een pleck wye genampt *den Ner Wye* groet synde dry bounder (BKe 10863, 77); 1726 *inde neerweijde* (BKe 16403, 10); ca. 1845 *Neerweyde* (KB).
E 22 en 32, wei, 5 ha 96 a 10 ca.
Weide aan de Begijnenbeek, gedeeltelijk grenzend aan het Neerveld.

445. NEGENZILLEN:
1) 1560 ix sillen lants aenden doyenman gelegen heytende *de ix sillen* (HST 7039/5, 75); ca. 1675 op *de negen sillen* (BS 7013, 532); 1792 het eijnde *der negen sillen* (DHG 1662, 101).
C 144-145, land, 2 ha 84 a 10 ca.
2) /də 'ne.iɤəzilə / V.
1754 *aende neghen sillen* aenden eerdenwegh (DHG 1604, 63); 1890 op *de 9 Zillen* (GvD 6-8-90).
B 33, land, 3 ha 24 a 30 ca.
Identiek met de Wittesteen.
Twee percelen elk ongeveer negen zil groot.

* *Nekkersblok: zie Ekkersblok.*

446. NIEUWEBOS:
1) 1477 by *den nuwen bosch* (DHG 1916, 71v°)... *den nuwen bosch* 3 1/2 zille gheleghen opten blakenberch (ibid. 80v°).
D 75, bos, 8 ha 48 a 40 ca (gedeeltelijk).
Een deel van de Zesbunder.
2) 1579 eenen boss eelsen hout, tot papenbroeck gelegen genaempt

den nieuwen boss, groot iij boenderen (BKe 10861, 21).
D 84-88, land, hof, huis, 4 ha 76 a 70 ca.
Identiek met het Langebos, dat in 1579 blijkbaar pas aangelegd was, in tegenstelling met het toen vermelde *Oudebos*, niet ver ervandaan onder Assent.

* *Nitselaar, Nitselbeemd: zie Itselaar.*

447. NODEN(S)BERG:
1420 De septem sillis terre arabilis dicte *nodensbergh*... aen *den nodenbergh* (HST 6745, 16); 1477 (kop. 1625) *opten noyenberch*, teghen ouer de Capellen van onz. Lr. vrouwen te wijnghaerde (BKe 10849, 425); 1481 *opten noensberch* (BKe 13711, 661); 1606 *inden noedenberch* (HST 6763, 30); 1707 *Den nodens bergh* (HST 6768, 682).
B 18, land, 1 ha 63 a 60 ca.
Deel van de huidige Parelsberg. Msch. *ood* (Duits *öde*), woest, onbebouwd (Mansion 118) of *noed*, groef, geul, waterloop (Mansion 68 en Moerman 169).

448. NOELSWINNING:
/dəno!ɛlswinin/ V.
C 102, land, 1 ha 30 a 10 ca.
Deze *winning* of pachthoeve werd ca. 1880 gebouwd juist achter de Korsendonkwinning, die in 1864 toebehoorde aan Sebastiaan François *Noël* uit Leuven (BN 35056, 59/1).

449. OLENBERG:
1616 een half bonder daer een huys plach op te staen genaempt *den olen berch* reg. die thiense strate (BS 2202, 55); 1641 een plecke Lants gelegen bouen den eerdenwech groot ontrint een boender genampt *den olieberch* (BS 1821, 8-8-41).
B 50, land, 5 ha 57 a (gedeeltelijk).
Msch. Mned. *ole*, papaver (Moerman 173) ofwel *oliezaad*, (koolzaad, lijnzaad), daar gewonnen. *Berg* wegens de helling naar de Hogeberg of Drogeberg.

450. ONZE-LIEVE-VROUWEKAPEL, -KERK:
1347 tegen *onser vrouwen* vanden *wyngarde* (B 13702, 121); ca. 1350 tseghen *onse vrouwe kerke* the wijngaerde (DKAKe 2, 20); 1402 in *onser vrouwen capelle* te wijngaerde bi dyest (D 793, 6v°); 1453 van *onser lieuer vrouwen capelle* ten wijngarde (BKe 13709, 587); 1502 *der kerken van onser lieuer vrouwen* ten hogen wyngaerde (BS 336, 47).
A 102, land, 73 a 40 ca (gedeeltelijk).

Identiek met de *Hogewijngaardkapel, -kerk*, toegewijd aan *Onze Lieve Vrouw.*

451. OOLKENS:
1616 een zille beempt gelegen inde stockbeempden, geheten *het oolckens* (BS 2202, 62).
Juiste ligging onbekend. Msch. Mned. *ole*, papaver, verpersoonlijkt in de verkleinvorm, of persoonsnaam *Oeleke*, vklw. van *Oele, Olo* (vgl. *Ooltgensplaat*, De Vries 1962, 127).

452. OPENDEURTJELOOP:
1776 den waeter*loop* comende *vant opendeurken* (BS 2271, 296); ca. 1845 *Opendeurkeloop* (KW).
Identiek met de Maasbeek. Water*loop* genoemd naar het *Opendeurtje*, een herberg onder Kaggevinne, waarvan ik de naam voor het eerst ca. 1614 gevonden heb: syn huys genoempt *dopendeurken* (DKASlp 139), een typische herbergnaam! Sectie E blad 2.

453. OP NEKKERSBLOK:
1541 1 zille lants gelegen by papenbroeck geheyten *op Neckersblock* (BS 339, 24).
D 114, land, 4 ha 50 a 70 ca (gedeeltelijk).
Klein perceel, *op het Nekkersblok* of Eikerblok gelegen.

454. ORANJESTRAAT:
1976 en 1980 *Oranjestraat* (KWD).
Moderne naam, naar de vroegere heren van Diest, de prinsen van *Oranje*, toevallig in het deel van Webbekom dat tot de heerlijkheid Kaggevinne en dus onder de heer van Diest hoorde.

455. OSSEBEEMD:
/dən'osẹbɛmt/ V.
ca. 1675 *den ossen bempt* (BS 7013, 266); 1680 *d'ossenbeempden* groot twee boinder (HST 6943, 99); 1773 acht sillen weij *den Ossenbempt* (BS 6364, 28); 1904 zijne vetweide onder Webbecom in de Ganzelaken, genaamd *Ossenbeemd* (GvD 15-6-04).
A 60, hooiland, 4 ha 17 a 20 ca.
Beemd, weide, waar men *ossen* liet grazen.

456. OSSEDRIES:
1617 derue genaempt *den Ossendriesch* (BS 345, 46v°); 1646 *den Ossendriesch* vier sillen (BS 2345/2, 147v°); 1793 vier sil bos *den ossendries* tot papenbroek (BS 7206, 28v°).
E 54, bos, 2 ha 82 a 60 ca.
- GROTE OSSEDRIES:

1771 een parceel bosch *den grooten assent dries* 'sic' (DKHG 81); 1827 een boinder tweeenzestig roeden genaemt *den grooten ossendries* (BN 30517, 260/1).

- KLEINE OSSEDRIES:
1771 een parceel bosch genaemd *klynen ossendries* (DKHG 81); 1827 een boinder vier en vyftig roeden bosch genaemt *den Kleynen Ossendries* (BN 35017, 248/8).

Dries, onbebouwde grond, voor het weiden van *ossen* gebruikt. In 1715 was de Kleine Ossedries nog "seker bunder weijde" (BS 361, 17); dat toen bij de iets grotere (Grote) Ossedries gevoegd werd. Deze laatste was in 1682 echter al bos (DLHG 37).

457. OUDEBAAN, -WEG:
/dən'ɔuwəwɛx/ V.
1857 *de oude groote baen* naer Haelen (BN 35049, 3/1); 1858 *de oude baen* (BN 35050, 124/2); 1860 de straet of *ouden weg* op haelen (BN 35100, 114); 1876 aan *den ouden weg* (GvD 16-2-76); 1980 *Oude Baan* (KDW).
Identiek met de vroegere Halensebaan (1) of Heerstraat, ook Oude Hasseltsebaan of Oude Diestersebaan genoemd. Sectie A-B. De huidige Halensebaan (2) of Hasseltsesteenweg werd in 1837-1839 aangelegd.

* *Oude Bareel: zie Bareel.*

* *Oude Demer: zie Demer.*

458. OUDE DIESTERSEBAAN:
ca. 1845 *de oude Diestersche Baan* (KW, 8).
Identiek met de Oudebaan, van Diest naar Hasselt.

459. OUDE HASSELTSEBAAN:
ca. 1845 *Oude Hasseltsche baan* (KB); 1976 *Oude Hasseltsebaan* (KK).
Identiek met de Oudebaan, van Diest naar *Hasselt*.

460. OUDEHOF:
1) 1526 *den ouden hooff* groot zynde omtrent dry zillen (BS 338, 204).
D 90, Land, 1 ha 12 a 60 ca.
Vermoedelijk is hier *vroeger* een *hoeve* geweest. Daarop wijst ook dat het perceel ernaast Ganzendries (1) genoemd wordt.
2) 1579 *den ouden hooff* is groot XI zillen (BKe 10861, 1v°); 1638

een pleck wye genampt *den alden hooff* ende een weyer groet synde thien zille (BKe 10863, 56); 1787 een stuck Bempdt genaemt *den ouden hoff* (BKe 10921, 5).
E 107, land, wei, 4 ha 29 a 90 ca (gedeeltelijk).
Plaats waarop de *oude hoeve* van Sint-Bernardsdal stond, samen met het klooster verwoest in 1578.

* *Oude Hofstad: zie Hofstad.*

* *Oude Koebeek: zie Koebeek.*

* *Oude Molenweg: zie Molenweg (1).*

* *Oude Leuvensebaan: zie Leuvensebaan.*

461. OUDE PASTORIE:
1) 1750 Dionysius preuveneers... *de oude pastorye* daer hy in gewoont heeft en gestorven is (M 1b, 2v°); 1770 *de oude pastorije* (BKe 4502, 2v°).
B 53, huis, 6 a 90 ca.
Huis op het Zelkaartsgeleeg dat in 1680 aan pastoor Van Cutsem en van 1694 tot 1734 aan pastoor Preuveneers toebehoorde (Claes 1981b, 44-45).
2) /'dɔupɑstə'rɛ:/ V.
1792 aen *d'oude Pastorije* (DHG 1662, 99); 1890 een steenen pachthof genaamd *de Oude Pastorij* (GvD 19-7-90).
B 71-72, huis, tuin, 34 a 70 ca.
Identiek met het Lakenmakersblok. Van 1750 tot 1770 woonde pastoor Dubois hier (Claes 1981b, 45, en 1982a, 65-68).

De Oude Pastorie

462. OUDESTRAAT:
ca. 1750 *de oude straete* oft bosterstraete (DKABg 53, 170); 1780 *de oude Straete* (BS 2276, 170).
Identiek met de Bosterestraat, die ook (*oude*) Leuvense*baan* genoemd werd. Sectie E blad 1.

**Oude Tiensebaan: zie Tiensestraat.*

**Oudeweg: zie Oudebaan.*

463. OUD-WEBBEKOM:
ca. 1845 *Oud Webbecom* (KB); ca. 1850 *Oud-Webbecom* (KVDM).
Deze benaming, op twee 19de-eeuwse kaarten, voor het gehucht Aardeweg mist elke historische grond.

464. OVER DE TIENSEBAAN:
1877 een parceel zoogenaamd *over de Thiensche baan* (BN 34554, 148).
D 62, land, 91 a 10 ca.
Perceel tussen de (Oude) *Tiensestraat* en de grens met Zelk-Halen.

465. OVERSCHOT:
1382 in *dat eeuerscot* (DLS 10 W 2); 1454 *int deuerschot* (D 805, 34); 1514 in *euerschoot* (DLS 10 W 26); 1560 omtrint een bonder beemps heytende deeuerschot (HST 7039/5; 38); 1606 acht sillen vredebeempts genaemt *het euerschot* (DHG 1458, 64v°); 1610 *int Ouerschot* (DHG 1124, 57); 1686 seuen sillen vetweyde genaempt *d'overschot* (BH 2861, 1v°); 1771 weijde int Webbecum Broek genamt *het Everschot* (DHGK 11/2); 1827 Ontrent twee boinders achtenviertig roeden Weyde, genoemd *den overschot* (BN 35017, 92/1).
A 161, hooiland, 2 ha 77 a 60 ca.

- GROOT OVERSCHOT:
1608 *tgroot euerschot* (HST 7039/3, 43); 1611 viij zillen vreebeemps geheeten *tgroot euerschot* (DHG 1466, 61); 1701 *het groot euerschot* (BKe 4500, 90v°).
A 161, hooiland, 2 ha 77 a 60 ca.

- KLEIN OVERSCHOT:
1593 *het cleyn Euerschot* (HST 6737, 503); 1682 drij sillen beempts geheeten *t' cleijn Everschot* (HST 6942, 7v°); 1741 *het clijn overschot* (BS 1824, 203v°).
A 159, hooiland, 1 ha 2 a 40 ca.

Het *Groot Overschot* werd aanvankelijk alleen *Overschot* genoemd, een enkele keer ook **Gasthuisoverschot*. Andere aangrenzende percelen zijn het Persoonsoverschot en het Rogsoverschot. Wsch. *ever*, dier + *schot, schoot*, wat hoger gelegen hooiland, hoger land in moerassig terrein (Gysseling 1960, 901, en 1978, 17-18, en Molemans 1977, 45). Deze weide is inderdaad iets hoger gelegen dan het eigenlijke Broek.

466. OVERSTEVELD:
1519 een zille lants *opt douerste velt* (BH 66, 18); 1526 *opt ouerste velt* (ibid. 71); 1571 *opt douerste velt* (BH 70, 196).
Wsch. E 40-41, land, 3 ha 99 a.
Iets hoger gelegen dan het *Neerveld* of *Neersteveld*, maar later er niet meer van onderscheiden.

467. PAALSBROEK:
1875 een parceel land genaamd *Paelsbroek* (BN 34552, 143).
C 58, land, 1 ha 54 a 80 ca.
Op de Tinnenpotberg gelegen. *Broek* is hier blijkbaar een vergissing, *paal* kan op een duidelijk zichtbare paal slaan.

468. PAARDSBEEMD, -WEI:
1) 1586 *Den peertsbempt* geleghen achter webbecom groet iij zillen (DHG 1813, 72); 1587 *den pertsbeempt* (ibid. 29v°); 1650 *den peersbempt* (DHG 1526, 25); 1828 Een Bunder Weyde, Genoemt *den Peerds Beemd* (BN 35018, 116/17).
A 17, weide, 1 ha 3 a 60 ca.
Identiek met de Nattebeemd.
2) 1622 *vande persbeempt* (BS 2268, 645); 1638 een wye gheleghen achter de Closter, brem berch genampt *perdt bemd* groet synde vyff zille (BKe 10863, 60); ca. 1740 *den Peerds Bempdt* (BS 2269, 135v°); 1787 *de peerdtsweijde* (BKe 10921, 5).
E 113, land, 2 ha 49 a 50 ca (gedeeltelijk).
Identiek met de Koewei.
3) 1686 aent Craes ses sillen *den peertsbempt* (BH 2861, 1); 1737 *den pertsbempt* (BS 7449, 49); 1757 een parceel weyde geheeten *den peirts bempt* (BS 1825, 243).
C 26, weide, 3 ha 64 a 40 ca (gedeeltelijk).
Identiek met de Krauwelsbeemd.
Voor *paarden* bestemde *beemd*, weide (vgl. Koewei, Ossebeemd). Op te merken valt echter dat 1) en 3) vlak bij de grens van de heerlijkheid gelegen waren, zodat als eerste lid hier Mned. *pertse*, *peertse*, staak, paal, met de betekenis 'grenspaal' (Helsen 1938, 47), ook mogelijk zou zijn. Bij 2) wijst een tekst uit 1754 "den Peerdtsbeemt, tegenwoordich de Coëweide" (BS 2275, 40) toch veeleer op een weide voor paarden.

469. PANLAND:
1253 habemus ibidem unam sillam et dimidiam pratorum, quae pertinent ad terram que vocatur *Panlant*, quia quondam fuit ibi camba ad quam pertinebant (Pirenne 332).
Wsch. horend bij A 122, land, 8 a 30 ca, dat vroeger aan de abdij van Sint-Truiden had toebehoord (HST 6943, 28) en waar in 1738 een brouwerij stond (BKe 15633, 5).
Deze plaats ligt beneden het Hof van Webbekom aan de Leugebeek. Dat er bij dit Hof al heel vroeg een brouwerij stond, wordt ca. 1136 gezegd: de loco ubi olim camba extiterat et modo status curtilitius est (De Borman I 177). Toen zei men dat daar weleer een brouwerij geweest was.
Mned. *pan*huus, brouwerij, nl. huis waar een *pan* of brouwketel is (Lindemans en Borgers 1949, p. 65, n. 62, en Claes 1982c), + *land*, akkerland. Zo wordt deze naam al in 1253 verklaard: Lat. camba, brouwerij + *terra*, land.

470, PANZEPOEL:
1400 *opden pansenpoel* (DKABg 39, 1v°)... j bon. terre *in pansenpoel* (ibid. 5); 1409 (kop. 16de eeuw) *opten pansenpoel... pansepoel* (BKe 13849, 1v°).
Vermoedelijk gelegen op het kruispunt van de (oude) Tienseweg en de Kerkeweg, vroeger twee belangrijke wegen. De naam komt wsch. van Mned. *panse*, pens + *poel*, nl. kuil voor afval van geslacht vee (Helsen 1938, 14).

471. PAPENBEEMD:
1616 in die stocbemden reg. *het papenbeempt* (BS 2202, 37).
Msch. A 124, hooiland, 5 ha 12 a 80 ca (gedeeltelijk), waarvan een deel toebehoorde aan het kapittel van Sint-Sulpitius in Diest, *papen*, priesters + *beemd*, weide.

472. PAPENBROEK:
/pɔ:bruk, 'pɔ:pəmbruk/ V.
1296 waltero dicto wellen *de papenboec* (LPh XVI 10); 1312 Janne *van papenboec* (DLS 1, 14-4-12); 1329 (kop.1625) *te Papenbroeck* (BKe 10850, 140); 1337 *te papenboec* (DLS 2, 222); 1400 *in papenbeeck* (DKABg 39, 5)... *te papenbroek* (ibid. 8v°); 1405 henric *van papenboec* (DHG 1866, 45v°); 1428 *te papenbroc* (D 798, 85v°); 1466 by *papembroeck* (BKe 10850, 6); 1540 (kop.1599) Bartholomeus *in papenbroeck* (BKe 4496, 44); 1579 tot *papebroeck* (BKe 10861, 21); 1747 tot *paepbrock* (BKe 10874/2, 4v°); 1771 boven *pabroek* (DHGK 80); 1976 Gehucht *Pabroek*, Gehucht *Papenbroek* (KK).
Sectie D en E 1-69.

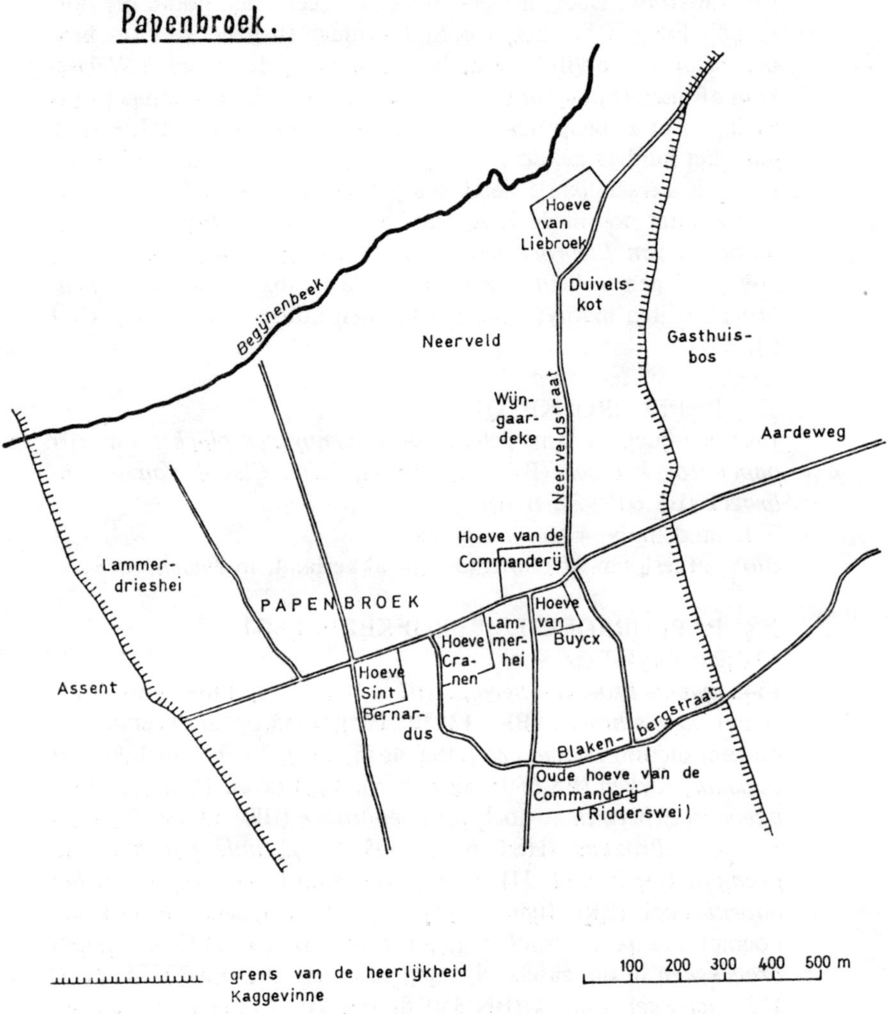
Papenbroek.
Hoeve
van
Liebroek
Begijnenbeek
Duivels-
kot
Neerveld
Gasthuis-
bos
Wijn-
gaar-
deke
Neerveldstraat
Aardeweg
Hoeve van de
Commanderij
Lammer-
drieshei
PAPENBROEK
Hoeve
van
Buycx
Lam-
mer-
hei
Hoeve
Cra-
nen
Hoeve
Sint
Bernar-
dus
Assent
Blaken-
bergstraat
Oude hoeve van de
Commanderij
(Ridderswei)
grens van de heerlijkheid
Kaggevinne
100
200
300
400
500 m

Het gehucht Papenbroek ligt op een vrij grote afstand van een *broek*, moerassige weide. Misschien zag men daarom ca. 1300 er al geen *broek*naam meer in en schreef men *boec*. Toch meen ik dat *broek* oorspronkelijk is en dat de naam ontstaan is als synoniem van Liebroek. Daar immers stond een zeer oude hoeve die oorspronkelijk aan de abdij van Sint-Truiden toebehoord moet hebben. Van deze abdij hing de heerlijkheid en de parochie Webbekom af, met de *paap* of priester. Andere priesters hadden geen bezittingen in Papenbroek. De naam moet zich van het Liebroek naar het huidige gehucht hebben uitgebreid, waarna de twee namen een verschillende betekenis gekregen hebben. Opvallend is evenwel dat nog in de 15de eeuw de familie *van Papenbroek* op de hoeve *van Liebroek* woont: 1440 Mathys *van papenbroec*... huyse gelegen te liebroeck (BH 63, 96); 1462 Janne *van papenbroeck* wijlen mathys sone 1/2 vanden huijse... te liebroec (BH 64, 63).

473. PAPENBROEKBLOK:
1548 een boender lants gelegen *int papenbroeck block*... int selff *papenbroeck block* (BS 339, 142v°); 1625 *d'block van papenbroeck* (BS 6090bis, B 10).
E 1, land, huis, 4 ha 98 a 60 ca.
Blok, afgesloten of omheind stuk akkerland, in *Papenbroek*.

474. PAPENBROEKJES, -BROEKERBEEMD:
/də'pɔ:pəbrykskəs/ V.
1343 *papen broecker beempt* (BKe 10850, 1); 1409 (kop. 16de eeuw) *paepenbroeck* (BKe 13849, 1v°); 1455 op die keerwey ad pratum dictum *papenboec* (HST 4675, 113); 1459 (kop.1686) *int papenbroecxken* (BS 6607/59-1, 2v°); 1484 (kop. 16de eeuw) *int paepebroekbeemde*... noch *int paepbroeck* (BKe 13849, 2); 1523 *het papenbroxken* (HST 6737, 305); 1532 *inde papenbroicxe beempde* (HST 7039, 31); 1579 int gemeijn broeck genoempt *het papenbroeck* (BKe 10861, 6v°); ca. 1670 drij sillen broeck genoempt *het papenbrocken* (BKe 13952/3); ca. 1730 *het papebroecksken* in die gaselaeck thien zillen groot (BKe 22774, 2v°); 1828 *het Paepenbroek* (BN 35018, 160/2); 1875 een parceel, genaamd *het Papenbroeksken*, groot circa 2 hectaren (GvD 19-6-75); 1890 weide, genaamd *de Papenbroekjes* (GvD 3-9-90).
A 28-32, hooiland, 2 ha 36 a 90 ca.
Broek, moerassige weide, die oorspronkelijk aan de abdij van Sint-Truiden toebehoorde. De naam werd onderscheiden van die van het gehucht *Papenbroek*, inz. door de verkleinvorm. De recente meervoudsvorm heeft betrekking op de verschillende percelen erin.

475. PAPENBROEK(SE)STRAAT:
1400 *de papenboecsche strate* (DKABg 39, 10); ca. 1810 *de paepbroeksche straet* (DdW); 1823 *Papenbroekstraat* (KDB 208); 1980 *Papenbroekstraat* (KWD).
Oorspr. weg van de Aardeweg over Papenbroek naar Assent, nu ook van Diest naar de Aardeweg. Gedeeltelijk identiek met de (oude) Tienseweg en met de Zandstraat. Secties B, C, D, en E.

476. PAPENBROEKVELD:
1) 1526 te papenbroeck *opt papenboeken velt* (BH 66, 70v°); 1552 te *papenbroeck velt* (BH 70, 74).
E 1, land, huis, 4 ha 98 a 60 a.
Identiek met het Papenbroekblok.
2) 1823 *Papenbroek Veld* (BKa 545); 1868 ter plaetse genaemd *Papenbroek veld* (BN 35060, 73); 1904 in *het Papenbroeksveld* (GvD 15-6-04); 1976 *Pabroekveld* (KK).
E 30-31, land, 10 ha 53 a 50 ca.
Identiek met het Kloosterveld.
Veld, akkerveld, te *Papenbroek.*

477. PAPENBROEKVOETWEG:
ca. 1845 *Papenbrouck voetweg* (KB).
Voetweg, gedeeltelijk samenvallend met de Ridderstraat, bij *Papenbroek*. Sectie D.

478. PARELSBERG:
ca. 1710 uijt den steenbergh tegen ouer de weijgaerde kerck... genaemt *den Prels-bergh* (DKABg 45, 164); 1751 6 sillen lants *prels bergh* (BS 6608, 13); 1792 den soo genaemden *Parelsbergh* (DHG 1662, 99); 1828 Een bunder Vyf en Negentig roeden land, genaamt *Prelsberg* (BN 35018, 230/6); 1976 *Parelsberg* (KK).
B 12, land, 2 ha 63 a 60 ca, nu uitgebreid tot B 1-9.
Het oorspronkelijke perceel *Prelsberg* hoorde in 1686 toe aan de erfgenamen van "mr. Jan *Prels*" (BS 6607/57, lr-v°). Jan *Prels* overleed in 1665 te Diest (O.L.Vrouwenparochie). De *berg* of heuvel heette tevoren *Steenberg* (2) en een ander deel ervan *Noden(s)berg*.

479. PARELSBERGSTRAAT:
1976 en 1980 *Parelsbergstraat* (KWD).
Moderne *straat*naam op de *Parelsberg*.

480. PASTOORS:
1754 drij sillen landts bouen *Pastoirs* (BKe 13664, 487).
B 53, huis, 6 a 90 ca.

Identiek met de Oude Pastorie (1), waar *pastoor* Preuveneers tot 1734 woonde.

481. PASTOORSBUNDER:
1) 1564 (kop.1677) *het pastoorsboinder* in het wijngaertuelt (BKe 4497, 77); 1750 een stuck Landt genaempt *het pastoors Boinder*, groot een Bonder ruijm (M 1b, 1); 1797 *het pastoors bonder* (WVA 40).
A 105, land, 1 ha 37 a 80 ca.
2) 1601 een bonder Beemps geleghen in het Webbecoms broeck geheten *het pastoirs Bonder* (BKe 4495/2, 15); 1713 *het pastoirs van webbecom bonder* (BH 121, 52); 1890 1 ha 20 a weide genaamd *Pastoorsbunder* (GvD 14-6-90).
A 163, hooiland, 1 ha 32 a 60 ca.
Twee percelen van ongeveer een *bunder*, ambtshalve aan de *pastoor* van Webbekom toebehorend. Beide worden ze ook Persoonsbunder genoemd.

482. PASTOORSHOF:
1599 belast *aenden pastoirs hoff* tot webbecom (BS 343, 139v°); 1603 De Curia mansionariorum dicta *den Pastoershoff* (HST 6747, 24); 1607 *Pastorshoue* (HST 6748, 15); 1622 mijer *des Laethoffs der pastoryen* van webbecum (BS 1828, 12-4-22); 1655 Het hoff genoempt *Pastoirs hoff* (HST 6749, 739); 1707 *Pastoors hoff* (HST 6768, 709).
Aan de *pastoor* van Webbekom ambtshalve toebehorend cijns-*hof*, ook Persoonshof genoemd.

483. PASTOORSZIL/PASTORIEZIL:
1719 *het pastoreij zilleken* ouer den lijtgracht aen het broeck (BKe 4500, 115); 1816 33 a de prairie nommé *pastoors sille* (BKa 1001).
A 151, hooiland, 84 a 60 ca (gedeeltelijk).
Zil wei die ambtshalve aan de *pastoor* van Webbekom toebehoorde.

484. PEERKESBLOKJE:
1608 voor derfg. henricx *vanden perre* een half boender lants gelegen in *eenen bloke* tusschen tdorpuelt ende den hougenberch (HST 7039/6, 38); 1628 een halff boender Lants genaempt *dat peirkens blocxken* (BS 1821, 11-1-28).
B 233-234-235-236, land, 64 a 40 ca.
Blok, ingesloten stuk akkerland, dat tevoren aan Hendrik van den *Perre* toebehoord had.

Frans Claes
(Vervolgd)

TOPONYMIE VAN WEBBEKOM

(vervolg van jg. 1987, blz.484)

485. PENSIONARISHOFJE:
ca. 1680 stratien van het pensionarishofken (BKe 4498, 18).
B 66-70, huis, hof, land, weide, 1 ha 42 a 90 ca.
De helft van het Zelkaartsgeleeg, waarvan in 1663 de helft "naer die seyde van webbecom" aan Jan van Zurpele toebehoorde (DN 321, 30-3-63) en in 1681 aan diens weduwe (BKe 4500, 132). De zoon van Jan van Zurpele, Godfried (1650-1707), was in 1680 *pensionaris*, d.i. rechtsgeleerd raadsman, van de stad Diest en raadgever van Willem III van Oranje, die in 1688 koning van Engeland werd (van den Hove d'Ertsenryck 1980, 39). *Hofje* heeft hier de betekenis van tuin: ca. 1600 wordt gezegd dat er op het Zelkaartsgeleeg tevoren "vier huijskens met hofkens" geweest waren (BKe 4509/2, 11) en in 1684 dat er op het stuk van Van Zur

pele "eertijts huijs ende hoff opgestaen heeft" (BS 1835bis, 50v°).

486. PERCEEL VAN JUCHTMANS:
1877 het zoogenaamd *Parceel van Juchtmans* (BN 34554, 246/1).
Wsch. C 131, land, 1 ha 32 a 50 ca.
Perceel C 131 hoorde in 1844 toe aan de weduwe van Henricus *Juchtmans* (WKad). Vermoedelijk identiek met het Bunder van Juchtmans.

487. PERSOONSBUNDER:
1) 1599 *het persoonsbonder* int Weygaert velt retro capellam B. Marie ad altam vineam (BKe 4495/2, 10v°) 1626 *het Persoons bonder (BKe 4499, 25).*
A 105, land, 1 ha 37 a 80 ca.
2) ca. *1696 int persoons bonder* (BKe 4500, 130v°); 1797 een zille bempt *in t'persoons bonder* (WVA 142) .
A 163, hooiland, 1 ha 32 a 60 ca.
Identiek met het Pastoorsbunder. Mned. *persoon*, pastoor.

488. PERSOONSHOF:
1416 laten *'s persoens* van webbekem (DLS 10 W 10); 1626 Laten van *Persoons hoff* (BKe 4499, 5); ca. 1720 het chijnsboeck competerende die personaatschap van webbecom genoemt *den persoonshoff* subalterne leen onder leenhoff van sijn hoogw: van St. Truijden (BKe 22774, 45).
Cijns*hof* van de *persoon*, pastoor.
Identiek met het Pastoorshof.

489. PERSOONSOVERSCHOT:
1668 in *tpersoons everschot* (WP 6, 5).
A 163, hooiland, 1 ha 32 a 60 ca.
Identiek met het Pastoorsbunder of *Persoons*bunder, bij het *Everschot* of Overschot gelegen.

490. PETERSTRAAT:
1533 *die peeters straete* (BKe 13713, 816); 1540 opten eertwech reg. de heerstraet ende *de peeterstraet* (DKABg 99, 72v°); 1592 *de peeterstraet* (DKABg 102, 57v°).
Het laatste deel van de Kerkweg, bij de Eekt. Sectie C.
Wellicht naar *Peter* Paesschaerts die in 1540 grond op de hoek van deze straat huurde (DKABg 99, 72v°) en hier misschien ook woonde.

491. PETER VAN GEELHUISJE:
1603 De mansione cum pratis et terris adiacentibus continente in

vniverso iij bonuaria... Vocatur *Joncker Peeter van Geel huysken* (HST 6747, 56); 1607 Mansionem feudalem hospitalis diestensis dictam *Peeter van Gheel huysken* (HST 6748, 39); 1655 achtert Leenhoff vant gasthuijs van Diest genoempt *Jor. peeter van Gele huijsken* (HST 6749, 799).
A 109, land, 1 ha 37 a 20 ca (gedeeltelijk).
Het hiernaast gelegen Goed van Eksel hoorde in 1560 toe aan Daniel *van Ghele* en tevoren aan Jan *van ghele* (HST 7039/5, 10). Een andere hoeve, het Steenhof of Hof van Webbekom, hoorde in 1562 toe aan *Peter van Geel* (HST 6749, 34) en in 1611 aan diens zoon, die ook *Peter van Geel* heette (HST 6747, 59). Deze laatste *Peter van Geel* was schepen van Webbekom in 1613 (Claes 1982a, 92). Vermoedelijk was de hoeve op A 109 in de 16de eeuw al verwoest en bleef er alleen maar een vervallen "*huisje*" over met de gronden die leengoed waren van de abdij van Sint-Truiden.

492. PEULBERGSTRAAT:
1976 en 1980 *Peulbergstraat* (KWD).
Moderne *straat*naam op de *Parelsberg*. blijkbaar een vergissing door een verkeerde lezing van deze laatste naam op een oude kaart.

**Philipsberg: zie Filipsberg.*

493. PIE(R)KENSTRAAT(JE):
1599 (kop. 1626) reg. die vrunde in alle sijden ende *willem piecken oft pierkensstraet* ter ?ij (BKe 4497, 29); ca. 1720 *pieckens stratien* naer den hitselaer (BKe 22774, 28).
Wegje van het Mager naar de Itselaar. Sectie B.
Msch. naar *Guielmus Pickaerts*, die in 1638 grond op de itselaar had (BS 2202/2, 1v°).

494. PIJLEN:
1587 *aende pylen* aende kerweye (DHG 1880, 88v°); 1609 *aende pijlen* (DHG 1112, 4); 1635 op de kerweijde *aende pijlen* (DHG 1509, 48v°).
Bij A 17, de Paardsbeemd (1).
Mned. *pile, pijl*, pijler, zuil, paal, msch. de pijlers van een vroegere brug over de oude Demer of grenspalen.

495. PIJPERKE:
ca. 1650 huijse ende hooue... geheeten het *pijperken* (BS 2202, 6); 1653 een halff boinder lants, genaempt *het pyperken* (DN 320, 4-2-53); 1682 een hofken groot een vierendeel in meerdere plecke genaemt *t'pijperken* (HST 6942, 52v°); 1826 agtenvirtig roeden vie

renseventig ellen land genaemt *het pyperken* (BN 35016, 37).
B 10, land, 53 a 70 ca.
Het ca. 1650 vermelde huis hoorde voor 1616 toe aan Paulus Timmermans (BS 2202, 6); die in 1560 genoemd werd "Pauwels Tymmermans alias *pypers*" (HST 7039/5, 51). *Pijper(s)* wordt hier blijkbaar als bijnaam gebruikt met de betekenis 'fluitspeler' (A. Huizinga, Encyclopedie van namen. Amsterdam 1955, 183).

496. PLAATS:
1483 (kop. 1625) aen *de Gemeyn plaetze* (BKe 10849, 88); 1532 *aen de plaetse* te Webbekem (DLS 10 Z 3); 1637 *indie plaetse* (BS 1821, 20-11-37); 1797 *die gemeijn plaets* (WVA 132).
Enige keren gebruikte naam voor het dorpsplein, Sectie A blad 1-2, nu verdrongen door Dorp (Molemans 1977, 27-28, en Pée 1970).

497. PLANTBOS:
1) 1599 vyff zillen elsen bosch opten blakenberch geheeten *den plantbosch* (DHG 1130, 2v°); 1704 vijff sillen op den dooden man genaemt *den plantbosch* (DHG 1907, 18v°).
D 57, bos, 1 ha 91 a 60 ca.
Identiek met het Koolbos.
2) 1599 twee boenderen bosch opten achtersten blakenberch geheeten *den plantbosch* (DHG 1130, 4r-v°); 1704 drije sillen *plantbosch* bouen papenbroeck (DHG 1907, 19v°).
D 75, bos, 8 ha 48 a 40 ca (gedeeltelijk).
Een deel van de Zesbunder.
"Nieuw ge*plant*" *bos*.

498. POORTWEG, -STRAATJE:
1347 *inden poertewech* (BKe 13702, 121); 1364 *biden portwech* (DLS 4,1-12-64); 1400 inter de wyngaert strate ende *de poortwegh* (D 792/2, 143); 1482 in parochye van webbekem aen *dat poertstraetken* (BKe 13711, 668); 1510 *het poertstraetken* (BKe 13712, 753); 1554 buyten de beueren porte *opde poet wech* (BS 339, 301); 1597 *op den portenwech* buyten diest voer de beueren porte (343, 114); 1609 aenden *pootenwech* (DHG 1461, 74); 1616 bouen *den pootwech* (BS 2202, 17); 1665 op *den pootwech... den poirtwech* (BH 2494); 1721 op *den poortwech* (BH 79, 313v°); 1861 *aenden Pootweg* (BN 35053, 191/3).
De naam *Poo(r)tweg* slaat op enige wegen die bij een stads*poort* van Diest uitkomen, inz. op de weg van de Wijngaardkerk naar de Koepoort, identiek met de Groeneweg (Sectie A blad 1), en op die van het Leunisveld naar de Beverepoort, identiek met het Vrijheidsstraatje (Sectie B). De *r* is in de naam vaak weggevallen door

de dialectuitspraak van *poort* zonder *r*.

499. PREDELBUNDER:
1589 den bempt geheeten tvisschers huysken oft *tpredel boender* (HST 6737, 471).
A 11-12-13, hooiland, gedeeltelijk.
Wsch. Lat. *pratellum*, kleine weide, via Oudfrans *pradel*, grasveld, loofhutje in een tuin (Lindemans 1946, 112). Blijkens het synoniem *Vissershuisje* betekent *predel* hier wsch. hutje.

500. PRELAATSHOF:
1775 den Coxhoff ende *Prelaatshoff* (BS 1834, 69).
Identiek met het *Abtshof*, Hof van Sint-Truiden of Hof van Webbekom, cijns*hof* van de abt of *prelaat* van Sint-Truiden te Webbekom.

**Prelsberg: zie Parelsberg.*

501. PRINSENDIJK:
1745 weijde tot boxberghen reg. de beke in twee seijden, *den princen deyck* (DN 25, 28); 1754 *den prinsen dyck* (BKe 13664, 165).
Dijk, nl. weg, van de vroegere Boksbergsemolen naar de Bosterestraat. Deze watermolen, die tot 1635 bestond, hoorde toe aan de heer van Diest, *Prins* van Oranje. Identiek met 's-Herendijk (2) en Molendijk. Sectie E blad 2.

502. PRINSENHALFBUNDER:
/'tprinsEhalvbundEr/ V.
A 166, hooiland, 2 ha 25 a 70 ca.
Identiek met het Kromhalfbunder (2) en de Driehalvebunders aan de Krommedijk, die aan de heer van Diest, *Prins* van Oranje toebehoorden.

503. PRINSENWEIDE:
ca. 1845 *de Prinsenweide* (KB); 1866 Vier hectaren vetweijde genaemd *prinsenweijde* (BN 35038/ 78, 4); 1904 zijne vetweide genaamd *Princenweide* in de Ganzelaken onder Webbecom (GvD 11-6-04).
A 3 + 5, hooiland, 3 ha 79 a 70 ca.
Weiden, nl. Naast het Surplus en Bunder met het Edeke, die tot het eind van de 18de eeuw aan de heer van Diest, *Prins* van Oranje toebehoorden.

504. PROCESSIEVELDWEG:
ca.

(KP).
Weg van de Wijngaardskapel naar de Ganzelaken, door de *processie* gevolgd. Identiek met de Groeneweg. Sectie A blad 1.

505. PROCESSIEWEG:
1) 1680 *den processie wech* in de cruijsdagen (HST 6943, 23); 1756 *den processenwegh* inde Cruysdaghen (BS 7453/2, 58).
Wegje op de Parelsberg op de grens met Diest. Identiek met de Kruisweg (2). Sectie B.
2) 1680 *den processiewech* (HST 6943, 12).
Wegje ten oosten van de Wijngaardskapel naar de Oudebaan, in het verlengde van de Groeneweg die van Diest komt. Sectie A blad 1.
3) 1680 *den processiewech* (HST 6943, 31); ca. 1845 *de Processieweg* (KB); 1976 en 1980 *Processieweg* (KWD).
Wegje achter de kerk, identiek met het Straatje. Sectie A blad 2.
Drie *wegjes*, al in de 17de eeuw door de *processie* gevolgd.

506. PUT:
ca. 1930 /dE'pyt/ V.
Diepte ten zuiden van de Halvemaan (A 75b), een paar meters dieper dan het waterniveau van de overige vestinggrachten van Diest, tot in de jaren 1930 (Loix 1978, 120; Vanerom 1937-38, 57).

507. RAACHTER:
1532 *inden Raechter* dair den mestwech doer ghaet (HST 7039, 20); 1682 *inden Rachter* (HST 6942, 23v°); 1684 in *den Raechter* (BS 1835bis, 64v°).
C 123, land, 1 ha 48 a.
Identiek met het Heike, deel van de Schapenheide. Wsch. *raechtere, rachter*, rapenveld (Lindemans 1954, 80). Minder wsch. is Mned. *rachter*, paal, balk. Op een rapenveld wijzen toch veeleer de adjectieven die ik elders bij *Ra(a)chter* of *Rochter* gevonden heb: oud te Assent, Molenstede en Schaffen, groot te Molenstede en nieuw te Schaffen.

508. RAD: /trat/
1481 te webbecom aen *radt* (BKe 13711, 663); 1685 Aen *d'Radt* (BS 6119, 41); 1753 de erve daer *het ratt* placht op te staen (DLHG 33); 1771 een parceel land genaemdt *het radt* (DHGK 124); 1904 *op 't Rat* onder Webbecom (BvD 4-5-04).
De 101-102, land, 1 ha 5 a 10 ca.
Een deel van dit perceel dat vroeger bij Diest hoorde, kwam in 1822 bij Kaggevinne-Leuvens en in 1825 bij Webbekom (DHGK 124).

Rad, bareel, draaiboom (Lindemans 1953, 36), hier nl. bij de grens met Diest.

509. RASOPLOOP:

ca. 1845 *Rasoploop* (KW Kaggevinne).

Water*loop* die van de herberg de *Rasop* onder Kaggevinne komt, de grens van Webbekom met Diest vormt en uitkomt in de Opendeurtjeloop. De naam *Rasop* heb ik te Kaggevinne het eerst gevonden in 1743 (BS 367, 9), in 1753 wordt hij *den Rasch op* geschreven (DHG 1127, 137). Nog oudere vermeldingen van deze naam zijn in 1628 te Heverlee *den rassop*, verklaard als "herberg waar het bier 'ras op' is" (Kempeneers 1982, 249-250) en in 1610 te Merchtem de brouwerij *de Rasop* (volgens een mondelinge mededeling van A. Biesemans). Vanderstraeten (1943, 96) rangschikt deze naam onder de "benamingen welke soms getuigen van een niet te ontkennen humor".

510. RECHTEDIJK:

1580 *opten rechten dyck* (DLH 3, 11); 1633 den draeyboom *vanden rechten dijck* onder Wubbecom (BH 114, 156); 1690 De twee deijcken *den rechten* ende crommen *deijck* genaempt (BH 3251, 45); 1819 aan *den regten dyk* (BKa 1001, 66).

Identiek met de Langedijk of Molenweg, een *wegje recht* door de weiden naar Zelk. *Recht* genoemd in tegenstelling met de *Krommedijk*. Sectie A blad 2.

511. REENSTRAAT:

1646 *de reenstraete* van Selck (BS 2345/2, 156 v°) ... *de reenstraete* (ibid. 157); 1646 *de reenstraet* van zelck (BS 2279/2).

Identiek met he Tienbunderstraatje, op de *reen*, d.i. grens met *Zelk*-Halen. Sectie D.

512. REIENBERGVOETWEG:

ca. 1845 *Reijenbergvoetweg* (KB).

Identiek met het Vrijheidsstraatje op de Parelsberg. Sectie B. Een raadselachtige naam, zeker een vervorming, msch. wel van *Vrijheids*straatje, gecombineerd met Parels*berg*.

513. REINRODESEVOETWEG:

ca. 1845 *de Rijnrodesche voetweg* (KB).

Wegje van de Aardeweg, achter de Witte Voorschoot, tussen het Langblok en het Rondblok door naar de (oude) Tienseweg, die ook naar *Reinrode* (onder Loksbergen en onder Assent) leidt. Sectie C.

Ik merk op dat de schrijfwijze *Reinrode* overeenstemt met de oudste vormen van deze naam.

514. REINRODESTRAAT:
1823 *Reyn Rot strael ... Reynrodtstraet* (KDB 208).
Identiek met de (oude) Tienseweg (vgl. vorig nr.), op de grens van de Secties B en C.

515. REINRODEWEG:
1976 en 1980 *Rijnrodeweg* (KWD).
Weg van Papenbroek over de Blakenberg in de richting van *Reinrode*. Sectie D.

516. REU:
dE'rœy V.
1407 aen die strate gheheiten es *die roeye* (DHG 1866, 48v°); 1420 *de Roye* (DHG 1869, 81); 1490 *opte royt* (DHG 1823, 2); 1503 vier zillen geheeten *die roeij* (BS 336, 65v°); 1532 *op de Rueije* (HST 7039, 19v°); ca. 1560 v zillen Landts gelegen aenden erdenwech geheeten *de rode* (BS 2264/3, 2); ca. 1575 *de roede* (BS 2265/3, 2); 1587 op *die Rue* (DHG 1880, 104v°); 1591 *opte Ruye* (DHG 1813); 1598 drye boenderen geheeten *de Reue* (DHG 1131, 10); 1598 *de ruij* (DHG 1110, 31); 1602 op *die Reu* (BKe 4495/2, 30); ca. 1700 *tot Roe* (BH 2856, 30); 1754 vijf zillen aenden eerdeweg genaemt *de rode oft Ruije* (BS 2275, 62); 1820 *den Reu* (BKa 1001); ca. 1845 *den Ren* (KB); 1876 *den Rue* (GvD 22-3-76); 1976 *De Ren* (KK).
C 1, weide, 1 ha 25 a 60 ca + C 2, land, 1 ha 6 a + B 37-44, land, hof, huis, 11 ha 33 a 80 ca, uitgebreid tot B 33-93.
Door palatalisering van *Rode* tot *Reu* (Molemans 1982b, 1389), werd deze naam sinds de 16de eeuw meestal onderscheiden van het beneden vermelde *Rode*, dat aan de andere kant van het vroegere Liebroek, het weidegebied bij de Leugebeek, ligt.

517. REUBRUG:
ca. 1845 Ponteau dit *Renbrug* (KB).
Brug van de (oude) Tienseweg over de Leugebeek bij de *Reu*. Sectie C.

518. REUSTRAAT(JE):
1771 *Den Reu straetken* (DHGK 8); 1779 *de Reu Straete* (BS 6607/6, 3v°); ca. 1845 *Ren straet* (KB); 1980 *Reustraat* (KWD).
Oorspronkelijke weg van de Reu naar de Schambraak, Sectie C-B, later ook van het Dorp naar de Reu, Sectie B, nu ook van de Reu over de Schambraak naar de Leuvensesteenweg, Sectie E blad 2.

Reweiberg: zie Rouweweiberg.

**Riddersberg: zie Ritsberg.*

519. RIDDERSTRAAT:
1753 *de Ridderstraet* (DHG 1127, 179); 1863 *de Ridderstraet* (BN 35103, 245/110).
Wegje in Papenbroek naar de Oude Hofstad van de Commanderij van de *Ridders* van de Teutoonse Orde van Bekkevoort. Identiek met de Papenbroekvoetweg. Sectie D.

520. RIDDERSWEI:
dE'ridErsw3: V.
D 36, weide, 73 a 50 ca.
Weide die vroeger aan de Commanderij van de *Ridders* van de Teutoonse Orde van Bekkevoort toebehoorde.

521: RIOOLBEEMD:
1670 sekeren bempt genoemt *den reoil bempt* gelegen tegens ouer die winninge van cerstendonck... *de reolenbempt* (BS 1830, 21-1-70).
Wsch. C 26, weide, 3 ha 64 a 40 ca (gedeeltelijk), identiek met de Paardsbeemd (3).
Riool, greppel, afwateringssloot (Schönfeld 1950, 137). Het is een nat terrein, in de omgeving van het huidige Gasthuisbos.

522. RITSBERG:
/dà'ridzb3ràX V.
1771 *Ridderst Bergh* (DHGK 11, 2); ca. 1845 *Den Riddersberg* (KB Zelem); 1904 weide genaamd "*5de Riddersberg*" onder Zeelhem, tegen den Demer (GvD 24-12-04).
De naam *Ritsberg* slaat eigenlijk op een weide onder Zelem, maar wordt soms ook gebruikt voor het eraan grenzende Overschot (A 161). Blijkbaar is *Ritsberg* een verkorting van *Riddersberg*, een naam die kan slaan op de oude burcht van Zelem, die daar vroeger gestaan heeft (Vrancken 209, Claes 1980a), bewoond door *ridders* + *berg*, lichte verhevenheid in het weidegebied.

523. RODE:
1340 te webbekum bi Colen *vanden Rode* (DKABg 96, 12v°); 1379 *Ten rode... achter den rode* (DHG 1889, 45v°); 1420 mansionem cum pascuis goeswini *vanden rode*... in loco dicto *ten rode* (HST 6745, 11); 1452 *inde Roije* (HST 6733, 521); 1457 *te rode... te roede* (DHG 1817, 36); ca. 1500 bouen *Den Rode* (HST 6745, 205); 1526 een halff buender beempts geheyten *den Roy* (BS 338, 204); 1531 te *Roey* (DHG 1421, 109v°); 1608 *aende Rueye* (HST 7039/3, 58); ca. 1620 *ten rue oft roede* (HST 6751, 18); 1682 aen

de ruije (HST 6942, 22)... *te roe* (HST 6942, 66); 1748 drij sillen vredebempdts geheeten *de reuij* (BS 7451, 50v°); 1756 *de roije* (BS 7453/2, 45).
± C 94-150, nl. het huidige Kraas + Mortel.
Er stond oorspronkelijk één hoeve: **Hofstad te Rode* (nr. 258).
Rode, door het rooien van bomen voor bebouwing geschikt gemaakt land (Helsen 1938, 20; Moerman 190, Gysseling 1978, 20).
Rode-toponiemen zijn vermoedelijk dikwijls in verband te brengen met de ontginningsbeweging in de 11de-12de eeuw (Molemans 1973b, 296).

**Roelants-, Roelofsdel: zie Rozedel.*

524. ROGSOVERSCHOT:
1608 ontrent een bunder beempts geheeten *het rogs Euerschot* (HST 7039/6, 85); 1612 *het roggen euerschot* (BS 1820, 4-9-12); 1623 *het rogeuerschott* (ibid. 28-11-23); 1684 *het Rogs Euerschot* (BS 1835bis, 16v°).
A 162, hooiland, 1 ha 69 a 90 ca.
Bij het Everschot of Overschot gelegen perceel, wsch. naar een persoon genoemd (vgl. ook Persoonsoverschot en Gasthuisoverschot), vgl. 1608 Jan *Rogghe* (HST 7039/3, 30) en 1607 Catharina, dochter van Peer *Roge*, gedoopt in de Sint-Sulpitiusparochie in Diest.

525. ROMBLOKSTRAAT:
1976 en 1980 *Romblokstraat* (KWD).
Identiek met de Bernardusblokweg, Sectie E blad 2. Vervorming van *Rondblokstraat*, weg bij het Bernardusblok of Kloosterblok, nu *Blok* (2), dat een lichte ronding vertoont.

526. RONDBLOK:
1) ca. 1675 *een ront besloten block* groot ontrent ses sillen (BS 7013, 204); 1680 ses sillen landt genaempt *het rontblock* (HST 6943, 42); 1792 *Romblock* (DHG 1662, 101); 1823 *Dromblock* (BKa 545); 1827 *het rondblok* (BN 35017, 12); ca. 1845 *Dromblock, Droomblok* (KB); 1976 *Dromblok* (KK).
C 82, land, 2 ha 29 a, later uitgebreid tot C 78-92.
Het oorspronkelijke perceel lag aan een bocht van de (oude) Tienseweg en werd blijkbaar zo genoemd in tegenstelling met het ernaast gelegen *Langblok*.
2) 1823 *Rond Block* (BKa 545); 1863 5 ha 1 a 10 ca bouwland genaemd *Rondblok* (BN 35103, 19/3 D); 1976 *Rond Blok* (KK).
D 123, land, 5 ha 1 a 10 ca, uitgebreid tot D 109-123.
Voor (1) is de verklaring *blok*, besloten perceel, met een *ronding*

aan één zijde (Molemans 1975c, 170: *Rondveld*), voor (2) is het waarschijnlijk *rondom* besloten *blok*, nl. gelegen tussen twee wegen en de grens van Webbekom met Assent.

527. RONDBLOKLOOP:
ca. 1845 *Dromblokloop* (KW).
Vroegere water*loop* van bij het *Rondblok* (1) door het gehucht Aardeweg naar de Leugebeek. Sectie C.

528. ROND MENSEN:
ca. 1860 *Rond Meusen* (KP); 1976 *Rond Mensen* (KK).
D 118-123.
Als zodanig onbegrijpelijke naam. Vermoedelijk een vervormde combinatie van de namen *Muizennest* (vgl. *Mensenveld*) en *Rondblok* (2).

529. ROODHUIS:
'tru.wàthœ :s V.
1904 achter *het Roodhuis* (GvD 1-6-04).
E 124, land, 1 ha 15 a 70 ca (gedeeltelijk).
Huis genoemd naar de opvallend *rode* bakstenen muren. Wat verder stond er onder Kaggevinne *'t Withuis* (Diest vroeger en nu. Diest, 1980, p. 118, nr. 125).

530. ROSKAM:
1670 ses sillen lant gelegen tot weubbecom eertijts bempt geweest hebbende daer een huijs opgestaen heeft, alsdoen genoempt *den roscam* (DN 393, 21-7-70); ca. 1675 landt reg. tvosken ende *den roscam* (BS 7013, 649).
B 9, land, 1 ha 41 a 10 ca.
Wsch. uitspanning waar de paarden (met de *roskam*) verzorgd werden (Lindemans 1951a, 70: naam van een boerderij).

531. ROTSEBROEKVOETWEG:
Ca. 1845 *Rotsebroekvoetweg* (KB).
Wegje door het Neerveld naar Papenbroek. Sectie E blad 1.
Raadselachtige naam. Vermoedelijk een verschrijving van *Kutsebroek*, op de grens Papenbroek-Assent, hoewel het wegje er niet vlak bij is.

532. ROUWBLOK:
1) 1638 vyf zille landts genampt *het Roublock* (BKe 10863, 82); 1793 *het rauwblock* (BS 7206, 9); 1866 in *het Rouwblock* (BN 35038, 99).
D 109, land, 2 ha 56 a 40 ca (gedeeltelijk).

2) ca. 1830 *raeublock* (BKa 1001).
D 66-70, bos en land.
Rouw, gewestelijke vorm van *ruw*, ruig begroeid of slecht, van de grond (Verstegen 214: Rauwblocxkens), *blok*, ingesloten perceel.

533. ROUWEWEI:
1826 *De Raudeweij* (BKa 1461).
E 16-24, hooiland, weide.
Omvat o.a. de Zurebeemd, de Langebeemd en gedeeltelijk de Koebeemd. *Rouw*, ruw, zie het vorige nr. In 1632 als soortnaam gebruikt: drie zillen *rauwe weijde* (BH 87, 172).

534. ROUWEWEIBERG:
dErE'w3:b3ràX V.
E 27, land, 3 ha 45 a 70 ca (gedeeltelijk).
Berg, kleine hoogte, vlak bij de *Rouwewei.*

535. ROVERSWINNING:
1955 en 1968 *Roverswinning* (Houet).
B 45-47, huis, tuin en land, 1 ha 2 a 70 ca.
Identiek met de Koks*winning*, pachthoeve, ca. 1928-1978 bewoond door de familie *Roovers.*

536. ROZEBEEMD(JE):
ca. 1630 Een oudt boender weije ter Bost genoempt *het Roosen beempdeken* (BKe 13775, 24); ca. 1700 *het roosebempdeken* (BKe 13849/7,4); 1863 *den Roosenbemd* (BN 35103, 3/34).
E 184, hooiland, 92 a 40 ca.
Roos, riet (Moerman 192; Molemans 1975d: *Rosen*, en 1976b: *Rosbeemd*) + *beemd*, weide.

537. ROZEDEL:
dE'ruwEzEd3l V.
1373 prope vallem dictam *Roefloes delle* (HZ 14,4); 1379 in *de roelants delle* (DHG 1889, 46); 1420 *inde Ruelens delle* (DHG 1869, 85v°); 1532 *opde rollansdelle* (HST 7039, 9v°); 1532 in *die ruelensdelle* reg. gielen *ruelens* (DLS 10 Z 59); 1560 in *de Roeloffsdelle* (HST 7039/5, 31); 1614 die hellicht van een plecke Lants genaempt *die roelantsdelle*, waer van die wederhelft is sorterende onder zelck, groot ontrint vijff zillen (BS 1820, 27-2-14); 1616 *inde roelens delle* (BS 85 2202, 61); *inde Roelsdellen* (BN 35021, 126/ 102); 1859 een parceel land genaemd *de Roelans delle* (WVA 166); 1875 aan *den Rosdel* GvD 3-7-75); 1880 in *de Roosdel* (GvD 25-8-80).
B 178, land, 1 ha 80 a 40 ca, later uitgebreid tot de weg op de grens

van Webbekom met Zelk-Halen en de omgeving ervan.
Del, dal, oorspr. van *Roelof*, later opgevat als van *Roeland(s)*, *Ruelens* (een bezitter in 1532, msch. al zijn voorvader in 1420: zie beneden nr. 540) en *Roel(s)*. Tenslotte volksetymologisch vervormd.

538. ROZEDELSTRAAT:
1752 *de Roeijdelstraete* (BS 1825, 49); ca. 1845 *de Rooders Dulstraat* (KB); 1927 *Roosendelstraat* (Cleeremans 895); 1980 *Rozedelstraat* (moderne kaart Halen).
Weg aan de *Rozedel*, die de grens vormt van Webbekom met Zelk-Halen. Sectie B.

539. ROZELBLOKJE:
1599 een zille lands genaempt den drye beck oft *Roselbloexken* (DHG 1130, 20v°).
Wsch. C 94, land, 1 ha 54 a 50 ca (gedeeltelijk), identiek met de Driebek (1).
Msch. *rozel*aar, rozenstruik, of persoonsnaam, vg. 1685 Lauwerys *Roosel* (BS 6119, 14) + *blok*, ingesloten perceel.

540. RULENSHOF:
1532 omtrent de vroendte *aenden ruelenshoff* (HST 7039, 53).
C 58, land, 1 ha 54 a 80 ca (gedeeltelijk).
In 1562 hadden de erfgenamen van Ghielis *Ruelens* "huys ende *hoff*" bij de vroente (HST 7039/2, 17v°). Al vroeger, in 1426 en 1430, was een Jan *Ruelens* schepen van Webbekom (Claes 1982a, 92).

541. RUT:
dE'ryt V.
Rut, naar het Franse *route*, dialectwoord voor spoorbaan. Deze werd in 1878 in gebruik genomen (Van der Eycken 1980, 316) en tot 1956 gebruikt. Ca. 1970 werd de spoorbaan opgebroken, maar de naam wordt nog gebruikt voor de vroegere baan. Sectie A.

542. RUTHUISJE:
'trythoeskE V.
1890 tegen *Routhuisje* te Webbecom (GvD 28-6-90).
A 18, land, 68 a 40 ca (gedeeltelijk)
Huisje waar vroeger een baanwachter van de spoorweg (**Rut*) woonde.

543. SAFFRAANBERG:
1667 een plecke Lant genaempt den *Sofferaenberch* (DN 322, 9-2-

67); 1680 *opden soffraenberch* (HST 6943, 71); 1715 *op den softe-raenbergh* (BS 6936b, 113); 1756 op *den saffraenbergh* (BS 6609, 58).
B 226 + 230, land, 3 ha 46 a 20 ca.
Op sommige plaatsen in Brabant en de Kempen betekent *Saffraanberg* "hooggelegen perceel, onvruchtbare zandachtige grond" (WBD I 198). De naam is afgeleid van *saffraan*, wsch. met de betekenis geelkleurig (Molemans 1975a, 348). Het gaat hier inderdaad over een vrij zandige hoogte.

**Schaapsheide: zie Schapenheide.*

544. SCHALIENHUIS:
1718 van *schalien huijs* (BKe 4500, 115); 1731 seker huijs... genaempt de swaene, ofte *het schalderenhuijs* (BS 6607/23, 2); 1785 *het schalien huys* (BS 1826, 310).
A 202-203, hof, school, huis, 19 a 40 ca.
Identiek met De Zwaan, herberg, hier naar de dakbedekking met *schaliën*, leien, genoemd, destijds uitzonderlijk (De Brouwer 1955, 740, en 1959, 384).

545. SCHAMBRAAK:
dE'sxambrc:k V.
1421 *opte scandbrake* (D 797, 11v°); 1455 aent lant dat men heet *de scantbrake* (BH 64, 26); 1509 op *die scambraecke* (BH 65, 92v°); 1518 *op scambraecke* (BH 67, 5); 1568 *de schaendtbraeke* (HST 6733, 521); 1569 *opde Schontbraeck* (BS 2279, 254); 1599 *inde schansbrock* (DHG 1130, 31); 1614 *byde schanbraeck* (DN 266); 1661 tot *schambroeck* (BS 349, 119); 1715 op *de schambrauck* (BS 6936b, 85); 1793 op *het schambrack* (BS 7206, 40); 1877 op *het Schambroek* (BN 34554, 164).
E 75-80 + B 37-39, land.
Wsch. *schande*, moeilijk te bewerken + *braak* liggend land, vandaar: weinig renderend bouwland (vgl. Molemans 1976c, 301 *Schenbraak*).

546. SCHAMBRAAKBLOK:
1638 *Schambroch block* (BKe 10863, schutbl. vooraan) ... een pleck landts by de *schamp brock* by de Closter berch groet synde vyff zille (ibid. 42).
E 75, land, 2 ha 11 a 90 ca.
Een deel van het Sluis*blok*, perceel bij de *Schambraak* gelegen.

547. SCHAMBRAAKSTRAAT:
1680 *die schandbroeckstraete* (HST 6943, 88); 1748 *de scham-*

broecksche straet (BS 7451, 28v°); 1756 *de schandbroeckstraete* (BS 7453/2, 2v°).
Weg vlak bij de *Schambraak*, op de grens van Sectie E blad 2 en Sectie C.

548. SCHAMBRAAKVOETWEG:
ca. 1845 *Schambroekvoetweg* (KB).
Wegje van de Kloosterberg over de *Schambraak* langs het Gasthuisbos naar Papenbroek. Sectie E blad 2 en op de grens van Secties C en D.

549. SCHANS:
1) 1636 *aende schans* opde winninghe op den eerdenwech (DHG 1512); 1641 *aende Schansse* opden Eerdenwech (DHG 1520, 103v°); ca. 1690 bouen *de schans* van den heyligen Geest van diest (DHG L 33).
C 38-40, tuin, huis, land, 45 a 30 ca.
Op de Heilige-Geestwinning in 1635-1636 opgerichte *schans* (DHG 1510, 86, 87v°, 1512).
2) dE'sxans V.
E 63, land, 2 ha 58 a 70 ca.
Identiek met het Kraninksbosje.
In 1646 worden de percelen E 61-63 "hoffstadt ende weijde 13 sillen" genoemd (BS 2345/2, 140v°).
In 1648 stond daar "sekere winninge genaempt Libroeck" (DN 322, 18-9-48), blijkbaar beschouwd als de voortzetting van het vroegere Hof van Liebroek op het Duivelskot. Na 1648 wordt deze hoeve niet meer vermeld. Volgens de huidige naam in de volksmond zal ze enige tijd als schans gebruikt zijn.
Schans, sinds einde 16de en begin 17de eeuw op plattelandsdorpen opgericht verdedigingswerk (Molemans 1976b, 1379, en 1982b, p. 568).

550. SCHAPENHEIDE:
1771 een parceel genant *den Schapen heijde* nu landt groot 1 B. O Z. 80 R. Item *den schapen heijde* groot 1 B. 1 Z. 66 R. (DHGK 3); 1796 een parceel *de schaepsheijde* (DLHG 1/14, 46v°); 1825 weide genaamd *schapheide* (BKa 1001, 374).
C 94 + 123, land, 3 ha 2 a 50 ca.
Het tweede perceel werd ook *Heike* genoemd. *Heide*, onvruchtbare grond, waar *schapen* geweid werden. Vgl. Lammerdries.

551. SCHEPERSVROENTE:
1647 *die schepersvrointe* (DN 322, 5-7-47); 1680 *die schepers vrunte* (HST 6943, 90); 1793 *opt Schepersvroende* (BS 1827, 65); 1826

ter plaetse genoemd *Schepers-Vrointe* (BN 35016, 19).
B 28-30, hof, huis, 29 a.
Oorspr. deel van de *vroente*, gemeentegrond, genoemd naar een gebruiker of later eigenaar. Vgl. in 1560 bezaten de erfgenamen van Michiel Vuckelen alias *scepers* het Kijnenhof daar in de buurt. *Scheper*, schaper, herder, is hier een toenaam.

552. SCHERPBUNDER, -STUK:
1438 *vanden scerpenboender* (BH 3244, 6)... *Aent scerpboender* (ibid. 55); 1468 een boender beemps geheten *tscerpboender* (BH 3245/3, 20); 1470 *tscarp boender* (DLS 10 W); 1585 *Tscherp boender* (BH 111, 17); 1735 den bempt genaemt *het Scherpstuck* oft *bunder* (BH 3254, 196); 1793 het soogenaemt *Scherpstuk* (BS 1827, 98); 1831 *het Scherpbunder* (BN 35021, 90/6).
A 167, hooiland, 5 ha 89 a 30 ca (gedeeltelijk).
Voor zover we dit perceel kunnen reconstrueren, was het inderdaad *scherp*, spits toelopend, een *bunder* groot.

553. SCHERPEBEEMD:
1381 *den scerpen bempt* (DLS 10, W 1); 1560 1/2 bonder beemps heytende *den Scherpenbeempt* (HST 7039/5, 58); 1682 *den scherper beempt* (HST 6942, 63v°); 1684 *den scherpers beempt* gelegen aen webbecum broeck (BS 1835bis, 18)...*den scherpen beempt* (ibid. 66v°).
A 151, hooiland, 84 a 60 ca (gedeeltelijk).
Scherp, langwerpig en spits toelopend, stuk *beemd*, wei.

**Scherpstuk: zie Scherpbunder.*

554. SCHEUR(BROOD)BLOK:
1625 seker block geheeten *schuerbroots block* (BS 1820, 1-7-25); 1638 *in schoorbroots block* (BS 1821, 19-10-38); 1642 derffgenaemen *schuerbroots block* (BS 1829, 9-9-42); 1669 in *scheurbroet block* (BS 1830, 5-2-69)... in *scheurblock* (ibid. 25-2-69); 1684 *int schuerblock* (BS 1835bis, 46); 1773 *int scheurbrootblock* (BS 6364, 36).
A 64, land, 68 a 20 ca, nu deel van A 75, fortificatie.
In 1562 bezaten de erfgenamen "Henrick *Schuerbroots*" akkerland op die plaats (HST 7039/2, 10v°). Wsch. hoorde deze grond in 1546 toe aan "Henr. peeter Cornelis *schuerbroot* (BS 6799/25, 1). Deze familienaam heb ik in de doopregisters van Webbekom en Diest niet kunnen vinden, maar in Leuven was er in 1517 een Katharina *Scoerbroets* en in Antwerpen van 1499 tot 1836 een huis *Schoorbrood* of *Schuurbrood*. Dit woord is misschien een toenaam geweest voor iemand die brood "scheurt", d.i. (gulzig) aan stukken trekt (R. van Passen, Het toponiem Schuerwegge en consoorten, in *Naamkunde 17 (1985), p. 391-401)*.

555. Schijf:
/tsxə: f/V.
1890 aan *het Schijf* (GvD 14-6-90); 1955 *Schijf* (Houet).
A 75, fortificatie.
Oorspronkelijk een schiet*schijf* bij de Halvemaan, nu de naam van een restaurant (Loix 1978, 119-121).

556. SCHILDEKE:
1560 een stuck beemps gelegen inde gauslake heytende *dat Schildeken* oft eechdeken (HST 7039/5, 77); 1623 *tschildeken* off eegdeken (ibid. /7, 72).
A 47, hooiland, 2 ha 3 a 50 ca (gedeeltelijk).
Identiek met het Eegdeke, perceel in de vorm van een eg of driehoek, ook de vorm van een *schild* (De Brouwer 1958, 981).

557. SCHOLLEN:
1819 une partie de terre nommée *de Schollen* traversée par le pavé de Diest à Louvain sous Caggevin grande un hect. 94 ares (BKA 717); 1823 1 b. 94 a. terre nommée *Schotten* à Webbecom (BKa 1001, 380).
E 209, land, 2 ha 57 a 20 ca, ook nog gedeeltelijk onder Assent.
Naar de naam van een vroegere bezitter: in 1725 verkreeg Adriaen *Schollen* daar drie zil akkerland (BS 363, 89 v°).

558. SCHOM:
1) 1514 (kop. 1599) in *de Schomme* (DHG 1122/2, 75v°); 1587 drije zillen lants gelegen *inde schomme*... mits dat al *schomme* is (DHG 1880, 105v°).
C 94, land, 1 ha 54 a 50 ca (gedeeltelijk).
Een deel van de Schapenheide.
2) 1769 ses zillen landt ter Bostervelt genaemt *de schomme* (BKe 10906, 16); 1787 *de Schomme* (BKe 10921, 4).
E 210, land, 3 ha 54 a 40 ca (gedeeltelijk).
3) /də'sxum / V.
E 66, land, 1 ha 72 a.
Schom, onvruchtbare, slechte grond (MNW, WNT, Molemans 1977, 30, Helsen 1938, 38).

559. SCHUTTERSHOF:
ca. 1600 thooff van webeckom genaem *die schuttershoue* (HST 6749, 172); 1605 den hoff van webbecom genaempt *den schuttershof* van webbecom (HST 6763, 9); ca. 1680 die keerweyde voeren *tschuttershof* (HST 6756, 73).
A 123, huis, 57 a 50 ca. + A 124, hooiland, 5 ha 12 a 80 ca (gedeeltelijk)

Identiek met het Hof van Webbekom. Volgens een tekst uit 1706 was de schuttersplaats in 1562 daar, achter de kerk: "de kamer ende gilde vanden hantboge tot webbecom eertyts heeft doelen en bergen staen gehadt recht achter de kerke tot webbecom en alsoo tot aen thoff van M. peeter van ghele" (A. 212 B 4 III, 86). Later was de schuttersplaats op de Vogelsgeerde of de Doelen.

560. SEGERSBUNDER:
1601 *seger die Ruijs bemdt* (BKe 4495/2, 15); 1680 een boinder bempt genaempt *het segers boinder* (HST 6943, 114); ca. 1720 *het segers bonder* (BKe 2274, 16); 1773 *het segers boinder* (BS 6607/24, 1).
A 162, hooiland, 1 ha 69 a 90 ca.
Identiek met het Rogsoverschot. In 1599 was deze weide eigendom van *Zeger* de Ruijs (BKe 4495/2, 1) of *Zegher* van Heelen (BKe 4496, 17). In 1566 was al een *Seger* de Ruyssche schepen van Webbekom (Grauwels 1302).

* SERKELSGELEEG: zie Zelkaartsgeleeg.

561. SHANENBLOK:
1442 een block een boender groot, geheiten *shanen bloc,* gelegen te papenbroeck byde hoffstad (BS 335, 26v°).
D 24, land, 2 ha 17 a 50 ca.
Wsch. naar een persoonsnaam, vgl. 1568 Jan *shanen* alias vleemincx saliger (BS 340, 138v°), msch. dezelfde naam als 1484 Johannes *den haen* (HST 6745, 424).

562. SINT-ANNABEEMD, -WEI:
1564 (kop. 1677) *den anne bempt* (BKe 4497, 78); 1602 *St. Annen beempt* (BKe 4495/2, 28); 1669 *s. anna weijde* (BS 1830, 5-3-69); 1756 *St Anne Bempt* (BKe 13950/4, 6); 1797 *St Anna wijde* (WVA 111).
A 193, hooiland, 1 ha 89 a 80 ca.
Beemd, wei, toebehorend aan de Celzusters van het klooster *Sint-Annadal* te Diest (vgl. Celzustersblok, nr. 100).

563. SINT-BERNARDSBEEMDEN:
1544 aen *ste bernaerts beempden* (HST 6737, 366); 1565 aen *ste Bernaerts beempden* (ibid. 599).
A 14-16, hooiland, 5 ha 4 a 40 ca.
Identiek met de *Abdissenbeemd(en),* toebehorend aan de abdij *Sint-Bernards*dal.

564. SINT-BERNARDSBOS:
1643 op den doodeman... *st. Bernaerts bosch* (DN 461).

C 148, land, 1 ha 55 a 90 ca.
Bos dat aan *Sint-Bernardsdal* toebehoorde, in 1638 een bunder groot (BKe 10863, 14).

565. SINT-BERNARDSBROEKSKE, -BLOKSKE:
1686 (kop. 1762) *St. Bernaerts broxken* (BS 7450, voorbl. 2); 1688 *Ste. Bernaerts broecxken* groot negen boinder (BS 6092/10, 11); 1756 9 boinders weyde genaempt *St. Bernaertsbroxken* (BKe 1453/2, 11); 1756 *st. Bernaerts bloxken* (BS 6609, 11); ca. 1770 *st. Bernards Broeckje* (BKe 10906, 13).
C 10-13, hooiland, 10 ha 40 a 70 ca.
Broek, natte weide, of *blok*, door sloten ingesloten, aan *Sint-Bernardsdal* toebehorend. Naar vroegere eigenaars ook Monniksbroek en Hendrik-Wittenbroekske genoemd.

566. SINT-BERNARDSDAL, -KLOOSTER:
1235 (kop. 17de eeuw) Conventui *vallis sancti Bernardi Cisterciensis ordinis* (BKe 10855);
1239 (kop. 1625 van *Sinte Bernaerts Dael* (BKe 10849, 464); 1311 van *sinte bernards dale* bi dyst (DLS 1, 89);
1396 vanden cloester *sinte bernars* (D 792/2, 45); 1404 te *sinte bernarts dale* by Dyest (D 794, 11v°); 1575 (kop. 1625) van *Sinte Bernaerts Clooster* buyten Diest (BKe 10849, 383); 1627 *Ste bernaetsdael* eertyts buyten nue binnen Diest (BKe 10862, voorbl.).
E 108, land, 2 ha 15 a 30 ca.
Cisterciënzerinnen*klooster* of *-abdij*, genoemd naar *Sint-Bernardus*, de "tweede stichter" van de cisterciënzers, kort voor 1235 opgericht (eerste charter in 1235), in 1507 verwoest, maar weer opgebouwd, in 1578 definitief verwoest. Daarna werd het in Diest gevestigd (Claes 1982a, 31-33). Ca. 1780 is er nog sprake van "'t gebroken Clooster" (BS 2276, 153), in 1793 van "vijf bunder land en bemd daer het aud clooster heeft gestaen" (BS 7206, 8v°).

567. SINT-BERNARDUS:
/sint bɛr'nardys / V.
1749 villicus *Sancti Bernardi* (DS.-Sulpitiusparochie, overlijden); 1815 une ferme nommée la ferme de *st. bernard* site à papenbroek (BKa 1001).
D 106-107, huis, tuin, 32 a 10 ca.
Identiek met de Kloosterwinning, die aan *Sint-Bernardsdal* toebehoorde (H. Claes 1972, 34).

568. SINT-CORNELIS:
1) 1880 ten herberge van Ludovicus Vlayen, in *St-Cornelis* te Webbecom (GvD 24-4-80).

Fr. Claes

3. S. Huber:
tus.

TOPONYMIE VAN WEBBEKOM
(Vervolg van jg. 1988, blz 243)

568. SINT-CORNELIS:
1) 1880 ten herberge van Ludovicus Vlayen, in *St-Cornelis* te Webbecom (GvD 24-4-80).
B 83-86, drie huizen + hof, 11 a.
2) ca. 1936-... S-Corneel (zie foto).
A 203, huis, 5 a (gedeeltelijk).
De eerste herberg stond op de plaats van de Veldhen (2), de tweede op een deel van het perceel van de Zwaan. Ze kregen de naam van *Sint-Cornelius*, sinds 1789 te Webbekom als tweede patroon van de parochie vereerd en naar wie vooral sinds ca. 1820 bedevaarten worden gehouden (F. Claes, De verering van de Heilige Cornelius te Webbekom, in *Oost-Brabant* XXI, 1984, 39-42).

569. SINT-HUIBRECHT:
/sint 'hoe:brɛxt/ V.
B 45-47, huis, tuin, land, 1 ha 2 a 70 ca.
Identiek met de Kokswinning of Roverswinning. Oudere mensen kennen nog de naam *Sint-Huibrecht*, naar *Sint-Hubertus*, patroon van de jagers, wsch. zo genoemd omdat men van daaruit op jacht ging.

570. SLUISBLOK:
1569 *metten sluysblock* (BS 2279, 249); 1579 vijff zillen geheeten *dat sluysblock* (BKe 10861, 1); 1722 ses sillen landt genaempt *den Sluijsbloeck* (BS 7009, 4); 1747 6 sillen landt genampt *het Sluijsbroek* (BKe 10874/2, 16); 1793 zes sillen land *het sluijsblock* (BS 7026, 8v°).
E 74-75, land, 3 ha 80 a.
Twee percelen akkerland, een *blok*, nl. ingesloten tussen de Begijnenbeek en de weg, bij de *sluis* van de Boksbergsemolen. Deze sluis wordt nog in 1751 vermeld (DN 31, 22). Perceel E 75 werd ook Schambraakblok genoemd.

571. SMEIERSHOF:
ca. 1600 aen die vruente tegen ouer *het smeijers hoff* en huys nu toebehoorende Jan pons (BKe 4496, 36).
Wsch. B 53-55, huis, hof, land, 1 ha 6 a 90 ca.
Vermoedelijk een deel van het Zelkaartsgeleeg, waarover in 1684 gezegd wordt dat het tevoren aan Ambrosius *Smeyers* toebehoorde (BS 1835bis, 50v°). Ambrosius *Smeyers* was in 1669 schepen van Webbekom (Claes 1982a, 92). Reeds in 1532 wordt er een Henricus *Smeyers* vermeld (HST 7039, 55).

572. SOERSBEEMDJE:
1684 *soers beempdeken* (BS 1835bis, 14)... tevooren derffghen.

Herberg S. Corneel (nr 568)

Herberg in 1982 op de plaats van de Veldhen

Gouaert *Soers* van een sille beempts gelegen int Libroeck straet onder webbecum (ibid. 14v°).
C 33, wei, 1 ha 92 a (gedeeltelijk).
Godevaert *Zoers*, zoon van Godevaert, was schepen van Diest in 1645, rentmeester te Diest en advocaat bij de Raad van Brabant (Van den Hove d'Ertsenryck 1980, 38).

573. SOERSBUNDER:
1615 *het soers boender* (BS 1820, 13-10-15); 1616 *het suers bonder* (BS 2202, 23); 1635 *het soers bonder* (BS 2203, 12)... *tsoiers boender* (ibid. 13)... te beuoren catarina *soiers* ... een *boender* (ibid. 14).
A 136 + 129 (gedeeltelijk), hooiland, 1 ha 80 a 10 ca.
Dit *bunder* wei hoorde in 1615 toe aan Gouaert *Soers* BS 1820, 10-12-15), voor wie cf. het vorige nr.

574. SOEVEREINEBERG, -VELD:
ca. 1710 den Prels-bergh, reg. *den souverijnen bergh* (DKABg 45, 164); 1751 j boind. lant *int souverynevelt* (BS 6608, 32); 1780 2 bunder gelegen onder webbecom int Leunisveldt aen den steenwegh van diest naer den aerden wegh oft thiensche straete, genaemt *het souvereijnen veldt* (BS 2201, 44).
B 13-16, land, 3 ha 50 a 10 ca.
Msch. vervorming van *Soffraanberg*, d.i. *Saffraanberg* (zie boven, nr. 543), of *soeverein* met de betekenis "hoger gelegen".

* SOFF(E)RAANBERG: zie Saffraanberg.

575. SOFIEËNBLOK, -BROEK:
ca. 1350 op *soffien bloc* (DKAKe 2, 18v°); ca. 1400 an wouter van beke land dat heit *soffienbloc* (DKAHW 34, 3v°); 1431 *dat sophien bloc* ij boender eeusels (D 798, 286v°); 1468 enen bemde gheheyten *scoeffyen bloeck* (DKAHW 40, 19v°); 1523 *zophien bloc* (DHG 1098, 4); 1553 *tsoffyen block* ... *soffien block* (BS 339, 275); 1604 *zophyenbloc* (DHG 1913, 16); 1785 eene wijede genaemt *het solphijen broek* tot boxbergen (DHG 1129, 53); 1819 une pièce de 3 bonniers de pré... nommé *Solvijnsbroek* (BKa 717).
E 153-154, wei, 2 ha 19 a 20 a + E 155, land, 1 ha 47 a 50 ca.
Gedeeltelijk identiek met de Gasthuiswei (2).
Familienaam (cf. 1389 heinric *sophien*, HRt (Crt. 85) of vrouwennaam, genitjef van *Sofie* + *blok*, ingesloten perceel, of *broek*, natte wei. Vgl. *Fijenhoek*, boven nr. 159, erbij gelegen.

* SOFIEËNHOEK:
zie Fijenhoek.

576. SOFIEËNHOF:
1438 vrouwe van beueren *vanden fyen hof* gheleghen the webbe-

kem aen haer gheleghe (DKAHW 35, 3); 1532 Pauwels van beueren van *den soffyenhoue... den soffien hoff* (DLS 10 Z 12).
Wsch. B 9, land, 1 ha 41 a 10 ca (gedeeltelijk).
Vgl. *Sofieënblok*, het vorige nr., + *hof*, hoeve.

* SOLVIJNSBROEK: zie Sofieënbroek.

577. SPEELGOED:
1756 syn *speelgoedt* groot 1: B: (BS 6609, 61); 1788 sijne winninghe oft *speelgoedt* (BS 1826, 456); 1826 *het speelgoed* (BKa 1001).
B 59-63, huis, speelhuis, tuin, land, 1 ha 44 a 35 ca.
Speelgoed betekende buitenverblijf. Identiek met *Speelhof* (1).

578. SPEELHOF(JE), -HUIS(JE):
1) ca. 1700 een vervallen *speelhofken...* ontrent een bunder (BS 6607/61, 7); 1756 sijn *speelhoff* (BS 7453/2, 37v°); 1817 *het* Speelhof bestaende in eene klyn huijsinge, met hof en watergragt (BKa 1001); 1844 *speelhuis* (WKad).
B 59-63. Identiek met Speelgoed, Hofke, Zwanenborg of Goedje.
2) 1728 seker *speelhuysken* metten hoppegaerde ende andere erfue (BS 364, 44v°); 1745 seker *speelhuijs* (BS 367, 93v°); 1793 bij *het speelhuijs* (BS 7206, 22)... onderhalf sil *het spelhuijs* (ibid. 23v°); 1844 *speelhuis* (WKad); ca. 1850 *Speel Hof* van Webecom Fme (KVDM); 1880 *Speelhof* (GvD 18-12-80).
E 117-119, speelhuis, huis, tuin, 81 a 50 ca.
Identiek met Kremersspeelhof, -speelgoed. Naar dit Speelhof wordt de huidige *Speelhofstraat* in Diest (bij de grens met Webbekom) genoemd.
Speelhof, Speelhuis, buitenverblijf (Verstegen 234: *Speelhofken*, kasteeltje of buitengoed).

579. STATION:
/də'stə:sə/ V.
A 139, hooiland, 5 ha 61 a 60 ca (gedeeltelijk).
Er kwam een halte van de spoorweg (**Rut*, nr. 541) in 1910, die in 1923 weer werd afgeschaft. Het stationsgebouw werd ca. 1970 afgebroken. De plaats ervan wordt nog "statie" genoemd.

580. STATIONSSTRAAT:
/də 'sta:səstra:t/V.
Tot ca. 1972 officiële naam van het deel van de huidige Webbekomstraat van het Dorpsplein naar het *Station*.

581. STEENAARTSBUNDER:
1520 *steennaerts boenre* (DLS 10 W 24); 1532 1/2 boender beempsint

webbekemsbroick voertyts geheeten *tstenaerts boender* (HST 7039, 38v°)... 1/2 bonder beemps... geheeten *tsteenaertsboender* (ibid. 43v°); 1635 *steennaerts boender* (BS 2203, 20).
A 143, hooiland, 57 a 40 ca + A 144, hooiland, 1 ha 73 a 70 ca (gedeeltelijk).
Hoewel in 1532 gezegd wordt dat dit perceel "voertyts" zo heette, vermeldt een andere bron uit hetzelfde jaar Jannes *steenaerts* nog als eigenaar van die wei (DLS 10 Z 40). Misschien werd ze vroeger al naar een van zijn voorouders genoemd. De naam *Steenaarts* kwam in Diest al in 1479 voor (Claes 1983b, 148-149).

582. STEENBERG:
1) 1506 een zille lants geheyten *den steenberch* (BKe 13712, 737); 1818 op *den Steenberg* (BKa 1001).
B 148-150, land, 1 ha 85 a 90 ca.
Identiek met de Begijnenberg, Bremberg (1) of Breskensberg, waarvan in 1780 gezegd wordt: "de voorstaende vijff zillen Ghenaempt *den Bremberg* zijn bestaende in eene *steenrotse*" (BKe 13951/5,1).
2) 1566 een pleck lants ghenoemt *den steenberch* (DKABg 144, 4v°); 1594 het Lant gheeten *den steenenberch* tegen ouer die wijngaerden kercke (BKe 13948/2, 1); 1753 Ses sillen landt genaempt *den steenbergh* (DKABg 53, 32).
B 12, land, 2 ha 63 a 60 ca.
Identiek met de Parelsberg.
3) 1613 *den steenberghe* (BS 344, 58).
D 18-20, land, 2 ha 57 a.
Identiek met de Steenborn, op een kleine hoogte gelegen.
Berg, heuvel, met *steen*achtige grond: 1) en 2) bevatten veel ijzerzandsteen. Werd er soms steen ontgonnen (De Brouwer 1955, 787)?

583. STEENBORN:
1419 bouen *den steenborne* (BKe 13707, 468); 1446 een boender lants *opten steenborne* (BS 335, 44): 1479 bouen *den steenboirne* (DKABg 54, 19); 1542 een zille lants gelegen by papenbroeck geheeten *den steenborne* (BS 339, 35v°); 1590 aen *den steenenborne* (DHG 1881, 97v°); 1606 een bonder lants nu boschs tot papenbroeck gelegen *den steenborn* genaempt (BS 343, 221v°); 1754 ontrent twee Boenderen bosch tot papenbroeck genaempt *den Steenborne* (BS 2275, 53v°); 1770 *de steenbon* (BH 1889, 2); 1875 land, genaamd *den Steenborn* (BN 34552, 108/8).
D 18-20, land, 2 ha 57 a.
Born, bron, wsch. op *steen*achtige bodem. De naam is overgegaan op de erbij gelegen grond.

584. STEEN(BORN)BOS:
1675 twee sillen bosch vuijt meerdere plecke van sesse sillen genaempt *den steenbornebosch* (BKe 13663, 8); ca. 1680 een boonder bosch genaempt *den steenbosch* (BS 2351, 70); 1709 ses sillen bosch genaempt *den steenbosch* (BS 358, 94v°).
D 18-20, 2 ha 57 a.
Bij de *Steenborn* gelegen *bos*.

585. STEENBORNWEIDE:
1770 aen *de steen bon wijde* (BH 1889, 1).
Wsch. D 23, land, huis, 77 a.
Bij de *Steenborn* gelegen *weide*.

586. STEENHOF:
1396 te webbekem achter den choer vander kerken aen de strate ende tusschen stocuelt ende *den steenhof* ians vander brugghen (DKAKa 7).
A 123-124, huis, hooiland, 5 ha 70 a 30 ca (gedeeltelijk).
Identiek met het Hof van Webbekom en het Blok (1). *Stenen hof*, toen uiterst zeldzaam, hoeve, waar de zetel van de heerlijkheid gevestigd was (Claes 1977c en 1977f).

587. STEENHO(E)VE(KE):
1754 onder halve sille genaemt *den steenhoven* (DLHG 19); 1756 onderhalve sille *den steenhove* op de keerwijde (BH 2861/9, 31); 1771 *het steenhoeveke* (DHGK 12/2); 1796 *den Steenhoven* (DLHG 5/14, 52v°); 1827 *het Steenhoveken* (BN 35017, 220/52).
A 19, hooiland, 60 a.
Vervorming van *steenover* (de *h* toegevoegd door Diestenaars, die de *h* niet uitspreken), primitieve veldoven voor tichelstenen en dakpannen (Molemans 1976b, 1492). Volgens oude mensen was er op die plaats vroeger inderdaad een kleine steenbakkerij. Identiek met het Groenhoekje.

588. STEENOVENS:
1) 1682 tegens de *steenhovens* (BKe 13593, 88).
C 81, land, 96 a 10 ca.
Identiek met de Kareeloven en met de Distelpoel. De tekst komt weer, zoals in het vorige nr., uit een Diesterse bron.
2) 1800 zeker parceel gemeynte goed genaemt *de steenovens* gelegen aende noordzeyde van de Beke groot 1/2 bunder zynde de plaets daer de gemeyntenaers hunnen Leem steeken... tusschen de onderste uytgehaelde kuylen en *de steenovens* (Ddw); ca. 1806 *de steenovens* (ibid.).

C 14-16, land, huis, hof, 1 ha 41 a 90 ca (gedeeltelijk).

Een deel van de Kleine Els, ca. 1800 door de gemeente gebruikt voor het steken van leem en het bakken van stenen.

589. STEENWEG:

1) 1562 tot webbekem op *den steewech* (BKe 13650, 230); 1562 op *den steenwech* (BH 2748bis, 37); 1720 *den steenwegh* oft herstraet van diest naar halen (BKe 13632/7); 1802 op *den steenweg* (WVA 166).

Identiek met de Oudebaan of Halensebaan (1), op de grens van Sectie A en B. Deze weg was in de dorpskom al vroeg met *stenen* verhard.

2) 1754 *den steenwegh* (BKe 13664, 491); 1780 aen *den steenwegh* van diest naer den aerden wegh oft thiensche straete (BS 2201, 44).

Identiek met de (oude) Tienseweg, waarvan een stuk, maar dan waarschijnlijk alleen maar onder Diest, in de 18de eeuw met *stenen* verhard was. Vermeld bij Sectie B.

3) 1779 *den Nieuwen steenwegh* van Diest op Loven (BH 3109, 11); 1780 *den steenwegh* van Diest op Loven (BS 375, 34v°); 1976 *Steenweg* van Leuven naar Diest (KK).

Identiek met de *Leuvensesteenweg*, in 1778-1781 aangelegd.

4) /də('ɣru.wətə)'sti.jə wɛx/ V.

Identiek met de *Hasseltsesteenweg*, in 1837-1839 aangelegd.

590. STEENWINKEL:

ca. 1720 die doolage reg. die vrointe *tsteenwinckel* en die beke (BKe 22774, 81); 1750 *steenwinckel* (M 1b, 2v°); 1797 *steenwinkel* (WVA 134).

B 50, land, 5 ha 57 a (gedeeltelijk).

In 1706 hoorde die grond, "sesse sillen landt opden geusentempel" toe aan gilliam van *steenwinckel* (BS 6532, 124). Volgens de geboorteregisters van de Sint-Sulpitiusparochie van Diest had Guilielmus van *Steenwinckel* kinderen in de jaren 1701-1708.

591. STEENZIL:

ca. 1680 een *sille steen*lant (BS 2351, 15v°); 1785 in 't bostere veld... *de steensille* (BS 376, 70v°).

E 181, land, 29 a 70 ca.

Perceel, ongeveer een *zil* groot, blijkens de eerste tekst met *steen*achtige bodem.

592. STICHELBOS:

ca. 1580 *den stichelbos* (BS 2265/3, 11); 1621 een bunder bosch gelegen tot papenbroeck genaemt *den stichgelbosch* DN 45, 17-3-21); 1715 vijff sillen lants eertijts bosch geweest gelegen te papen

broeck geheeten *den stichelbosch* (BS 2272bis/3, 152); ca. 1730 *den stichelbosch* (BS 2274, 40).
D 79, land, 1 ha 41 a + D 80, bos, 29 a 80 ca.
Stichel, afrastering, te Webbekom (WBD I 219; vgl. *Langestichel*, nr. 376).

593. STOKBEEMD(EN/JE):
1396 in *die stoc beemde* (DLHG 38); 1416 pratum commune dictum *Stocbemde* (HST 6678/8, 15); 1532 eenen beempt omtrint 1/2 boender geheeten *den stockbeempt* (HST 7039, 49); 1616 bouen *die stocktbeemden* (BS 2202, 33); 1671 *het stockbeemdeken* groot vyf sillen ende een half (DKAKa 4); 1746 elf sillen weyde genaemt *de stockbemden* (DN 26, 31); 1976 *Stok Bempt* (KK).
A 177-192, uitgebreid tot A 177-199.

- GROTE STOKBEEMDEN:
1452 *inde groete stockbempden* (HST 6733, 521); 1532 *die grootstocbeempde* (DLS 10 Z 49).
Wsch. A 177-185, het *grootste* deel van de Stokbeemden.
- KLEINE STOKBEEMDEN:
1532 in *de cleyn stocbeempde* (DLS 10 Z 16); 1635 in *die cleijn stockbemden* (BS 2203, 27).
Wsch. A 186-192, het *kleinste* deel van de Stokbeemden.
Stok, boomstam of boomstronk, kan verwijzen naar een vroeger hoogstammig bos ofwel naar boomstronken die naar rooiing zijn blijven staan (Molemans 1982b, 195: *Boekenstok*) + *beemd*, weide.

594. STOKBEEMDENWEG:
ca. 1845 *Stockbempde weg* (KB); ca. 1860 *Stockbempde weg* (KP).
*Weg*je naar en langs de *Stokbeemden*, identiek met de Dijk (2) of Kleine Dijk en de Krommedijk. Sectie A blad 2.

595. STROKKENSBEEMD, -BROEK:
1478 *stuckensbeemde* (DKABg 103, 29); 1479 *stocskens beempde* (DKABg 54, 46v°); 1481 *stockensbeempde* (ibid. 70); 1482 enen beemde gheheten *stoxkens beempt* (DKABg 103, 125v°); 1482 *stucskensbeempde* (DKABg 54, 97); 1486 *stox beempt* (ibid. 201v°); 1488 *stoxken beemde* (DKABg 103, 286); 1490 *den stoyckensbeempt* (DKABg 104, 32v°); 1540 een halfboender beemps ter bost geheijten *den stoxkenbeempt oft stoxkensbroeck* (DKABg 99, 44); 1540 *den stucken beempt* (BH 69, 3); 1604 *het Stockens broeck (DKABg 43, 58v°).*

E 169, wei, 74 a 70 ca.
Msch. *stok*, boomstronk (zie *Stokbeemden*, nr. 593), of persoonsnaam: in 1400 had "Johannes *stoxken* de assent" een wei in die omgeving (DKABg 39, 18v°).

596. STOKVELD:
1396 tusscen *stocuelt* ende den steenhof (DKAKa 7); 1448 *aent stocuelt* (HST 6733, 505); 1532 drij sillen lants geheyten *tstockuelt* (HST 7039, 37v°); 1599 op *het steckvelt* (BKe 4495/2, 11); 1682 drij sllen lants ende beempts geheeten *t'steckervelt* (HST 6942, 53); 1748 een boinder landt genaempt *het stockveldt* reg. den steenwech (BS 7451, 55v°); 1823 *stokvelt* (WP 16/3, 1v°).
A 197-199, land, 2 ha 4 a 50 ca.
Stok, boomstronk (zie Stokbeemden, nr. 593) + *veld*, akkerland.

597. STRAATJE:
/'tstroikə/ V.
1532 *het straetken* gaende naer het stocuelt (DLS 10 Z 7); 1686 een gemyn *straeten* in drij syden (BS 7451, los bl.); ca. 1720 H. geest Block... reg. *die stratiens* in drij sijden (BKe 22774, 63).
Straatje om het blok heen waarop de kerk staat. Sectie A blad 2. Nu officieel Processieweg (3) genoemd.

598. STUIKBLOK:
1754 onderhalve zille Landts tot paepenbroeck op *'t stuijckblock* genaemt den ackerhof (BS 2275, 55v°); ca. 1780 op *'t stuijck block* (BS 2276, 208).
D 109-113, de omgeving van Akkerhof en Rouwblok.
Stuik, msch., stok(ken), vgl. *Stokbeemden*, nr. 593 + *blok*, ingesloten perceel.

* STUKKENSBEEMD: zie Stokkensbeemd.

599. SURPLUS:
1501 *Tsurplus* vanden seluen cleynen ganslaken te wetene de uiterste beempden houdende omtr. 1 1/2 boender (BH 110, 12v°); 1636 *het Surplus* groot twee boenderen (BH 117, 32v°); 1706 twee boinder weijde, genaempt *het surplus* (BS 6532, 48); 1815 *het surplus* (BKa 1001, 308); 1876 Een parceel vetweide genaamd *de Sulpers* groot 3 ha 38 a 60 ca (BN 34553, 95 / 2); 1881 eene vetweide genaamd *de Zulpers* (GvD 25-6-81).
In twee delen onderscheiden:
- EERSTE OF VOORSTE SURPLUS:
1713 *het eersten surplus* (BH 121, 48); 1756 seker parceel weyde genaempt *t' voorste surplus* (BS 6799/70, 1v°); 1773 *voorste sur*

plus (BS 6607/24, 1v°); 1819 *le premier surplus* (BKa 1001, 57).
A 1, hooiland, 1 ha 77 a 10 ca.
- TWEEDE OF ACHTERSTE SURPLUS:
1725 *het achterste Surplus* (BH 3252, 27); 1735 *het achterste Surplus* oft bunder (BH 3254, 30v°); 1812 la prairie *le 2° surplus* (BKa 1001, 158); 1818 Prairie dite *agterste surplus* (BKa 1001); 1819 *le dernier surplus* (ibid. 58).
A 2, hooiland, 1 ha 61 a 50 ca.
Het *Surplus* omvat de twee percelen het dichtst bij Diest van de tien bunder wei die de heer van Diest daar in een aaneengesloten gebied bezat. Het *Eerste* of *Voorste Surplus* ligt vooraan bij de weg en het *Tweede* of *Achterste Surplus* erachter aan de Begijnenbeek. Wellicht werden deze twee weiden later aan de weiden van de heer van Diest toegevoegd en werden ze genoemd met het Franse *surplus*, overschot, rest. De vorm in 1876 en 1881 *Zulpers* staat onder invloed van de in Diest voorkomende familienaam *Van Zurpele*, met metathesis van *l* en *r*.

600. TERBOST:
1611 seer wel gelegen winninge oft hoeffue, genaempt *terbost* (DN 266).
E 196, land, 55 a 20 ca.
Te *Bost* gelegen hoeve, die ik van 1569 (BS 2279, 185) tot 1628 (DN 48, 30-12-28) vermeld gevonden heb.

601. TERHOFSTAD:
1) 1456 een droeghe eeusel met sijnder toebehoirten bij t' voirscr. goet geheiten *ter hofstat* (BH 64, 31).
Wsch. E 36 + 59, land, 2 ha 33 a 60 ca.
Gelegen bij het Hof van Liebroek en bij de Schans (2), waar in 1646 de percelen E 61-63 "*hoffstadt* ende weijde 13 sillen" genoemd worden (BS 2345/2, 140v°). *Hofstad* = plaats waar een hoeve stond.
2) Zie: Hofstad (1).

*TERVELDKOST: zie Duivelskot.

602. TIENBUNDERSTRAATJE:
ca. 1845 het *Tienbunderstraatje* (KB).
Wegje van de oude Tienseweg bij de Blakenberg in de richting van Loksbergen. Sectie D. Identiek met de Bosstraat (1).
Cleeremans (nr. 1025) vermeldt daar onder Zelk-Halen, vlak bij Webbekom, Assent en Loksbergen de veldnaam *De Tien Bunder*, o.a. ook in 1754 "eenen bosch genaempt de muysenesten groot *10*

boinders" (HZ 2, 97v°). Nu is *De Tien Bunder* nog de naam in de volksmond van een hoeve aldaar.

603. TIENSESTRAAT, -BAAN, -WEG:
1344 *biden tiensche wech* (DLS 3, 262); 1459 (kop. 1686) *de thienschestraet* (BH 2873, 2); ca. 1550 *de Thiensche baen* (BKe 13868/3, 2v°); 1625 *aenden Thiensschen* oft eerden*wech strate* (BS 6090/bis, 5v°); 1786 de straete naer den aerdenwegh genaempt *de thiensche straete* (BS 1826, 372); ca. 1845 *Oude Thiensche baan* (KB); 1877 aan *de Thiensche straat*, aan *de oude Thiensche baan* (GvD 20-6-77); 1980 *Tiensebaan* (KWD).
Weg van Diest over het gehucht Aardeweg naar Boekhout (Zelk-Halen), vanwaar hij de gemeente- en provinciegrens volgt over de Dodeman in de richting van Struikt (Assent) en van *Tienen*. Een oude verkeersweg, nu gedeeltelijk verdwenen.

604. TIENZILLEN:
1) 1871 Een perceel land genaamd *de tien zillen*, groot dry hectaren zestien aren vijf en twintig centiaren (X).
D 81, land, 2 ha 97 a 30 ca.
Identiek met het Elzenbos (1).
2) 1877 op de zoogenaamde *tienzillen* (BN 34554, 148).
Wsch. C 93 a, land, 3 ha 20 a 40 ca.
Twee percelen, elk ongeveer *tien zil* (iets meer dan 3 ha) groot.

605. TINNENPOT:
1669 het huys *den tennen pot* (DN 322, 1-3-69); 1680 3 1/2 sillen landt daer een huijs opgestaen heeft genaempt *den tennenpot* (HST 6943, 40); ca. 1730 die hofstede van Jan meulebergh, nu genaemt *den tenne pot* 1 1/2 zill (BKe 22774, 68); 1797 de hofstede, nu genaemt *den tinne pot* (WVA 119); 1805 Le cabaret dit *Tinnepot* (DdW); 1823 op *den tennen pot* (WP 16/3, 1v°); 1856 een bouwvallig leemen huis, genaemd *den Tinnenpot* (BN 34530, 18).
C 73-75, huis, hof, land, 51 a 80 ca.
Herberg genoemd naar een uithangbord. Vgl. *Gulden Pot* te Zonhoven (Molemans 1982b, 526).

606. TINNENPOTBERG:
1819 Lieu dit *Tinnenpotberg* (BKa 1001); 1863 ter plaetse Genaemd *tinnenpotberg* (BN 35055, 31).
C 58, 75-77. Hoogte boven de *Tinnenpot*.

607. TINNENPOTBLOK:
1792 *het tennen pot block* (DHG 1662, 101).
C 53-77. *Blok*, door straten ingesloten, waarop de *Tinnenpot* staat.

608. TOREKES:
/də 'toeyrəkəs/ V.
Pijlers (als kleine *"torens"*) van de ingangspoort van het vroegere Goedje van de Mattenelle, die er nu nog staat. C 13.

609. TORTELDUIVELAND, -HOEK, -ZIL:
1608 een sille lants by dboechout geheeten *den tortelduyen hoeck* op de *mortele* (HST 7039/3, 28); 1617 *inden tortelduijuenhoeck* (BS 1820, 27-7-17); 1751 i sille *turle duyve lant* (BS 6608, 15); 1787 *de tortelduyvezille* (BS 1826, 443); 1788 *de tortelduyvezil* (WAs 1788, 1, 4-5).
C 140, land, 42 a 50 ca.
Perceel, ongeveer een *zil* groot, wsch. genoemd naar er verblijvende *tortelduiven*.

610. TROMPETSLAND:
1569 een pleck landts gheleghen beneden den galgenberch *trompets land* ghenaempt (BS 2279, 394r-v°).
Wsch. E 209 + 211-212, land, 5 ha 66 a 20 ca, en gedeeltelijk ook nog onder Kaggevinne.
Vermoedelijk naar een persoonsnaam: ca. 1560 wordt gezegd dat "baptiste'*trompet*" te voren op die plaats drie bunder heide bezat (BS 2264/3, 7v°).

611. TWEEBUNDER:
1608 *twee boinder* lants achter den vos (HST 7039/3, 29); 1628 den vos reg. den mestwech naer *die twee boender* (BS 1821, 4-7-28).
B 8 + 11, land, 2 ha 70 a 30 ca.
Perceel ongeveer *twee bunder* groot.

612. TWEELINDEN:
1904 ter plaats Weigersveld tegen *de 2 Linden* onder Webbecom (GvD 4-5-04).
Identiek met de Lindekes, op de plaats van de vroegere Hogewijngaardkapel, A 102. Deze twee oude linden, ook vermeld door Dubois (1934, 196), staan er nu nog. De *linde* was vroeger een grensboom (Lindemans 1931, 205). Hier staat hij bij de grens met Diest.

* TWEEDE SURPLUS: zie Surplus.

613. VALBRUG:
1518 Tres zille prati iuxta locum dictum kerweij ab vna; fossa magna ex altera... vocatur *de valbrughe* (HST 6746, 31v°); 1550

een beempt geheten *de valbrugge* groot ontrent een half bonder (ibid. 259); 1682 *de valbrugge* (BS 7452, 30).
A 128, hooiland, 1 ha 21 a 20 ca.
Weide bij een *valbrug*, ophaalbrug, over de Leidgracht.

614. VALK:
1562 synen huysinghen metten houe geleghen tot webbekem opde beke geheeten *den valck* (HST 7039/2, 43v°); 1585 *Inden valck* (BS 6090/39, 1); ca. 1600 inde herberghe genoempt *den valck* (BS 6090/36, 1v°); 1612 huijs ende hoff metter brauwerijen aenden steenwech, genaempt *den valck* (BS 1820, 30-10-12); 1719 huijs ende hoff gelegen op de Leugenbeke geheeten *den Valck* (HST 6942, 1).
B 81-82, drie huizen, hof, 16 a 20 ca.
Herberg en brouwerij, genoemd naar een uithangbord, dat ook te Hamont voorkomt (Molemans 1976a, 53).

615. VANAUTENBOERMAREN:
1844 *Vanautenboermaeren* (WKad); ca. 1845 *Vanautenboernaegen* (KB).
A 196, hooiland, 25 a 60 ca + 197-198, land, 1 ha 5 a 70 ca.
Perceel A 196 hoorde in 1844 toe aan Mislia Van Autenboer. Zou *maren* een vervorming kunnen zijn van een voornaam (Marie?) of van Mned. *maere*, moeras?

616. VANDEREEKTBEEMD:
1564 een halff bonder in die ganslack genaempt *vander eeckt bemde* (HST 6761, 161).
A 45, hooiland, 1 ha 29 a 30 ca (gedeeltelijk).
In 1616 wordt gezegd dat "aerden *vander eeckt*" daar vroeger weide bezat (BS 2202, 47). De familienaam *Van der Eekt* is afgeleid van *De Eekt* (zie nr. 147).

617. VAN FONDERIE:
1874 op t parceel *fonderie* te Webbecom (BN 34551, 162); 1875 de weide *van Fonderie* (BN 34552, 207); 1877 't half bunder genaamd *van Fonderie* (BN 34554, 146); 1878 de weide voortskomende *van Fonderie* (BN 34555, 187).
A 38, hooiland, 46 a 40 ca.
Deze weide hoorde in 1844 toe aan Josephus Andreas Bartholomeus *Fonderie*, zilversmid te Diest, die in 1869 in de Sint-Sulpitiusparochie aldaar overleed.

618. VANGEELSWEI:
1659 *Van Geels weyde* 2 B. 2 Z. 6 R. (BKe 5009, 78); 1678 *Van*

Geels weije (A 106 C 2, 61).
A 124, hooiland, 5 ha 12 a 80 ca (gedeeltelijk).
Weide die in 1617 door Peter *van Geel* aan de abdij van Averbode verkocht werd (HST 6747, 59). Peter *van Geel* was schepen van Webbekom in 1613 (Claes 1982a, 92). Vgl. Peter van Geelhuisje.

* VAN HET SLUISJE: zie Voor het Sluisje.

619. VAREBEEMDJE, -WEIKE:
1638 *vaire bemdeken* (BKe 10863, schutbl. vooraan)... onder halff zille wye geleghen ouer de Coyee beck genampt *het veyrbemptdeken* (ibid. 61); 1646 aen *'t varrebemdeken* (BS 2345/2, 248)... *tverrebeemdeken* (ibid. 250v°); 1793 *het varenbemdeken* (BS 7026, 8); 1863 weyde genaemt *het Varreweijken* (BN 35055, 89/1).
E 131, weide, 35 a 60 ca.
Vaar, onvruchtbaar (Helsen 1938, 40).

620. VELDHEN:
1562 aechter *dye velthyen* (HST 7039/2, 78); 1608 zynen huyse ende houe geheeten *de veldhinne* (HST 7039/6, 35); 1660 seker huijs gestaen tot wubbecom genoempt *de velthin* (DN 462, 2-10-60); 1682 sijn erffve eertijts huijs ende hoff uytte straete genomen genaemt *die velt hunne* (HST 6942, 61v°); 1773 huys etca. gent. *de velthinne* (BS 6364, 94).
Voor 1660 (ook de vermelding in 1682) stond het zo genoemde huis op B 4, de *Veldhoeve*, tegen de straat. Vanaf 1660 is het een ander huis op B 83-86, drie huizen en hof, 11 a.
Veldhen, veldhoen, patrijs of fazant, als huisnaam ook te Kuringen en te Zonhoven (Molemans 1982b, 1784).
Ca. 1630 wordt de eigenaar of bewoner naar dit huis genoemd: hendrick vanden werde alias *velthin* (BS 2202, 63).

621. VELDHOEVE:
1680 vijff sillen landt genoempt *die velthoeve* (HST 6943, 22); 1682 *die velthoeue* (BS 7452/2, 3).
B 4, land, 1 ha 58 a 40 ca.
Mned. *hoeve*, bij een boerderij, nl. *De Veldhen*, behorend land (MNW) + *veld* naar *Veldhen*.

622. VELDSTRAAT, -WEG:
1452 *aende velstraete* (HST 6733, 516); 1502 *die veltstrate* (DLS 10, 22); 1551 sheerenstrate leydende van webbekom tot assent geheeten *de veltstrate* (BS 339, 209); 1770 *de veltstraete* oft straet naer papenbroek (BKe 4502, 2v°); 1860 *den Veldweg* (BN 35052, 131/2).

Weg van de Aardeweg naar Papenbroek, waarlangs veel *veld*, akkerland, gelegen was.
Als soortnaam heb ik *veldweg* nog voor tien andere wegen gevonden.

623. VERBRANDE STAAK:
/də vər'brandə'sta:k/ V.
Bij de holle weg aan het Peerkesblokje, tussen B 234 en 239.
Wsch. naar een boom waarvan de stam na een *brand* als een *staak* was blijven staan. (H. Claes 1974, 71).

624. VERLOREN KOST:
1) 1532 ii 1/2 sillen lants heytende *den verloren cost* (HST 7039, 42); 1535 vijff zillen *op verloren cost* (DHG 1872, 43); 1686 *opden verloren cost* neghen sillen landt (BH 2861, 1); 1880 33 a land genaamd *den Verloren Kost* (GvD 7-7-80).
C 89-91, land, 2 ha 21 a 40 ca.
2) 1571 zekeren beempt geleghen te Boxberghe aenden molen reg. de beke ende *verloren cost* (BS 340, 280v°); ca. 1680 onderhalf sille weijde aende boecxberger meulen op *den verloren cost* (BS 2351/2, 144v°).
E 71, land, 33 a 70 ca.
Verloren Kost, als uiting van volkshumor, benaming van weinig renderende landbouwgrond, slechte grond (Schönfeld 1950, 57; Molemans 1976b, 1597).

* VETTERSBEEMD, -BROEK, -BUNDER: zie Huivettersbunder.

625. VIJFDEBUNDER:
1589 den bempt dar naestvolghende geheeten *het vyffste boender* (HST 6737, 471).
A 9-10, hooiland, gedeeltelijk.
Een deel van de Abtsbunders, die in 16de-eeuwse stukken van de abdij van Sint-Truiden in vijf percelen van ca. 1 bunder werden onderscheiden. Andere percelen werden het Predelbunder of Vissershuisje en het Derde Bunder genoemd.

626. VIJFZILLEN (van Averbode):
1871 1 ha 65 a weide genaamd *de 5 zillen van Averbode* (GvD 6-9-71); 1873 opt' parceel genaamd *de vyf zillen* (BN 34550, 165); 1874 weide genaamd *de vijf zillen van Averbode* (BN 34551, 246); 1904 *De Vijf Zillen* (GvD 15-6-04).
A 26-27, hooiland, 1 ha 49 a 70 ca.
Perceel, ongeveer *vijf zil* groot, dat tot het einde van de 18de eeuw aan de abdij van *Averbode* toebehoorde.

627. VIJVERTJE:
/tfɛ:vərkə/ V.
B 225, land, 86 a.
Identiek met het Waterblok en de Mazerooien (2).
Op het einde van de 18de eeuw was hier een vijver: 1773 plecke ten deele landt ende ten deele *vijver*, groot een half bunder (BS 1825, 781); 1797 op het water block, zijnde een zille lant met een zille *vijver* (WVA 119).

628. VISSERSHUISJE:
1589 den bempt geheeten *tvisschers huysken* oft tpredelboender (HST 6737, 471); 1598 *het visschers huysken* (ibid. 508).
A 11-12-13, hooiland, gedeeltelijk.
Identiek met het Predelbunder, deel van de Abtsbunders tussen het Derde en het Vijfde Bunder, blijkbaar zo genoemd omdat er een *huisje* of hut voor *vissers* op stond.

629. VISSERSZIL:
1616 *die vischer zille* (BS 2202, 35); 1635 een zille bempts genaempt *die vissers zille* (BS 2203, 7).
A 47a, hooiland, 2 ha 3 a 50 ca (gedeeltelijk).
Vermoedelijk genoemd naar een persoon, vgl. Georgius *Visschers,* pastoor 1578-1599 (Claes 1982a, 89).

630. VLEMINKSBUNDER:
1532 opden nitzelbeempt reg. *vleemicx boender* (HST 7039, 63v°); 1534 *vlaemincx boender* (DKASpKpRk 1, 69); 1573 *tvleemincx boender (DKASpKpD 130).*
B 191 + 193, land, 1 ha 59 a 20 ca.
Wsch. naar Jan *vleeminx,* die in 1532 grond in die omgeving bezat (DLS 10 Z 57).

631. VLOEDGRACHT:
1) 1532 *de vloetgracht* (HST 7039, 9v°); ca. 1691 *Den vloet gracht (BKP 2083, 125).*
Identiek met de Leidgracht (1), Sectie A.
2) 1787 *den vloedgracht* (BS 1826, 444).
Identiek met de Leugebeek. Secties C, B en A blad 1.
Vloed(gracht), afwateringssloot, door mensenhand gegraven (Kempeneers 1982, 485, en 1983b, 43-44). In onze twee gevallen komt *Vloedgracht* als synoniem van Leigracht voor.

632. VLUCHTDIJK, -WEG:
/də'vlyxtɛk/V.
ca. 1680 *den Vlucht deijck* (HST 6756, 458/2); 1690 *Den vlucht*

dijck van webbecum... wordt hij *den vluchtdijck* genoemt om dat die van den selven dorpe, in quade tijden lancx daer plachten te *vluchten* als door eenen leeghen ende bedeckten wegh naer de koepoorte ende inde stadt van Diest (BH 3251, 40v°-41); 1698 *den Webbekemschen vluchtdeyck* (HST 6766, 229); 1791 *den vluchtweg* (BS 1826, 632); 1812 ter plaats genaamd *Vlugtdyk* (BKa 1001); ca. 1845 *de Vleugtdijk* (KB); 1890 *den Vluchtdijk* (GvD 5-7-90).
Dijk, verhoogde weg, tussen het Wijngaardsveld en de Ganzelake naar de Koepoort te Diest. Sectie A blad 1.
Veldweg waarlangs de inwoners van Webbekom naar de versterkte stad Diest vluchtten. Deze weg was veiliger dan de hoofdweg. In 1627 wordt gezegd dat Hendrick de nobel, toen "dorpmeester van webbecum" deze dijk huurde "op conditie dat die gemeijnte in tyden van noodt hen vluchten sullen daer door hebben" (BS 1821, 13-4-27).

633. VOGELSGEERDE:
1599 die vrunte oft *vogelsgerde* (BKe 4495/2, 10v°); 1680 eene vrunte genaempt *die vogels geerde* groot met het mager ende heerken t'samen ontrent sesse sillen (HST 6943, 91); 1781 *die vogelsgeerde* groot vier sillen (BS 1835/1, 4); 1876 eene weide genaamd *de Vogelsgeerd* (GvD 22-3-76).
B 64-65, hooiland, 1 ha 21 a 20 ca.
Identiek met De Doelen, waar de schietbaan van het schuttersgilde was (al wordt dit nergens uitdrukkelijk vermeld). Voor 1599 was deze schietbaan bij het Hof van Webbekom (zie Schuttershof).
De naam *Vogelsgeerde* komt van de *vogel* waarnaar geschoten werd + Mned. *gaerde, geerde,* stok. *Geerde (geeët)* is te Webbekom nog de naam van een stevige rechte stok, bijv. die waarin de dorsvlegel bevestigd wordt (H. Claes 1974, 76).

634. VOOR HET SLUISJE:
1690 *het bunder voort sluijsken* aende koebeke, genoemt het vorste bunder van de groote ganslaecke (BH 3251, 42); 1773 aent boinder *voirt sluysken* (BS 6607/24, 1); 1816 un bonnier de prairie dit *voor het sluysken* (BKa 1001); 1819 dit *van het sluysken* (ibid.).
A 4, hooiland, 1 ha 64 a 90 ca.
Identiek met het Voorste Bunder van de (Grote) Ganzelake, bij een *sluisje* op de Koebeek of Begijnenbeek gelegen.

* VOORSTE BLAKENBERG: zie Blakenberg.

635. VOORSTE BUNDER:
1438 Van *den vorsten boender* (BH 3244, 6); 1470 *tvorste boender*

(DLS 10); 1558 Du pres nomme *tvoirste boender* commenchant aenden Langendyck aultrement nomme tcruysboender (BH 3246, 11v°); 1667 *het voorste boender* geheeten het cruijsboender (BH 133, 3).
A 175, hooiland, 1 ha 30 a 70 ca.
Identiek met het Kruisbunder, *voorst*, d.i. het dichtst bij de weg naar Halen gelegen, perceel van de heer van Diest aldaar.

636. VOORSTE BUNDER VAN DE (GROTE) GANZELAKE:
1467 dat halfboender neuen tsluysken ende oic *dat vorste boender* (BH 3245/2, 11); 1501 *Tvorste boender vander grooten ganslaken* gelegen ouer tsluysken (BH 110, 10v°); 1690 het bunder voort sluijsken aen de koebeke, genoemt *het vorste bunder van de groote ganslaecke* (BH 3251, 42); 1725 Het bunder voort' sluijsken genaempt *het voorste bunder vande ganselaken* (BH 3253, 27); 1762 *het voorste boender* (BS 7450, 61).
A 4, hooiland, 1 ha 64 a 90 ca.
Identiek met het *Eerste Bunder in de Ganzelake* en *Voor het Sluisje,* van Diest uit gezien, bij de Demer, het eerste van de acht percelen van de heer van Diest aldaar.

* VOORSTE HEIDE: zie Heide.
* VOORSTE HOGEBEEMD: zie Hogebeemd.
* VOORSTE SURPLUS: zie Surplus.

637. VOORSTE WEIDE:
1865 eene weijde, bekent onder den naem van *de voorste Weijde*, genaemd het Broeksken, gelegen in de Els (BN 35057, 71/2).
E 13, land, 1 ha 84 a 90 ca.
Van de Reustraat uit gezien het *voorste* deel van het Broekske, onderscheiden van de *Middenste* en de *Grote Weide.*

638. VOS(KE):
1531 achter tvosken (HST 6737, 345); ca. 1550 die herberge genaempt *tvosken* (DLS 10 Z 1); 1560 huys ende hoff heytende tvosken (HST 7039/5, 3); 1562 aechter *den voes* (HST 7039/2, 78); 1616 de herberge te webbecom genaemt *den vos* (BS 2202, 1); 1679 in *'t vosken* (BKe 4500, 20); 1684 *den vos* (BS 1835bis, 2); 1706 vanden erffue, te voren een huijs genaempt *het vosken* (BS 6532, 71); 1714 thuys metten gronde genaempt *het vosken* (DN 518, 76); 1829 huys en hof genaemt *het Vosken* (WVA 166); 1918 Rikus uit *'t Vosken* is overleden (Loix 1981, 24).
B 5-6, drie huizen en hof, 16 a 90 ca.
Lange tijd herberg geweest, wsch. genoemd naar een uithangbord met het dier *de vos*.

639. VOSSELAAR:
1569 een half boinder lants gheleghen ter bost *opt vosselaar* (BS 2279, 268v°).
E 189-191, land, 1 ha 32 a 60 ca.
Wsch. het dier *de vos* + *laar*, voor bewoning geschikte open plek in een bos (Gysseling 1978, 20). Volgens de etymologie zou het een oude naam moeten zijn. Toch heb ik hem slechts eenmaal aangetroffen.
Hij zou misschien ook een verschrijving kunnen zijn.

640. VREUNBRUG:
ca. 1845 Ponteau dit *Vreunbrug* (KB).
Brug op de *Vroente*straat over de Leugebeek. Sectie B 10/65, bij de Vogelsgeerde, een deel van de *Vroente*.

641. VRIJHEIDSSTRAAT, -WEG, VRIJSTRAATJE:
1450 een cleyn straetken geheyten *tvrijstraetken* (D 804, 106); 1455 neuen *straetken vander vryheit* (D 805, 109v°); 1467 *straetken vander vryheit* van diest (HST 6678/8, 24); 1593 *het vry straecken* van diest (BN 17599/3, 17-2-93); 1680 *het vryheytstratien* (HST 6943, 23); 1686 *den Vrijheijt* ofte groenen *wech* (BS 6607/57, 1); 1756 *t'vrijstraitken* (BS 7453/2, 35v°).
Wegje van de Beverepoort in Diest over de Parelsberg en het Leunisveld in de richting van het Dorpsveld. Sectie B.
Genoemd naar de *Vrijheid* Diest, waar dit wegje naartoe leidde.

642. VROENTE:
1379 tusscen *de vroende* ende den gasthuys berch (DHG 1889, 45v°); 1420 pascuam communem dictam *vroente* (HST 6745, 6); 1524 *vander vruenten* gelegen onder webbekum (BKe 10891, 12); 1579 een stuck geheeten *die vrunte* ende is groot viiij boenderen (BKe 10861, 6); 1638 *de vreunt* van Webbecom (BKe 10863, 69); 1650 *die vroonte* van den erdenwech (DHG 1526, 28v°); 1664 Wariscapia siue *de Vroente* van Webbekum (HST 6984, 433); ca. 1675 *die vrointe* (BS 7013, 65); 1749 *de vruinte* (BS 1824, 376v°); 1787 een Stuck bempdt genaemt *de Vrunte* (BKe 10921, 8v°); 1831 *Vruntje* aen den tinnenpot (DdWG 64).

- GEMENE VROENTE, GEMEENTEVROENTE:
1442 *de gemeyn vroende* (BS 335, 24v°); 1452 *aende gemeynde vroende* (HST 6678/8, 23); 1506 *die gemeyn vroente* van webbekem (DLS 10 W 20); 1562 *de gemeyndevroendte* oft keerweye (HST 7039/2, 27); 1684 *de gemeyntevroente* (BS 1835bis, 3v°); 1745 *dese gemijntens vruinctens* ende goederen (BS 6090/23, 1);

1748 *de gemeijne vroentens* (BS 7451, 104v°); 1771 seker parceel *deser Gemeijnte vruentens* genaemt de Heerkens ende Mager (BS 1825, 685).

- WEBBEKOMSE VROENTE:
1532 *aende webbekemer vroente* (HST 7039, 19v°); 1608 *aende webbecumsche vroente* (HST 7039/3, 18).

- GROTE VROENTE:
1604 aen *die groote vrunte* (BN 17601/1, 14-6-04); 1762 *de groote vruente* 3 1/2 B: w. (BKe 7450, 174); 1813 weyland genaemt *groote Vrunte* (BVNG 321, 51).
C 3-7, hooiland, land, weide, 5 ha 4 a 20 ca.

- KLEINE VROENTE:
1625 *die kleijn vruent* (BS 6090bis, 3v°); 1762 *de clyne vruente* 2 1/2 B: w. (BS 7450, 174); 1820 De hellegt *der Kleyne vruente* (DdWG).
C 8-9, weide, 3 ha 80 a 80 ca.

- KLEINE VROENTE VAN JELON:
ca. 1720 *die klyn vrunte van jelon...* was voortijds gemijnte (BKe 22774, 68v°); 1797 *die kleijn vrointe van jelon* (WVA 122).
B 45-47, tuin, huis, 1 ha 2 a, 70 ca (gedeeltelijk).
Uit de *Vroente* genomen perceel dat in 1680 als 1 zil weide aan Hendrick *gillon* toebehoorde (HST 6943, 90). Hendrik *Gillon* was burgemeester van Diest in 1739 en schoonvader van Arnold Cox (Van den Hove d'Ertsenryck 1983, 97), die in 1746 op dit perceel de Kokswinning bouwde.

Met *Vroente* werden verschillende percelen gemeentegrond aangeduid. Behalve de hierboven vermelde *Grote* en *Kleine Vroente* waren het:
de Heerkes (nr. 226), de Heide te Boksbergen (nr. 233, 1), de Keerwei (nr. 297), het Mager (nr. 404), een deel van de Reu (nr. 516, nl. C 1, weide), het Sint-Bernardsbroekske (nr. 565), de Vogelsgeerde (nr. 632) en het Wingelbroek (nr. 659). Behalve de Heide te Boksbergen, lange tijd woeste grond, waren het allemaal percelen weiland. Voor het Sint-Bernardsbroekske merk ik op dat dit reeds lang privé-bezit was, maar in 1638 zegt de eigenaar, de abdij Sint-Bernardsdal: "wy en moghen niet langher wyen als van halff merts tot St Jansmis, ende sy en moghen anders niet gebruycken als wyen naer St Jansmis" (BKe 10863, 69).
Mned. *vroonte, vreunte, vroonde,* herenland, domeingoed, (onverdeelde) gemeentegrond (MNW). Het WBD (208) neemt *vroen*

/vry.an/ nog op als soortnaam met de betekenis van "meent, weidegrond in gemeenschappelijk gebruik" voor Webbekom en Halen. Toch meen ik dat *vroen(te)* nu in de streek van Diest alleen nog als toponiem bekend is, o.a. te Bekkevoort en Kortenaken.

643. VROENTESTRAAT:
1540 *die vroentstrate* (BH 69, 4v°); 1565 *vroenstrate* (BH 70, 163); 1588 *die vroontstraete* (BH 73, 67); 1680 *de vruntstraet* (HST 6943, 26); 1750 *de vroinstraete* (DN 30, 102); 1756 *de vruenstraet* (BS 7453/2, 55v°); 1864 *de Vrointestraet* (BN 35104, 198).
Weg naar de *Vroente*, nl. van het Dorp naar de Vogelsgeerde, Sectie B, en van de Schambraak naar de Reu, Sectie B-C.

644. WATERBEEMDEN:
1684 in *de waeterbeempden* aenden leytgracht (BS 1835bis, 82); ca. 1684 in *de waterbempden* (ibid. 70, los bl.).
A 36, hooiland, 42 a 70 ca, en omgeving.
Identiek met de Motmander*beemden*, in de *water*rijke omgeving van de Leidgracht gelegen.

645. WATERBLOK:
1532 1 1/2 sillen maesroijen heytende *dwaterblock* (HST 7039, 25); 1612 vijff zillen Lants genaempt *het waterblock* (BS 1820, 16-10-12); 1797 op *het water block*, zijnde een zille lant met een zille vijver (WVA 119).
B 225, land, 86 a + (in 1612) B 223, land, 57 a 20 ca.
Gedeeltelijk identiek met de Mazerooien (1) en het Vijvertje, *water*rijk blok, gedeeltelijk door wegjes ingesloten.

646. WATERHOF:
1815 *waterhooff* sous webbecom près la chaussée (BKa 1001, 387).
E 117-119, speelhuis, huis, tuin, 81 a 50 ca.
Identiek met Kremersspeel*hof* of -speelgoed, *water*rijk gelegen.

* WEBBEKOMSBROEK: zie Broek.

647. WEBBEKOMSEBERG:
/də'wøbəkõmsəbɛrəx/ V.
Identiek met de Parelsberg of Molenberg, vooral van Diest uit zo genoemd. Sectie B.

648. WEBBEKOMSEDIJK:
1603 *de webbecomschen dyck* (BS 343, 190); 1680 *den webbecumschen dijck* (HST 6943, 94); 1762 aen *webb: deyck* (BS 7450, 44).

Identiek met de *Vluchtdijk*, vermoedelijk zo genoemd omdat hij, als openbare weg, aan de gemeente *Webbekom* toebehoorde. Sectie A blad 1.

* WEBBEKOMSE VROENTE: zie Vroente.

649. WEBBEKOMSVELD:
1771 op *'t webbecum veld* (DHGK 66)... op *webbecum veldt* (ibid. 67).
Veld, akkerland, onder de heerlijkheid Kaggevinne dicht bij de heerlijkheid *Webbekom*, nl. twee percelen van de H. Geesttafel van Diest, E 84 en D 11.

650. WEIKE:
1834 Een parceel land genoemd *het weyken,* gelegen onder Papenbroek groot zestien roeden (BN 35024, 54).
E 49, land, hof, huis, 19 a.
Perceel dat tevoren blijkbaar *weiland* geweest was.

651. WERFBEEMD:
1343 dry zillen bempts, diemen heet *de werff bempt* (BKe 10850, 1); 1343 (kop. 1625) *den werftbempt* (BKe 10849, 105).
A 33, hooiland, 93 a.
Identiek met de Lijsterbeemd, hier genoemd naar Mned. *werf*, water- of teenwilg (MNW; vgl. Molemans 1976b, 105).

652. WIEROOK:
/də 'wi.iruwək/ V.
1444 *inden wyeric* by de ganslake (DHG 1092, 2); 1502 *inden wierick* (DKAHW 41, 17a); 1532 *int wyerickbroick...* tgemeijn *wierickbroick* (HST 7039, 15v°); 1540 *den wierinck* (DKAHW 43); 1624 *dat wiericx broeck* (BS 1820, 22-5-24); 1627 een plecke vredebeempts gelegen in die gansselaecke geheeten *den wierick* groot seuen sillen (BS 1821, 16-3-27); 1732 *den weerich* (BS 1824, 18v°); 1754 *den wirickx beempt* (BKe 13664, 459); 1762 *int werixbroeck* (BS 7450, 124); 1773 *den wireck* (BS 6607/24, 1v°); 1781 *den wirick* (BS 1826, 187); 1880 2 ha 50 a weide genaamd *de Wierook* (GvD 23-6-80).
A 56-59, hooiland, 5 ha 30 a 90 ca.
Wsch. volksetymologische vervorming van de voornaam *Wirik* (vgl. het toponiem *Wierik*, Molemans 1974a, 72, en 1976c, 373). H. Claes (1974, 72) merkt op dat er in de 12de eeuw een abt van Sint-Truiden was die *Wiric* heette.

653. WIJNGAARD:
1) 1373 in eodem campo dicto die hegghe sita iuxta *vineam* de webbekem (HZ 14, 4); 1616 te wubbecom int dorpvelt onder *die wyngaerde* (BS 2202, 43).
Identiek met de *Wijngaardsberg*, B 113 en omgeving.
2) ca. 1350 tseghen onse vrouwe kerke *the wijngaerde* (DKAKe 2, 20); 1427 *te wyngarden* aenden kerchof (D 798, 46v°); 1478 *aenden wyngaert* (HST 6745, 103); 1532 aen de hoeuen *te wyngaerden* (DLS 10 Z 32); 1638 *inde wyngaert* by de kerck (BKe 10863, 47).
Identiek met de *Hogewijngaard*, A 102 en omgeving.
Bij 1) wordt in 1373 1/2 zil wijngaard gelokaliseerd op de Kukelsberg (HZ 14, 3v°). Verder vinden we alleen de naam *Wijngaardsberg* als teken van vroegere wijngaard aldaar. 2) kreeg waarschijnlijk zijn naam van de kerk of kapel van de Broederschap van Onze Lieve Vrouw van de *Wijngaard* (zie *Hogewijngaard*).

654. WIJNGAARDEKE:
1546 een stuck Lants geheeten *dwygardeken* groot omtrent een boender gelegen te papenbroeck int nederste velt (BS 339, 110).
Wsch. E 57, land, 1 ha 25 a.
In 1431 wordt in deze omgeving een *wijngaard* vermeld (HOB Cart. 1220), die misschien zijn naam aan dit perceel gegeven heeft.

655. WIJNGAARDSBERG:
1494 *opten wyngartberch* (BKe 13711, 704); 1532 int dorpuelt inden wostenhoick *aenden wygaerdberch* (HST 7039, 50); 1682 op *den wijngaerdt berghe* aen den bremberghe bouen t'dorpvelt gelegen (HST 6942, 64); ca. 1792 op *den wyngaersberg* (LPh XXII 46, 1).
B 113 en omgeving, identiek met de *Wijngaard* (1), genoemd naar vroegere *wijngaard* aldaar.

* WIJNGAARDSKAPEL, -KERK: zie Hogewijngaardskapel, -kerk.

* WIJNGAARDSKERKHOF: zie Hogewijngaardskerkhof.

656. WIJNGAARDSTRAAT:
ca. 1350 *aen̄de wijgaertstrate* (DKAKe 2, 1); 1371 aen *die wighaert strate* (DHG 1888, 8); 1395 *de wyngartstrate* (D 792/2, 42v°); 1540 buyten diest in *die wijgartstrate* (DHG 1430, 10); 1792 in *de wijngaert straete* (DKASpKpM 17v°).

Identiek met de Halensebaan (1) of Oudebaan, weg van Diest naar de *Hogewijngaardskapel*, daarnaar genoemd. Deze naam werd meestal alleen maar onder Diest gegeven.

657. WIJNGAARDSVELD:
/'twɛ:ɛarsfəlt/ V.
1396 Buten *op wyngarder velt* (DLHG 37); 1397 *opt wigart velt* (D 792/2, 71); 1411 op *dwyngart velt* (D 795, 137); ca. 1440 *opt wygartzvelt* (BH 63, 90); 1484 (kop. 16de eeuw) *op wijgertvelt* (BKe 13849, 2); 1553 tgemeijn *wijgartsvelt* (DKABg 135, 13); 1679 hebic op den cant van het velt tegen ouer wijngaerde kerchof ouer de straet noch in mijnen tijt gesien struijcken oft rancken van wijngaert, vnde forte *het wijgaert t'velt* (BKe 4497, 163); 1686 *int Wijngaerde veldt* (BS 6607/57, 1v°); 1863 in *'t Wyngaerdsveld* (BS 6607/57, 1v°); 1904 ter plaats *Weigersveld* tegen de 2 Linden onder Webbecom (GvD 4-5-04); 1976 *Wijngaardveld* KK).
A 61-108.
Hoewel pastoor Van Cutsem in 1679 zegt er nog wijngaard gezien te hebben, komt de naam vermoedelijk wel van de oudere *Hogewijngaardkapel*, in 1302 opgericht door de Broederschap van Onze Lieve Vrouw van de *Wijngaard*, die tevoren in Diest al bestond (Philippen 20-21). *Veld*, akkerland, daarbij gelegen.
- GROOT WIJNGAARDSVELD:
1540 *tgroot wygaerdt veldt* (BH 69, 15v°); 1686 *int groot wijngaerdt velt* onder webbecum (BS 6607/61, 17); 1747 in *het groot weijngaertsveldt* (DN 27, 5).
- KLEIN WIJNGAARDSVELD:
1503 *opt cleyn wijgaert velt* (BKe 13712, 728); 1796 *int Clijn wijngaerts veld* onder Webbecom (DLHG 5/14, 39).
Gewoonlijk was het *Groot Wijngaardsveld* het deel ervan onder Webbekom en het *Klein Wijngaardsveld* het deel onder Diest. In 1796 wordt dit laatste echter ook onder Webbekom vermeld.

658. WIJNGAARDSVELDWEG:
ca. 1845 *de Wijgersveldweg* (KB).
Veldwegje door het *Wijngaardsveld* op de grens van Diest met Webbekom, van bij de Hogewijngaardskerk naar de Koepoort te Diest, identiek met de Groeneweg.

Fr. Claes

TOPONYMIE VAN WEBBEKOM

(Vervolg van blz 112)

659.WILDEMAN:
1532 derffgen. Jans zegers voertyts weerdt *inden wildeman* (HST 7039, 13); 1546 (kop. 1626) *den wildemand ende* den hoppegaert tegenover (BKe 4497, 47); 1563 beatrix in *den wildeman*... 1567 beatrix van thienen alias *inden wildeman*... 1571 henricks beatricx *In de wildeman sone* (BKe 19553, 24); 1625 huys ende hoff... geheeten *den wildeman* (BS 6090bis, 1); 1682 onderhall sille landt tot webbecum geheeten *den wildeman* (BS7452/2,12); 1756 in d'herberge *den Wildeman* (BS6799/72,1); 1797 die erve van *den wildeman* (WVA 110).
B 91-93, 4 huizen + hof, 30 a 75 ca.
Herberg, genoemd naar een uithangbord met een *wildeman* , Mned. enigzins mythische figuur, naakte reus, gewapend met een knots, die het symbool zou zijn van de dronkaard (ook De Brouwer 1955, 903, Molemans 1976a, 53, en 1982b, 1949).

* WILLEM PIE(R)KENSSTRAAT: Zie Pie(r)kensstraat.

660. WINGELBROEK:
1253 *Wendelbruch*, intra Webbinchem et Selke, quod habet circa 14 bonuaria (Pirenne 217); ca. 1400 (kop. ca. 1600) *int Windelbroeck* (BKe 13950(8, 3vgrc); 1501 Aen *dwinderbroeck* (BH 110, 74vgrc); 1563 bouen *dwingelbroeck* (DKAKa 4); 1604 tgemeyn *windebroeck (DHG 1937, 74vgrc); 1756 aent' winckelbroeck* (BKe 13950/4, 12); 1857 weyde genaemd *het Wingelbroek* (BN 35049, 3/3).
A 170-174, hooiland, land, huis, hof, 4 ha 80 ca + B 121-122, huis, hof, 6 a 70 ca + B 177, land, 1 ha 61 a 70 ca (grotendeels).
— GROOT OF ACHTERSTE WINGELBROEK:
1860 *het groot wingelbroeck* groot ontrent twee boinder (HST 6943, 117); 1688 *het achterste wingelbroeck* (BS 6092/10, 32vgrc); 1714 *het groot windelblock* (BKe 4500, 106); 1748 *achterste wingelbroeck* (BS 7451, 111vgrc); 1813 weyland, gezeyd *le grand Wingelbroeck* (BVNG 321, 51).
A 170-171, land, hooiland, 2 ha 87 a 70 ca + B 177 (gedeeltelijk).
- KLEIN WINGELBROEK:
1680 *het kleijn wingelbroeck* groot ontrent ses sillen (HST 6943, 117); 1773 *tclijn wingelbroeck* (BS 6364, 90); 1813 weyland, gezeyd *le petit Wingelbroek* (BVNG 321, 51).
A 172-174, hooiland, huis, hof, 1 ha 92 a 30 ca + B 177 (gedeeltelijk).

Wsch. *windel* , afleiding van *winden* , buiging, bocht. Het *Wingel-*

broek ligt bij een lichte bocht van de oude hoofdweg van Diest naar Halen en Hasselt. Opmerkelijk is dat Cleeremans (1110), ook een *Windelbroek* vermeldt, van 1537 tot 1735, te Zelk-Halen bij de Gete, enige honderden meters van dat van Webbekom.
De twee delen van het Wingelbroek werden door grachten gescheiden.
Het kleinste deel, het *Klein Wingelbroek* , lag het dichtst bij Webbekom, het grootste deel, het Groot of Achterste Wingelbroek, lag verder naar Zelk-Halen.

661. WINGELBROEKBERG:
1781 *den wingelbroecken bergh* (BS 1835/1,6); 1788 *den winckelbroeck bergh* (ibid. 447); 1815 une partie de paturage dite Wengelbroekenberg environ soixante six ares (Ddw 30-3-15).
B 177, land, 1 ha 55 a (gedeeltelijk).
Deel van de Kukelsberg, Kievitsberg of Heg, vlak boven het *Wingelbroek* gelegen, soms ook een stuk van dit boek tegen de hoogte aan.

662. WINNING:
1) ɖə ˌwinin/V.
1877 aan *de winning* (BN 34554, 175).
Identiek met de *Heilige-Geestwinning* of -hoeve.

2) 1932 *De Winning* fme (KMK).
Identiek met de *Kokswinning.*

Het woord *winning* wordt volgens het WBD (7) o.a. te Diest, Webbekom en Schaffen nog gebruikt voor boerderij. In feite is het er altijd een grote pachthoeve (zo ook Lindemans en Borgers 1949, p. 64, nr. 57).

663. WINNING VAN PAPENBROEK: 1420 *de winninge te papenbroec* (DHG 1869, 61v°); 1431 ad *curiam* dictam *de papenbroeck* (HOB Crt 1220); 1522 *die wynninghe van papenbroeck* (BH 68, 39v°).
Identiek met de *Kommanderijwinning* , te *Papenbroek* gelegen. Daar waren nog andere grote hoeven : de Kloosterwinning of Sint-Bernardus, de Buikswinning, de Kinderen Kranenhoeve, wellicht ook de Drogewinning en het Mantelshof, terwijl de Hoeve van Liebroek op enige afstand van het gehucht stond.

664. WITTESTEEN: 1736 negen sillen *aenden steen* onder webbecom (DHG 1629, 68); 1771 een parceel Landt genamt *den Witte Steent* groot 2 B. 2 z. 14 r. (DHGK 9); 1821 lieu dit *Wittensteen*

(BKa 1001); 1827 aan *den witten steen* (BN 35017, 220/ 53).
B33, land, 3 ha 24 a 30 ca.
Identiek met de Negenzillen, gelegen bij de grens met de heerlijkheid Kaggevinne, waar vermoedelijk een *grenssteen* stond (vgl/. Schönfeld 1950, 137).

665. WITTE VOORSCHOOT: 1726 int' huijs genampt *den witten veurscodt* (BS 1823, 98°)... *den witten voorschoot* (ibid. 99); 1756 Huijs, Hoff gent. *den witten voorschoot* groot 2 sillen (BS 7453/ 2, 33v°); 1805 du cabaret dit *witten voorschoot* (DdWG); 1877 op *den witten voorschoot* (BN 34554, 148).
C 45-48, huis, wei, hof, land, 70 a 50 ca.
Herberg, genoemd naar de *witte voorschoot* of schort van een dienster, wellicht ook op een uithangbord afgebeeld.

666. WOESTEHOEK: 1532 int dorpuelt *inden wostenhoick* aenden wygaerdberch (HST 7039, 50); 1562 *inden westenhoick* (HST 7039/ 2, 55); 1623 *inden westenhoeck* (HST 7039/ 4, 121).
B 111-112, land, 1 ha 28 a 80 ca.
Woest, onontgonnen, hoek , stuk land (vgl. Molemans 1973d, 632 *Woeste Hoeve* , ook *westenhof* en *westerhof* geschreven).

667. WOLFSBUNDER: 1750 een boinder landts genaemt *het wolfsboinder* gelegen op den Mortel (DN 30, 102); 1788 *het wolfsboinder* (WA 1, 4).
C 138-139, land, 1 ha 56 a 40 ca.
Hoewel er in de bossen van Papenbroek in de 18de eeuw nog wolven voorkwamen (Claes 1983a), zal dit stuk akkerland bij het Boekhoutsbos toch niet naar de diernaam *wolf* genoemd zijn. In de jaren 1716-1722 had een Michel *Wolfs* kinderen te Webbekom, maar er is geen verband tussen hem en dit perceel te vinden. Mogelijk is een afleiding van *welven* : de grond helt daar inderdaad naar de hoogte van de Dodeman en de Blakenberg toe. Vgl. *wolf* ook in het Rijnland met de betekenis ''Wölbung, rundliche Bodenerhebung'' (R. Môller, *Wulf-* in Siedlungs- und Gewässernamen, in *Naamkunde* 17, 1985, p. 261-269, en H. Dittmaier, Rheinische Flurnamen. Bonn, 1963, p. 348-349) en de *wolf* , helling, van het dak, nu nog te Kortrijk-Dutsel bekend.

668. WOLFSPUT, WOLFSBOS, -DAL: 1406 prope locum dictum *wolput* (BKe 13649, 55); 1436 *aenden wolput* (BKe 13650, 107); 1446 twee zillen en halff geheeten *den wolput* (BKe 13649, 55); 1446 *wolffput* ende borchlijn onder assent (BK 13650, 128); 1532 aenden *wolffs pudt* (HST 7039, 61v°); 1568 nae *den wolffs pudt dael* (HST 6733, 556); 1569 *inden wolputten* (BS 2279,

625v°); ca. 1680 een boinder schauueij genaempt *den wolffput* (BS 2351, 140); 1701 *de wolfputbos* (BKe 10867, 61v°); 1747 aen *den wolfsput* (BKe 10874/2, 10); 1784 op *den wolput* (BKe 13689, 2); 1787 een stuck Landt aldaer te vorens Bosch genaemt *den wolfput* groot een Boinder (BKe 10921, 3).
D 114g, land, 4 ha 50 a 70 ca (gedeeltelijk).
Het oorspronkelijke perceel lag onder Assent, maar sinds de 16de eeuw wordt de naam ook onder Papenbroek gebruikt. De oudste vorm *Wolput* , put om wol te wassen, bevreemdt op deze afgelegen plaats. Anderzijds werd *Wolf(s)put* , ook later, gemakkelijk tot *Wolput* , zodat *wolfsput* , put om wolven te vangen, toch de oudste vorm kan zijn. Minder waarschijnlijk is vernoeming naar vogelvrije mensen die hun toevlucht zochten in een bos (Helsen 1961, 10-11) of naar *wolvend* , wielend opborrelend, water (Lindemans en Borgers 1949, 52, nr. 17); op deze plaats is nooit een spoor van bron of waterloop geweest.

669. WOLFPUTSTRAAT, WOLVESTRAAT: 1526 *inder wolfputterstrate* (BKe 10891, 15°); ca. 1550 *totten wolffputten strate* (BKe 13667/1, 2); 1568 *de wolffspudtstraet* (HST 6733, 556); 1595 *aende wolput straete* (BH 3242, 5°); 1625 een boender bossch geheeten *den wolfsputstraet* (BS 6090bis B, 6); 1646 *de wolffstraete* (BS 2345/ 2,158); 1680 *de wolue straet* (BKe 4500, 131°); 1706 *die wolstraet* (BS 6532, 72); 1746 *het Wolvenstraettien* (DN 26, 100); 1766 *de wollepotstraete* (BS 6837/ 2, 14); 1976 *De Wolfstraat* (KK); 1980 *Wolverstraat* (KWD).
Identiek met de Kortrijsstraat, op de grens van Webbekom met Assent. Sectie D.
Genoemd naar de *Wolfsput* .

670. WOUBLOK: 1430 *dat woutblok* geheiten is iiij sillen (D 798, 286°); 1523 3 1/2 zille lants gelegen beneden den gasthuysberch geheyten *dwoublock* (DHG 1098, 7); 1599 iii 1/2 zille lants geheeten *dwoublock* (DHG 1122/ 2, 5°).
E 105, land, 2 ha 24 a 20 ca (gedeeltelijk).
Mned. *woude* , wouw, reseda-achtige plant die gele stof opleverde, waarmee zijde, linnen enz. geverfd werden.

671. Wouter Koninkshof: 1532 van j houe die men heet *Wouter coninxhof (DLS 10 Z 5).*
Hoeve waarover we verder niets weten, genoemd naar een *Wouter Coninx.* De familienaam *Coninx* kwam vroeger vrij veel voor, bijv. ca. 1560 cornelis coninckx (HST 7039/5, 14) en in 1617 Jan Conincx, landbouwer te Webbekom (Claes 1982a, 93). Eerder, in 1379, vinden we in Diest al een *Wouter Coninx* (DHG 1889, 5).

672. ZANDSTRAAT:
1) 1788 de soo genaemde *sandt straete* (BKP 3060).
Weg van de (Oude) Tiensestraat naar de Kloosterberg. Sectie E blad 2.
2) ca. 1845 *Zandstraat* (KB); 1877 *Zandstraat* (BN 34554, 148).
Weg van de Aardeweg naar Papenbroek, die ca. 1880 verhard werd. Sectie C.
3) 1976 *Zandstraat (KDW).*
Deel van de oude Kerkstraat op de Aardeweg, Sectie C, nu een deel van de Dorpsveldstraat genoemd.

Zandstraat, zandweg, onverharde weg.

673. ZEEMT: 1532 1/2 boender beemps gelegen int papenbroick heytende *den zeempt* (HST 7039, 30).
A 30, hooiland, 1 ha 73 a 10 ca (gedeeltelijk).
Msch. Mned. *sêm* , bies, vanwaar in Groningen *Zeem* , een brede strook land langs een tochtsloot (Schönfeld 1950, 69).

674. ZEENDER: 1532 aenden grooten gracht diemen heyt *den zeerder* (HST 7039, 15v°); 1608 *den zeerder* (HST 7039/ 3, 5).
Identiek met de Leidgracht, Sectie A blad 1.
Eigenaardige naam. Msch. vervorming van *sier,* weelde, wegens de vochtige weiden waar hij door stroomt + personifiërend achtervoegsel *aar,* dat *er* geworden is, met tussengevoegde *d* (vlg. *Zeldert,* Molemans 1976b, 1774, een afleiding van *zijl*).

675. ZEG: 1866 Vier hectaren vetweyde, genaamd *Zeg,* deelmakende van de Prinsenweyde (BN 35038, 78, p. 5).
A 7-8, hooiland, 3 ha 34 a 70 ca.
Identiek met het Kwaadbunder en de Langestichel, hier genoemd naar de *zegge,* een grassoort, o.a. in moerassig gebied, zoals hier.

676. ZELEMSEDIJK: 1398 te webekem *aenden zelemer dijc* (D 492/2, 115v°); 1470 *den dijck* gaende doir dbroec *te zeelhem* weert (DLS 10 W); 1532 *aenden zeellemsschen dijck* (DLS 10 Z 46).
Identiek met de *Krommedijk,* die langs de Leidgracht naar het vroegere centrum van *Zelem* bij de Borgbeemden en de Ritsberg ging. Daar wordt in 1630 nog gesproken over "eenen erfuoetwech door den paelwiel naer webbecum toe" (HZ 15; cf. Vrancken 203). Sectie A blad 2.

677. ZELKAARTS(GELEEG): /'tsɛrəkəlsxəle.jəx/V.
ca. 1600 *Het Selckaers gelege...* reg. straetken van Zelckaerts... hebbende gehadt rontom vier huijskens met hofkens (BKe 4509/2,

11); 1663 sekeren boomgaert mette graeuen ende lant daeraen genaempt *Selckersgeleghe* (DN 321, 30-3-63); 1688 vanden huijse staende *op 't sellekaerts gelege* metten erffue groot drij sillen (BS 6092/ 10, 49)... drij sillen lant genaempt *selckaers gelege* (ibid. 113); 1794 woonhuijs, schuere, stallinge, hoff, Boomgaert en blok daer aen sijnde genaemt *het selkaerts*... haer erve ook *het selkaerts* geheeten (BS 1827, 148); 1797 *het Zelkaers gelegen* half aan mij, en half aan van Zurpel (WVA 118); 1823 op *het zelckaersgelege* (WP 16/ 3, 1°).
B 53-55, huis, hof, land, 1 ha 6 a 90 ca + B 66-70, huis, hof, land, weide, 1 ha 42 a 90 ca.
Het eerste deel ervan is identiek met de Oude Pastorie (1) en het tweede met het Pensionarishofje. Dit tweede deel, met "huijs ende hoff", hoorde in 1532 toe aan Jan *Zelckaerts,* voor hem aan Henr. *Zelckaerts* en na hem aan een andere Henrick *Zelckaerts* (HST 7039, 69). Naar deze familie werd dit *geleeg* (boerderij) genoemd. De huidige naam in de volksmond staat onder invloed van de naam *Cerckel* van een gekende brouwersfamilie in Diest.

678. ZELKSESTRAAT:
1) 1823 *Zelcksche straet* (KDB 208).
Identiek met de Bosstraat en het Tienbunderstraatje bij Bleuken, in de richting van *Zelk*-Halen. Sectie D.

2) 1976 en 1980 *Zelkstraat* (KWD).
Wegje op de Heg, tussen het Dorpveld en Zelk, maar niet in de richting van Zelk.

679. ZESBUNDER: aende ses boenderen bosch opden blakenberch (DHG 1550, 130); 1710 aen *de ses bonderen* (BS 7007/ 7, 6); 1826 een parceel bosch genoemd *de zes boinders* (BN 35016, 36/5); 1827 Seven Boinder vijenvijftig roeden Bosch genaamt *het ses boinder* (BN 35017, 248/ 5); 1904 dennen boomen in *de Zes Bunders* (GvD 10-2-04).
D 75, bos, 8 ha 48 a 40ca.
Perceel ca. *zes bunder* groot.

680. ZESZILLEN:
A 49-50, hooiland, weide, 1 ha 62 a 70 ca.
Twee samenhorende percelen, ca. *zes zil* groot.

681. ZEVENZILLEN:
1) 1502 myns heren van sintruyden *vij zillen* (DHG 1843, 108v°); 1531 zeuen sillen broicx oft beemps gelegen int webbekoms broick heytende *de vij sillen* (HDT 6724, 413); 1816 prairie à webbecom-

nommé *seven zillen* (BKa 1001).
A 153, hooiland, 2ha 55 a 70 ca.
Oorspronkelijk was dit perceel *zeven zil* groot. Ca. 1800 is er een zil bijgekomen, aan de Leidgracht.
2) 1819 terre nommeé *de seven zillen* (BKa 1001, 56).
B 222, land, 2 ha 26 a 40 ca.
Dit laatste perceel werd ook genoemd:
- *De Eerste Zevenzillen:* 1656 *vanden Eerste seuen zillen* op den nietsellaer (BKe 10907, 1v°).
In tegenstelling hiermee heette een ander perceel, evenals dit toehorend aan de abdij Sint-Bernardsdal, maar verder van het dorp af gelegen:
- *De Laatste Zevenzillen:* 1656 van *den Lesten seuen zillen* geleghen op den nietsellaer (BKe 10907, 1); 1787 een stuck Landt groot seven daghmaelen genaempt *de leste seven sillen* (BKe 10921, 8).
B 215, land, 2 ha 8 a 60 ca.

682. ZILBERG: 1501 int bostervelt *opden zilberch* (BS 336, 13); 1532 op ter bostervelt *aenden zylberch* (BH 67, 153v°).
C 171, 173, 179 (ongeveer).
Kleine hoogte (31 m hoog) op het Bosterveld, bij de *Langezil* en de *Steenzil.* Het eerste led *zil* kan onder invloed van deze twee percelen staan ofwel op de kleine oppervlakte van de hoogte slaan.

683. DE ZILLEN (VAN AVERBODE): 1873 op *de zillen van Averbode* (BN 34550, 248); 1875 op *de zuilen van Averbode* (BN 34552, 139)... ter plaats *te zillen* (ibid. 207).
A 26.27, hooiland, 1 ha 49 a 70 ca.
Identiek met de *Vijfzillen (Van Averbode),* die tevoren aan de abdij van *Averbode* toebehoord hadden.

684. ZOETBUNDER: 1501 dboender geheten *Suetboender* (BH 110, 8v°); 1504 *tsoet bonder* (BS 336, 84v°); 1819 une prairie dit *het zoet bunder* (BKa 1001, 215).
A 167, hooiland, 5 ha 89 a 30 ca (gedeeltelijk).
Zoet heeft de betekenis "vruchtbaar" (WBD I 190, evenwel slechts voor andere delen van Brabant opgegeven), "lage wei die 's winters onder zoet (niet brak) water staat" (Schönfeld 1950, 142) of "mèt zoet gras begroeid, niet drassig; tegenover zuur" (Maas 1980, 215, 217 en 226-227). Deze laatste omschrijving lijkt hier het best te passen: dit perceel staat in tegenstelling met het ernaast gelegen *Zuurbunder* (nr. 689). Deze vroegere percelen zijn nu echter niet meer te onderscheiden.

685. ZOETEHOEK: 1866 Vier hectaren vetweyde genaemd *Zoe-*

ten hoek en haezen broek (BN 35038/ 78, 4).
A 4, hooiland, 1 ha 64 a 90 ca (Het Hazenbroek lag onder Diest). Identiek met het Bunder voor het sluisje, gelegen in de *hoek* tussen de Demer en de Begijnenbeek. Vgl. *Zoetbunder*.

686. ZOETEPLAS(BUNDER): 1594 Dboender daernaest opden Leytgracht geheeten *den suetenplas* (DLH 4, 15v°); 1682 *den soeten plas* (BS 7452/2, 40); 1762 *het suetenplas boender* (BKe 7450, 62); 1890 ter plaatse *de Zoeteplas* onder Webbecom (GvD 14-6-90).
A 6, hooiland, 1 ha 12 a 10 ca.
Zoet, niet brak, water + *plas,* poel.

* *Zofieënblok:* zie Sofieënblok.

687. ZOUTERBORN: 1610 ix sillen boschs gelegen tot papenbroeck *den souterborn* genaempt (BS 343, 285v°).
D 18-20, land, 2 ha 57 a.
Identiek met de *Steenborn* en waarschijnlijk een verschrijving hiervoor. Het element *zout* is op deze plaats anders niet te verklaren.

688. ZUREBEEMD: 1646 *den soerbemt* ses sillen (DdK 1); ca. 1780 *den suren bempdt* (BKe 16413, 4/ N. 11); 1793 *den soerbemt* (BS 7026, 10).
E 21, weide, 2 ha 46 a.
Zuur, nat en drassig, door het WBD 192 opgegeven o.a. voor Halen, Meldert en Linkhout, maar ook in Webbekom gebruikelijk (vgl. Maas 1980, 215-217, en Molemans 1975b, 26).

689. ZUURBUNDER: 1795 het heuvel oft *suer boinder* (BS 6607/ 102, 2v°).
A 167, hooiland, 5 ha 89 a 30 ca (gedeeltelijk).
Identiek met het Heuvelbunder, hier genoemd in tegenstelling met het ernaast gelegen *Zoetbunder* (nr. 684). Vgl. *Zurebeemd.*

690. ZWAAN(TJE): 1551 tot webbecom *inden swaen* (HST 6724, 513); 1559 een blocxken genoempt *den swaen* (WP 1, 2); 1564 (kop. 1677) sijn huijs geheeten *die swaen* (BKe 4497, 74); 1668 sekere plecke landts, daer eertijts twee huysen op ghestaen hebben, d' eene ghenaempt den Inghel ende het ander *die Swane* (BS 1830, 17-1-68); 1688 haren huyse genoempt *het swaenken* (BS 1831, 23v°); 1731 syn woonhuijs... genampt het schalien huijs ofte *de swaene* (BS 6607/23, 2); 1797 *die swaen* (WVA 110).
A 203, huis, 5 a.

Identiek met het Schaliënhuis. Zeer verspreide huis-, herberg- en brouwerijnaam, naar een vijver waarop zwanen zwommen (Helsen 1938, 15); De Brouwer 1950, 244/50, 1955, 319/ 30, 1958, 386/34, 1959, 190/75; Van Passen 1962, 652; Molemans 1976a, 53).
Te Webbekom was De Zwaan een herberg (Claes 1982a, 46), waarschijnlijk naar een vijver of poel genoemd, waarover echter niets bekend is.

691. ZWANENBORG: 1655 heeren huijs ende hof met optreckende bruggen geheeten *swanenberch* groot ontrent een boender met gene in syn water leegt (HST 6749, 727); 1655 *het Swanenborch* (HST 6755, 67); 1680 het heufken, inden leenboeck genaempt *swanenborgh* (HST 6943, 91); 1787 seker parceel Leen genaempt *Swaenenborgh* (HST 6707, 374).
B 59- 63, tuin, land, speelhuis, huis, 1 ha 44 a 35 ca.
Identiek met het Hofke, Speelgoed, Speelhof (1), Speelhuis (1) of Goedje. *Swanenborg* is blijkbaar de officiële naam, die in stukken van de abdij van Sint-Truiden gebruikt wordt voor deze oude leenhoeve (Claes 1982a, 24-28, en 1978c). Op de vijver die er nu nog is, zaten vroeger blijkbaar *zwanen,* terwijl het uitzicht van de door water omgeven hoeve aan een *burcht* deed denken.

ADDENDA
76. BOST: 1321 *tot boost* (DKAKe 1, 12).
1321 *tot boost* (DKAKe 1, 12).
Oudste vermelding van de gehuchtnaam Bost.

131. DRIES: 1523 vij zillen weyen geheyten dliebroeck by... *den driesch* (DHG 1098, 14v°).

692. Hof van de heer van Sint-Martens: 1680 den cheijnsboeck genaempt *den hoff des heeren van st. martens te luijck* (HST 6943, 255).
Cijnshof met acht andere vermeld in een collectboek van de heerlijkheid Webbekom. Verder heb ik er niets over gevonden, maar blijkbaar hoorde het toe aan de pastoor van de Sint-Martenskerk in Luik. In 1373 ruilde het kapittel van de Sint-Lambertuskerk van Luik wel grond te Webbekom met de kartuizers van Zelem (HZ 14, 3°).

IV. SYSTEMATISCH OVERZICHT

In dit overzicht breng ik de toponymische gegevens overzichtelijk samen naar de verschillende betekenisvelden. Hierbij begin ik eerst met de natuurnamen, vervolgens behandel ik de cultuurnamen, de nederzettingsnamen en de straatnamen. Tenslotte bespreek ik nog enige morfologische aspecten van de namen en geef ik een chronologische schikking ervan.

1. NATUURNAMEN

In deze afdeling breng ik de namen onder die verband houden met het uitzicht van de streek en de gesteldheid van de bodem, afgezien van de activiteit van de mens.

1. 1. Namen in verband met de verhevenheid van de bodem. De verhevenheid van de bodem valt nog het eerst op in het natuurlijke uitzicht van een streek. Heel wat hoogten en laagten hebben aanleiding gegeven tot plaatsnamen.

1. 1.1. Namen met berg. Dat ik niet minder dan 30 plaatsnamen met *berg* gevonden heb, bewijst dat *berg* in Vlaanderen ook de geringste verhevenheid kan aanduiden (Gysseling 1978, 16). Er zijn wel relatief hoge heuvels bij als de Blakenberg 77 m, de Kloosterberg 53 m, de Drogeberg en de Begijnenberg beide 46 m en de Parelsberg 41 m hoog, maar veel minder hoog zijn de Zilberg 31 m en de Guldenberg 30 m. Hiermee moeten we er rekening mee houden dat de hoogte van het dorpsplein, tussen de heuvels en het Broek in, ongeveer 23 m is.

Wanneer we de namen met *berg* indelen naar het voorafgaande bepalende element, vinden we:

1) de naam van een eigenaar, nl. een familienaam in *Breskensberg* (1602), *Parelsberg* (1710), *Filipsberg* (1779), de naam van een instelling in *Gasthuisberg* (1379), *Kloosterberg* (1407), *Begijnenberg* (V.);

2) een aanduiding van de bodemgesteldheid, nl. van droge grond, *Drogeberg* (1682), van zanderigheid, waarschijnlijk *Saffraanberg* (1667) en *Soevereineberg* (ca. 1710), van steenachtige grond, *Steenberg* (1506/ 1566/ 1613), van onvruchtbaarheid, waarschijnlijk *Nodenberg* (1420), van slijkerige grond, *Mortelberg* (1748), van vruchtbare grond, *Guldenberg* (1646);

3) een aanduiding van het uitzicht, nl. open, *Blakenberg* (1420), hoog, *Hogeberg* (1317), rond, *Kukelberg* (1373), klein, *Zilberg* (1501); bobbelig waarschijnlijk *Blazenberg* (1522);

4) een aanduiding van een toponiem in de nabijheid, *Wingelbroekberg* (1781), *Tinnenpotberg* (1819), *Rouweweiberg* (V.), *Webbekomseberg* (V.);
5) een aanduiding van de soort begroeiing: beuken, *Boksbergen (1379)*, *wijngaarden*, *Wijngaardsberg* (1494), brem, *Bremberg* (1532/1638), waarschijnlijk oliezaad of papaver, *Olenberg* (1616);
6) een andere aanduiding: met een vogelnaam *Kievitsberg* (1420), naar de galg *Galgeberg* (1682), naar een windmolen *Molenberg* (1904).

Het verkleinwoord *Bergje (1686)* heb ik gevonden als naam van een kleine hoogte.
Bij deze namen met *berg* merk ik op dat het alle veldnamen zijn, behalve *Boksbergen,* dat al van in de 14de eeuw een nederzettingsnaam is.

1. 1.2. Andere namen voor hoogten
Behalve namen met *berg* heb ik ook twee namen met *heuvel* gevonden:
Heuvelbunder (1438) en *Heuvelbeemd* (1532). Het zijn twee hooiweiden in het broekgebied, waarbij *heuvel* heel waarschijnlijk de betekenis "Hellend land" heeft (Molemans 1976b, 533). Beide weiden liggen aan de Leidgracht en hellen enigszins naar de dijk ervan.
Donk is volgens Gysseling een zandige ophoging in moerassig terrein (1981a, 76), volgens Molemans meestal hooiland tussen heide en een depressie (1982b, 219). Te Webbekom slaat het toponiem *Donk* (1676) op een iets hoger gelegen weide naast het moerassige gebied van het vroegere Liebroek, nu het Gasthuisbos. Het kenmerk zandig is er echter niet van toepassing.
Schot of schoot is volgens Gysseling een meestal beboste hoek hoger land, uitspringend in moerassig terrein (1981a, 78), volgens Molemans meestal zandgrond (1982b, 219). Het *Overschot* (1382 *Everscot*) te Webbekom ligt aan de Demer, in moerassig gebied, wat hoger dan de andere weiden, maar is toch geen zandgrond. Blijkens het eerste lid *ever,* waarschijnlijk het dier, is er vroeger wel bos geweest.
Kluutje (1532) is waarschijnlijk eveneens een naam voor een hoger gelegen perceeltje, maar dan voor een bolvormig perceeltje akkerland.
In andere namen wordt een hoger gelegen perceel met het adjectief *hoog* benoemd: *Hogeland* (1323), *Hogewijngaard* (ca. 1350), *Hogebeemd* (1479/1569), *Hogeboomgaard* (1638). In *Hogeberg* (1317) versterkt *hoog* de betekenis van *berg,* hoewel deze heuvel niet de hoogste van het dorp is. De naam *Hooggat* (1560) geeft een toegang tot een hoog gelegen akker aan en *Hoogstraat* (1560) een hoog gelegen straat.

In *Oversteveld* (1519) tenslotte staat *overste* in tegenstelling met *nederste* in *Nedersteveld* of *Neerveld*.

1. 1.3. Namen voor laagten

Het simplex *del,* dal, heb ik tweemaal als toponiem gevonden (1532/ ca. 1620). Het oudste van deze twee werd tevoren *Roefloesdelle* (1373) en nu *Rozendel* (V.) genoemd. De vorm *dal* komt voor in de samenstelling *Wolfsputdal* (1568).
Een laag gelegen natte wei draagt de typische naam *Kelderke(s)* (1532) en een diepte bij de vroegere vestinggrachten van Diest de naam *Put* (ca. 1930). Dit laatste woord komt ook voor in de samenstelling *Wolfsput* (1406).
Enige samenstellingen met *neer* geven lager gelegen percelen aan: het *Nedersteveld* (1459) of *Neerveld* (1459), in tegenstelling met het *Oversteveld,* de *Neerwei* (1638), bij het Neerveld gelegen, en de *Neerganzelake* (1613), het laagst gelegen deel van de Ganzelake. Het *Nedermolenveld* (1412) is genoemd naar de *Nedermolen,* een watermolen onder Diest, en het *Nedermolenbroek* (1431) waarschijnlijk naar een van die watermolen afgeleide familienaam.

1. 2. Namen in verband met de aard van de bodem

Vaak heeft de aard, de samenstelling of de hoedanigheid van de bodem aanleiding gegeven tot plaatsnamen. Soms komt hierbij meer de geologische structuur van de grond, soms meer de vatbaarheid voor bewerking en landbouw op de voorgrond.

1. 2.1. Namen voor harde of steenachtige bodem

De naam *Steenberg,* die driemaal voorkomt (1506/ 1566/ 1613), wijst blijkbaar op steenachtige, rotsachtige grond. Over de oudste van deze drie hoogten wordt nog in 1780 gezegd dat ze bestaat 'in eene steenrotse''. Twee van de drie plaatsen bevatten veel ijzer: zandsteen. Het is mogelijk dat er ooit steen ontgonnen werd. De namen *Steenborn* (1419), identiek met de derde *Steenberg,* en *Steenzil* (1785), ca. 1680 ''steenlant'' genoemd, wijzen waarschijnlijk eveneens op steenhoudende grond. Vermoedelijk wordt hetzelfde met een ander woord weergegeven in de naam *Keiblok* (1646).
Wellicht vinden we in de naam *Hardebeemd* een aanduiding van een harde bodem, al is hier ook een verklaring uit het Middelnederlandse *harde,* helder, mogelijk.

1. 2.2. Namen voor slijkerige of natte bodem

Het Middelnederlandse woord *mase,* modder, slijk, heb ik gevonden in de namen *Maasbeek* (1438), eerst een beeknaam, later (1569) een weidenaam en dan *Maasbeemd* (1636) en *Maasdries* (1646) genoemd, en in *de Maas* (1541), akkerland, later weide en

Maasbeemd (1646) genoemd. Dezelfde betekenis had het woord mortel, dat als simplex een toponiem, *de Mortel* (1526), is. Een ander oud woord voor moeras of slijkpoel is *dolage,* eveneens als simplex een toponiem, de *Dolage* (1640). De naam *Geilaard* is afgeleid van *geil* met de betekenis slijkachtig, natte bodem (Helsen 1938, 13). Het adjectief *nat* heeft een natte bodem aan in *Nattebeemd* (1531), een natte weide, en *Natbunder* (1680), een natte akker. *Water* heeft dezelfde betekenis in *Waterblok* (1532), akkerland, *Waterbeemden* (1684), weiland, en *Waterhof* (1815), huis en tuin.

Broek is het lage moerasland langs de waterlopen, dat als gemeenschappelijke weideplaats voor het vee kon worden gebruikt. Het woord werd tot in de 18de eeuw geregeld als soortnaam gebruikt, o.a. 1567 ij zillen *broecx* achter die kercke van webbecom (DHG 1813, 10v°) en 1787 een stuck *Broeck* gelegen int Webbecoms Broeck (BKe 10921, 9).
In totaal heb ik 25 toponiemen met *broek* gevonden. De oudste, uit 1253, worden als bos vermeld, *Averbroek, Demerbroek, Liebroek* en *Windelbroek,* elk met een oppervlakte tussen 14 en 40 bunder. Dit moerasland was toen blijkbaar, zoals de laatste tijd weer, hoofdzakelijk met bomen begroeid.
In de samenstelling *Papenbroekerbeemd* (1343) heeft *broek* blijkbaar nog de oorspronkelijke betekenis "moerasland". Toen dit moerasland echter algemeen als hooiland gebruikt werd, kreeg *broek* de betekenis "hooiland in moerassig gebied". Dit geldt voor het *Broek* (1523), ook *Gemeenbroek* (1405) of *Webbekomsbroek* (1381) genoemd, dat na de hooitijd door de gemeentenaren als weide gebruikt mocht worden. Het *Broek* was trouwens nog tot ca. 1950 de naam van de gemeenteweide, die op dezelfde wijze na de hooitijd vrij gebruikt mocht worden. Dezelfde regeling gold voor het *Monniksbroek* (1541), ook *Hendrik-Wittenbroekske* (1622) of *Sint-Bernardsbroekske* (1686) genoemd, en een deel ervan het *Broekske* (1857).
In enige namen wisselt *broek* af met *beemd* of *wei: Itselbroek* (1523) naast *Itselbeemd* (1476), *Krauwelsbroek* (1562) naast *Krauwelsbeemd* (1532) en *Stokkensbroek* (1540) naast *Stokkensbeemd* (1478).
Meestal omvatten de namen met *broek* een vrij grote oppervlakte. Dit is duidelijk voor *Papenbroek* (1296) en *Liebroek* (1253), die nederzettingsnamen geworden zijn, evenals *Kutsenbroek* (1295), dat evenwel hoofdzakelijk op het grondgebied van Assent ligt. Ook het *Abtsbroek* (1399), het *Diesterbroek* (1618), het *Gebroek* (1823) en de *Papenbroekjes* (1343) slaan op een hele groep percelen.
Als eigenlijke perceelsnamen met *broek* hebben we alleen het bo-

ven al vermelde *Krauwelsbroek,* zes zil groot, en *Stokkensbroek,* twee zil groot, het *Nedermolenbroek* (1431), twee bunder groot, het *Sluisbroek* (1747) of *Sluisblok* (1569), zes zil groot, het *Sofieënbroek* (1785) of *Sofieënblok* (ca. 1350), twee bunder groot, en het *Paalsbroek* (1875), vijf zil groot, maar deze laatste naam is waarschijnlijk een vergissing.

1.2.3. Namen voor slechte of onvruchtbare grond.
Het adjectief *kwaad* geeft bij weiden aan dat de bodem er drassig is of dat hij met veel houtgewas begroeid is (Molemans 1982, 1007). De twee percelen die *Kwaadbunder* (1585/1880) genoemd worden, zijn beide nat gelegen. Het tweede is overigens identiek met het *Bornebunder* en is nu, in 1985, een vijver.
Bij akkerland kan *kwaad* betekenen dat het perceel vol onkruid staat (Helsen 1938,14), maar ook slecht of moeilijk te bewerken akkerland (Molemans 1982, 1009). Bij de twee percelen *Kwadezil* (1680/1877) valt op dat nu nog van het tweede perceel gezegd wordt dat het moeilijk te bewerken grond is.
Andere adjectieven die een slechte of onvruchtbare grond aangeven, zijn *vaar,* onvruchtbaar (Helsen 1938.40), in *Varebeemdje* (1638) of *Vareweike* (1863), *droog,* schraal en hoger gelegen, in *Droogeusel* (1420), *Drogewinning* (1568) of *Drogewei* (1787), *Droogbos* (1515), *Drogebeemd* (1587/1823) en *Drogeberg* (1682), en *rouw* gewestelijke vorm van ruw, ruig begroeid of slecht, gezegd van de grond (Verstegen 214), in *Rouwblok* (1638/ ca. 1830) en *Rouwewei* (1826).
Duivel heeft in samenstellingen dikwijls de betekenis onvruchtbaar, "desduivels" (Schönfeld 1950, 59). Waarschijnlijk kunnen we zo de namen *Duivelszil* (1608), een wei, en *Duivelsgat* (1817), akkerland, verklaren. De naam *Duivelskot* (1569), afwisselend aan een weide en een hoeve gegeven, slaat echter vermoedelijk op een bouwvallige hoeve. Daarnaar werd dan ook weer een weg *Duivelsgat* (1646) en *Duivelsstraatje* (1646) genoemd.
Safraan heeft, waarschijnlijk wegens de gele kleur, soms de betekenis "onvruchtbaare zandachtige grond"(WED I 198). Vermoedelijk vinden we deze betekenis in *Saffraanberg* (1667) en wellicht ook in *Soevereinenberg* (ca. 1710) of *Soevereinenveld* (1751).

Andere benamingen voor onvruchtbare grond zijn *het Mager* (1680), verpersoonlijking voor "magere", arme grond (WBD I 190), *Verloren Kost* (1532/1571), veel voorkomende naam voor weinig renderende landbouwgrond, uiting van volkshumor voor een perceel slecht bouwland (Schönfeld 1950), 57; Molemans 1976b, 1597), *Schambraak* (1939), waarschijnlijk van *schande,* moeilijk te bewerken + *braak* liggend land (Molemans 1976c, 30l), en *schom* (1514/1769 en V.), drie percelen akkerland, naam voor onvruchtbare, slechte grond (Helsen 1938, 38). Het kenmerk "hooggelegen", dat het WNT voor schom ook aangeeft, gaat voor geen van die drie percelen echter op.

1.3. Waternamen

Tot de natuurnamen behoren ook de namen van natuurlijke waterlopen en waterplassen. Kunstmatige waterlopen, grachten en greppels, alsook sluizen, zijn eigenlijk cultuurnamen, maar wegens de samenhang behandel ik ze ook in deze paragraaf.

1.3.1. Natuurlijke waterlopen.
De oudste namen in Webbekom, die nog uit de Voorgermaanse periode dateren, zijn die van de twee belangrijkste waterlopen, de *Demer* en de *Beverbeek*, nu Begijnenbeek genoemd. De naam Demer, ca. 905 *Tamera*, zou van Keltische oorsprong zijn en donker water betekenen. De oudste vorm Bevere te Diest, die al ca. 1110 in de vorm *Bewere* voorkomt en een afleiding van het Indogermaanse woord voor bever zou zijn (Gyseling 1978, 3)

Van de samenstellingen met *beek* hebben er zeven betrekking op de al genoemde Begijnenbeek: *'s-Herenbeek* (1459), *Koebeek* (1484), *Beverbeek* (1540), *Boksbergsebeek* (1540), *Molebeek* (1638), *Beveremolenbeek* (ca. 1750) en *Begijnenbeek* (1823). Alleen deze laatste naam heeft standgehouden. Als andere beeknamen hebben we nog: Maasbeek (1438), waarvan de naam al vroeg is overgegaan op een wei, die eerst vijver was, *Leugebeek* (ca. 1600), oorspronkelijk alleen *die Loeghen* (1438) genoemd, een gedeeltelijk rechtgetrokken beek, *Doornbeek* (1597), op de grens met Zelem, *Gaasbeek* (1755), eigenlijk dezelfde naam als *Ganzelake*, waarover meer bij de gegraven waterlopen, *Kleinebeek* (1890), een andere naam voor de Leugebeek, en *Leibeek* (1890), een andere naam voor de Leidgracht, waarover meer in de volgende paragraaf.

Als namen van kleinere waterlopen zijn er nog enige samenstellingen met *loop*. De oudste hiervan is *Leiloop* (1750), een andere naam van de Leugebeek. De andere vier *loop*namen komen alleen in de Atlas van de Waterlopen (ca. 1845) voor en leiden een papieren bestaan: *Bostereloop, Dromblokloop* (juister *Rondblokloop), Opendeurtjeloop* (identiek met de Maasbeek) en *Rasoploop*. Als element in namen van kleinere waterlopen heeft *loop* zijn centrum in de provincie Antwerpen, van waaruit het zich heeft uitgebreid (Kempeneers 1982, 799-803, en 1983b, 50-51).

1.3.2. Gegraven waterlopen

De oudste naam voor een gegraven waterloop in Webbekom is *Ganzelake*, in 1279 reeds de naam van weiland, maar toch ca. 1700 en in 1806 nog als naam van de Leidgracht vermeld. Deze gracht komt goed overeen met de omschrijving van de Laken als afwateringsbeken in moerassige terreinen (Kempeneers 1983b, 47). Ik merk op dat ik ook in het dorp Kaggevinne als synoniem gevonden heb "die laecke oft Leijtgracht" (1628: DN 270) De oude naam *Ganzelake* wijst erop dat de Webbekomse Leidgracht zeer oud is. Vermoedelijk werd ze gegraven toen heel het weidegebied nog door de abdij van Sint-Truiden zelf gebruikt werd. Volgens de kroniek van de abdij gaf deze omstreeks 1130 een deel van haar bezittingen in leen (De Borman I, 239), zodat de gracht van voor dat jaar zou dateren.

Meestal worden de gegraven waterlopen met een samenstelling van *gracht* genoemd. De belangrijkste is de *Leidgracht* (1452) in het Broek, ook *Grotegracht* (1406) en *Vloedgracht* (1532) genoemd). Ook de *Gelegracht* (1675) of *Molengracht* (ca. 1560) wordt eenmaal *Leidgracht* (1525) genoemd en *Vloedgracht* heb ik niet alleen als synoniem van Leidgracht (in het Broek) gevonden, maar ook, in 1787, van de Leugebeek.

Het element *leidde* heb ik niet alleen in *Leidgracht* (tweemaal) gevonden, maar ook in *Leibeek* en *Leidorp*, die ik in de vorige paragraaf vermeld heb. *Leibeek* is alleen maar een recente andere naam voor de Leidgracht in het Broek, terwijl *Leiloop* een andere naam is voor de Leugebeek. Deze laatste naam heeft nog op de oorspronkelijke betekenis van een natuurlijke, maar vergraven, waterloop, tegenover de gegraven *Leidgracht* (Kempeneers 1982b, 43).

Een eigenaardig synoniem van de Leidgracht in het Broek is nog *Zeerder* (1532). de voorgestelde verklaring uit *sier*, weelde, blijft hypothetisch. Duidelijker zijn de naam *Goot*, greppel of riool, en *Reoolbeemd* (1670), naar een *riool*, met dezelfde betekenis.

1.3.3. Stilstaand water

Twee namen met *poel* wijzen op een waterplas met vuil. *Panzepoel* (1400) is waarschijnlijk gevormd met het oude woord *panse* , pens, en slaat op een kuil voor afval en vuil (Helsen 1938,14). *Distelpoel* (1616) wijst op een met distels begroeide kuil. Op deze laatste plaats, in 1723 *Kareeloven* genoemd, werd later steen gebakken.

Als samenstelling met *plas* heb ik alleen *Zoeteplas* (1594) gevon-

den, de naam van moerassig hooiland.
Er zijn twee recentere namen met het woord *vijver: Gasthuisvijver* (ca. 1810), waar ca. 1720 vijvers gemaakt werden, die een 100-tal jaren bestaan hebben, en het *Vijvertje* (V), vroeger *Waterblok* (1532) genoemd, waar op het einde van de 18de eeuw een vijver geweest is.

Born , de oude vorm van *bron*, heb ik als eerste lid gevonden in de naam *Bornebeemd* (1438), ook *Borneput* (1636) of *Bornebunder* (1680) genoemd.
Blijkbaar was er in deze weide, waar nu een vijver is, een opwellende bron. De twee andere namen met *bron* kunnen wijzen op een vergaderbak voor drinkwater voor vee, op een bron gemaakt: *Hennekens-* of *Hennensbron* (1396) en *Steenborn* (1419).

1.3.4. Sluizen.
Twee toponiemen wijzen op een sluis van de Begijnenbeek hij haar monding in de Demer: Het *Halfbunder naast* (of *voor*) *het sluisje* (1438) en *(het Bunder) voor het Sluisje* (1690). Later werd de Begijnenbeek onder de Demer door naar de lager gelegen Zwartebeek (onder Schaffen) geleid, maar in de 15de eeuw was daar blijkbaar een sluis. Ca. 1840 werd de Begijnenbeek daar verlegd en binnen de wallen van Diest gebracht.
Een andere sluis was er bij de watermolen van Boksberge, waar we het toponiem *Sluisblok* (1569) vinden. De sluis bij die molen werd nog in 1751 vermeld, toen de molen al verwoest was.

1.4. Namen voor bossen en in het wild groeiende planten.
Omstreeks 1130 waren bijna alle bossen gerooid in het deel van Webbekom dat onder de abdij van Sint-Truiden hoorde, zo staat te lezen in de kroniek van deze abdij (De Borman I 239). Toch worden in 1253 nog enige vrij grote bossen vermeld, nl. het Liebroek, 40 bunder, het Demerbroek, 16 bunder, het Windelbroek, 14 bunder, en de Heg. 2 bunder (Pirenne 217). Opmerkelijk is dat de drie grootste bossen toen in een moerassig gebied lagen: het Liebroek bij de Leugebeek, waar nu o.a. het Gasthuisbos en de Els zijn, het Demerbroek tussen de Leidgracht en de Demer aan de kant van Diest, en het Windelbroek, bij de grens met Zelk aan de Leidgracht. Volgens het goederenregister van 1680 was er toen in heel dat deel van Webbekom echter slechts 3 bunder + 3 zil bos (= ca. 5 ha.), nl. op de Mortel en de Dodeman (HST 6943,54-56). In de 18de eeuw werd het Gasthuisbos aangelegd. Ca. 1720 wordt dit voor het eerst vermeld (BKe 22.774,68 v°). In 1844 besloeg dit een oppervlakte van 7 ha 37 a 20 ca, eigendom van de Armen van Diest (C 25: Wkad.). Dit bos is nu (C25 +26) 11 ha 1 a 60ca

groot. Pas de laatste jaren werd er in dit deel van Webbekom nog meer bos aangelegd, in het Broek en de Ganzelake.
In het deel van Webbekom dat onder de Heerlijkheid Kaggevinne hoorde, was er in 1646 merkelijk meer bos. In een goederenregister uit dat jaar vinden we voor dat deel 50 1/2 bunder bos, waarvan 3 bunder op de Kloosterberg, 1 bunder op het Bosterveld en 46 1/2 bunder te Papenbroek (vooral op de Dodeman en de Blakenberg)(BS 2345/ 2, 139-231). In 1844 bleef hiervan in Papenbroek nog iets meer dan 44 ha. bos over (Wkad).

1.4.1. Samenstellingen met Bos
Bos heb ik heel vaak als grondwoord in samenstellingen gevonden. Viermaal duidt het eerste lid van de samenstelling op een soort boom, in *Berkenbos, Boekhoutbos, Eikenbos* en *Elzenbos*. Volgens deze gegevens zouden berken, beuken, eiken en elzen het meest in bossen aangeplant zijn.

Andere keren werden bossen genoemd naar de eigenaars. Soms zijn dit kloosters of instellingen, in *Begijnenbos, Celzustersbos, Gasthuisbos* en *Kloosterbos*, en soms particuliere eigenaars, in *Kraninksbosje, Lintermansbos* en waarschijnlijk ook *Haansbos*.

Enige bossen werden genoemd naar een erbij gelegen toponiem, *Dodemansbos*, op de dodeman, *Kloosterbergbos*, op de kloosterberg, *Lammerbos* en *Lammerheibos*, misschien nog vervormd tot *Lijbos*, bij de Lammerhei, *Steenbos*, bij de Steenborne, en *Wolfsputbos* , bij de Wolfsput. Vermoedelijk werd het *Bos in de rane* genoemd naar zijn ligging bij de grens (reen). Naar de afrastering (stichel) werd de naam *Stichelbos* gegeven.

De vorm gaf aanleiding tot de naam *Langebos*, de bodemgesteldheid tot de naam *Droogbos* en de nieuwe aanleg of aanplanting tot de namen *Nieuwebos* en *Plantbos*. De naam *Koolbos* wijst waarschijnlijk op het branden van houtskool of het uitbranden voor een nieuwe aanplanting. De samenstelling *Boszil* wijst op de kleine oppervlakte, maar een zil.
Tenslotte komen nog het simplex *Bos* en het dubbele verkleinwoord, nog een pleonastisch met klein, *Kleinbosselke*, voor.

1.4.2. Andere namen met de betekenis Bos
Met *hout* hebben we een oude samenstelling, *Boekhout* (1340), waaraan in de 15de eeuw *bos* werd toegevoegd: *Boekhoutsbos*. Het oude woord *hout* werd toen blijkbaar al niet meer in de betekenis van bos begrepen.
Toch komt eigenaardig genoeg in 1826 voor het eerst de naam *El-*

zenhout. Tevoren werd dit een "Elsen bosch" genoemd. Vermoedelijk staat de vorm op het kadaster in 1826 echter onder invloed van het veel oudere en goed bekende *Elzenhout* te Assent, nu de naam van een hoeve.

Een *haag*, dat "klein bosje" en "(levende) haag" betekende (Gysseling 1978, 19), heb ik met umlaut gevonden in het plaatsnaam *Heg(ge)*, nu nog bekend en al in 1253 vermeld. Toen was het twee bunder bos, zodat de naam oorspronkelijk wel "perceel bos" betekend zal hebben.

Stok, boomstam of boomstronk, kan verwijzen naar een vroeger bos of naar het feit dat bij het rooien ervan nog boomstronken zijn blijven staan (Molemans 1982b, 1693), Zo vinden we het in de namen *Stombeemden* (1396) en *Stokveld* (1396), vlak naast elkaar gelegen, en misschien ook in *Stokkensbeemd/Stukkensbeemd* (1478), al kan deze laatste naam ook van een persoonsnaam afgeleid zijn.

Met het suffix *-t* werden collectieven afgeleid van plantnamen (Gysseling 1978, 20). Zo heb ik gevonden: *Bost*, waarschijnlijk plaats waar buksboom groeit, *Eekt*, plaats waar eiken groeien, en *Elst* , plaats waar elzen groeien.

Andere namen die een groep bomen aanduiden, zijn nog *Boksbergen*, berg met beuken, *Houweiken*, plaats waar eiken gehouwen worden, en *Gebrande eiken*, plaats waar eiken door brand geteisterd werden.

1.4.3. Namen naar afzonderlijke bomen of andere planten

Verscheidene namen van bomen heb ik bij een grens gevonden, waar blijkbaar een boom als grensaanduiding stond (Lindemans 1931). Zo zijn er de namen *Doorne* en *Doornbeek*, op twee verschillende plaatsen bij de grens met Zelem, *Heulenteer*, een dialectwoord voor vlierboom, bij de grens met Zelk-Halen, en de *Twee linden* of de *Lindekes*, bij de grens met Diest.

Naar enige afzonderlijke bomen is ook de hoeve *Berkenhof* genoemd, alsook de weide de *Werfbeemd*, naar de *werf*, water- of teenwilg.
Andere planten in het wild groeiende die ik in plaatsnamen teruggevonden heb, zijn *bies*, in *Biesemstraat* en *Biezenbeemdje, brem*, in *Bremberg* (driemaal) en *Bremstraat*, en *Zegge*, in *Zeg*.

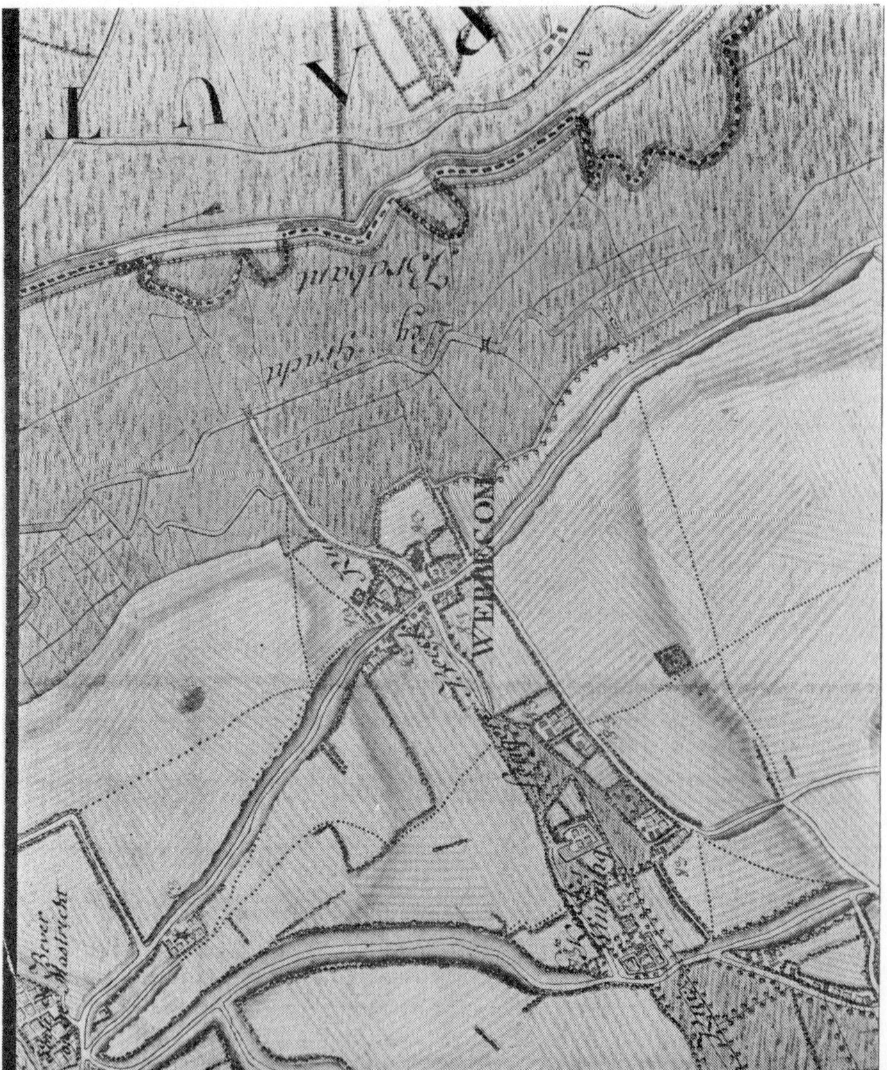

Webbekom volgens Ferraris in 1773

TOPONYMIE VAN WEBBEKOM

(Vervolg van blz. 480, 1989)

2. CULTUURNAMEN

In deze afdeling breng ik de namen onder die wijzen op het landschap zoals het geworden is onder invloed van de mens en zoals het een betekenis gekregen heeft in het leven van de gemeenschap.

2.1. Bosrooiingen

Namen van *rode*, plaats waar een bos gerooid werd, komen al in de 9de eeuw voor (Gysseling 1978,20), maar toch zijn zulke namen waarschijnlijk in verband te brengen met de grote ontginningsbeweging in de 11de en 12 de eeuw (Molemans 1973b, 296)

Te Webbekom heb ik tweemaal het enkelvoudige toponiem *Rode* gevonden, aan beide kanten van de vallei van de Leugebeek met het Liebroek en de Vroente. Aan de oostkant ervan komt *Rode* in 1355 als herkomstnaam voor, bij een hoeve, later de Hofstad te Rode. Aan de westkant, op ongeveer een kilometer van het eerste Rode, vinden we in 1407 *die roeye*, maar sinds 1598 gewoonlijk de vorm met umlaut, de *Reu*. Deze laatste heeft in de 18de eeuw plaats gemaakt voor de naam Mortel en gedeeltelijk voor een uitbreiding van de naam Kraas. Vermoedelijk werden beide gebieden in de 11de of 12de eeuw gerooid.

2.2. Gemeenschappelijke of onbebouwde gronden

Onbebouwd liggende grond kreeg dikwijls een functie in het gemeenschapsleven als een soort reservegrond, soms als gemeenschappelijke weide. Deze grond hoorde toe aan de heer of aan de gemeente.

2.1.1. Aarde

Het woord *aarde*, dat eigenlijk grond betekent, heeft vaak de betekenis gemeenschappelijke grond en in het bijzonder gemeenschappelijke weide gekregen. De betekenis gemeenteweide heeft *aard* in de Kempen nog altijd (Gysseling 1978, 21-22). Ook te Webbekom heb ik deze betekenis enige keren gevonden: in 1504 "die van Haelen sullen moegen alomme op den *aert* van die van Caggevinne... hueden huer beesten" (Casier 190); in 1542 (kop. ca. 1740) "niemant schaepen op den vruntens nochte op den *aert* houden en sal" (BS 6607/2,10); in 1737 "De gemeyne broucken... de ingeseten van Diest in dese drij broucken hadden gemeynent *aert*, ofte het genot van dien voor hunne beesten soo wel als de ingesetenen van caggevinne (BS 366,10).

Als eigennaam heb ik *aarde* slechts in één enkel toponiem gevonden, nl. *Aardeweg*, waarschijnlijk oorspronkelijk "weg naar de aarde of vroente". Het was inderdaad de weg naar de Grote en Kleine Vroente, gemeenteweide.
Toch zou deze naam ook een vervorming kunnen zijn van "heerweg", want het was een belangrijke verbindingsweg. De in de vorige alinea vermelde plaatsen "aert" schijnen nu echter juist niet op die Grote en Kleine Vroente te slaan, maar wel op gronden van slechtere kwaliteit. De betekenis ervan komt waarschijnlijk niet overeen met die in Brabant en Zuid-Oost-Vlaanderen, nl. de vruchtbare alluviale gronden langs de waterlopen(Lindemans 1946, 115), maar wel met die in de Antwerpse Kempen, nl. beemd, eusel of weide, gronden van slechtere kwaliteit (Helsen 1944,49).

2.2.2. Vroente

Vroente, een afleiding van *vroon*, van de heer, betekent eigenlijk "land van de heer", maar gewoonlijk "grond in gemeenschappelijk gebruik". In de heerlijkheid Webbekom is *Vroente* of *Vreunte* het meest gebruikte woord voor gemeenteweide, nl. voor negen verschillende percelen. Onder de heerlijkheid Kaggevinne heb ik het woord maar voor één stuk gemeentegrond gevonden, gewoonlijk Heide genoemd, te Boksbergen, dat lange tijd woeste grond was. Er was blijkbaar een verschil in terminologie tussen beide heerlijkheden.

Met dezelfde betekenis als *vroente* komen de verbindingen *Gemene Vroente, Gemeentevroente* en *Webbekomse Vroente* voor, die nog eens extra het gemeenschappelijk karakter ervan beklemtonen.
Twee dicht bij de Grote Vroente gelegen percelen hebben een met *Vroente* samengestelde naam gekregen nadat ze van de Vroente losgemaakt en in particulier bezit gekomen waren: de *Schepersvroente* (1647), waarschijnlijk naar een beroepsnaam, en de *Kleine Vroente van Jelon* (ca. 1720), naar Hendrik Gillon, eigenaar in 1680.

2.2.3. Heide

Heide betekent eigenlijk onbebouwde of onvruchtbare zandgrond en vandaar ook vaak gemeenschappelijke grond (Molemans 1977, 24-25). Te Webbekom heb ik het woord in de betekenis gemeentegrond alleen in het deel onder de heerlijkheid Kaggevinne gevonden, nl. voor de *Heide* bij Boksbergen, die lang woeste, onbebouwde grond geweest is en in de 17de en 18de eeuw verkaveld werd. Deze *gemeyne heyde* (1472) of *sheeren heijde* (1650) werd soms ook *vroente* (1516) genoemd en later de *Driesen* (1765). Percelen ervan, in privébezit gekomen, kregen de namen *Achterste Heiblok* (1628), *Heiblok* (1646 en 1651, twee verschillende percelen) en *Voorste Heide* (1685).

Op andere plaatsen komt *heide* met een andere betekenis voor, nl. onvruchtbare grond, in de namen *Lammerdrieshei* (1633) of *Lammerhei(bos)* (1616), oorspronkelijk Lammerdries (1569), *Heike* (1680) of *Schapenheide* (1771). Het Heike werd in 1680 trouwens "een bunder schavei", d.i. onvruchtbare, braakliggende grond, genoemd.

Dat *Heide* onder de heerlijkheid Kaggevinne de betekenis gemeentegrond gekregen heeft, is wel onder invloed van de Kempense dorpen van deze heerlijkheid, Schaffen en Molenstede. In de Kempen waren de gemeenschappelijke gronden immers meestal heidevelden, zodat *beide* daar de namen *vroente, aard* en *gemeente* vanaf de 16de eeuw in belangrijke mate heeft verdrongen (Molemans 1977, 25).

2.2.4. Dries

Dries heeft als eerste betekenis uitgeput, voor meerdere jaren rustend akkerland en als tweede, in Vlaanderen, Brabant en Zuid-Limburg, dorpsplein of gehuchtplein (Gysseling 1981, 76). In de Kempen heeft het woord echter meestal de specifieke betekenis van onrendabel land, vaak in de zin van een bij de woning gelegen perceel weiland (Molemans 1977, 27).

In deze laatste betekenis heb ik *dries* ook verscheidene keren als toponiem te Webbekom gevonden, het eerst de *Dries* (1459), te Liebroek, dan met diernamen de *Ganzendries* (1518 en 1564, twee percelen), de *Lammerdries* (1769 en 1646, ook twee percelen, waarvan er een ook *Lammerhei* genoemd wordt en de *Ossendries* (1617), en tenslotte de *Driesen* (1765), tevoren meestal de *Heide* genoemd. Al deze *dries*namen zijn in het deel onder de heerlijkheid Kaggevinne gelegen, zodat we ook hier weer invloed van de Kempen mogen aannemen. Te Schaffen en Molenstede wordt *dries* nu nog als soortnaam gebruikt met de betekenis huisweide (Claes 1978b, 31-32). Te Webbekom heb ik het woord, in het deel onder Kaggevinne, het laatst in 1783 aangetroffen: "acht bunder driesch" (Ddka 1).

2.2.5. Namen met gemeen of gemeente

Gemeente heeft dikwijls dezelfde betekenis als *aard* of *vroente*, nl. gemeenschappelijke grond (Molemans 1977, 24). Te Webbekom heb ik het woord zo bijv. in 1590 gevonden: "onder webbecum alwaer sy Aert noch *gemeynte* en syn gebruyckende" (BS 6090/ 90,

3) en in 1750" de vrointe oft *gemijnte" /BS 1824, 384)*. Ook de openbare wegen werden zo genoemd, bijv. in 1741 "de straete ofte *gemeijnte*" (ibid.197) en in 1767 "seker plecke erffs uyt ons *Gemeynte* ofte straete" (BS 1825, 587). In samenstellingen heb ik *gemeente* enige keren gevonden: *Gemeentevroente* (1452), *Gemeentestraat* (1778 en 1791, twee wegen) en *Gemeentedijk* (1828) en 1840, twee wegen).

Het adjectief *gemeen* werd in dezelfde zin gebruikt, bijv. in *Gemene Vroente* (1442), *Gemene Heerstraat* (1451), *Gemene Heide* (1451) en *Gemene Plaats* (1483.)
In de verbinding *Gemene Beemden* (1386) of *Gemeen Broek* (1405) betekent het echter dat de gemeentenaren deze weiden, die particulier bezit waren, na de hooitijd vrij mochten gebruiken, zoals blijkt uit de volgende citaten: in 1688 "Ste. Bernaerts broecxken groot negen boinder waervan die gemijnte die naerwijde toebehoort" (BS 6092/ 10,11); in 1760 "gemeijne bemden, waervan aen de proprietarissen competeren de voorsneden ofte voorweyden, en aen d'ingesetenen van Diest en Caggevinne de naerweijde" (BS 334ter, 30); in 1772 "die Gemeynte van Webbecum is competerende de naer weyde aan d'else groot achtien boenders van st. Jan in Junio ende die voorweyde aent' Clooster van Corstendonck" (BS 1825,727). Hierbij merk ik op dat de gemeenteweide in het Broek tot ca. 1950 dit systeem kende: nadat het hooi einde juni verkocht was, mocht ze vrij door de mensen van het dorp gebruikt worden.

2.2.6. Namen met 's-Heren

De toevoeging 's-Heren heeft in enige namen dezelfde betekenis als *gemeen* , nl. van de gemeenschap. Juist zoals bij *vroente* was de betekenis "van de heer" overgegaan naar "van de gemeenschap". Zo hebben we de namen *'s-Herenbeek* (1456), *'s Herendijk* (1532, 1564 en 1713, drie wegen), *'s Herensteenweg* (1626) en *'s-Herenstraat* (1487, tien wegen). De samenstelling *Herenlanden* (1825) daarentegen heeft een andere betekenis, nl. bezit van de heer van Diest.

2.3. Namen voor grasland.

Grasland kon gebruikt worden als weide voor het afgrazen door dieren of als hooiweide. Op het afgrazen slaan, althans oorspronkelijk, de namen *weide* en *eusel* , op hooiweide de meest voorkomende naam *beemd*. In Webbekom heb ik 62 namen met *beemd*, 26 met *weide* en 4 met *eusel* gevonden.
De naam *broeck*, die de betekenis hooiland in moerassig gebied gekregen heeft, heb ik boven bij 1.2.2. al behandeld.

2.3.1. Samenstellingen met beemd

Beemd, dat oorspronkelijke ban-hooiland betekend zou hebben, d.i. het door de heer aan de gemeente toegewezen hooiland (Gysseling 1978, 23), wordt in het Woordenboek van de Brabantse Dialecten verklaard als "laaggelegen weiland, overwegend gebruikt voor hooiwinning". Het wordt er als dialectwoord opgegeven, o.a. voor Diest, Halen, en Zelem (WBD 215). Toch meen ik dat *beemd* in de streek van Diest alleen nog in toponiemen bekend is. Het wordt er niet alleen gebruikt voor percelen die als hooiweide gebruikt werden, maar ook voor percelen die voor dieren afgegraasd werden.

Vaak was een beemd een natte weide, zoals uit de volgende namen blijkt: *Papenbroekerbeemd* (1343), *Bornebeemd* (1438), *Nattebeemd* (1511), *Nederbeemden* (1555), *Rozebeemdje* (ca. 1630), *Maasbeemd* (1646 en 1711), *Zurebeemd* (1646), *Reoolbeemd* (1670), *Waterbeemden* (1684) en *Biezenbeemdeke* (1793). Nat gelegen was ook het *Varebeemdje* (1638; nat = onvruchtbaar). Daarnaast heb ik toch ook tweemaal *Droegebeemd* (1479 en 1569) en een *Heuvelbeemd* (1532).

Misschien hoort ook de *Hardebeemd* (1635) hierbij, al kan deze naam ook van Mned. *harde*, herder, afgeleid zijn.

Een aanduiding van grazende dieren vinden we in *Koebeemd* (1638), *Ossebeemd* (1680), *Kalverbeemd* (1684) en waarschijnlijk in *Paardsbeemd* (1686,1622,1686, drie weiden), al kan deze laatste naam ook van pertse, (grens)paal, komen. (Helsen 1938, 47). Het weiden wordt ook aangegeven in de naam *Itselbeemd* (1476); van *etten* , weiden).

Onder de andere namen met *beemd* zijn er tien die waarschijnlijk met de naam van een persoon zijn samengesteld, o.a. *IJdekesbeemd* (1387), en acht met de naam van een andere eigenaar, o.a. *Begijnenbeemd* (1343). Vijf zijn er genoemd naar een belangrijk toponiem in de omgeving, o.a. *Boksbergerbeemd* (1400), zes naar de oppervlakte of de vorm, o.a. *Scherpebeemd* (1381), vier naar de begroeiing, o.a. *Werfbeemd* (1343), en vier naar een ander element, nl. *Keerbeemd* (1532; oorspr. *Karwei), Lijsterbeemd* (1532), *Mikkenbeemdje* (1769) en *Blokbeemd* (1826). Als eerste lid heb ik *beemd* alleen gevonden in de recente naam *Beemdstraat* (1976).

Ik merk op dat de vormen met lange en korte *e* te Webbekom naast elkaar gebruikt worden, bijv. *beghynen bempt* (1343), *papen broecker beempt* (1343), *werff bempt* (1343) en *der abdissen beemt* (1379) in de oudste periode, *Peerds Beemd* (1828), *Brugsbemd* (1862), *Roosenbemd* (1863) en *Ossenbeemd* (1904) in de recentere periode. Ook op de moderne kadasterkaart (1976) vinden we nog zowel *Stock Bempt* als *Beemdstraat*. De naam *Ossebemd* in de volksmond wijst er echter op dat de dialectvorm een korte *e* heeft.

2.3.2. Samenstellingen met weide

De namen met *weide* zijn over het algemeen recenter dan die met *beemd*. De oudste naam is in 1420 *Carweyde*, maar de erop volgende naam dateert pas van 1638. Oorspronkelijk was *weide* de naam van grasland waar men dieren liet grazen ("weiden"), maar later is het de algemene naam geworden van alle grasland.

In enige namen werd het oudere *beemd* later vervangen door *weide*: zo is (1726), *Molenbeemd* (1646) = *Molenweide* (1862), *Paardsbeemd* (1622) = *Paardswei* (1780), St.-Annabeemd (1564) = *St.-Annawei* (1669) en *Varebeemdje* (1638) = *Vareweike* (1862). In één enkel geval werd het oorspronkelijke *weide* door *beemd* vervangen, maar dan ook maar voor twee keer: de boven al vermelde *Karweide* (1420) werd in 1532 en 1746 *Keerbeemd* of/en *Keerweide* genoemd.

Een aanduiding van de ligging heb ik gevonden in de namen *Hogewei* (1714) en *Neerwei* (1638) en van de bodemgesteldheid in de namen *Drogewei* (1787), *Rouwewei* (1826) en *Vareweike* (1862), telkens met de betekenis dor of onvruchtbaar. Een aanduiding van grazende dieren vinden we in *Koewei* (1754) en waarschijnlijk ook in *Paardswei* (1780).

Onder de andere namen met weide vinden we er één met de naam van een persoon, *Krauwelswei* (1713), zeven met de naam van een andere eigenaar, o.a. *St. Annawei* (1669), drie met een toponiem in de nabijheid, o.a. *Steenbornweide* (1770), drie met de aanduiding van de ligging, o.a. *Achterweide* (1770), drie met de aanduiding van de ligging, o.a. *Achterweide* (1771), drie met de aanduiding van oppervlakte of vorm, *Langewei* (1726), *Groteweide* (1885), en *Klein Weike* (1890), één met de begroeiing, *Boomkesweide* (V), en één die waarschijnlijk naar het gebruik (door karren) genoemd is: *Karweide* (1420), later *Keerweide*. Tenslotte heb ik het verkleinwoord *Weike* (1834) één keer als simplex gevonden.

2.3.3. Samenstellingen met eusel

Volgens Pijnenburg (1976) betekent *eusel* , waarschijnlijk een afleiding van *eeuwen* , laten weiden, meestal een droge zomervoederweide voor vee, gewoonlijk in privaat bezit en daarom omheind.

Was een eusel echter altijd wel droog? Onder de oudste vermeldingen heb ik evenwel enige keren de verbinding "droog eusel" gevonden, bijv. in 1412 "droecheusels opt nedermolenvelt" (Bke 13706, 434) en in 1420 "van enen eusele geheiten tdroeghe eusel" (DHG 1869, 6lv°). Andere keren gaat het echter over natte weiden, vaak ook "broeck" genoemd, bijv. in 1407 en 1420 zeven bunder "eeusels" van Sint-Bernardsdal, later Sint-Bernardsbroekske genoemd (DHg 1866, 48 v° en 1869, 81) en in 1470 "een groot stuck eeusels...geheten de grote ganslake met eenen cleynen stucke eeusels geheten de cleyne ganslake" (DLS10). als synoniem van *broek* vinden wij *eusel* ook nog in 1459 (kop. 1686) "een stucke broecx oft eussels" (BS 6607, 59/1, lv°). Bovendien slaat de oudste vermelding in 1379, "een eusel art crauwels" (DHG 1889, 32) op het *Krauwelseusel*, dat echter vaker *Krauwelsbeemd* en ook *Krauwelsbroek* genoemd wordt, en ook het *Sofieënblok*, in 1431 "ijboender eeusels" (D 798, 286 vgrc), wordt later *Sofieënbroek* genoemd.

Behalve de al vermelde toponiemen *Droogeusel* (1420) en *Krauwelseusel* (1504), naar een persoonsnaam, heb ik ook nog *Kalvereusel* (1438), naar begrazing door kalveren, en *Havereusel* (1431) gevonden. Deze laatste naam slaat op weide waar vroeger haver op gestaan had.

De vier toponiemen met *eusel* zijn alle vrij oud. Later was het woord *eusel* ook als soortnaam inderdaad veel minder gebruikelijk dan *beemd* en *weide*. De laatste vermeldingen ervan heb ik gevonden in 1602, "vijff zil eeusels int Liebroeck" (BH 75, 28) en "zes zil lants oft eeusels te Liebroeck" (BH 75,28) en "zes zil lants oft eeusels te Liebroeck" (ibid. 31). Er is nog wel een aantekening in een register uit 1770 dat de pastoor van Webbekom de novalia (tienden op later in cultuur gebrachte grond) had op tien bunder, "meer oft min volgens de eussels opgeackert worden" (Bke 4502, 1). Deze tekst is waarschijnlijk echter uit een ouder register overgeschreven en zou op een betekenis van eusel als pas ontgonnen grond kunnen wijzen.
In de Kempen schijnen de eusels inderdaad het eerste stadium uit te maken bij de ontginning van woeste grond. Ze vormen er vrij omvangrijke terreinen van soms meer dan 10 ha, steeds gelegen tegen de heide. Meestal zijn ze grasland, vaak van minderwaardige kwaliteit. Delen ervan dienden voor de weidegang, de beste percelen als hooiland (Molemans 19877, 40). Te Webbekom waren de eusels inderdaad meestal grasland van mindere kwaliteit, soms gebruikt voor begrazing, soms als hooiweide, soms waren ze droog en soms waren ze nat.

2.4. Namen voor akkerland

Verreweg de meeste namen van akkerland zijn samengesteld met *veld*. Daarnaast komen ook namen met *land* voor, in een speciale betekenis enige met *hof* of *hoeve* en één enkele met *laar*, al is deze laatste naam helemaal niet duidelijk.

2.4.1. Samenstellingen met veld.

Oorspronkelijk was *veld* de benaming van de open, onbebouwde vlakte buiten de bewerkte akkers en de weiden. Nadat de wilde gronden in de 12de en 13de eeuw ontgonnen werden, ging *veld* akkerland betekenen. De naam *veld* werd toen gegeven aan nieuw ontgonnen akkers, die vaak bij een dorp of een buurtschap hoorden (Gysseling 1978, 21; Molemans 1977, 26 en 33). Zo kunnen we enige van de oudste namen met *veld* verklaren: *Dorpsveld* (1490), dat bij de dorpskom hoorde, *Bosterveld* (1402), bij het gehucht Bost, *Papenbroekveld* (1526), bij het gehucht Papenbroek, *Nedermolenveld* (1412), bij het gehucht Nedermolen onder Diest, en *Diestersveld* (1525), in het land van Diest, d.i. de heerlijkheid Kaggevinne.

Enige andere oude namen met *veld* werden echter naar bezitters genoemd: *Monniksveld* (1360), waarschijnlijk naar de monniken van Sint-Truiden, en *Nekkersveld* (1396), vermoedelijk naar iemand die *Nekkers* heette.

Andere elementen vinden we in de oude namen *Stokveld* (1396), naar er staande bomen, *Wijngaardsveld* (1396), naar de kapel van de Wijngaard, *Neerste Veld* (1459); later *Neerveld*) tegenover *Overste Veld* (1519), *Kromveld* (1518), naar de vorm, *Eikveld* (1532), naar de begroeiing, maar misschien ook naar het gehucht de Eekt, en *Molenveld* (1540), naar de watermolen van Boksbergen.

In de latere periode vinden we nog *veld*-namen met de naam van een bezitter: *Leunisveld* (1615), *Kraasveld* (1676), *Kloosterveld* (ca. 1680), waarschijnlijk ook *Boutsveld* (ca. 1675) en misschien *Hottersveld* (1635). Naar een erbij gelegen toponiem werd *Itselaarveld* (1617) genoemd, naar de omvang *Grootveld* (1680 en 1738, twee percelen) en wellicht naar *saffraan*, zandkleur, of naar *Severein*, hoger gelegen, *Soevereineveld* (1751). De naam *Webbekomsveld* (1771) betekent niet bij het dorp Webbekom horend veld, maar dichter bij de heerlijkheid Webbekom gelegen veld.

In het 19de-eeuwse kadaster werden heel wat oudere toponiemen die op akkerland sloegen, uitgebreid met de toevoeging *veld*: *Bergveld* (1823), *(Blakenbergveld* (1823), *Bossenbergveld* (ca. 1845), *Dodemansveld* (1823), *Driesenbosveld* (1823), *Heggeveld* (ca. 1845), *Heerbosveld* (1823) of *Haasbosveld* (ca. 1830), *Meuzenveld* (1818). Raadselachtig is de naam *Dooiveld* (1823) uit hetzelfde kadaster. Recenter nog zijn de namen *Huisveld* (1875), bij een hoeve horend akkerland, en *Maaiveld* (ca. 1930), grasveld dat gemaaid wordt. Deze laatste naam is de enige waarin *veld* geen akkerland, maar grasland aanduidt. Het woord *maaiveld* is nu echter nog een gewoon woord in deze betekenis.

2.4.2. Samenstellingen met land

Gewestelijk heeft *land*, naast *veld*, de betekenis akkerland (Lindemans 1946, 9; Gysseling 1950, 96). Dat namen met *land* een jonge laag zouden vertegenwoordigen (Molemans 1976b, 382, 1.1.4), schijnt volgens mijn gegevens te Webbekom echter niet uit te komen.

Reeds in 1253 komt de naam *Panland* voor, bij een brouwerij (paannuis) horende grond, en in 1323 *Hogeland*, hoog gelegen land, in beide gevallen blijkbaar akkerland. Zeker op akkerland slaan de volgende namen: *Krauwelsland* (1400), *Monnikkenland* (1532) en *Gasthuisland* (1532 en 1616), alle naar een eigenaar genoemd, zoals misschien ook *Hortersland* (1532), terwijl *Tortelduiveland* (1751) naar wilde duiven en *Trompetsland* (1569) misschien naar de vorm genoemd werd. De enige naam waarin *land* een ruimere betekenis, nl. bezitting heeft, is *Heerenlanden* (1825), een naam van het 19de-eeuwse kadaster.

2.4.3.Samenstellingen met hof of hoeve

Hoeve, dat oorspronkelijk een oppervlakte grond aanduidde groot genoeg om een gezin te onderhouden, heeft later de betekenis boerderij gekregen (Molemans 1976b, 548, en 1982b, 652). In deze betekenis, die ik verder bespreek, wisselen de vormen *hoeve* en *hof* elkaar af. Deze vormen hebben echter ook de betekenis van een omheinde ruimte bij een woning of een klein perceeltje (Molemans 1976b, 564 en 1982b, 669), die ik in Webbekom enige keren heb gevonden, o.a. in het simplex *Hof* (1781).

Een klein perceeltje voor de speciale teelt van hennep wordt aangegeven met de namen *Hennephof* (1504), *Kemphoven* (1626) en *Kemphof* (1638). Alleen dit laatste perceel lag vlak bij een hoeve. Minder duidelijk zijn de namen *Akkerhof* (ca. 1560), voor zover bekend niet bij een hoeve gelegen, en *Veldhoeve* (1680), bij het huis *De Veldhen*. *Hof* en *hoeve* hebben hier wel de betekenis klein perceel akkerland.

2.4.4. Samenstellingen met akker.

Akker is een oudere naam dan *veld* voor het gezamelijke akkerland dat bij een nederzetting hoorde, maar al in de 12de eeuw had het woord ook de betekenis van een perceel akkerland gekregen (Gysseling 1950, 98-100). Te Webbekom heb ik *akker* slechts in twee recentere namen gevonden met de betekenis van een perceel: *Akkerhof* (ca. 1560), in de vorige paragraaf al vermeld, en *Langenakker* (1771)

2.4.5. Een samenstelling met Laar

De enige samenstelling met *laar* die ik gevonden heb, *Vosselaar (1569), heeft betrekking op akkergrond. Normaal zou laar* een voor bewoning geschikte open plek in een bos (Gysseling 1978, 19-20) of een open weideplaats voor het vee (Molemans 1977, 28-28) aanduiden. Bij het vermelde *Vosselaar.*

2.5.Namen voor afsluitingen of afgesloten percelen

Vroeger waren de percelen akkerland vaak omheind met hagen of houtkanten, soms op verhoogde bermen, terwijl de stukken weiland van elkaar gescheiden waren door sloten of greppels. De toegang tot een stuk weiland werd dan met een hek afgesloten.

2.5.1. Namen voor afsluitingen.

Haag, dat ik boven met de betekenis bosje al vermeld heb (1.4.2), heeft waarschijnlijk zijn huidige betekenis in de naam *Gezethaag* (1420), een perceel akkerland. Dit perceel zou met een "Gezette", breed uitgegroeide haag omgeven zijn.

Het hek van een weide wordt in Webbekom en omgeving *gaar* genoemd (WBD I 233; Claes 1982b). Dit woord is in 1684 de naam van een perceel weide, dat dus naar zijn afsluiting genoemd werd. Een andere weidenaam, *Langestichel* (1556), wijst eveneens op een afsluiting, althans als *stichel* toen dezelfde betekenis had als nu in Webbekom, nl. afrastering (WBD I 219; Claes 1982b). Elders heeft dit woord echter een andere betekenis, nl. een kleine verhoging of een soort trapje in een toegang tot een weide, om de dieren te beletten uit te breken en mensen doorgang te verschaffen (Molemans 1982b., 1673).

2.5.2. Namen met blok

Een *blok* is een omsloten stuk land, in Vlaanderen weiland, in Brabant akkerland (Gysseling 198la, 75). In Webbekom heb ik 53 toponiemen met *blok* gevonden, waarvan er 46 akkerland zijn, 4 bos en 3 weiland. De vier percelen bos zijn *Hanensblok* (1569), gewoonlijk *Haan(s)bos* genoemd, *Celzustersblok* (1750), gewoonlijk *Celzustersbos* genoemd, *Boekelaarsblok (1766)* en *(Boelaartsblok)* (1766). De drie weiden zijn *Krauwelsblok* (1682), meestal *Krauwelsbeemd* en ook *Krauwelsbroek* en *Krauwelseusel* genoemd, *Sint-Bernardsblokske* (1756), misschien wel een beschrijving voor het gewone *Sint-Bernardsbroekske*, en *Blokbeemd* (1826). Verder was het *Sofieënblok* (ca. 1350) vanaf de 15de eeuw weiland, maar oorspronkclijk was het akkerland, evenals het *Haverblok* (2)(1526), dat bij zijn eerste vermelding al weiland was, maar waar blijkens zijn naam tevoren haver gestaan had.

Over enige percelen horen we uitdrukkelijk hoe ze omsloten zijn. Zo wordt van de *Bleuken* (2)in 1626 gezegd dat het is "een besloten block lants gelegen rontomme in zijn grachten", van het *Grootblok* in 1467 "een besloten block... gelegen es tusschen syne viere grachten" en van het *Achterste Heiblok* in 1628 "ses zillen weijde oft landt gelijck de selue in haer grachten gelegen syn". Verder zien we ook op de kaart van Ferraris (KF 1777) dat het *blok* (1) en het *Blok* (2), ook *Kloosterblok* en *Bernardusblok*, met een gracht omgeven waren. Tenslotte weten we van enige percelen dat ze door wegen ingesloten waren, nl. de *Bleuken* (1) of het *Blok* (4), het *Blok* (3), de *Blokbeemd*, het *Heilige-Geestblokske* of *Kerkeblokske* , het *Hogebergblok*, het *Rondblok* (2), het *Sluisblok* en het *Waterblok*.
Van de namen met *blok* zijn er 22 die naar een bezitter genoemd zijn, een persoon, bijv. *Sofieënblok* (ca. 1350), of een instelling, bijv. *Kortsendonksblok* (1532). Onder de oudere namen merk ik nog *Papenbroekblok* (1548) op, naar het gehucht waarbij het perceel lag, *Haverblok* (1431) en *Grootblok* (1532), naar de oppervlakte. Deze oppervlakte kon soms vrij groot zijn, zoals die van het *Haneblok*, dat vier bunder groot was. Het *Blokje* daarentegen was maar een achttal aren groot.
Een *blok* was altijd op een of andere manier omsloten. In Webbekom was het meestal akkerland, maar soms ook weide of bos.

2.5.3. Andere namen voor omsloten percelen en grenzen.
De naam *Meisenperre* (1560) bevat waarschijnlijk, met het woord *meisen*, meisje, het Middelnederlandse *parre, perre, omheinde plaats, afgesloten terrein (vgl. Molemans 1975 d, 249).*

Het Hemelrijk, al in 1399 in deze vorm en in 1379 het *Hiemelrijk*, is waarschijnlijk een volksetymologische vervorming van *heem*, grens (Lindemans 1928, 150), en *rike*, gebied. Minder waarschijnlijk is hier *ham*, *hemmekin*, inham, afgeperkt of omheind stuk grond (MNW). Te Webbekom is het een perceel bos tussen twee wegen en de grens van de heerlijkheid.

Een opvallende *steen* was dikwijls een grensaanduiding (Schönfeld 1950, 137). Zo stond er blijkbaar bij de grens van Webbekom met de heerlijkheid Kaggevinne-Leuvens (B 33- E 101) een witte steen. In 1736 wordt er gezegd dat het erbij gelegen perceel "aenden steen" ligt en in 1771 wordt het de *Wittesteent* genoemt, later de *Wittesteen*. Iets verder naar Diest toe, bij de grens van Webbekom en Kaggevinne-Leuven met Diest (bij B 14 en E 101), moet er een *rad* gestaan hebben, d.i. een bareel of slagboom (Lindemans 1953, 36). Erbij gelegen percelen werden daarnaar het *Rad* genoemd (1771).

In Webbekom-Dorp, bij de weg naar Halen, sprak men ca. 1600 al over de "draaibomen" (Bke 4496, 21), blijkbaar tolbomen. Dicht bij deze plaats vinden we in 1877 "de oude barrier" en in 1880 de herberg "In den *Barreel*".

Tenslotte vinden we bij de grens tussen Papenbroek (vroeger herlijkheid Kaggevinne) en Assent (vroeger heerlijkheid Webbekom) een perceel de *Meer*, de *Mier* (1471) of het *Meertje* (ca. 1700). Waarschijnlijk is dit genoemd naar het oude woord *meer*, paal, grenspaal of grens (MNW; Molemans 1982b, 1123)

2.6. Namen in verband met oppervlakte of vorm van de percelen
In een aantal namen wordt de oppervlakte van de percelen, althans benaderend, aangegeven of wordt op de speciale vorm ervan gewezen. Voor de algemene adjectieven *groot* en *klein*, die vaak als bepalende bestanddelen van toponiemen voorkomen, verwijs ik naar het glossarium.

2.6.1. Samenstellingen met bunder
In de omgeving van Diest is *bunder* nu nog altijd een gewone oppervlaktemaat die overeenkomt met 1 ha 30a (Claes 1977b, 46; WBD I 201-202); ik het het woord te Webbekom in 55 toponiemen gevonden.
In 21 samenstellingen met *bunder* wordt het bepalende element gevormd door de naam van de eigenaar, een persoon, bijv. *Steenaartsbunder* (1520) en *Vleminksbunder* (1532), of een instelling, bijv. *Vettersbunder* (1532), later *Huivettersbunder* (1671). Onder de namen met *bunder* vallen een aantal weiden van de heer van Diest op, bij de grens met Diest en anderzijds bij de grens met Zelk-Halen en Zelem, tot bij de oude burcht van deze laatste plaats. Aan de kant van Diest vinden we o.a. als percelen in 1438 het *Half-bunder naast het Sluisje* en het *Grootbunder*, later *(het Bunder). Naast het Surplus*, ernaast het *Kleinbunder* (1467), later waarschijnlijk opgegaan in *(het Bunder) met het Eegdeke* (1633), verder het *Voorste bunder van de Ganzelake* (1467), later het *Eerste Bunder (1735) en (het bunder). Voor het sluisje* (1690) genoemd, het *Middelbunder* (1501) en het *Achterbunder* (1501) of *Achterste Bunder* (1574). Aan de kant van Zelk-Halen vinden we in 1438 het *Voorste Bunder*, later *Kruisbunder (1558)* genoemd,

de *Bornebeemd* , later *Bornebunder* (1680) genoemd, het *Heuvelbunder* en het *Scherpbunder* , later nog de *Driehalvebunders aan de Rechtedijk* (1580) en de *Driehalvebunders aan de Krommedijk* (1680) Dit laatste perceel werd later, naar de bezitter, de *Drie Prinsenhalfbunders* (1871) en nu nog in de volksmond het *Prinsenhalfbunder* genoemd. Voor de weiden van de abt van Sint-Truiden, meestal de *Abtsbeemden* of *Abtsbunders* (1617) genoemd, nu in de volksmond de *Bunders*, heb ik maar één keer een indeling in percelen gevonden: in 1589 krijgen de eerste twee percelen geen eigen naam, maar dan volgen het *Derdebunder*, het *Predelbunder* of *Vissershuisje* en het *Vijfdebunder.*

De namen *Grootbunder* en *Kleinbunder* tonen dat de aanduiding van de oppervlakte slechts bij benadering gegeven werd (de bedoelde percelen zijn op de huidige kaart echter niet meer weer te vinden). Het vaak voorkomende *half* als bepaling zou vermoedelijk in verband staan met erfdelingen (Molemans 1982b, 225, 4.4.5). Dit blijkt echter nergens uit mijn gegevens betreffende de tien percelen met *halfbunder*, die meestal in het bezit van dezelfde persoon waren als ernaast gelegen percelen (bijv. die van de heer van Diest). Verder hoorden de *Halfbunderkes van Loyens* (1877), vier percelen van elk een half bunder, in de 19de eeuw aan dezelfde eigenaar toe, maar al in de 17de eeuw waren deze percelen even groot en hoorden ze aan verschillende eigenaars toe. Ik meen dat halfbunder in de gewone omgang veel als maat werd gebruikt en daarom vaak in toponiemen voorkomt.

2.6.2. Samenstellingen met zil

In de omgeving van Diest is *zil* nu nog een gewone oppervlaktemaat die overeenkomt met 32 a 50 ca (Claes 1977b; 46; cf. Tavernier 1958, WBD I 203). Ik heb het woord te Webbekom in 25 toponiemen gevonden.

Onder de toponiemen met *zil* valt een vrij groot aantal telwoorden op, in 11 namen, dus bijna de helft. Deze namen komen ook in de oudere, maar toch vooral in de recentere periode voor. De *Driezillen* (1871), de *Vijfzillen (van Averbode*)(1871), de *Zeszillen* (volksmond), de *Zevenzillen* (1502 en 1819, twee namen), de *Eerste Zevenzillen* (1656), de *Laatste Zevenzillen* (1656), de *Negenzillen* (1560 en 1754, twee namen) en de *Tienzillen* (1871 en 1877, twee namen).

Verder merk ik nog enige namen in verband met slechte grond op: *Duivelszil* (1608), *Kwadezil* (1688 en 1877, twee namen) en *Steenzil* (1785). Dit laatste perceel was ca. 1680 "een sille steenlant" en de tweede *Kwadezil* is nu nog moeilijker te bewerken grond. Opmerkelijk is ook nog de naam *Zilberg*, wellicht gegeven omdat het hier over een hoogte met maar een kleine oppervlakte gaat.

2.6.3. Aanduidingen van een bepaalde vorm of ligging

Opvallend veel percelen, niet minder dan 13, zijn genoemd naar de langwerpige vorm ervan: de *Langebeemd* (1605, 1638 en 1646, drie percelen), de *Langezil* (1634), het *Langebos* (1638), het *Langblok* (ca. 1675), het *Langbunder* (1684) en 1742), twee percelen), het *Langhalfbunder* (1720,1723, en 1877, drie percelen), de *Langewei* (1726) en de *Langenakker* (1771).
Enige scherp op spits uitlopende percelen werden "scherp" genoemd: de *Scherpebeemd* (1381) en het *Scherpbunder* (1438) of *Scherpstuk* (1735). Driehoekige percelen heten vaak *Driebek* (1599,1630,1695,1735, en 1832, vijf percelen). Dit woord komt ca. 1680 ook als soortnaam voor: "onderhalf sille lants genaept tverloren Vost, wesende *een drije beck" (HST 6756,35).* Synomiemen ervan zijn *Eegdeke* (1501 en 1560, twee percelen), d.i. kleine eg, en *Schildeke* (1560, ook *Eegdeke* genoemd).
Vijf percelen in dc vorm van een bijl worden *Bijl(ke) genoemd: de Bijl* (volksmond), het *Bijlke* (1532, 1654 en ca. 1680, drie percelen) en het *Erf met de Bijl* (1532).
Twee percelen werden "krom" of "rond" genoemd naar een kromming of ronding van de weg waaraan ze gelegen zijn: het *Kromstuk* (1379) of *Kromveld* (1518) en het *Rondblok* (ca. 1675). Een tweede *Rondblok* (1823) heet echter waarschijnlijk zo omdat het een "rondom besloten blok" is.
Een perceel dat op de hoek van twee (of meer) wegen of bij de monding van een waterloop ligt, wordt soms *hoek(je)* genoemd: de *Fijenhoek* (1502), op de hoek van de Bosterestraat en een weg naar de watermolen van Boksbergen, de *Kraathoek* (1754), op de hoek van een Mestweg of Groeneweg en de Oude Tienseweg, het *Groenhoekje* (1819), op de hoek van de Keerdijk en de weg naar de Papenbroekjes, en de *Zoetehoek* (1866), aan de monding van de Begijnenbeek in de Demer. Alleen in de naam *Fijenhoek* heeft *hoek* de betekenis nederzetting (zoals Molemans die vermeldt 1973b, 308). Andere keren duidt *hoek* blijkbaar gewoon maar een stuk akkerland aan. Bij de *Woestehoek* (1532) en de *Tortelduivehoek* (1608) is er in elk geval nooit een spoor van een zijwegje te zien geweest.

2.7. Namen van teelten en nijverheid

Uit plaatsnamen kunnen we dikwijls opmaken welke planten of dieren er vroeger gekweekt werden en welke nijverheid er beoefend werd.

2.7.1. Namen van gekweekte planten.

De enige graansoort waarvan ik de naam in toponiemen gevonden heb, is haver: *haverblok* (1431 en 1526, twee percelen) en *Havereusel* (1431).

De teelt van de gewone haver was toen dus al verspreid, hoewel de *evene* of zwarte haver in de middeleeuwen gewoner geweest zou zijn (MNW).

Op groenteteelt wijzen waarschijnlijk de naam *Raachter* , rapenveld (Lindemans 1954, 80) en misschien ook de namen *Koolstraatje* (1771) en *Koolbos* (1826). De laatste twee namen kunnen echter ook goed van een familienaam (Cools) afgeleid zijn. De naam *Olenberg* (1616) zou van oliezaad (koolzaad, lijnzaad) kunnen komen, maar ook van in het wild groeiende papaver.

Hennep, gewestelijk ook kemp genoemd, leverde grondstof voor touw en werd meestal dicht bij het huis gewonnen: vandaar de namen *Hennephof* (1504), *Kemphoeven* (1626)en *Kemphof* (1638). Op dezefde wijze werd hop (sinds de 14de eeuw) geplant ten behoeve van de brouwerijen: vandaar de naam *Hoppegaard* of *Hoppekruidbeemd* (1638). De wouw is een plant die gele verfstof leverde voor de lakenweverij: ze gaf waarschijnlijk haar naam aan het *Woublok* (1430). De werf is een soort water- of teenwilg, waarvan men twijgen gebruikte als tenen of "wissen" om iets samen te binden of te vlechten: vandaar de naam *Werfbeemd* (1343).

Wellicht wordt dezelfde plant bedoeld met "maesroeien" of "maeswissen", waarvan de naam *Mazerooien* (1532 en 1550, twee percelen) is afgeleid.

Boomgaarden waren meestal omheind en bij een huis gelegen. Tussen de fruitbomen was er weideplaats, heel dikwijls voor jong vee. Op dit laatste wijst de naam *Kalverenboomgaard* (1661). Verder heb ik nog driemaal het simplex *Boomgaard* als toponiem gevonden en eenmaal *Hoge Boomgaard*. Er is maar één toponiem dat op een bepaalde fruitsoort wijst: de naam *Kriekelaars* (1640).

Wijngaarden waren er op de *Wijngaardsberg* (1494), waar in 1373 een wijngaard vermeld wordt, en op het *Wijngaardeke* (1546), waar er in 1431 een vermeld wordt. De namen *Wijngaardstraat* (ca. 1350) en *Wijngaardsveld* (1396) zijn echter afgeleid van de kapel van Onze Lieve Vrouw van de Wijngaard of Hogewijngaardkapel. Deze kapel werd in 1323 opgericht door een broederschap die reeds in 1302 in Diest een "kapel van de Wijngaard" had (Philippen 20-21).

2.7.2. Namen van gefokte dieren

Heel wat toponiemen getuigen van vee dat vroeger gefokt werd. Naar koeien werden de *Koebeek* (1484), de *Koebeemd* (1638) en de *Koeweid* (1754) genoemd, naar ossen de *Ossedries* (1617) en de *Ossebeemd* (1680), naar kalveren het *Kalvereusel* (1438), de *Kalverenboomgaard* (1661) en de *Kalverenbeemd* (1684) en naar schapen de *Lammerdries* (1569 en 1646, twee percelen), de *Lammerhei (1633) en de Schapenheide (1771). Ook de naam Schepersvroente* (1647) herinnert indirect aan de schapenteelt.

Een *Paardsbeemd* (1586, 1622, em 1686, drie percelen) of *Paardswei* (1787) was een weide die voor paarden bestemd was. Toch is het mogelijk dat deze namen niet van "peerd", paard, maar van "pertse, peertse", paal, afgeleid zijn. In twee percelen zou deze paal een grenspaal (Helsen 1938, 47) kunnen zijn. De volgende omschrijving van het derde perceel schijnt toch op een weide voor paarden te wijzen: "1754 den Peerdtsbeemt, tegenwoordich de Coë-weide" (BS 2275, 40). Op fokhengsten wijst tenslotte de recentere benaming *Henstegeleeg* , in de volksmond.

De naam *Ganzelake* (1280) wijst waarschijnlijk op wilde ganzen, want deze weiden zijn ver van elke bewoning gelegen. De namen *Ganzendries* (1518 en 1564, twee percelen) en *Ganzenhof* (volksmond) tonen echter dat er ganzen gekweekt werden. Evenzo wijzen de namen *Zwanenborg* (1655) en de *Zwaan* (1551) op het kweken van zwanen. De laatste naam is een herbergnaam, zoals ook elders vaak, waarschijnlijk omdat er bij de herberg vaak een vijver was.

Op vroegere beoefening van de bijenteelt wijzen de namen *Bieblok* (1564) en *Biehal* (1688). De eerste naam wijst op een omheind perceel, de tweede op een overdekte plaats voor de korven. Het is wel opmerkelijk dat beide percelen te midden van akkerland liggen. De omstandigheden zijn hier wel niet zo gunstig als in de Kempen voor het houden van bijen.

2.7.3. Namen van beoefende nijverheid

De oudste in Webbekom bekende nijverheid is de brouwerij. Deze wordt immers al in de oudste tekst over het dorp, ca. 1136, vermeld en dan wordt er gezegd dat er weleer een brouwerij gestaan had bij de plaats van het Hof van Webbekom. Vermoedelijk slaat de naam *Panland* (1253) op dezelfde plaats. Hoewel er nog verscheidene andere brouwerijen geweest zijn (Claes 1982a, 42-44), is dit het enige toponiem dat onmiddellijk betrekking heeft op een brouwerij. De in de vorige paragraaf vermelde namen *Hoppegaard* en *Hoppekruidbeemd* wijzen indirect echter ook op het bier brouwen.

Op verschillende plaatsen werden vroeger ook stenen gebakken. Hierop wijzen de toponiemen *Steenovens* (1682 en 1800, twee percelen), *Steenhove* (1754) en *Kareeloven (1723)*. Het gaat over primitieve veldovens voor bakstenen en dakpannen (Molemans 1976b, 1492). De *Kareeloven* was identiek met het oudste perceel *Steenovens*. Van dit perceel en van het perceel *Steenhoveke* herinnerden oude mensen zich nog dat er vroeger stenen gebakken werden.(Claes 1982a, 47).

In Webbekom zijn er twee molens geweest. Een watermolen op de Begijnenbeek, de *Boksbergsemolen* genoemd, hoorde toe aan de heer van Diest en heeft bestaan van vóór 1389 tot 1636. Dank zij mijn toponymische studie heb ik hem opnieuw ontdekt en kunnen lokaliseren (Claes 1977e).
Een windmolen, die van vóór 1826 tot 1921 aan de Leuvensesteenweg gestaan heeft (Claes 1982a, 76-77), heeft geen sporen in de toponymie achtergelaten. Zo'n spoor vinden we wel van een windmolen onder Diest vlak bij de grens met Webbekom, van ca. 1800 tot 1870, waarnaar de *Molenberg* (1904) genoemd werd /Claes 1982a, 77-78; Kempeneers 1983a).

Fr. Claes

TOPONYMIE VAN WEBBEKOM

(Vervolg van blz. 99)

3. NEDERZETTINGSNAMEN

In deze afdeling bespreek ik alle namen van nederzettingen, grotere of kleinere woonkernen, alsook de namen van cijnshoven en de huisnamen.

3.1. De eigenlijke woonkernen

De oudste kern van Webbekom was heel waarschijnlijk de *villa* van Wicbold, die vermoedelijk gelegen was op de plaats van het latere *Hof van Webbekom* of *Steenhof*. Vermoedelijk hoorden de oudste hoeven oorspronkelijk toe aan de abdij van Sint-Truiden. Behalve het *Hof van Webbekom* waren dat enige hoeven die van in de 14de eeuw als leengoed van de abdij vermeld worden: het *Peter van Geelhuisje, Zwanenborg,* de *Heilige-Geesthoeve* en het *Hof van Liebroek*. (Claes 1982a, 24-28). Uit de kroniek van de abdij weten we dat ze in het begin van de 12de eeuw een deel van haar bezit in Webbekom in leen gaf en dat een groot deel van de heerlijkheid door onwonende vrije heren in bezit genomen en gehouden werd (De Borman I 239). Vermoedelijk werden de vijf genoemde hoeven toen leenhoeven en kwam een deel van de heerlijkheid onder de heer van Diest (Claes 1982a, 15-17).

3.1.1. De dorpskern

Volgens de kroniek van de abdij van Sint-Truiden werd *Webbekom* genoemd naar Wicvold, vader van Sint-Trudo, die in 645 in de kerk van zijn eigengeërfde "villa" begraven werd (De Borman II 90-91). Vermoedelijk stonden die villa en kerk op de plaats waar later het *Hof van Webbekom* (ca. 1136) of *Steenhof* (1396) en de kerk stonden. Deze plaats was inderdaad goed gelegen voor een vroeg-middeleeuwse nederzetting: aan de rand van natte weiden, met aan de andere kant grond die voor akkerbouw geschikt was. De hoeve het Hof van Webbekom werd in het begin van de 16de eeuw verwoest, maar de kerk staat nog altijd op de oude plaats.

Het *Dorp* (1532) is de naam zowel voor het dorpsplein als voor het dorpscentrum. Zo kreeg ook het bij dit centrum horende akkerland de naam *Dorpsveld* (1490). Het dorpsplein werd van 1483 tot 1797 ook vaak de *Plaats* of de *Gemeente Plaats* genoemd. Sindsdien heet het echter weer uitsluitend: het *Dorp*: zoals ook elders heeft de benaming Dorp hier Plaats verdrongen (Molemans 1977, 27-28 en Pée 1970).

3.1.2. Nederzettingen in de heerlijkheid Webbekom

Bij de Oude Tienseweg en de Leugebeek ontstond het gehucht *Aardeweg*, een naam die reeds in 1294 als herkomstnaam gebruikt werd. Oorspronkelijk, en nog tot in de 18de eeuw, was dit een wegnaam, maar sinds 1514 zeker ook een gehuchtnaam. Nu is dit het belangrijkste gehucht van Webbekom.

Bij het kruispunt van de Oude Tienseweg en de Kerkstraat was de *Eekt* vroeger een vrij belangrijke nederzetting. Deze naam werd in 1352 als herkomstnaam gebruikt. In 1560 worden er drie hoeven vermeld die leengoed van de abdij van Sint-Truiden waren en een cijnshof vormden.
Omstreeks 1800 is de naam van deze nederzetting verdwenen en is ze opgegaan in het gehucht Aardeweg.

Een beetje ten noordoosten van de Eekt, op de *Hogeberg*, ook aan de Oude Tienseweg, stond tot in de eerste helft van de 17de eeuw een belangrijke hoeve. De naam van die berg komt sinds 1317 geregeld als herkomstnaam voor. Tot in het begin van de 19de eeuw is de naam *Hogeberg* nog een veldnaam, maar sindsdien is hij volledig vervangen door *Drogeberg*.

Aan de andere kant van de Aardeweg, dicht bij de grens met de heerlijkheid Kaggevinne, stond tot ca. 1500 een hoeve op de plaats die later *Hofstad te Rode* genoemd werd. In 1420 was Goeswin *van den Rode* er eigenaar van. De plaatsnaam *Rode* werd tot in de 18de eeuw gebruikt. Daarna verdween hij, wellicht wegens de gelijkenis met de veldnaam de Reu, en werd hij vervangen gedeeltelijk door uitbreiding van de naam Kraas en door de naam Mortel.

Dicht bij de Aardeweg, gedeeltelijk onder de heerlijkheid Webbekom en onder de heerlijkheid Kaggevinne, lag de *Schambraak*, van 1421 tot nu als veldnaam bekend. Onder de heerlijkheid Webbekom, aan de Reustraat, hebben er in de 17de eeuw twee huizen gestaan, waardoor de naam in die tijd ook als nederzettingsnaam gebruikt werd.

3.1.3. Nederzettingen in de heerlijkheid Kaggevinne

Het *Liebroek* lag ook gedeeltelijk onder de heerlijkheid Webbekom en onder de heerlijkheid Kaggevinne. Het omvatte het weidegebied aan beide zijden van de Leugebeek voorbij de Aardeweg, met de huidige Els en een deel van het Gasthuisbos, en kwam tot bij de Begijnenbeek aan het Neerveld. De naam wordt in 1253 voor het eerst vermeld als die van een bos, 40 bunder groot, toebehorend aan de abt van Sint-Truiden. In 1308 is het al een herkomstnaam. Onder de heerlijkheid Kaggevinne heeft er een hoeve gestaan, die vermoedelijk omstreeks 1568 bij de beeldenstorm, verwoest is en toen aanleiding gegeven heeft tot de naam *Duivelskot* (1569).
Later werd er dichter bij de Begijnenbeek een nieuwe hoeve opgericht, die we alleen in 1648 vermeld vinden en die, volgens de huidige naam in de volksmond van het perceel, als *Schans* gebruikt werd.

De naam *Papenbroek*, in 1296 al een herkomstnaam, is enkel te verklaren als hij oorspronkelijk op het Liebroek sloeg, toebehorend aan de abdij van Sint-Truiden. Daar alleen was er in die buurt een nederzetting in het Broek. Deze naam heeft zich als gehuchtnaam gehandhaafd, maar dan op enige afstand van de oorspronkelijke plaats. Bij de weg van Webbekom naar Assent waren, zeker sinds de 14de eeuw, enige grote hoeven. Tot het einde van de 18de eeuw telde Papenbroek er echter nooit meer dan zes of zeven.

Het oude gehucht *Bost* is ook nooit groot geweest. Sinds zijn eerste vermelding in 1321 telde het maar een viertal hoeven, die in de 16de en de 17de eeuw alle verwoest werden. In de 19de eeuw werd *Bosterestraat* echter, oorspronkelijk "de straat naar Bost", de naam van een nieuw gehucht, dat dichter bij de Kloosterberg ligt, ongeveer op de plaats van de vroegere Fijenhoek.

De *Fijenhoek*, vermeld sinds 1502, was een kleine nederzetting bij de hoek gevormd door de Bosterestraat en een weg naar de molen van Boksbergen. De vijf of zes hoeven die er stonden, werden in de 16de eeuw verwoest. Toen daar in de 19de eeuw opnieuw huizen gebouwd werden, noemde men die nederzetting *Hondstede* (1830), later vervormd tot *Hondsteert* (1841). *Hond* had hier blijkbaar de betekenis "minderwaardig", klein of armoedig.

Dicht bij de Fijenhoek, op de Begijnenbeek, stond tot in de 17de eeuw een watermolen, de *Boksbergsemolen* (1389). De naam

Boksbergen heb ik sinds 1379 ook als herkomstnaam en als nederzettingsnaam gevonden. Behalve de molen stond er waarschijnlijk echter slechts één huis. Blijkbaar was *Boksbergen* oorspronkelijk de naam van de enige berg in die buurt, de *Kloosterberg*. Deze laatste naam heb ik in 1407 voor het eerst gevonden. Hij werd blijkbaar gegeven toen het grootste deel van de berg in het bezit kwam van het klooster Sint-Bernardsdal, aan de voet ervan aan de Begijnenbeek gesticht in het begin van de 13de eeuw. Sinds er op het einde van de vorige eeuw weer huizen bij de Kloosterberg gebouwd werden, wordt deze naam ook als gehuchtnaam gebruikt.

Volgens taalkundige gegevens (zie beneden 5.1.1) zouden Papenbroek en Boksbergen de oudste nederzettingsnamen in de heerlijkheid Kaggevinne onder Webbekom zijn. De naam *Papenbroek* sloeg dan oorspronkelijk op het latere Liebroek en *Boksbergen* op de latere Kloosterberg. Beide oude nederzettingen zullen wel vlak bij de Begijnenbeek gelegen hebben. Vermoedelijk was er in elk van beide slechts één hoeve.

3.2. Namen van cijnshoven

Cijnshoven, laathoven of laatbanken waren hoven of rechtbanken met een meier (of richter) en laten, waaraan bepaalde goederen onderworpen waren. De houders van die gronden moesten er een jaarlijkse cijns voor betalen. Het cijnshof was bevoegd om over de verplichtingen ten opzichte van die goederen te oordelen (cf. MNW, i.v. *laetbanc*). Van de 14 cijnshoven deie ik te Webbekom gevonden heb, zijn er maar 8 met een hoeve te verbinden. Het is mogelijk dat de andere alleen maar gronden omvat hebben. Op de naam *Eekt* na zijn wel alle namen van cijnshoven gevormd met het element *hof*.

3.2.1. Cijnshoven onder de heerlijkheid Webbekom

Het voornaamste cijnshof in de heerlijkheid Webbekom was het *Hof van Webbekom* (ca. 1136), ook het *Abtshof* (1373), *Hof van Sint-Truiden* (1385) en *Prelaatshof* (1775) genoemd. Het was het hof van de abt van Sint-Truiden te Webbekom, onder de naam *Hof van Webbekom* gelokaliseerd op het *Steenhof* (1396), vlak achter de kerk, blijkbaar de zetel van de heerlijkheid. Daar woonde in 1396 overigens Jan van Webbekom, richter of meier in naam van de heer van de heerlijkheid, de abt van Sint-Truiden.

Ondergeschikt aan het Hof van Webbekom was het *Pastoorshof* (1599) of *Persoonshof* (1626). Zoals de naam het zegt, hoorde

dit cijnshof ambtshalve aan de pastoor toe. Ca. 1720 wordt het genoemd "het chijnsboeck competerende die personaetschap van webbecom genoemt den persoonshoff subalterne leen onder leenhoff van sijn hoogw: van st. Truijden" (BKe 22774, 45).
Hieronder vielen alle goederen en cijnzen die aan het ambt van de pastoor verbonden waren, niet alleen in de parochie en heerlijkheid Webbekom, maar ook in de heerlijkheid Kaggevinne, o.a. te Schaffen, een dochterparochie van Webbekom (Claes 1982a, 19).

Het *Hof van Zelk* heb ik in 1385 het eerst vermeld gevonden als toebehorend aan de heer van Zelk in het hof Webbekom. Vier jaar later wordt ridder Aert van Zelk er eigenaar van genoemd. Volgens de uitvoerige ervan bewaarde cijnsboeken (DLS 10 Z, BS 2201-2203) hoorden er huizen en goederen onder in Webbekom, Assent en Schaffen. Dit cijnshof, dat tot 1531 aan een Arnold van Zelk toebehoorde, wordt nog tot 1796 vermeld.

Het *Krauwelshof* (1430 of de *Krauwelshove* (1457) was een cijnshof met leenmannen en cijnzen, dat in 1420 aan Leonius Crauwels toebehoorde.
Toen deze het in 1446 aan Matthias Cox verkocht, kreeg het de naam *Kokshof* (1505). Onder deze naam bleef het cijnshof bekend tot in 1782. Er zijn goederen van dit hof bekend in Webbekom en Assent.

Het *Lukershof*, in 1452 en 1469 als een hoeve vermeld, vinden we van 1515 af als een cijnshof, dat in 1516 aan Gielis Lueckers toebehoorde. Van dan af tot in 1796 horen er alleen goederen onder, die alle te Webbekom gelegen zijn.

Het *Hof van Aart van Beringen* of *Aarts van Beringenhof* wordt van 1523 tot 1535 als cijnshof te Webbekom vermeld. Tevoren, in 1442, hebben we het echter al onder de heerlijkheid Kaggevinne gevonden, met goederen onder het huidige Kaggevinne en Molenstede. Na 1535 vinden we er niets meer over.

Het *Amoershof*, in 1540 voor het eerst gevonden als laathof, gelegen te Webbekom, hoorde in de 16de eeuw toe aan Jonker Aert van Amours.
Dit cijnshof hoorde gedeeltelijk onder de abt van Sint-Truiden, in de heerlijkheid Webbekom, en onder de heer van Diest, in de heerlijkheid Kaggevinne, met goederen te Webbekom, Assent en Molenstede. Het wordt vermeld tot in 1796.

De *Eekt*, een oude nederzetting, wordt ook vermeld als een cijnshof, maar dan van een speciale aard. Het was nl. een keurhoeve, d.i. een hoeve onderworpen aan het recht van "keurmede", het recht van de heer om het beste stuk uit de nalatenschap van een horige te kiezen. De naam "keurhoeve" vind ik voor de Eekt van 1623 tot 1684, maar al in 1560 was ze het zeker al. Toen werd de Eekt een "hoeve" genoemd met als "gichtdrager", rechterlijk ambtsdrager, Trudo Nijs alias van Beylaer (HST 7039/5, 102). De keurhoeve omvatte drie hoeven en enige percelen akkerland op of bij de Eekt gelegen. Ze hing af van de abdij van Sint-Truiden.

Samen met de meeste bovenvermelde cijnshoven wordt in een goederenregister van de heerlijkheid Webbekom uit 1680 vermeld "den cheijnsboeck genaempt den hoff des heeren van st. martens te luijck" (HST 6943, 255). Blijkbaar had de pastoor van de Sint-Martenskerk in Luik recht op cijnzen te Webbekom, hoewel ik er verder niets over gevonden heb.

3.2.2. Cijnshoven onder de heerlijkheid Kaggevinnen

Het *Hof van Liebroek* vinden we van de 14de tot de 18de eeuw als een cijnshof met goederen te Liebroek. Het hoorde blijkbaar bij de oude hoeve die daar waarschijnlijk omstreeks 1568 verwoest werd. Wat later, in 1591, werd het verkocht aan de commandeur van Bekkevoort, die in die omgeving veel bezittingen had.

Een ander cijnshof hoorde bij de abdij Sint-Bernardsdal. Het wordt van 1372 tot 1684 vermeld als een hof van de abdis van die abdij, met gronden te Papenbroek en op de Kloosterberg. In 1593 en 1684 wordt gezegd dat de abdis de panden van dit laathof zelf in bezit heeft (BH 73, 108v° en BS 5948, 8v°).
Het ging dus alleen over eigen bezittingen van de abdij.

Het *Hof van Meerhout* wordt van 1506 tot 1782 als laathof vermeld met vijf bunder grond en tot 1570 ook een hoeve te Bost. Dit laathof, dat aan de familie van Meerhout toebehoorde, heeft blijkbaar maar een beperkte omvang gehad.

Slechts eenmaal heb ik het *Brandshof* gevonden, ook te Bost gelegen, in 1608 "eenen heerlijcken chyshoff" met slechts een half bunder akkerland en een hofstad. Blijkbaar had op die plaats vroeger een hoeve gestaan. Later, zeker van 1611 tot 1635, stond er weer een, maar het cijnshof heb ik verder niet meer vermeld gevonden.

Tenslotte heb ik nog van 1471 tot 1794, het *Monnikaartshof* of *Hof van der Monniken* gevonden, genoemd naar Jan Monnikaarts of van der Monniken. Dit laathof bezat goederen onder de heerlijkheid Kaggevinne, in Boksbergen, het huidige Kaggevinne, Schaffen en Molenstede.

3.3. Huis- en erfnamen

Doordat de meeste huizen vroeger boerderijen waren, komen ook de namen ervan het meest voor onder de huis- en erfnamen. Daarom deel ik de namen van boerderijen nog in naar het grondwoord waarmee ze samengesteld zijn.

3.3.1. Namen met hof of hoeve

In de vorige paragraaf heb ik al namen met *hof* of *hoeve* in de betekenis cijnshof vermeld. Verscheidene van die namen duidden oorspronkelijk ook een boerderij aan. In een aantal andere namen heeft *hof* of *hoeve* alleen deze laatste betekenis.

Verscheidene namen met *hof* of *hoeve* hebben als eerste lid een persoonsnaam, de naam van de eigenaar. Zulke namen heb ik vooral in de 16de eeuw gevonden: *Fijenhof* (1438) of *Sofieënhof* (1532), *Jan Elenhof* (1532), *Leugemanshof* (1532), *Rulenshof* (1532), *Wouter Koninkshof* (1532), *Jan van der Eekthof* (1533), *Filip Grietenhof* (1541), *Kinderen Kranenhoeve* (1545), *Kijnenhof* (1560), *Mantelshof* (1579) en *Smeiershof* (ca. 1600). De meeste van deze namen staan als eigennaam niet heel vast: behalve *Fijenhof/Sofieënhof* komen alleen *Leugemanshof* (tot 1644) en *Kijnenhof* (tot 1684) nog na 1600 voor.

Een beroepsnaam heb ik als naam van de eigenaar gevonden in *Pensionarishofke* (ca. 1680) en de naam van een instelling in *Heilige-Geesthof* (1490) of *Heilige-Geesthoeve* (1652) en *Gasthuishoeve* (1616). Deze laatste namen komen echter vaker met het woord *winning* voor.

In enige andere namen werd *hof* door een eigenschap van de boerderij of de omgeving bepaald: *Steenhof* (1396), omdat ze in steen werd opgetrokken, *Berkenhof* (volksmond), wegens de nabijheid van berken, en *Ganzenhof* (volksmond), wegens de aanwezigheid van ganzen. De naam *Waterhof* (1815), wegens de aanwezigheid van water, werd gegeven aan een buitengoed, waaraan vermoedelijk ook een hoeve verbonden was. Dit laatste geldt eveneens voor het *Hofke* (1635), waarvan de naam, in de verkleinvorm, ook typisch eens aan het buitengoed gegeven werd.

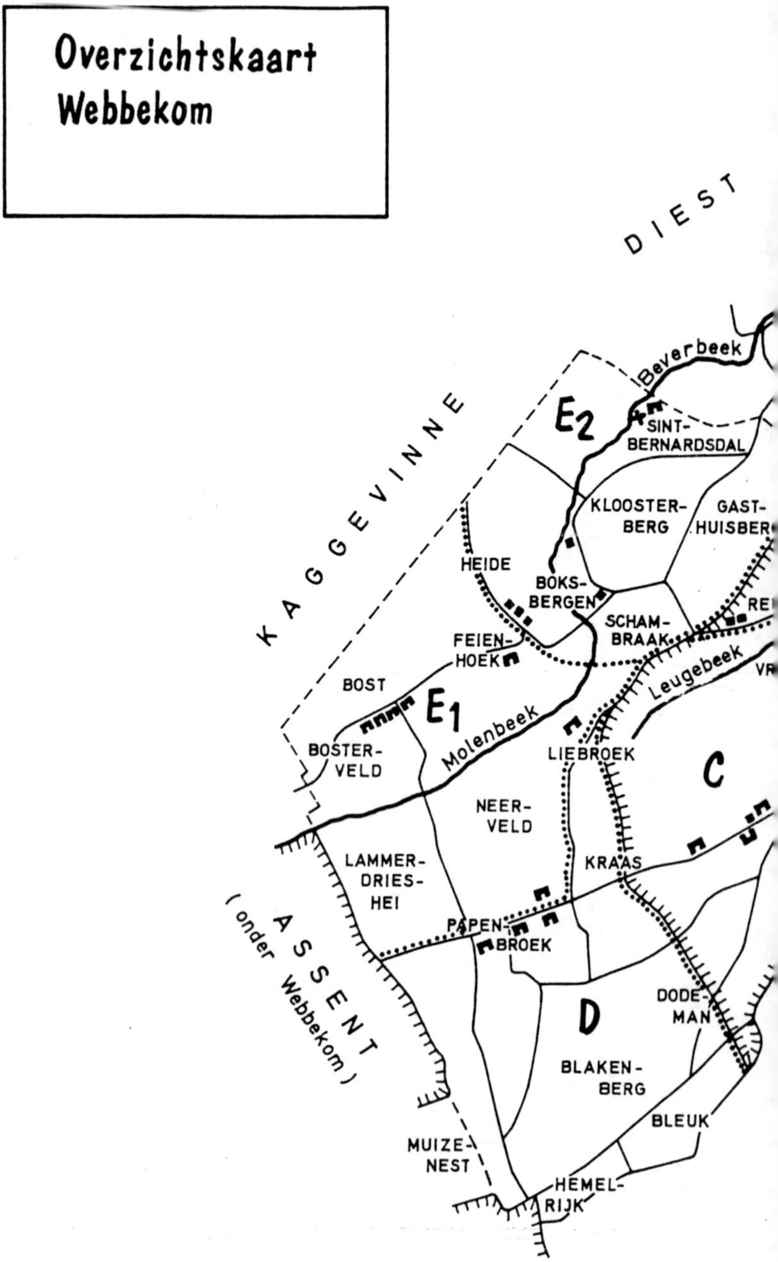

Overzichtskaart van Webbekom

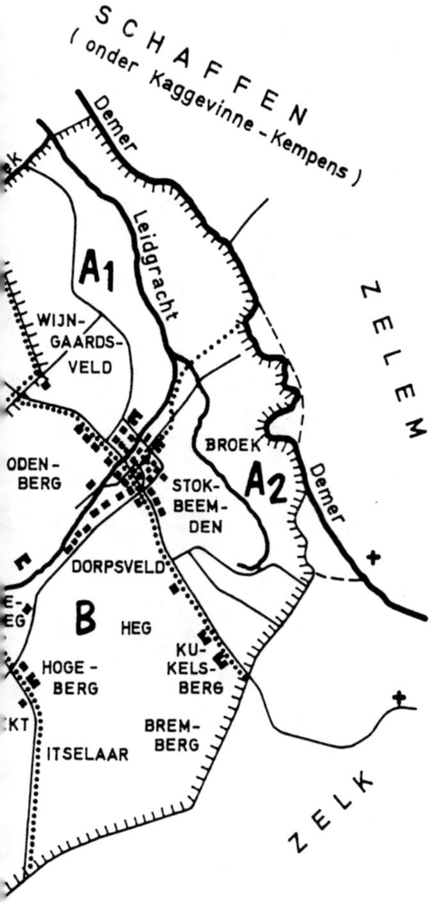

grenzen van de heerlijkheid Webbekom tot 1825

gemeentegrenzen 1825 -1970

grote hoeven

huizen

sectieindeling

De naam *Oudehof* (1526 en 1579) heb ik tweemaal gevonden voor een plaats waar (waarschijnlijk) vroeger een hoeve gestaan had. Dezelfde betekenis heeft ook het woord *Hofstad* (1431 en 1726) of *Oude Hofstad* (1646), ook in de namen *Hofstad te Rode* (1560) en *Terhofstad* (1456). Bij *Hofstad te Rode* vinden we in 1560 uitdrukkelijk "voertyts huys ende hoff" en in een andere tekst, uit 1639, is er sprake van "sekere hofstadt daer het huijs (nl. het Breskensgeleeg) op gestaen heeft".

Boven, onder 2.4.3., heb ik al namen met *hof* of *hoeve* vermeld in de betekenis omheinde ruimte bij een woning of klein perceeltje, nl. *Hof*, *Hennephof*, *Kemphoven* en *Kemphof*, alsook de minder duidelijke namen *Akkerhof* en *Veldhoeve*, waarin de betekenis akkerland voorop zal staan. In het huidige dialect heeft de hiervan afgeleide betekenis tuin overigens de oudere beteknis hoeve helemaal verdrongen.

3.3.2. Namen met winning

Het woord *winning* is nu nog gebruikelijk in Webbekom en omgeving (zie WBD I 7), speciaal met de betekenis "grote pachthoeve". Ook vroeger heeft het deze speciale betekenis gehad, zoals blijkt uit de namen die wijzen op eigenaars die niet ter plaatse woonden, nl. personen, in *Bogaardenwinning* (1608), *Buikswinning* (ca. 1680), *Hendrik van Looverenwinning* (1568), *Kokswinning* (1770) en Noëlswinning (volksmond), of instellingen, *Armenwinning* (ca. 1845), *Gasthuiswinning* (1600), *Heilige-Geestwinning* (1395), *Kloosterwinning* (1399), *Kommanderijwinning* (1715) en *Korsendonkwinning* (1532). Tweemaal heb ik een *winning* genoemd naar een pachter gevonden: *Buvenswinning* (1877) en *Roverswinning* (1955).

Naar de bodemgesteldheid werd de *Drogewinning* (1568) genoemd en naar het gehucht waar ze gelegen was de *Winning van Papenbroek* (1420). Het enkelvoudige *De Winning* tenslotte komt tweemaal voor (1877 en 1932).

3.3.3. Namen met geleeg

Het woord *geleeg* is niet alleen in de omgeving van Webbekom (WBD I 7), maar ook te Webbekom zelf het gewone woord voor een boerderij en het erbij horende erf (Claes 1975). Toch heb ik het slechts in drie eigennamen van hoeven gevonden: twee waarin *geleeg* verbonden met een persoonsnaam: *Breskensgeleeg* (1621) en *Zelkaartsgeleeg* (ca. 1600), en een waarin het verbonden werd met er gehouden fokhengsten, *Hengstegeleeg* (volksmond).

3.3.4. Namen met huis

Onder de namen met *huis* vinden we één enkele hoevenaam, *Peter van Geelhuisje* (1603), maar dit was toen vermoedelijk de naam van een klein huis dat er na de verwoesting in de 16de eeuw nog overbleef. Twee huizen werden naar een typisch uiterlijk kenmerk genoemd: het *Schaliënhuis* (1718), een andere naam voor de herberg de Zwaan, en het *Roodhuis* (1904). Maar klein waren het slechts eenmaal vermelde *Lazarushuis* (1625), bestemd voor leprozen, en het *Ruthuisje* (1890), bestemd voor een baanwachter van de spoorweg. Een huisnaam die op een weide was overgegaan, is tenslotte het *Vissershuisje* (1589), genoemd naar een huisje of hut voor vissers.

3.3.5. Namen met erf of goed

De naam *Gasthuiserf* (1452) of *Gasthuisgoed* (1532) heeft waarschijnlijk betrekking op een hoeve met de erbij horende akkers en weide. Bij *Erf met de bijl* (1532) is het niet duidelijk of het alleen over een perceel grond gaat of over een hoeve met grond. Het *Goed van Eksel* (1706) is echter zeker weer een hoeve met landerijen (zie voor *Goed*: Lindemans en Borgers, p. 64, nr. 56).

3.3.6. Namen van buitenverblijven

De huidige volksnaam voor een buitenverblijf, "goedje", vinden als simplex in *Het Goedje* (volksmond) en in de verbinding *Goedje van de Mattenelle* (volksmond). Vroegere benamingen vinden we in de namen *Speelhof* (ca. 1700 en ca. 1850, twee huizen), *Speelhuis* (1728 en 1844, twee huizen), *Speelgoed* (1756) en, verbonden met een persoonsnaam, *Kremersspeelhof* (1783) of *Kremersspeelgoed* (1874).

Statiger klinkt de naam *Zwanenborg*, die dan ook hoort bij een "heeren huijs ende hof met optreckende bruggen" (1655), eigendom en buitenverblijf van Jonker Hendrik Karel van Baussele, drossaard van Diest (Claes 1978c, 51). Boven (3.3.1.) heb ik het *Waterhof* al vermeld, dat identiek is met het *Kremersspeelhof*. Tenslotte vermeld ik nog dat de pijlers van de vroegere ingangspoort van het verdwenen *Goedje van de Mattenelle* nu in de volksmond de *Torekes* genoemd worden.

3.3.7. Namen van herbergen en uitspanningen

De oudste herbergnamen, uit de 16de eeuw, zijn gegeven naar een meer voorkomend uithangbord, met de afbeelding van een dier, het *Voske* (1531), de *Valk* (1562), de *Veldhen* (1562) en de *Zwaan* (1551), van een engel, de *Engel* (1560), van een reus, de *Wildeman* (1532), of van een krans, de *Kroon* (1599). Een typische naam voor een uitspanning is de *Roskam* (1670). Sprekende namen voor de ontvangst in de herberg zijn de *Tinnepot* (1669) en de *Witte Voorschoot* (1726). In de recentere tijd werden namen gegeven naar een tolboom, de *Bareel* (ca. 1840) of de *Oude Bareel* (Volksmond), en naar een heilige, *Sint-Cornelis* (1888 en ca. 1936, twee herbergen), wegens de plaatselijke bedevaart.

3.3.8. Andere namen van gebouwen

De oudste naam van een gebouw is die van het klooster *Sint-Bernardsdal* (1239) of *Sint-Bernardsklooster* (1396). Een aan dit klooster toebehorende hoeve werd *Sint-Bernardus* (1749) genoemd. Een andere hoeve, de Kokswinning, heet soms in de volksmond *Sint-Huibrecht*, naar de patroon van de jagers, vermoedelijk omdat men van daaruit op jacht ging. In de religieuze sfeer blijven we met de naam *Oude Pastorie* (1750 en 1792) voor twee boerderijen, omdat die vroeger als pastorie dienst gedaan hebben.

De oudste man van een burgerlijk gebouw is die van de *Boksbergsemolen* (1389), toevallig niet ver van Sint-Bernardsdal gelegen. In de 17de eeuw werd een hoeve *Geuzentempel* (1680) genoemd, waarschijnlijk een scheldnaam, omdat men er niet christelijk leefde. Tenslotte hebben we nog de naam het *Schijf* (1890), nu de naam van een restaurant bij de Halvemaan, maar oorspronkelijk een schietschijf bij de vestingwallen van Diest.

Fr. Claes

TOPONYMIE VAN WEBBEKOM

(Vervolg van blz. 236 jg. 1991.)

4. STRAAT- EN WEGNAMEN

In totaal heb ik in Webbekom niet minder dan 257 namen van straten en wegen gevonden, waarbij we er rekening mee moeten houden dat een zelfde weg in de loop van de geschiedenis soms verschillende namen kreeg, terwijl ook dezelfde naam (bijv. *Groeneweg, Mestweg*) aan verschillende wegen gegeven werd.

4.1. De grondwoorden

Als grondwoorden van samengestelde straat- en wegnamen heb ik te Webbekom gevonden: *straat* 133 keer, *weg* 67 keer, *dijk* 19 keer, *baan* 14 keer, *voetweg* 10 keer, *steenweg* 7 keer, *gat* 3 keer, *mestweg* 2 keer, *veldweg* en *dreef* elk 1 keer.

4.1.1. Overzicht van de grondwoorden naar de oudste vermelding

	13de	*14de*	*15de*	*16de*	*17de*	*18de*	*19de*	*20ste eeuw*
weg	1	2	4	17	16	15	11	1
straat	-	3	11	29	27	20	13	30
dijk	-	1	-	8	4	3	3	-
baan	-	-	-	3	1	4	5	1
gat	-	-	-	2	1	-	-	-
steenweg	-	-	-	1	1	1	2	2
voetweg	-	-	-	-	-	-	10	-
mestweg	-	-	-	-	-	-	2	-
veldweg	-	-	-	-	-	-	-	-
dreef	-	-	-	-	-	-	1	-

We merken op dat de oudste namen met *weg* gevormd werden, al is het aantal namen met *straat* merkelijk groter. De namen met *baan* en *steenweg* zijn nog recenter. We kunnen dit illustreren met enige namen die achtereenvolgens een ander grondwoord krijgen: *Tienseweg* voor het eerst in 1344, *Tiensestraat* in 1459, *Tiensebaan* ca. 1550, *Halenseweg* voor het eerst in 1415, *Halensestraat* in 1682, *Halensebaan* ook in 1682, *Heerstraat* in 1385, *Heerbaan* in 1530, en tenslotte de kleinere *Poortweg* in 1347, *Poortstraatje* in 1482.

4.1.2. Namen met weg, straat, baan en steenweg

Van in de 13de-14de eeuw worden *weg* en *straat* gebruikt voor alle mogelijk wegen, grote verkeerswegen en kleine veldwegen.

Waarschijnlijk komt *straat* echter iets later voor doordat het oorspronkelijk (van het Latijnse *via strata*, gebaande weg) een verharde weg aanduidde en de betekenis pas later verruimd werd. *Baan* komt voor het eerst in 1530 voor in *Heerbaan* en duidt altijd grotere wegen aan, zoals nu ook nog in het dialect.

Het woord *steenweg* wordt van in 1562 gebruikt voor een met stenen verharde weg, het eerst voor de vroegere Halenseweg, de huidige Oudebaan, die toen in de dorpskom verhard was. Later werden achtereenvolgens ook de Oude Tienseweg, in 1754, de Leuvensesteenweg, in 1779, en de Hasseltse of Grote Steenweg, in de volksmond, *steenweg* genoemd.

4.1.3. Namen met dijk

Dijk, dat in het Middelnederlands niet alleen aaarden wal als waterkering maar ook poel of vijver betekent, heeft in de Kempen de betekenis gekregen van een verhoogde weg door laag gelegen weiden (Helsen 1938, 30-31; Gysseling 1981a, 76). Met deze betekenis heb ik *dijk* ook in Webbekom in verschillende namen gevonden van wegen die in of langs weiden lopen en hoger gelegen zijn.

Enige van die wegen, nl. de *Zelemerdijk* (1398), de *Rechtedijk* (1580), de *Krommedijk* (1690), of *'s-Herendijk* (1532) en *'s-Herendijk* (1713), liepen vlak langs een waterloop, zodat de oorspronkelijke betekenis "waterkering" hier ook meegespeeld kan hebben. Andere wegen, als de *Molendijk* (1518), *Prinsendijk* (1745) of *'s-Herendijk* (1564) en de *Keerdijk* (1771), liepen echter dwars door de weiden en de *Vluchtdijk* (ca. 1680) vormt nog altijd de grens tussen het akkerland en het weidegebied. De laatste twee namen zijn nu nog in de volksmond bekend, evenals het simplex *dijk*, voor twee wegen, zonder dat de betekenis "weg" van dit woord nog aangevoeld wordt.

4.1.4. Gat, mestweg en veldweg

Gat heb ik tweemaal gevonden voor een toegangsweg tot hoger gelegen akkers, vanuit een holle weg: *Kaarskesgat* (1527) en *Hooggat* (1560). De derde naam met *gat*, *Duivelsgat* (1646), is identiek met het Duivelsstraatje, dat langs het Duivelskot loopt. Ook het Duivelskot zelf werd wel eens Duivelsgat genoemd, wat deze naam waarschijnlijk op de straat heeft doen overgaan.

In totaal heb ik 17 *mestwegen* kunnen lokaliseren. Voor vier ervan is verwarring met *Misweg* mogelijk, voor één waarschijnlijk (deze vermeld ik onder *Misweg*). De andere 12 zijn echter wegjes die alleen naar akkerland leiden, zodat we hier als betekenis moeten aannemen "weg waarover men mest naar de akker brengt". Zo heb ik *mestweg* ook in twee samenstellingen gevonden, die beide alleen in de Atlas van de Buurtwegen voortkomen: *Dodemansmestweg* en *Kloosterbergmestweg*. *Veldweg*, een weg door of naar het veld, heb ik voor tien wegen als soortnaam gevonden en één keer als eigennaam, waarbij het synoniem is van *Veldstraat* (1452). Ik heb één samenstelling met *veldweg* gevonden, *Processieveldweg*, die alleen in de Atlas van de Buurtwegen en op de kaart van Popp voorkomt.

4.1.5. Voetweg en dreef

De tien samenstellingen met *voetweg* komen alle voor het eerst in de Atlas van de Buurtwegen voor en slechts één ervan komt nog een tweede keer voor, nl. *Dodemansvoetweg*, op de kaart van Popp. Een oudere naam om zo'n voetweg aan te geven is *manspad*, dat ik wel als soortnaam, maar niet als eigennaam gevonden heb.

Dreef heb ik slechts in één samenstelling gevonden, *Bosteredreef*, die alleen maar in de Atlas van de Buurtwegen en een latere 19de-eeuwse tekst voorkomt. Het woord *dreef*, afgeleid van drijven, is verwant met *driftweg* of *driftstraat*, een woord dat ik voor acht verschillende wegjes gevonden heb, die, zoals de *Bosteredreef*, alle naar weiland leiden. Het waren wegjes waarlangs het vee gedreven werd. (Verstegen 63).

4.2. Verkeerswegen

De eigenlijke verkeerswegen leiden naar een andere plaats, naar een gehucht of kleine nederzetting of naar een bepaald gebouw. Ze worden dikwijls genoemd naar het eindpunt ervan.

4.2.1. Wegen naar een andere plaats

De voornaamste verkeerswegen werden genoemd naar een belangrijke stad op een grotere afstand: de *Tienseweg* (1344), de *Leuvensebaan* (1722) en de *Oude Hasseltsebaan* (ca. 1845). Opmerkelijk is dat deze laatste weg vroeger altijd *Halenseweg* (1415) heette (sinds 1973 overigens weer *Halensebaan*), wat op het relatief groter belang van Halen wijst. De *Oude Tiensebaan* (ca. 1845) is identiek met de *Tienseweg*: hier werd *Oude* alleen toegevoegd omdat de weg niet meer als verbinding met Tienen gebruikt werd. De *Leuvensebaan* of *(Oude) Leuvensebaan* (1762), ook *Oudestraat* (ca. 1750) genoemd, maar gewoonlijk de *Bosterestraat*, werd slechts af en toe als verbindingsweg met Leuven gebruikt. Ca. 1780 kwam de *Leuvensesteenweg* hiervoor in de plaats, naar de streek waar hij doorheen gaat, ook de *Hagelandsesteenweg* genoemd. Ook de *Hasseltsesteenweg* volgt vrijwel volledig een ander traject dan de *Oude Hasseltsebaan*. Deze laatste wordt alleen in de Atlas van de Buurtwegen *Oude Diestersebaan* (verder komt het nabijgelegen Diest in de wegnamen niet voor) en nu *Oudebaan* genoemd.

Behalve het al vermelde Halen waren er nog andere buurdorpen waar wegen naar genoemd werden. Zo is er de *Zelemsedijk* (1398), dwars door de weiden naar het oude dorpscentrum van Zelem, de *Assentsestraat* (1646), de verbinding van het gehucht Papenbroek met Assent, en de *Zelksestraat* (1823), van bij de Dodeman in de richting van Zelk-Halen.

Naar verder gelegen dorpen leiden de *Kortenaakseweg* (1496) of

Reinrodestraat (1823), identiek met de Tienseweg, en de *Reinrodeweg* (1976), van Papenbroek naar Reinrode, gehucht van Loksbergen en van Assent.

4.2.2. Wegen naar een gehucht of gebouw

Enige wegen zijn genoemd naar een gehucht of kleinere nederzetting: de *Papenbroeksestraat* (1400), de *Bosterestraat* (1501), d.i. de weg naar of door het gehucht Bost, de *Bosteredreef* (ca. 1845), de *Liebroekstraat* (1532), de *Aardewegstraat* (1625), een naam die gevormd werd toen de Aardeweg een gehuchtnaam geworden was, de *Boksbergsestraat* (1638), de *Boksbergsedijk* (1646) en de *Hondstaartweg* (ca. 1845). Deze namen kunnen zowel de weg door als de weg naar de nederzetting aanduiden.

De bestemming of het eindpunt van de weg wordt aangeduid in *Misweg* (1560) of *Kerkstraat* (1635) en *Kerkeweg* (1666), twee wegen die naar de dorpskerk leiden. De weg van Diest naar de Kapel van de Hoge Wijngaard heet *Wijngaardstraat* (ca. 1350). Twee wegen naar het klooster Sint-Bernardsdal heten *Kloosterstraat* (1459 en 1638). Een weg naar een vroegere hoeve bij de Blakenberg heet *Hofstadstraat* (1442) of *Ridderstraat* (1753), deze laatste naam naar de Ridders van de Teutoonse Orde, aan wie het perceel toebehoorde.

Ik heb acht verschillende *Molenwegen* of *Molenstraten* gevonden, waarvan er vijf naar de Boksbergsemolen leidden, een naar de windmolen aan de Leuvensesteenweg, een naar de watermolen van Zelk en een naar de Nedermolen onder Diest. De *Molendijk* leidde eveneens naar de Boksbergsemolen.

4.2.3. Andere namen van verkeerswegen

Vijf wegen worden *Heerstraat* (1385) of *Heerbaan* (1530) genoemd, met de betekenis "openbare verkeersweg". Oorspronkelijk betekende dit woord "weg voor het *heer*, leger". Soms werd deze naam wel verward met *'s-Herenstraat*, eigenlijk "van de heer", maar gewoonlijk "van de gemeenschap" (zie boven, 2.2.6), dus: openbare weg. De naam *'s-Herenstraat* (1487) heb ik gevonden voor de vijf wegen die *Heerstraat* genoemd worden en bovendien ook nog voor vijf minder belangrijke verkeerswegen.
Daarnaast heb ik nog *'s-Herendijk* (1532) gevonden voor drie wegen, en *'s-Herensteenweg* (1626).

Dezelfde betekenis "van de gemeenschap", dus openbare weg, hebben ook de namen *Gemeentestraat* (1778 en 1791, twee wegen), *Gemeentedijk* (1828 en 1840, twee wegen) en *Webbekomsedijk* (1603). In de laatste twee gevallen gaat het over de *Vluchtdijk* (ca. 1680) of *Vluchtweg* (1791), zo genoemd omdat de inwoners ("die gemeynte") van Webbekom daarlangs in geval van nood naar Diest konden vluchten. Een *steenweg*, met stenen verharde weg, was natuurlijk een belangrijke weg. Het eerst werd de Halensebaan in het dorpscentrum in 1562 zo genoemd (zie boven, 4.1.2). Deze werd ook

Groteweg (1648) genoemd en na het aanleggen van de nieuwe verkeersweg Diest-Hasselt *Oude Grotebaan* (1857) of *Oudebaan* (1858). De nieuwe weg werd dan in de volksmond de *(Grote) Steenweg* genoemd.

Hollewegen zijn ontstaan door erosie van ijzerzandsteen op hellingen van heuvels die met wagens bereden werden. Zo heb ik de naam *Hollestraat* gevonden voor drie wegen (1407, 1569 en 1822) die als verbindingsweg gebruikt werden, niet echter voor de diepste holleweg, de *Oude Tienseweg* (tussen B 50 en C 77), wellicht omdat deze belangrijke verkeersweg altijd onder een andere naam bekend was. Hetzelfde geldt eigenlijk ook voor de oude Halensebaan, die pas in 1822 *Hollestraat* genoemd werd.

4.3. Kleinere wegen of straten

Kleinere wegen leidden naar een perceel, naar of over een groter complex akkerland, weiland, bos of onbebouwde grond. Ze konden naar hun eindpunt of ook naar andere elementen vernoemd worden. De 19de-eeuwse voetwegen en de recente straatnamen zijn eigenlijk afzonderlijke gevallen, die ik daarom apart bespreek.

4.3.1. Naar eindpunt of omgeving genoemde veldwegen

Verschillende oudere veldwegen werden genoemd naar de plaats waar ze naartoe leiden: de *Aardeweg*, althans waarschijnlijk, de *Blakenbergweg*, de *Blakenbergsestraat*, de *Broekstraat* (drie wegen), de *Dodemansstraat*, de *Dorpsveldstraat*, het *Kerkstraatje*, de *Reustraat*, de *Schambroekstraat* en de *Vroentestraat*, alle naar een plaats in Webbekom, het *Vrijheidsstraatje* naar de Vrijheid Diest en het *Poortstraatje* of de *Poortweg* naar een stadspoort van Diest.

Andere veldwegen werden genoemd naar een perceel of complex waarlangs of waardoorheen ze lopen: de *Blokstraat*, de *Bosstraat*, de *Broekstraat* (vier wegen), het *Duivelsstraat*, de *Gasthuisbergstraat*, de *Gebroekstraat*, de *Keerweidestraat*, de *Kloosterbergstraat*, het *Lammerheistraatje*, de *Langebosstraat*, de *Neerveldstraat*, de *Romblokstraat* en de *Rozedelstraat*, alle naar een perceel of complex in Webbekom, de *Boekhoutstraat* naar een complex zonder Zelk-Halen, de *Reenstraat* naar de grens met Zelk-Halen, en drie namen voor één weg op de grens van Webbekom met Assent: de *Begijnhofstraat*, naar een erbij gelegen wijk, de *Kortrijsstraat*, naar een erbij gelegen perceel, en de *Wolfs(put)straat*, naar een erbij gelegen toponiem, telkens onder Assent.

4.3.2. Naar andere elementen genoemde veldwegen

Enige oudere veldwegen werden genoemd naar het gebruik dat ervan gemaakt werd. Zo heb ik boven al namen vermeld die meestal soortnamen waren: *mestweg* en *veldweg*, leidend naar akkerland (4.1.4), *driftweg*, leidend naar weiland (4.1.5). Zo is ook een *vaarweg* (van *varen*, rijden) een weg die geschikt is voor voertuigen. Dezelfde betekenis heeft waarschijnlijk *Keerdijk* (1771). Deze weg liep immers langs de *Keerwei*, waarvan de oudste vorm in 1420 *Carweyde* is, vermoedelijk weide die als verbrede weg voor karren diende. De *Processieweg* (drie wegen in 1680) werd door de processie gevolgd.

Andere bepalingen van veldwegen slaan op de hoedanigheid en het uitzicht van de weg. Zo is er een *Kleinedijk* en een *Langedijk*. Deze laatste wordt ook de *Rechtedijk* genoemd, in tegenstelling met de *Krommedijk*. De *Hoogstraat* is een naam van de Oude Tienseweg, waar deze over de hoogte bij de Dodeman en de Blakenberg gaat, zoals het *Hooggat* toegang geeft tot hoog gelegen akkerland. Naar een wegkruising werden de *Kruisstraat* (1438) en de *Kruisweg* (1663) genoemd. Voor een tweede *Kruisweg* (1754) is de betekenis "processieweg in de kruisdagen" mogelijk.

Een onverharde weg was een *Zandstraat* (drie wegen), terwijl veel veldwegjes dwars door akkerland *Groeneweg* of *Groenstraat* genoemd werden. Zo heb ik er 23 kunnen lokaliseren, de meeste als soortnaam, met de oudste vermelding uit 1412. Op twee na, die de grens vormen tussen akkerland en weiland, lopen ze alle dwars door akkerland. Van de 23 zijn er 13 die alleen toegang geven tot akkerland, terwijl er 10 ook toegang tot weiland kunnen geven. Daarom verkies ik de verklaring "weg die hoger gelegen is dan het omgevende en groen begroeid is" (Cuvelier en Huysmans 121) boven "weg naar het groen" (Molemans en Paulissen 1975, 43, en 1976, 73) of "voorhistorische weg" (cf. Helsen 1938, 31 en 54).

Van in de 16de eeuw werden enige wegjes genoemd naar personen die eraan woonden of er bezittingen hadden: het *Kaarskesgat* (1527), oorspronkelijk naar een familienaam *Ghyskens*, de *Peterstraat* (1533), vermoedelijk naar een voornaam *Peter*, de *Pie(r)kensstraat* (1599), misschien naar een familienaam *Pickaerts*, en wellicht ook het *Koolstraatje* (1771), naar de familienaam Cools.

4.3.3. 19de-eeuwse voetpaden

In de Atlas van de Buurtwegen (ca. 1845) werden niet alleen de verkeerswegen maar ook de kleine voetpaden opgenomen. Hieronder zijn er die vroeger nog nooit een naam gehad hebben en andere waarvan men de (tijdelijke) naam niet kende. Zo werden toen een aantal nieuwe namen gevormd.

Onder deze 19de-eeuwse namen zijn er verscheidene die naar een in de naam genoemde plaats leiden: de *Dodemansmestweg*, de *Dorpsveldweg*, de *Kloosterbergvoetweg* en de *Stokbeemdenweg* naar een complex in Webbekom, het *Tienbunderstraatje* naar een perceel en de *Molenvoetweg* naar een watermolen onder Zelk-Halen, de *Reinrodesevoetweg* in de richting van Reinrode onder Loksbergen en onder Assent en de *Begijnhofvoetweg* naar de wijk Begijnhof onder Assent. De *Bernardusblokweg* en het *Lammerdriesstraatje* liepen langs het genoemde perceel, de *Dodemansvoetweg*, de *Schambroekvoetweg* en de *Wijngaardsveldweg* over het genoemde complex, de *Kloosterbergmestweg* langs het genoemde complex en de *Papenbroekvoetweg* door het genoemde gehucht, alle onder Webbekom zelf. De *Processieveldweg* werd blijkbaar bij de processie gebruikt, al worden er in 1680 drie andere processiewegen vermeld.

Verder merk ik op dat de *Leunisvoetweg* naar het *Leunisveld* leidde en dus ook het element "veld" had moeten bevatten, dat *Bergwegstraat*, identiek met *Blakenbergweg*, blijkbaar een contaminatie is van deze naam en van "Blakenbergstraat", met weglating van "Blaken", dat *Droomblokstraat* steunt op de vorm *Dromblok* (1823), een vervorming van *Rondblok*, dat *Reienbergvoetweg* wellicht een vervorming is van *Vrijheidsstraatje*, gecombineerd met *Parelsberg*, en *Rotsebroekvoetweg* een verschrijving kan zijn van *Kutsebroek*, al ligt dit wegje er niet vlak bij. Tenslotte vraag ik me af waaraan de *Biesemstraat* haar naam te danken heeft: deze weg loopt door akkerland, vroeger gedeeltelijk bos, naar de Blakenberg; bies staat daar niet.

4.3.4. Recente straatnamen

Sinds de samenvoeging met Diest in 1972 heeft het stadsbestuur van deze grotere gemeente heel wat nieuwe straatnamen ingevoerd, gedeeltelijk omdat oude namen die ook nog in een ander deel van de gemeente voorkwamen, vervangen werden, gedeeltelijk omdat er in nieuwe wijken nieuwe straten aangelegd werden.

Onder deze namen zijn er die de richting aanduiden waarheen ze gaan: de *Badstraat*, naar de badplaats de Halvemaan, de *Beemdstraat*, naar beemden of weiden, de *Elzenstraat* (ten onrechte in het meervoud), naar de Els, de *Heggestraat*, naar de Heg, en de *Reinrodeweg*, naar het gehucht Reinrode onder Loksbergen en onder Assent. Andere namen duiden de plaats aan waaroverheen de straat loopt: de *Itselaarstraat*, de *Molenbergstraat*, de *Mortelstraat* en de *Parelsbergstraat*. De naam *Peulbergstraat* werd vermoedelijk gegeven door een verkeerde lezing van de naam Parelsberg op een 19de-eeuwse kaart. De naam *Bokkenbergstraat* werd gegeven naar het aan de overkant ervan onder

Zelk gelegen complex van de Bokkenberg en de naam *Romblokstraat* naar het perceel het Blok of Kloosterblok, dat eraan ligt, met in het eerste lid een vervorming van "het rond(e blok)".

De naam *Zelkstraat* werd gegeven naar het gehucht Zelk onder Halen. Dit wegje leidt evenwel niet naar Zelk, ook al ligt het wel in de richting van dat gehucht. De naam *Lammerdriesstraat* werd gegeven naar een van de twee percelen Lammerdries in Papenbroek. Ongelukkig genoeg ligt dit wegje tussen de twee percelen, maar raakt het aan geen van beide. De naam *Webbekomstraat* werd gegeven aan de straat door het dorpscentrum en in de richting van het gehucht Aardeweg.

Enige historische namen werden gegeven naar de heren van Diest, sinds 1499 uit het huis Oranje-Nassau, ook heren van Breda en Dillenburg: de *Bredastraat*, de *Dillenburgstraat* en de *Oranjestraat*.

Het is zeer gepast, al is het wel toevallig, dat deze namen gegeven werden in het deel van Webbekom dat tot het einde van de 18de eeuw onder de heer van Diest hoorde. Naar een persoon is er in Webbekom op dit ogenblik slechts één straat genoemd, de *Fabiolalaan*, naar de huidige koningin Fabiola.

Verder vermeld ik nog een aantal straten genoemd naar bloemen en planten: de *Anjerstraat*, de *Asterstraat*, de *Bremstraat*, de *Hortensiastraat*, de *Hulststraat*, de *Irisstraat*, de *Krokusstraat*, de *Meidoornstraat* en de *Tulpenstraat*. Van al deze namen is alleen de naam *Bremstraat* historisch interessant, omdat hij, wel toevallig, gegeven werd op een plaats die vroeger de Bremberg heette. Tenslotte is er nog de *Nieuwstraat*, een naam die in een wijk met allemaal nieuwe straten toch eigenlijk weinig zegt.

4.4. Namen van bruggen

De oudste naam die ik voor een brug gevonden heb, is *Valbrug*, in 1518 al de naam van een perceel wei bij de Leidgracht en de Keerwei. Daar was toen blijkbaar een ophaalbrug over de Leidgracht. In de Atlas van de Buurtwegen krijgt deze brug de naam *Bedderebrug*, omdat ze van *berd*, hout, was.

Dicht bij de vorige brug was er een brug over de kleinere Leugebeek, die in tegenstelling met de brug over de grotere Leidgracht, de *Kleinebrug* (1620) genoemd werd. Aan een heel andere kant, bij het klooster Sint-Bernardsdal, was er een brug over de Begijnenbeek die de *Grotebrug* (1579) genoemd werd. Blijkbaar had het klooster daar nog ergens een kleinere brug over de beek.

Verder hebben nog enige bruggen over de Leugebeek een naam. De voornaamste is de *Leugebrug* (1690), waar de vroegere hoofdweg in het dorp, de huidige Oudebaan, over de Leugebeek gaat. In de Atlas van de Buurtwegen heet de brug bij de Vroente van de Vogelsgeerde de *Vreunbrug* en die bij de Reu de *Reubrug*.

5. ENIGE TAALKUNDIGE ASPECTEN VAN DE TOPONIEMEN

5.1. De lokaliserende voorzetsels

In deze paragraaf wil ik de intern-lokaliserende voorzetsels bij nederzettingsnamen en veldnamen bespreken, d.w.z. de voorzetsels die op de door de bepaling zelf aangeduide plaats lokaliseren (Molemans 1972, 164). Als zodanig worden voor nederzettingsnamen en veldnamen de voorzetsels *in* en *op* gebruikt, in de vroegere periode voor oudere nederzettingsnamen ook *te* en *tot*.

5.1.1. Nederzettingsnamen

Oudere nederzettingsnamen

	14de	15de	16de	17de	18de	19de e.	nu
Boksbergen	te	te	tot/te	te/tot	te/tot	te	-
Bost	te/tot	te(r)	te(r)	te(r)	ter/tot	-	-
Eekt	-	ter	op/in	op/in	in/op	-	-
Hogeberg	-	te/op	op	op	op	-	-
Liebroek	-	op/te /in	te/in/ op	in/op /te	tot/te- /op	-	-
Papenbroek	te/in	te/tot	tot/te/ in	tot/te/ in	tot/te	te	in
Rode	ten	te(n)/ in	op/te (n)	te(n)	ten/ter /tot	-	-
Webbekom	te/tot	te/tot	tot/te	tot/te	tot/te/ in	in/te	in

Ik merk op dat de namen *Eekt* en *Rode* altijd, *Hogeberg* en *Liebroek* gewoonlijk en *Bost* alleen in enige herkomstnamen met het bepalend lidwoord gebruikt worden. Alleen de namen *Boksbergen*, *Papenbroek* en *Webbekom* heb ik altijd zonder lidwoord gevonden. Op grond hiervan kunnen we vermoeden dat het de oudste nederzettingsnamen zijn. Het voorzetsel *tot* heb ik merkelijk meer gevonden dan Molemans (1972, 178).

Secundaire nederzettingsnamen
(sommige waren eerst wegnamen of velkdnamen)

	14de	15de	16de	17de	18de	19de e.	nu
Aardeweg	in/op	in/op	op/in	op	op	op	op
Bosterestraat	-	-	tot	ter	in	-	op
Dorp	-	-	in	in	in	in	in
Fijenhoek	-	-	in	in	op	-	-
Kloosterberg	-	op	op	op	op	op	op
Schambraak	-	op	op/in	op/tot /te	te/tot/ op/in	op	op

Deze zes namen werden altijd met het bepalend lidwoord gebruikt.

5.1.2. Veldnamen

Een aantal veldnamen worden altijd met het intern-lokaliserend voorzetsel *op* gebruikt. Enige hiervan duiden een hoogte aan: *Blakenberg, Bremberg, Breskensberg, Dodeman, Filipsberg, Gasthuisberg, Kievitsberg, Kloosterberg* (zie boven, 5.1.1), *Kukelsberg, Parelsberg, Saffraanberg, Steenberg, Steenborn, Stuikblok, Wijngaardsberg* en *Wingelbroekberg*. Bij andere veldnamen wordt het gebruik van *op* wel bepaald door de betekenis "open, vrij, verlaten of afgezonderd" (Molemans 1972, 167-169): *Aarde, Dries, Eikerblok, Grootstuk, Hemelrijk, Houweiken, Keerweide, Kromhalfbunder, Kromstuk, Kromveld, Kutsenbroek, Lammerdries, Lammerheide, Langblok, Lijsterbeemd, Mager, Monniksveld, Schepersvroente, Sofieënblok, Tienzillen, Verloren Kost, Vroente* en *Webbekomsveld*. Het gaat hier niet over hoger gelegen akkers of weiden, maar over complexen of grotere percelen die wat afgelegen zijn ofwel "aaneengesloten en afgezonderd" ten opzichte van het omringende land (Molemans 1972, 168).

Enige namen die ook een aaneengesloten complex akkerland aanduiden, worden meestal met *op*, maar van de 16de tot 18de eeuw soms ook met *in* gebruikt: *Geuzentempel, Goot, Heg, Heulenteer, Itselaar, Moortel, Muizennest* en *Neerveld*. Enige soortgelijke namen die oorspronkelijk met *op* gebruikt werden, worden sinds de 16de of 17de eeuw ook en later uitsluitend met *in* gebruikt: *Bosterveld, Dorpsveld, Leunisveld, Papenbroekveld, Stokveld* en *Wijngaardsveld*. Blijkbaar heeft hier een ontwikkeling plaatsgehad van "open, verlaten" naar "geïntegreerd, gecultiveerd" (Molemans 1972, 207). Anderzijds komen twee namen van complexen akkerland eerst met *in* en daarna met *op* voor: *Kraas* en *Reu*, die weliswaar beide ook een gedeelte weiland omvatten. Een verdringing van *in* door *op* stelt Molemans overigens vast bij veldnamen die een complex bouwland aanduiden (ibid. 191 en 208).

Opmerkelijk is dat ook één bergnaam van *op* naar *in* is overgegaan: de naam *Nodenberg*, in de 15de eeuw alleen met *op* (5x) verbonden, in de 16de eeuw met *in* (1 x), in de 17de eeuw hoofdzakelijk met *in* (11 x, slechts 1 x met *op*). Blijkbaar is men deze naam niet meer als een bergnaam gaan beschouwen, maar als die van geïntegreerd, gecultiveerd akkerland.

Eigenaardig is ook dat drie veldnamen, *Goot, Mortel* en *Reu*, waar geen bewoning geweest is, een enkele keer met *te* (1770 *te Mortel*), *ten* (1655 *ten Gote*), *ter* (1679 *ter Gote*) of *tot* (ca. 1700 *tot Roe*) verbonden worden, zoals normaal alleen bij nederzettingsnamen voorkomt (Molemans 1972, 172 en 178).

Een aantal namen die een complex hooiland aanduiden, worden altijd met het voorzetsel *in* gebruikt (Molemans 1972, 188): *Abtsbunders, Diestersbroek, Grotebeemd, Motmanderbeemden, Overschot, Papenbroekske, Persoonsbunder* (2), *Segersbunder, Stokbeemden, Waterbeemden, Wierook* en *Wingelbroek*. Een uitzondering hierop vormen alleen de namen *Broek* en *Ganzelake*, twee complexen hooiland, die soms met *op* gebruikt werden, *Broek* in de 16de en *Ganzelake* in de 15de en 17de eeuw. Slechts een schijnbare uitzondering is de naam *Els*, vroeger als naam van een weidecomplex met *in*, maar in de huidige volksmond als naam van een hoeve aldaar met *op* gebruikt. Al de hier genoemde complexen zijn laag gelegen.

Opmerkelijk is al de namen met *blok* vrijwel altijd met *in* gebruikt worden. Altijd geldt dit voor de namen *Blok, Grootblok, Korsendonksblok, Lammerdriesblok* (vgl. boven *Lammerdries* met *op*), *Papenbroekblok, Rouwblok* en *Waterblok*. Een uitzondering vormen alleen de namen *Bleuken, Heilige-Geestblok* en *Scheurbroodblok*, die ik elk één keer met *op* gevonden heb, vermoedelijk wegens de hogere ligging ervan. Het element *blok*, omsloten of ingesloten perceel, roept blijkbaar het voorzetsel *in* op.

Dezelfde gedachte aan ingeslotenheid kan er de reden van zijn dat de naam *Kemphoeven* (gewoonlijk omheind) en de namen met *hoek* (een kruispunt of begrenzing), *Fijenhoek* (zie boven, 5.1.1), *Tortelduivehoek* en *Woestehoek* altijd met *in* gebruikt worden. Wanneer ik bij perceelsnamen een intern-lokaliserend voorzetsel gevonden heb, is dit ook *in*, zoals bij *Boutsveld, Natbunder, Negenzillen, Raachter, Schom* (1) en *Soevereineveld*, die namen voor akkerland zijn, *Neerwei*, een naam van weiland, en Zesbunders, een naam van bos.

5.2. Lidwoord en aanwijzend voornaamwoord

In de vorige paragraaf heb ik al vermeld dat de oudste nederzettingsnamen zonder lidwoord, maar de recentere nederzettingsnamen gewoonlijk met het bepalend lidwoord gebruikt worden. Dit laatste geldt nog meer voor veldnamen, waarbij vormen zonder lidwoord grote uitzonderingen zijn. Boven heb ik zo al wel *te Mortel* en *tot Roe* vermeld en verder heb ik ook nog in 1420 en 1448 *op Blakenberch* gevonden. Dit lijken toch wel heel speciale gevallen te zijn.

Hier wil ik nu in het bijzonder nog enige buigingsvormen van het bepalend lidwoord, alsook het aanwijzende *gene* behandelen.

5.2.1. Vormen van het bepalend lidwoord

Als vormen van het bepalend lidwoord, dat uit het aanwijzende voornaamwoord *die, dat* ontstaan is, wisselden vroeger *die* en *de* elkaar af voor het vrouwelijk enkelvoud en voor het meervoud, en *dat* en *het* voor het onzijdig enkelvoud, zonder scherpe scheiding (Molemans 1982b, 242-243).

Het volgende overzicht laat zien dat *die* in het Webbekomse toponymische materiaal pas in de 18de eeuw door *de* verdrongen werd:

		14de	15de	16de	17de	18de eeuw
vr. enk.	die	20	57	138	142	67
	de	25	68	109	120	146
mv.	die	5	18	19	43	7
	de	5	10	18	27	30

Reeds vanaf de 16de eeuw werd *dat* echter al verdrongen door *het*:

	14de	15de	16de	17de	18de eeuw
dat	1	14	4	8	-
het	-	-	49	95	138

Interessant is ook hoe de stemloosheid van het lidwoord na *op* (*opte*) vanaf de 16de eeuw afneemt:

	14de	15de	16de	17de	18de eeuw
opte(n)	15	59	40	6	-
opde(n)	3	5	54	85	83

5.2.2. Het aanwijzende gene

Te Webbekom heb ik het aanwijzende *gene* slechts bij vier toponiemen gevonden, veel minder dan te Schaffen, waar ik het bij 15 toponiemen gevonden heb (Claes 1983c, 184), of te Zonhoven, waar Molemans het bij 80 toponiemen gevonden heeft (Molemans 1982b, 243-245). Bij drie toponiemen, *Bosterveld, Gasthuisberg* en *Kievitsberg*, heb ik het slechts eenmaal gevonden, maar bij het vierde, *Heg*, elfmaal, zodat ik in totaal tot 14 vermeldingen kom. Van deze vermeldingen dateren er 6 uit de 15de eeuw, 3 uit de 16de eeuw, 3 uit de 17de eeuw en 2 uit de 18de eeuw. *Gene* heeft te Webbekom geen standgehouden, wat het wel gedaan heeft in de naam *Genevenne* te Deurne en, vervormd, in de naam *Schoonaarde* te Schaffen (Claes 1983c, 186).

In het begin van de 15de eeuw was *gene* te Webbekom wel produktief: in 1402 vinden we *op gheen bostervelt*, in 1404 *op genen gasthuysbergh* en in 1406 *aen ghene hegghe*. Alleen in deze laatste naam is het een vrij vaste bepaling geworden, bijv. in 1420 in loco dicto *ghene hegghe* en in 1655 inde plaetse genoempt *geenhegge*. Toch komt de naam *Heg* ook in die periode nog meer zonder dan met *gene* voor. Bij de laatste vermelding van *Gheenhegge*, in 1707, wordt als verdere lokalisering de erbij gelegen Kievitsberg ook *Gheenen Kivitsbergh* genoemd. De toevoeging *Gheenen* staat hier duidelijk onder invloed van *Gheenhegge*.

Ik merk nog op dat de vier toponiemen die met *gene* verbonden werden, meer zonder dan met deze aanduiding voorkomen en dat ze op een vrij grote afstand van de centra en op enige afstand van huizen gelegen waren. *Gene* heeft er dus de betekenis "gindse", die het nu nog in het plaatselijke dialect heeft (Claes 1983c, 180-181).

5.3. Verandering van geslacht of getal

5.3.1. Verandering van geslacht

Van vier toponiemen heb ik gevonden dat ze duidelijk van geslacht veranderd zijn.

Een toponiem, *Demer*, was tot de 16de eeuw vrouwelijk en werd nadien mannelijk: 1279 *inde deemere*; 1486 (kop. 17de eeuw) *die oude demer*; 1579 *die demere* (BKe 10861, 6); maar: 1585 op *den demere*; 1638 *den demer*; 1781 *den ouden demer*. De Indoeuropese hydroniemen zijn over het algemeen vrouwelijk (Gysseling 1978, 2). Waarom de Demer mannelijk geworden is, is niet duidelijk.

Drie toponiemen waren oorspronkelijk onzijdig en zijn mannelijk geworden.

Het *Blok* (1), in 1659 *'t Block*, in 1678 *den Block*, en het *Blok*

(2), in 1858 *het Blok*, nu in de volksmond *de Blok*. Ook de *Bleuken* (mv.) heetten oorspronkelijk het *Blok*: 1403 (kop. 16de eeuw) *int block*. De geslachtswijziging hangt hier blijkbaar samen met die van het woord *blok* in de Zuidnederlandse gewesttaal. Volgens het WNT is *blok* in Z.-Nederland alleen in de toponymische betekenis onzijdig, in de andere betekenissen mannelijk. Onder invloed van deze laatste betekenissen zal het *Blok* later ook mannelijk geworden zijn.

Het *Kalvereusel* was van 1470 tot 1795 onzijdig (12 keer duidelijk als zodanig vermeld), maar in 1816 is het *den Kalver heussel* en in 1819 *den kalver Eersel* (BKa 1001). Het woord *eusel* is vrijwel altijd onzijdig (Pijnenburg 1976, 12). Blijkbaar gaat het in 1816 en 1819 over een weinig betrouwbare inschrijving in het kadaster, ten gevolge van het toen onbekend raken van het woord *eusel*.

Het *Overschot* was tot 1794 onzijdig, bijv. 1382 *dat eeuerscot*, 1794 *het overschot*, maar in 1827 is het *den overschot*. Oorspronkelijk was de naam het *Everschot*, samengesteld met het onzijdige woord *schot*. In de 19de eeuw werd het gewestelijke mannelijke geslacht van het woord *overschot*, rest, erop toegepast.

Fr. Claus

TOPONYMIE VAN WEBBEKOM

(Vervolg van blz. 328, jg. 1991)

5.3.2. Verandering van getal

Enige toponiemen werden eerst in het enkelvoud, nadien in het meervoud gebruikt. Bij de *Abtsbeemd*, in 1381 en 1664 enkelvoud, 1618-1756 meervoud, de *Bleuken* (1), 1340-1560 enkelvoud, 1565-1749 meervoud, en de *Papenbroekjes*, 1343-1875 enkelvoud, sinds 1890 meervoud, wijst de meervoudsvorm op de verschillende percelen die in het oorspronkelijke gebied onderscheiden werden. Bij de *Bleuken* (2), 1560-1626 enkelvoud, ca. 1675-1792 meervoud, en de *Kelderkes*, 1532-1867 enkelvoud, nu meervoud, werd het oorspronkelijke perceel echter uitgebreid met ernaast liggende percelen.

Andere toponiemen werden eerst in het meervoud, daarna in het enkelvoud gebruikt. Blijkbaar had het toponiem oorspronkelijk betrekking op verschillende percelen, later maar op één enkel meer: in het *Begijnenbos*, in 1625 meervoud, 1630-1877 enkelvoud, het *Gasthuisland*, in 1616 meervoud, in 1625 enkelvoud, en de *Gasthuisvijver*, ca. 1810 meervoud, 1829-1834 enkelvoud. Bij de *Mazerooien* (2), 1550-1675 meervoud, 1772-1823 enkelvoud, heeft het oorspronkelijke meervoud echter betrekking op de planten die op het perceel geteeld werden.

Enige toponiemen werden gewoonlijk in het meervoud, maar tussendoor ook wel eens in het enkelvoud gebruikt. In vier gevallen gaat het dan over één perceel dat in een groter geheel afzonderlijk werd aangeduid: de *Borgbeemden*, alleen in 1610 in het enkelvoud, de *Ganzelakerbeemden*, alleen in 1547 in het enkelvoud, en de *Stokbeemden*, in 1532, 1671 en op de huidige kadasterkaart (blijkbaar een vergissing) in het enkelvoud. Bij de *Mazerooien* (1), alleen in 1669 in het enkelvoud, slaat de enkelvoudsvorm op het perceel, maar de oorspronkelijke meervoudsvorm op de er geteelde planten. In het in de vorige alinea vermelde perceel kon de enkelvoudsvorm zich doorzetten, in dit perceel echter niet.

Bij enige namen is de getalaanduiding gecompliceerder. De *Abdissenbeemd*, 1379-1828 enkelvoud, is in 1618, 1752 en 1756 meervoud, evenals het synoniem *Sint-Bernardsbeemden*, omdat er soms percelen in onderscheiden werden. De *Ganzelake* was 1280-1599 altijd enkelvoud, nadien soms enkelvoud en soms meervoud, maar nu *Ganzelaker* met een adjectivische afleiding. Oorspronkelijk was het een enkelvoudige waternaam, maar het weidegebied met vele percelen riep een meervoudsvorm op. De adjectiefvorm is vermoedelijk gevormd uit *Ganzelakerbeemd*. De *Itselbeemd*, later gewoonlijk de *Itselaar* genoemd, was oorspronkelijk in 1476 en nog ca. 1675 meervoud, maar 1504-1563 enkelvoud, voor een vrij groot gebied met verschillende percelen. De *Muizennest* tenslotte is meestal enkelvoud en maar alleen in 1689 meervoud, blijkbaar ook wegens de verschillende percelen die er deel van uitmaken.

5.4. Voor- en achtervoeging

5.4.1. Voorgevoegde d van het bepalend lidwoord

Slechts in één toponiem, *Droomblokstraat*, is het bepalend lidwoord duidelijk een vast bestanddeel geworden, door verbinding van *het + Rondblok + straat*. De vorm *Dromblock* komt voor het eerst in 1823 in het kadaster voor en *Droomblokstraat* ca. 1845 in de Atlas van de Buurtwegen. Deze laatste naam is nu nog officieel.

Dergelijke vervoegingen hadden vroeger echter meer plaats zonder dat ze blijvend waren. Met het onzijdige *het* waren er zo nog: 1617 *dabtsboender*, 1574 *Dachterste boender*, 1532 *dbisdom*, 1500 *dbroeck*, 1501 *deegdeken*, 1532 *deyckvelt*, 1635 *deckersblock*, ca. 1560 *Delsenbosch*, 1826 *Dilsenhout*, 1454 int *deuerschot*, 1519 opt *douerste velt*, 1685 *d'Radt*, 1532 *dwaterblock*, 1546 *dwygardeken*, 1426 *dwindelbroeck* en 1430 *dwout block*. Aaneenschrijving van het lidwoord *het* met een toponiem heb ik dus gevonden wanneer dit toponiem begon met een klinker, een *r* of een *w*. Aaneenschrijving van *de* met een toponiem heb ik enkel in twee gevallen gevonden, waar het toponiem met een *e* begint, 1530 *deect* en 1568 *delze*.

5.4.2. Voorgevoegde h en n

Aan enige namen die met een klinker beginnen, werd soms een *h* voorgevoegd: 1818 het *hedeken*, d.i. het *Eegdeke*, in het oudste kadaster, 1682 de *steenhovens* en 1723 *Careelhoven*, in goederenregisters van de Augustijnen van Diest, en 1754-1827 de *steenhoven* of het *steenhoeveke*, in goederenregisters van de Heilige-Geesttafel van Diest en akten van een Diesters notaris. Bronnen uit Diest, waar de *h* geen foneem is, verklaren wel deze onvastheid van de *h*.

Een speciaal geval is de naam *Itselaar*, die in de oudste bronnen met een *n* voorkomt: 1476 *nitchelbeempde*, maar waarbij deze *n* waarschijnlijk al voorgevoegd was. Vermoedelijk is de naam immers afgeleid van het werkwoord *etten* met het achtervoegsel -sel. Vormen met *n* komen nog voor tot in 1754. Intussen waren er echter ook vormen met *h*: ca. 1550 *hitseler*, bij goederen van het Gasthuis van Diest, 1617 *hixeluer*, in een goederenregister van de abdij van Averbode en ca. 1675 in een goederenregister opgesteld door secretaris Joannes Duynen uit Diest. De vormen met *h* in goederenregisters van de heerlijkheid Webbekom-Assent kunnen wellicht uit deze oudere registers verklaard worden of door secretarissen uit Diest. Sinds de Atlas van de Buurtwegen, ditmaal terecht, is de vorm zonder *h, Itselaar* opnieuw gehonoreerd.

Ik vermeld nog dat in de naam *Eikerblok* de oorspronkelijke aanvangs-*n*, die van 1396 tot 1622 voorkomt, weggevallen is.

5.4.3. Achtergevoegde n

De naam *Boksbergen* eindigde oorspronkelijk, na een voorzetsel, op *-e*: 1379 van *bocberghe*, 1383 te *boxberghe*. Al in 1409 vinden we echter een vorm op *-en*, te *boexbergen*, en van 1710 tot 1904 is de vorm *Bok(s)bergen* de enige, ook zonder voorzetsel. Intussen, in 1535-1686, was er ook een vorm zonder *-e(n), Boek(s/en)berg*, met normale weglating van de eind-e, zoals ook bij *Galgeberg* (1682 *galgenberge*, 1684 *galgenberch*), *Hogeberg* (1317 *Hughenberghe*, 1420 *hughenberch*) en *Kievitsberg* (1420 *kyuitsberghe*, 1446 *kyuitsberch*). *Hogeberg* is de enige andere *berg*-naam waarbij ik ook nog eenmaal de *-en*-uitgang gevonden heb, in 1420 *hugenbergen*.

Ook aan de naam *Crauwelshoff* (1430) of *Crauwelshoeve* (1457) werd in 1641 een *-n* toegevoegd, *Creweelshouen*. Bij de andere namen op *-hoeve* vinden we deze toevoeging niet: 1603 *Cockxhoeue*, 1616 *Gasthuijs hoeue*, 1652 *H. Gheesthoeue*, 1682 *Velthoeue*.

Ook voor andere toponiemen in de streek van Diest heb ik vroeger een dergelijke toevoeging van een eind-*n* opgemerkt, o.a. ca. 1130 de *Bewere*/1651 van *Beveren*; ca. 1192 de *Velpe*/1399 van *Velpen*; 1270 de *Locsberghe*/ 1622 *Locxbergen* (Claes 1983b, 159).

5.4.4. Achtergevoegde t

Soms werd op het einde van een lettergreep of woord een *t* toegevoegd: na *f* in *Dreftstraete* (1622), *Drifftstraetien* (1646), *Werftbempt* (1343, kop. 1625), na *k* in *Stocktbeemden* (1616), na *n* in *Witte Steent* (1771) en na *p* in *Kempthof* (1638). In deze gevallen is er geen sprake van het verzamelsuffix *-t*, dat ik in de volgende paragraaf behandel. Een eind-*t* werd daarentegen soms weggelaten: na *ch* in *Molengrach* (1631), na *l* in *Velstraete* (1452), na *n* in *Vroenstrate* (1565) en *Vreunbrug* (ca. 1845).

5.5. *Suffixen*

5.5.1. *Adjectivische -er- en -s-afleidingen*

Vroeger heb ik al enige adjectivische *-er*-afleidingen van plaatsnamen in Oost-Brabant vermeld, waaronder vijf afleidingen uit Webbekom, van twee plaatsnamen aldaar, *Boksbergen* en *Bost*. Van die afleidingen is er nu maar één, *Bosterestraat*, als relictvorm nog in gebruik (Claes 1979c, 150-151). Sindsdien heb ik echter nog meer oude *-er*-afleidingen van toponiemen te Webbekom gevonden.

Na *d/t* heb ik de volgende *-er*-afleidingen gevonden: *Bosterveld* (1402), met de stapelvorm *Bosterseveld* (1625), *Bosterstrate* (1501) met *Bostersestrate* (1549), *Bosteredreef* (ca. 1845), *Bostereloop* (ca. 1845), *Diesterbroek* (1618), met de stapelvormen *Diesters Broek* (ca. 1850), *Diesters velt* (1525) en *Oude Diestersche Baan* (ca. 1845), *Wyngardervelt* (1396) en *Wolputterstrate* (1526). Daarnaast staan de *-s*-afleidingen *Assentse straete* (1646), *Haegelandschen Steenweg* (1828) en *Hasseltsesteenweg* (volksmond).

Na *m* heb ik als *-er*-afleidingen gevonden: *Webbekemer vroente* (1532) en *Zelemer dijc* (1398). Daarnaast staan de *-s*-afleidingen *Webbecomsche broeck* (1478), *Webbecomschen dyck* (1603), *Webbecumsche vroente* (1608), *Webbekomse Berg* (Volksmond) en *Zeellemsschen dijck* (1532).

Na *ch-g* heb ik de *-er*-afleiding *Boecxberger meulen* (ca. 1680) gevonden. Daarnaast staan de *-s*-afleidingen *Boxbergsche moelen* (1568), *Boxberchsen dijck* (1646), *Boxberghsche straete* (1754) en *Blackenberchse straet* (1638).

Na *k* heb ik als *-er*-afleidingen gevonden: *Ganselaker* (1601; nu in de volksmond nog *Gazelaker*), vermoedelijk gevormd naar *Ganslakerbeempden* (1523), *Papenbroekerbeempt* (1343) en de stapelvorm *Brucksere straedt* (1739; = Broekstraat). Daarnaast staan de *-s*-afleidingen *Corssendoncx block* (1532), *Corssendonxe winninge* (1532), *Corttenaecsschen wech* (1496), *Papenbroicxe beempde* (1532), *Schambroecksche straet* (1748) en *Zelcksche straet* (1823).

Na *s* heb ik alleen de *-er*-afleiding *Bosterstratie* (1787; = Bosstraat), met ook een toegevoegde *t*, gevonden.

Na *n* heb ik alleen *-s*-afleidingen gevonden: *Halensche wech* (1415), *Halensche baen* (1682), *Lovense bane* (1722), *Lovensche herbaene* (ca. 1780) en *Tiensche wech* (1344).

Tenslotte heb ik nog na *e* de *-s*-afleiding *Rijnrodesche voetweg* (ca. 1845) gevonden.

Samenvattend kan ik van deze afleidingen, gerangschikt naar de oudste vindplaats, het volgende chronologisch overzicht maken:

	14de	*15de*	*16de*	*17de*	*18de*	*19de*	*20ste eeuw*	*Totaal*
-er-	3	1	6	4	2	4	-	20
-s-	1	3	7	7	5	5	2	30

De *-er*-afleidingen, die in de 14de eeuw het talrijkst zijn, zijn van de 15de tot de 19de eeuw iets minder talrijk dan de *-s*-afleidingen. De 19de-eeuwse nieuwvormingen zijn alleen maar twee namen met *Boster* en twee stapelvormen met *Diesters*, die waarschijnlijk naar analogie van andere namen gegeven zijn. Daarom kunnen we zeggen dat de *-er*-afleidingen sinds de 19de eeuw te Webbekom niet produktief meer zijn.

5.5.2. Personificatie met de suffixen -aard en -aar (-er)

Sinds 1540 werd het tweede deel van het toponiem *Nietselbeemd* of *Nitselbroek* vervangen door het suffix *-ere* of *-aer*, een achtervoegsel dat vooral gebruikt wordt om mannelijke persoonsnamen te vormen. Zo kwam het huidige toponiem *Itselaar* tot stand. Op dezelfde wijze bevat het toponiem *Geilaard* (1532) het suffix *-aard*, waarmee eveneens mannelijke persoonsnamen gevormd worden. In de toponymie hebben deze suffixen een personifiërende waarde (Lindemans 1928, 155-156 en 133-148).

Het is mogelijk dat ook de naam *Zeerder* met het achtervoegsel *-aar* gevormd is, misschien van het woord *sier*, weelde. Deze afleiding blijft echter twijfelachtig. Hetzelfde achtervoegsel zou misschien ook kunnen schuilen in de naam *Ganzelaker* (1601), die ik in de vorige paragraaf al vermeld heb. Afleiding uit de samenstelling *Ganzelakerbeemd*, via een adjectivische afleiding van *Ganzelake*, lijkt me hier echter waarschijnlijker.

5.5.3. Het verzamelsuffix -t

Het verzamelsuffix *-t*, ontstaan uit het oudere Germaanse *-othu-*, vormt afleidingen van plantnamen, die vaak als toponiem voorkomen (Gysseling 1978, 20). Te Webbekom heb ik zo gevonden: *Bost* (1321), eenmaal ook *Bosch* (1644), waarschijnlijk van *buks*, buksboom (Gysseling 1960, 169; Kempeneers 1984, 76); *Eekt* (1352) soms ook *Eek* (1381), van het Middelnederlandse *eke*, eik; *Elst* (1797), gewoonlijk *Elze* (1568) of *Els* (1745), van els. Deze namen hebben dus de betekenis: plaats waar buksboompjes, eiken, elzen groeien.

Misschien hoort hier nog een vierde naam bij, *Zeemt* (1532 *zeempt*), die afgeleid kan zijn van hct Middelnederlandse *sêm*, bies. Dan zou deze naam hetzelfde betekenen als het elders veel voorkomende *Biest*.

5.5.4. Verkleinsuffixen

Als verkleinsuffix wordt bijna altijd *-ken* gebruikt, soms voorafgegaan door *-e-* of *-s-*. De vorm *-eken* heb ik gevonden na *d*, bijv. *Dwygardeken* (1546), *Schildeken* (1560) en *Vaire bemdeken* (1638), en de vorm *-sken* na *ch/g* en *k*, bijv. *Berghsken* (1701), *Papenbroecxken* (1459), *Roselbloexken* (1599) en *Grunhocxken* (1819). Een keer heb ik na *s* de stapelvorm *-elken* gevonden: *Kleinbosselken* (1573).

Het verkleinsuffix *-je* heb ik slechts eenmaal gevonden na *k*, nl. in *St. Bernards Broeckje* (ca. 1770), en verder nog in het woord *straatje*, dat ik meer met *-ie/-je* dan met *-ke* heb aangetroffen. Dit blijkt uit het volgende overzicht:

	15de	*16de*	*17de*	*18de*	*19de eeuw*	*Totaal*
straetken	8	13	28	4	-	53
straecken	-	3	3	-	-	6
straetie	-	-	31	23	-	54
straetje	-	-	1	6	4	11

Opmerkelijk is dat de huidige uitspraak /strɔikɤ/overeenkomt met de schrijfwijze *straecken*, die het minst voorkomt.

Verkleinwoorden hebben in het Webbekomse dialect meestal umlaut, zoals nu ook in de volksmond de toponiemen *Boompjeswei*/bymkɤswɛ:/, *Kraninksbosje*/krɤ:ninksbøskɤ/, *Papenbroekjes*/pɔ:pɤbrykskɤs/ en *Torekes* /tœyrɤkɤs/. In de schrijftaal blijken de umlautsvormen echter vrijwel niet opgetekend te zijn. Ik heb alleen gevonden: 1532 *tcluetken*, waarschijnlijk verkleinvorm van *kloot*, en 1667 *heufken*, verkleinvorm van *hof*.

5.6. Persoonsnaam en toponiem

Enerzijds zijn er toponiemen die afgeleid zijn van persoonsnamen, terwijl anderzijds een aantal familienamen afgeleid zijn van toponiemen.

5.6.1. Van persoonsnamen afgeleide toponiemen

Vroeger heb ik al uitvoerig de Webbekomse toponiemen behandeld die afgeleid zijn van een persoonsnaam, al dan niet met een ander bestanddeel samengesteld (Claes 1980b). Hier wil ik nu alleen de persoonsnamen opnieuw vermelden die zonder toevoeging van een ander bestanddeel tot toponiemen geworden zijn. Ik voeg er nog twee namen aan toe die ik sinds mijn vorige bijdrage gevonden heb.

Zeven veldnamen bestaan uit een persoonsnaam: een uit een voornaam, 1444 inden *wyeric* (later: de *Wierook*), en zes uit een familienaam, 1490 t *Crauwels* (later: het *Kraas*), 1633 *d'Boeckhout*, 1680 het ... *heerken* (1665 het *Heerkens vreundeken*), ca. 1720 t *Steenwinckel*, 1748 het *Herpecum* en 1819 de *Schollen*.

Een huisnaam bestaat uit een bijnaam, ca. 1650 het *Pijperken* (later veldnaam geworden), een andere uit een beroepsnaam, 1754 bouen *Pastoirs*, en een derde uit een familienaam, 1794 het *Zelckaerts* (meestal *Zelkaartsgeleeg*).

Opmerkelijk is dat al deze namen, behalve *Pastoirs*, gewoon uit de persoonsnaam bestaan, voorafgegaan door het lidwoord. Alleen *Pastoirs* wordt zonder lidwoord en in de genitief gebruikt.

5.6.2. Van toponiem afgeleide familienamen

De familienamen die van Webbekomse toponiemen afgeleid werden, heb ik vroeger in een uitvoeriger studie over dergelijke namen uit de streek van Diest al besproken (Claes 1983b). Hier wil ik ze nog even kort vermelden.

Er zijn familienamen afgeleid van de acht oudere nederzettingen te Webbekom (zie 5.1.1): ca. 1180 de (= *van)Webbekom*, 1296 de (= *van) Papenboec*, 1308 de (= *van) Lybroeck*, 1317 *van den hughenberghe*, 1340 *vanden Rode*, 1352 de (= *van) Bost*, 1352 de *(van) Eekt* en 1379 *van Bocberghe*.

Verder is er een familienaam afgeleid van een wegnaam, later gehuchtnaam, 1294 *van den Erdweghe*, misschien een van een beeknaam, 1542 *Lochemans* (naar de Leugebeek?), en twee naar een huisnaam, 1563 *in den Wildeman* en 1610 *in die Croon*.

Van al deze familienamen komt er nu in de streek van Diest echter geen enkele meer voor, tenzij mogelijk de naam *Van Ro(e)y* van *Van den Rode* zou afstammen.

6. CHRONOLOGISCH OVERZICHT

De oudste toponiemen te Webbekom zijn twee waternamen uit de voorgermaanse periode, *Demer* en *Bever(beek)*. Al de andere toponiemen dateren van de Germaanse periode, ook al zijn er die elementen van vreemde oorsprong bevatten, als *klooster, monnik* en *pape* en vreemde persoonsnamen als *Bernardus* en *Cornelis*. Het vreemde woord *Koneminne*, van het Latijnse *condominium*, staat onder invloed van de terminologie gebruikt door de abdij van Sint-Truiden, waaraan het zo genoemde perceel toebehoorde.

Wanneer ik de toponiemen naar de oudste vindplaatsen ervan rangschik, krijg ik het volgende overzicht:

voor 1200	3
13de eeuw	13
14de eeuw	61
15de eeuw	92
16de eeuw	199
17de eeuw	181
18de eeuw	95
19de eeuw	134
20ste eeuw	73

6.1. Voor 1200

Drie namen werden voor 1200 opgetekend, *Demer* (ca. 905, elders opgetekend), *Webbekom* (1107; kop. ca. 1250) en *Hof van Webbekom* (ca. 1136, in de Latijnse vorm "status curtilitius"). Het zijn de naam van de voornaamste waterloop, de naam van het dorp en de naam van de zetel van de oude heerlijkheid.

6.2. 13de eeuw

In de eerste helft van de 13de eeuw werd de naam van het klooster *Sint-Bernardsdal* opgetekend (1235, kop. 17de eeuw, in de Latijnse vorm "conventus vallis sancti Bernardi"). Daarna volgen zeven namen die vermeld worden in het register van abt Willem van Rijkel (1253): vier *broek*namen, *Averbroek, Demerbroek, Liebroek* en *Windelbroek*, alle als bos vermeld, evenals de naam *Hegge*; *Koneminne* en *Panland* worden er vermeld als namen van akkerland. Van deze namen heb ik *Demerbroek, Liebroek, Windelbroek* en *Hegge* later nog gevonden. De naam *Hegge* is nu nog in gebruik en is dus de oudste opgetekende naam van de huidige Webbekomse veldnamen.

Later in de 13de eeuw werden twee waternamen opgetekend: *Bever(beek)*, in 1271 het eerst in Diest, en *Ganzelake*, in 1280 al een weidenaam, zoals hij nu nog bekend is. Kempeneers (1983b, 48) schrijft dat de oudste attestaties van *laak* in het Dijle-Netebekken uit de bloeitijd van de gemeenten (13de-15de eeuw) dateren: het graven van laken vereist een geconcentreerde bevolking en een goede organisatie, die slechts mogelijk was in de steden. Te Webbekom had de abdij van Sint-Truiden hier toch ook al vroeg voor gezorgd.

Uit de 13de eeuw dateren verder nog drie huidige nederzettingsnamen, die oorspronkelijk echter een andere betekenis hadden. *Aardeweg* (1294) was tot in de 16de eeuw immers een wegnaam, *Kutsenbroek* (1295), hoofdzakelijk onder Assent, is eigenlijk een weidenaam, evenals *Papenbroek* (1296), dat vermoedelijk de oorspronkelijke naam van het latere Liebroek was. Deze drie namen heb ik het eerst als herkomstnaam gevonden. Ze zijn alle drie nu nog in gebruik.

6.3. 14de eeuw

In het begin van de 14de eeuw werd de naam *Kaggevinne* voor het eerst opgetekend, in 1301, toen echter de naam van een plaats, nu nog *Kaggepoel* genoemd, onder Schaffen. Pas sinds 1440 heb ik *Kaggevinne* gevonden als naam van de heerlijkheid, die oorspronkelijkheid "het land (van de heer) van Diest buiten" genoemd werd. Onder die heerlijkheid hoorde ook een deel van het huidige Webbekom.

In de 14de eeuw werden vijf nederzettingsnamen opgetekend: *Hogeberg* (1317) en *Boksbergen* (1379), eigenlijk bergnamen, *Bost* (1321) en *Eekt* (1352), van plantnamen afgeleid, en *Rode* (1340), eigenlijk een veldnaam. Vier van deze namen, *Hogeberg, Boksbergen, Rode* en *Eekt*, heb ik het eerst als herkomstnaam gevonden.

Uit deze eeuw dateren ook de namen van zeven hoeven of cijnshoven. Hoeve en cijnshof waren het *Hof van Liebroek* (1367) en het *Hof van Webbekom* (1373, de Nederlandse naam), alleen hoeve de *Heilige-Geestwinning* (1379), het *Steenhof* (1396) en de *Kloosterwinning* (1399) en alleen cijnshof, met zetel in het *Hof van Webbekom* of *Steenhof*, het *Abtshof* (1373) en het *Hof van Sint-Truiden* (1385). Van deze namen is er nu geen enkele meer in gebruik.

De namen van twee belangrijke gebouwen, de *O.L. Vrouwekerk* (ca. 1350) of Hogewijngaardkapel en de *Boksbergsemolen* (1389), komen eveneens het eerst in deze eeuw voor. Beide werden ze in de 16de eeuw verwoest, maar de namen ervan komen nog tot op het einde van de 18de eeuw voor. Hetzelfde geldt voor de naam *Hogewijngaardskerkhof* (1394).

Verder dateren uit de 14de eeuw nog zes wegnamen: *Tienseweg* (1344), *Poortweg* (1347), *Wijngaardstraat* (ca. 1350), *Heerstraat* (1385), *Zelemerdijk* (1398) en *Papenbroeksestraat* (1400). Van deze wegnamen zijn *Tienseweg* (nu Oude Tienseweg), *Wijn-*

gaardstraat (nu alleen onder Diest) en *Papenbroekstraat* (nu doorgetrokken in de richting van Diest) nog in gebruik.

Van de 40 andere namen die voor het eerst in de 14de eeuw voorkomen, zijn er negen nu nog in gebruik: *Boekhout* (1340, nu Boekhoutsbos, onder Zelk-Halen), *Papenbroekerbeemd* (1343, nu Papenbroekskes), *Roefloesdel* (1373, nu Rozedel), *Gasthuisberg* (1379), *Heulenteer* (1379), *Broek* (1381), *Stokbeemden* (1396), *Wijngaardsveld* (1396) en *Krauwelsland* (1400, waarmee het huidige Kraas overeenkomt).

6.4. 15de eeuw

Uit de 15de eeuw dateert de naam *Wijngaardkerk* (1414), tevoren O.L.Vrouwekerk). Als hoevenamen vinden we *Winning van Papenbroek* (1420) en *Sofiënhof* (1438) en als namen van cijnshoven *Krauwelshof* (1430), oorspronkelijk ook een hoeve, *Aarts van Beringenhof* (1442), *Hof van Zelk* (1446), *Lukershof* (1452) en *Monnikaartshof* (1471). Van deze namen is er geen enkele meer in gebruik.

Een aantal wegnamen dateren uit deze eeuw: *Hollestraat* (1407), *Broekstraat* (1412), *Groeneweg* (1412), *Halenseweg* (1415), *Kruisstraat* (1438), *Hofstadstraat* (1442), *Molenweg* (1446), *Vrijheidsstraatje* (1450), *Kloosterstraat* (1459), *Veldstraat* (1459), *Poortstraatje* (1482) en *Kortenaakseweg* (1496). Als naam van het dorpsplein komt de naam *Plaats* (1483) voor. Enige van deze namen komen nu nog voor, nl. *Hollestraat, Broekstraat, Halensebaan* en *Groeneweg*, maar dan telkens voor een andere weg dan de oorspronkelijke.

Namen van waterlopen die in de 15de eeuw voor het eerst gevonden worden, zijn *Grotegracht* (1406), dezelfde als de *Leidgracht* (1452) en de oudere *Ganzelake* (1280), *Leuge* (1438), *Maasbeek* (1438) en *'s-Herenbeek* (1459), dezelfde als de *Koebeek* (1484). Van deze namen zijn *Leidgracht* en *Leugebeek* (vroeger Leuge) nog in gebruik.

Van de andere 66 namen die voor het eerst in de 15de eeuw voorkomen, zijn er negen nu nog in gebruik: *Reu* (1407), oorspronkelijk als wegnaam), *Kloosterberg* (1407), *Schambraak* (1439), *Wierook* (1444), *Neerveld* (1459), *Itselaar* (1476), *Dodeman* (1478), *Rad* (1481) en *Dorpsveld* (1490).

6.5. 16de eeuw

Uit de 16de eeuw zijn er heel wat hoevenamen opgetekend, de meeste genoemd naar een eigenaar: *Korsendonksewinning* (1532), *Jan Elenhof* (1532), *Rulenshof* (1532), *Kinderen Kranenhoeve* (1545), *Keinenhof* (1560), *Gasthuiswinning* (1599), *Aardeweg* (ca.

1600), *Smeiershof* (ca. 1600) en *Zelkaartsgeleeg* (ca. 1600). Alleen deze laatste naam is nu nog bekend.

Ook komen in deze eeuw verschillende herbergnamen voor: *Vos(ke)* (1532), *Wildeman* (1532), *Zwaan(tje)* (1551), *Engel* (1560), *Valk* (1562), *Veldhen* (1562), *Kroon(tje)* 1599. Van deze namen is er nu geen enkele meer bekend.

Van de 183 andere namen die voor het eerst in de 16de eeuw voorkomen, zijn nu nog o..a. bekend: *Bosterestraat* (1501), *Zevenzillen* (1502), *Dijk* (1505 en 1532, twee namen), *Mortel* (1526), *Wolfputterstraat* (1526, nu Wolvestraat), *Dorp* (1532), *Straatje* (1532), *Kelderke* (1532), *Muizenest* (1542), *Krommedijk* (Ca. 1560), *Steenweg* (1562), *Elze* (1568) en *Duivelskot* (1569).

6.6. 17de eeuw

In de 17de eeuw heb ik drie nieuwe hoevenamen gevonden, *Peter van Geelhuisje* (1603), *Breskesgeleeg* (1680) en *Buikswinning* (ca. 1680), alsook twee nieuwe herbergnamen. *Tinnenpot* (1669) en *Roskam* (1670). Een andere opmerkelijke huisnaam is *Geuzentempel* (1680). In deze periode heb ik ook de eerste namen van een buitenverblijf gevonden: *Hofke* (1635), *Zwanenborg* (1655) en *Speelhofke* (ca. 1700), drie namen voor hetzelfde buitenverblijf. Voor het eerste komt nu ook de naam van een steenbakkerij voor, *Steenovens* (1682). Van al deze namen is er nu echter geen enkele meer in gebruik.

Van de 171 andere namen uit de 17de eeuw zijn nu o.a. nog bekend: *Duivelszil* (1608), *Leunisveld* (1615), *Itselaarveld* (1617), *Blakenbergstraat* (1638), nu een andere weg), *Lammerdries* (1646), *Dorpsveldstraat* (1647), *Natbunder* (1663), *Gelegracht* (1675), *Mager* (1680), *Rondblok* (1680), *Ossebeemd* (1680), *Processieweg* (1680), *Vluchtdijk* (ca. 1680), *Drogeberg* (1682) en *Gasthuiswei* (ca. 1684).

6.7. 18de eeuw

In de 18de eeuw werden weer enige nieuwe hoevenamen opgetekend: *Goed van Eksel* (1706), *Kommanderijwinning* (1715), *Sint-Bernardus* (1749), *Oude Pastorie* (1750 en 1792, twee namen) en *Kokswinning* (1777), alsook twee herbergnamen, *Schaliënhuis* (1718) en *Witte Voorschoot* (1726), en drie namen van buitenverblijven, *Speelhuis* (1728), hetzelfde als *Kremersspeelhof* (1776), en *Speelgoed* (1756), hetzelfde als het oudere Hofke, Zwanenborg of Speelhofke. Als namen van steenbakkerijen hebben we *Kareeloven* (1723), *Steenhoven* (1754) en *Steenovens* (1800). Van al deze namen worden nu alleen nog *Sint-Bernardus, Oude Pastorie* (de tweede) en *Kokswinning* gebruikt.

Van de 81 andere namen uit de 18de eeuw zijn nu o.a. nog bekend: *Prelsberg* (1710, sinds 1792 Parelsberg), *Gasthuisbos* (ca. 1720), *Langewei* (1726), *Negenzillen* (1754), *Keerdijk* (1771), *Reustraat* (1771), *Riddersberg* (1771, nu Ritsberg), *Neerveldstraat* (1782) en *Zandstraat* (1788, nu een andere weg).

6.8. 19de eeuw

In de 19de eeuw vallen allereerst een aantal kunstmatige nieuwe benamingen van het kadaster op. Zo heb ik boven al gewezen op samenstellingen met *loop* (1.3.1.) en met *mestweg, veldweg* of *voetweg* (4.1.4, 4.1.5 en 4.3.3) uit de Atlas van de Waterlopen of van de Buurtwegen, ca. 1845. Van deze namen worden bijv. *Droomblokstraat, Opendeurtjeloop* en *Rasoploop* officieel nog gebruikt. Zo ook *Lammerdriesstraat*, dat nu evenwel een andere weg aanduidt. Ook de naam *Zelksestraat* (1823), uit het oudere kadaster, duidt nu een andere weg aan.

Twee andere namen uit de Atlas van de Buurtwegen, *Oude Diestersebaan* en *Oude Hasseltsebaan*, leven, evenals de naam *Oude Grotebaan* (1857), voort in de huidige naam *Oudebaan*. Onder de andere 19de-eeuwse namen heb ik er slechts vier gevonden die nog in de volksmond gebruikt worden: *Begijnenbeek* (1819), dat ter plaatse de verschillende oudere namen verdrongen heeft, *Kwadezil* (1877), *Ruthuisje* (1890) en *Schijf* (1890).

6.9. 20ste eeuw

In de 20ste eeuw werden een aantal nieuwe straatnamen gegeven, waarvan er sommige historisch zonder waarde zijn, maar andere verwijzen naar een bestaand toponiem (zie boven, 4.3.4). Enige andere namen komen ook in schriftelijke bronnen voor, bijv. de huisnamen *Roodhuis* (1904) en *Roverswinning* (1955) en de naam van de badplaats *Halvemaan* (1919).

Een groot aantal namen komt alleen in de volksmond voor en heeft dus geen oudere bewijsplaatsen. Hiervan zijn er echter die naar oudere toponiemen of gegevens verwijzen, zoals *Begijnenberg* (hoorde vroeger aan de Begijnen van Diest toe), *Bos* (was vroeger bos), *Kraninksbosje* (was vroeger van Cranincx), *Rouwewei), Schans* (de vroegere schans) en *Vijvertje* (was vroeger vijver). Van enige hoevenamen, alleen bij oudere mensen nog bekend, weten we niet hoe oud ze eigenlijk zijn: *Berkenhof, Ganzenhof* en *Sint-Huibrechts*. Op een recenter gegeven wijst de naam *Hengstegeleeg*, terwijl namen als *Goedje* en *Winning* algemenere woorden zijn die op één bepaalde woning werden toegepast. Namen als *Boompjeswei* en *Verbrande Staak* werden naar een bepaald verschijnsel gegeven. De eerste naam verdween echter met het verschijnsel, maar de tweede houdt lang erna nog altijd stand.

BESLUIT

De levensduur van toponiemen is zeer wisselvallig. Sommige namen houden lang stand, andere verdwijnen vlug. Er zijn namen die alleen maar in de volksmond leven en blijven leven, er zijn er andere die alleen maar in de schrijftafel bestaan. Vervormingen en kunstmatige namen zijn er in verschillende periodes geweest. Het zoeken naar de eigenlijke betekenis van de namen is een boeiende bezigheid, leerrijk voor al wie met deze namen te maken heeft.

Fr. Claes

CORRIGENDA

79. *Bosterestraat* /dɤ 'bostɤrɤstrɔ:t/ V.
107. *Dijk* / dɤn 'dɛ:k/ V.
169. *Ganzelake* /dɤ 'ʁa:zɤla:kɤr/ V.
172. *Ganzenhof* /'tχanzɤnhof/ V.
174. *Gasthuisberg* /dɤ 'χastɤsbɛɤχ/ V.
177. *Gasthuisbos* /'tχastɤzbps/ V.
185. *Gasthuiswei* /dɤ 'χastɤswɛ:/ V.
296. *Keerdijk* / dɤ 'ki.jɤrdɛ:k/ V.
297. *Keerwei*: de verklaring van *keer* uit *kar* is toch minder waarschijnlijk dan die uit het oude woord *ker* of *kaar*, teenwilg (cf. A. Carnoy, De wilg in de toponymie van België en Nederland, in: *Med. Naamk.* 32, 1956, 1-14; P. Kempeneers, *Hoegaardse Plaatsnamen*. Tienen, 1985, 217; F. Claes, *Schaffen door de eeuwen heen*. Tielt-Winge, 1989, 63).
332. *Kokswinning* / dɤ 'kɔkswinniŋ/ V.
340. *Kortrijsstraat*
341. *Kraas* / tkrɛ:s/ V.
344. *Kraninksbosje* /'tkrɔ:ninksbøskɤ/ V.
352. *Krommedijk* /dɤ 'krumɤnɛ:k/ V.
360. *Kutsebroek* /'tkutsɤbruk/ V.
365. *Lammerdries* /dɤ 'lamɤrdri.is/ V.
368. *Lammerheistraatje*
382. *Leidgracht* /dɤ 'lɛ:tχraχt/ V.
387. *Leunisveld* /'tlœynl̥sfɛlt/ V.
390. *Leuvensesteenweg* /dɤ 'lœyvɤsɤsti.jɤweχ/ V.
400. *Maaiveld* /'tmɔ.ɤvɛlt/ V.
404. *Mager* /'tmaχɤr/ V.
430. *Mortel* /dɤ 'møtɤl/ V.

437. *Natbunder* /'tnadbundɤr/ V.
442. *Neerveld* / 'tnejɤrvɛlt/ V.
448. *Noëlswinning* / dɤ no.ɛlswinniŋ/ V.
455. *Ossebeemd* / dɤn 'osɤbɛmt/ V.
502. *Prinsenhalfbunder* /'tprinsɤhalvbundɤr/ V.
504. *Processieveldweg*: ca. 1845 de Processieveldweg (KB); ca. 1860 Processieveldweg (KP).
506. *Put* /dɤ'pyt/ V.
508. *Rad* /trat/ V.
516. *Reu* / dɤ 'rœy/ V.
520. *Ridderswei* /dɤ'ridɤrswɛ:/ V.
522. *Ritsberg* /dɤ 'ridzbɛraχ/ V.
529. *Roodhuis* /'tru.wɤthœ:s/ V.
534. *Rouweweiberg* / dɤ rɤ'wɛbɛrɤχ/ V.
537. *Rozedel* /dɤ 'ruwɤzɤdɛl/ V.
541. *Rut* / dɤ 'ryt/ V.
542. *Ruthuisje* /'trythœskɤ/ V.
545. *Schambraak* / dɤ 'sχambrɔ:k/ V.
549. *Schans* 2)/ dɤ 'sχans/ V.
555. *Schijf* /tsχɛ:f/ V.
569. *Sint-Huibrecht* / sint 'hœbrɛχt/ V.
579. *Station* / dɤ 'stɔ:sɤ/ V.
580. *Stationsstraat* /dɤ 'stɔ:sɤstrɔ:t/ V.
595. *Stokkensbeemd*
597. *Straatje* /'tstrɔikɤ/ V.
608. *Torekes* / dɤ 'tœyrɤkɤs/ V.
623. *Verbrande staak* /dɤ 'vɤrbrandɤ 'staik/ V.
647. *Webbekomseberg* /dɤ 'wøbɤkomsɤbɛrɤχ/ V.
652. *Wierook* /dɤ 'wi.iruwɤk/ V.
657. *Wijngaardsveld* /'twɛ:χɤrsfɛlt/ V.
662. *Winning* /dɤ 'womoŋ/ V.
674. *Zeerder*
681. *Zevenzillen* /dɤ 'ze.ivɤzilɤ/ V.

Om technische redenen worden de bibliografie en de topografische kaarten niet in het tijdschrift afgedrukt. De verwijzingen naar de literatuur en, met de nummers van het kadaster, naar de kaarten zijn bijgevolg alleen in de uitgave in boekvorm te vinden, die weldra zal verschijnen bij het Instituut voor Naamkunde te Leuven.

V. BRONNEN EN BIBLIOGRAFIE

1. Onuitgegeven bronnen

1.1. Archief van de Abdij van Averbode (A)

A 20-21 B 1 V Cartarium abbatis X-XI.
106 C 2 kaartenboek C. Lewis 1678.
212 B 4 III goederenregister 1706.

1.2. Algemeen Rijksarchief te Brussel (B)

1.2.1. Archief van de stad en de heren van Diest (BH)

BH 63-82 leenboeken van het Land van Diest 1407-1795.
87 leenboek van het Land van Diest 1684.
88 leenboek van het Land van Diest 1682.
89 leengoederen van het Land van Diest 1633-1791.
110-121 rekeningen 1501-1713.
1889 hoeve te Papenbroek 1764-1770.
2494 schepenbrief 1665.
2748 goederen van het Begijnhof van Diest 1686.
2748bis goederen van het Begijnhof van Diest 1516-1628.
2856 goederen van de H. Geesttafel van Diest ca. 1700.
2861 goederen van de H. Geesttafel van Diest 1686-1761.
2862 goederen van de abdij Sint-Bernardsdal (Diest) 1686.
2863 goederen van het klooster Bethlehem (Herent) 1686.
2873 goederen van het Groot Gasthuis van Diest 1652 (kop. 1686).
2907 goederen van de Sint-Sulpitiuskerk van Diest 1686.
3241 cijnsboek van de heer van Diest 1754.
3242 cijnsboek van het Amoershof 1595.
3244 rekeningen van de heerlijkheid en domeinen, Land van Diest 1438-1440.
3245 " " " " " " 1467-1469.
3246 " " " " " " 1558.
3247 " " " " " " 1565-1566.
3248 " " " " " " 1576.
3249 " " " " " " 1650.
3250 " " " " " " 1670.
3251 " " " " " " 1690.
3252 " " " " " " 1715.
3253 " " " " " " 1725.

3254 " " " " " " 1735.
3255 " " " " " " 1743.
3256 " " " " " " 1769.
3257 " " " " " " 1772.
3260 schepenbrieven 16de-18de eeuw.

1.2.2. Archief van het kadaster van Brabant (BKa)

BKa 545 Webbekom 1815-1830.
717 Kaggevinne-Leuvens, huurcontracten 1815-1830.
1001 Webbekom, huurcontracten 1815-1830.
1168 Kaggevinne-Leuvens, overzicht van de eigendommen 1826.
1461 Webbekom, overzicht van de eigendommen 1826.

1.2.3. Kerkelijk Archief van Brabant (BKe)

BKe 953 goederen van de Sint-Janskerk (Diest) 1787.
960 goederen van de Sint-Sulpitiuskerk (Diest) 1787.
4493-4504 goederen en inkomsten van de Sint-Trudokerk (Webbekom) 15de-18de eeuw.
4506-4507 goederen van de Sint-Trudokerk (Webbekom) 1787.
4514-4516 goederen van de kapel van O.L.V. van de Hoge Wijngaard 1787.
4517 rekeningen van de kapel van O.L.V. van de Hoge Wijngaard 1791-1794.
5009 goederen en kaartenboek van de abdij van Averbode 1659.
5106 goederen van de abdij van Averbode te Webbekom 1627.
8659 brug over de Leidgracht 1671-1681.
10849 goederen van de abdij Sint-Bernardsdal 1623.
10850 cartularium van de abdij Sint-Bernardsdal 13de-16de eeuw.
10855 goederen van de abdij Sint-Bernardsdal 1235-1255 (kop. 17de eeuw).
10858-10860 goederen van de abdij Sint-Bernardsdal 1575.
10861 goederen en inkomsten van de abdij Sint-Bernardsdal 1579.
10862 goederen en inkomsten van de abdij Sint-Bernardsdal 1627.
10863 goederen, cijnzen en renten van de abdij Sint-Bernardsdal 1638-1665.
10867 bossen van de abdij Sint-Bernardsdal 17de-18de eeuw.
10871 goederen van de abdij Sint-Bernardsdal te Kaggevinne-Leuvens 16de eeuw.

10874 collectboek Kaggevinne-Leuvens 1747.
10889 abdij Sint-Bernardsdal, varia 17de-18de eeuw.
10891 cijnzen en renten van de abdij Sint-Bernardsdal 1524.
10900 gronden, cijnzen en renten van de abdij Sint-Bernardsdal 1604-1622.
10903 ontvangsten en goederen van het begijnhof van Diest (niet Sint-Bernardsdal!) 1795.
10906 pachten van de abdij Sint-Bernardsdal in het kwartier van Diest 1769-1794.
10907 ontvangsten van verhuurde goederen van de abdij Sint-Bernardsdal 1656.
10908 ontvangsten en uitgaven van de abdij Sint-Bernardsdal 1783.
10911 het kappen van hout; varia 18de eeuw.
10921 goederen van de abdij Sint-Bernardsdal 1787.
13581 goederen van de augustijnen van Diest 1763.
13582 goederen van de augustijnen van Diest 18de eeuw.
13593 goederen van de augustijnen van Diest 1682-1792.
13594 goederen van de augustijnen van Diest 1787.
13597-13599 cartularium van de bogaarden van Diest 13de-17de eeuw.
13632 goederen van de bogaarden van Diest 18de eeuw.
13641 goederen van de bogaarden van Diest 1784.
13642 goederen van de bogaarden van Diest jaar IV.
13649-13652 cartularium van het klooster Mariendaal (Diest) 1348-1701.
13661-13662 goederen en inkomsten van het klooster Mariendaal 15de eeuw.
13663 goederen van het klooster Mariendaal 1675-1681.
13664 inkomsten van het klooster Mariendaal 1754-1795.
13684 goederen van het klooster Mariendaal 17de-18de eeuw.
13689 goederen van het klooster Mariendaal 1787.
13696 goederen van het klooster Sint-Annadal (Diest) 1787.
13700-13722 cartularium van het begijnhof van Diest 13de-17de eeuw.
13775 goederen en inkomsten van het begijnhof 1636-1641.
13780 goederen van het begijnhof 16de eeuw.
13948 goederen van het begijnhof 1568-18de eeuw.
13949 begijnhof: rente het Voske 1741.
13950 goederen van het begijnhof 17de-18de eeuw.
13951 verhuringen van het begijnhof 1768-1790.
13952 goederen van het begijnhof 17de-18de eeuw.
13966 goederen van het begijnhof 1676.
13967 goederen van het begijnhof 1755.

14139 goederen en inkomsten van het begijnhof 1802.
15371 inkomsten en uitgaven van de oratorianen van Scherpenheuvel 1638-1642.
15374 goederen van de oratorianen 1787.
15375 goederen van de oratorianen jaar IV.
15376 goederen van de oratorianen 1796.
15377 goederen van de oratorianen jaar VI.
15633 goederen van de priorij van Zevenborren (Sint-Genesius-Rode) 1736-1773.
15685 goederen van de priorij van Zevenborren 17de-18de eeuw.
16392 goederen van de commanderij van Bekkevoort 1725.
16396 hoeven van de commanderij van Bekkevoort 1561.
16401 inkomsten van de commanderij van Bekkevoort 1594.
16402 goederen en inkomsten van de commanderij van Bekkevoort einde 16de eeuw.
16403 goederen en inkomsten van de commanderij van Bekkevoort 1726.
16412 kaartenboek van de goederen van de commanderij van Bekkevoort 1782.
16413 goederen en cijnzen van de commanderij van Bekkevoort jaar III.
16414 leengoederen van de commanderij van Bekkevoort 1473-1505.
19553 goederen van het kapittel van de Sint-Janskerk (Diest) 1562-1599.
19568 cijnzen en renten van de H. Geesttafel van Diest 1379.
19569 cijnzen en renten van de H. Geesttafel van Diest 1400.
19993 rekeningen van het weeshuis van Diest 1788-1791.
20222 akte van de oprichting van de kapel van O.L.V. van de Hoge Wijngaard 1323.
20223 rekeningen van de Sint-Trudokerk (Webbekom) 1660-1661.
22774 Sint-Trudokerk (Webbekom) ca. 1720.

1.2.4. Kaarten en plannen (handschriften) (BKP)

BKP 335 de Demer tussen Diest en Lummen ca. 1700.
336 de Demer tussen Diest en Lummen ca. 1750.
2083 goederen van de abdij van Sint-Truiden 1691-1693.
3060 bezit van het Gasthuis van Diest bij de Beverepoort 1788.

1.2.5. Leenhof van Brabant (BLB)

BLB 2278 goederen van Arnold van Zelk 1496.
3441 goederen van de abdij van Korsendonk 1521.

1.2.6. Notarisakten van het arrondissement Leuven (BN)

Notarissen te Diest:

BN 17599-17600 Paulus van den Broeck 1564-1602.
17601/1-2-3 D. Fierens 1582-1640.
34530-34531 Th. Bosmans 1856-1857.
34550-34555 Th. Bosmans 1873-1878.
35016-35018 R.J. Verreydt 1826-1828.
35021-35022 R.J. Verreydt 1831-1832.
35024 R.J. Verreydt 1834.
35048-35060 R.J. Verreydt 1856-1868.
35100-35104 J. Verreydt 1860-1864.

1.2.7. Rekenkamer (BR)

BR 12622 leengoederen te Kaggevinne 1497.
45730 leengoederen in het Land van Diest 1564-1568.
46777 goederen van de kerken van Diest 1787.
46798 goederen van de kerk van Webbekom 1787.

1.2.8. Schepengriffies van het arrondissement Leuven (BS)

BS 344ter notitieboek van de ordonnanties van Kaggevinne-Leuvens 1560-1777.
335 gichtregisters van Kaggevinne 1440-1453.
335bis " " " 1471-1489.
336-339 " " " 1490-1555.
340-350 " " " 1565-1672.
351-378 " " " 1680-1796.
1820-1821 gichtregisters van Webbekom-Assent 1612-1642.
1822 schepenrol en gichtregisters van Webbekom-Assent 1659-1666.
1823-1827 gichtregisters van Webbekom-Assent 1712-1796.
1828-1829 schepenrollen van Webbekom-Assent 1620-1646.
1830 " " " 1666-1670.
1831-1832 " " " 1687-1701.
1833 " " " 1741-1745.
1834-1834bis " " " 1757-1792.
1835 varia Webbekom-Assent 17de-18de eeuw.
1835bis cijnsboek van de abt van Sint-Truiden te Webbekom-Assent 1684.
2201 cijnsboek van het Hof van Zelk en van de Heerschapsstreek 1770-1795.
2202-2203 " " " " " " " " " " 1616-1679.
2264 cijnsboek van de heer van Diest te Kaggevinne ca. 1560.
2265 " " " " " " " " ca. 1575.
2266 " " " " " " " " 1600.

2267 “ “ “ “ “ “ “ “ 1620.
2268 “ “ “ “ “ “ “ “ 1622.
2269 “ “ “ “ “ “ “ “ ca. 1740.
2271 “ “ “ “ “ “ “ “ ca. 1770-1788.
2272bis “ “ “ “ “ “ “ “ 1715.
2273 cijnsboek van de heer van Diest te Kaggevinne-Leuvens 1631.
2274 “ “ “ “ “ “ ca. 1730.
2275 “ “ “ “ “ “ ca. 1754.
2276 “ “ “ “ “ “ ca. 1780.
2277 “ “ “ “ “ “ ca. 1680.
2278 cijnsboek van de heer van Diest te Kaggevinne ca. 1680.
2279 goederenregister voor de tiendepenning van Kaggevinne 1569.
2351 goederenregister van Kaggevinne ca. 1680.
2357 leenboek van Kaggevinne ca. 1770.
2366 varia Kaggevinne-Leuvens 17de-18de eeuw.
2810 de Borgbeemden te Webbekom 1603.
3109 de steenweg Diest-Leuven 1779-1781.
5947-5948 varia Kaggevinne-Leuvens 17de-18de eeuw.
6090-6091 varia Webbekom-Assent 17de-18de eeuw.
6092 varia 16de-18de eeuw en goederenregister van Webbekom-Assent 1688.
6119 collectboek Kaggevinne-Leuvens 1685.
6364 settinge Webbekom-Assent 1773.
6532 collectboek Webbekom-Assent 1706.
6607 varia Webbekom-Assent 16de-18de eeuw.
6608 settinge Webbekom-Assent 1751.
6609 settinge Webbekom-Assent 1756.
6610 restanten uit het collectboek van Webbekom-Assent 1750.
6732 losse stukken Webbekom-Assent 17de-18de eeuw.
6799 processen Webbekom-Assent 16de-18de eeuw.
6837 rekeningen van het Coxhof 1757-1778.
6936bis collectboek Webbekom-Assent 1715.
7005 schepenakten van Webbekom-Assent 1397-1651 (zoek geraakt sinds de jaren 1960).
7006 schepenakten van Kaggevinne-Leuvens 1456-1607.
7007 varia Kaggevinne-Leuvens 17de-18de eeuw.
7009 collectboek Kaggevinne-Leuvens 1722.
7013 cohier van Webbekom-Assent ca. 1675.
7206 settinge Kaggevinne-Leuvens 1793.
7449 collectboek Webbekom-Assent 1737.

7450 “ “ 1762.
7451 “ “ 1748.
7452 “ “ 1682.
7453 “ “ 1752 en settinge 1756.

1.2.9. Verkoop van Nationale Goederen (BVNG)

BVNG321 Gemeente-eigendom Webbekom 1813.

1.3. Stadsarchief te Diest (D)

1.3.1. Losse bundels

D 1 Roodboek 1228 (kop.) - 14de eeuw.
D 2 Keurboek 14de eeuw.
D 792/2-805 Schepenakten 1393-1458.
D 1090Manuael nr. 2, inhoudende de renten en goederen van de kercke St.-Jan Baptist 1826.

1.3.2. Dozen met bundels per gemeente of onderwerp gerangschikt (Dd)

DdKaggevinne

1. varia Kaggevinne 16de tot 18de eeuw, o.a. bedeboeken Kaggevinne-Leuvens 1761 en 1783 en goederenregister van de Commanderij van Bekkevoort te Kaggevinne-Leuvens 1646 (kop. 18de eeuw).
2. varia Kaggevinne 17de en 18de eeuw.

DdS15 Schepenakten Webbekom
DdW Webbekom, losse stukken 1-36 en stukken van de gemeente ca. 1790-1840.
DdWG Webbekom, gemeenteraad 1826-1843.
DdWt Waterlopen 1-2, losse stukken.

1.3.3. Heilige-Geesttafel van Diest (DHG)

DHG 1092-1129 rekeningen van het Gasthuis 1444-1799.
1130 renten en cijnzen 1599.
1131 “ “ “ 1598.
1421-1663 rekeningen 1531-1794.
1813 goederenregisters 1563-1597.
1817-1825 manuaal der ontvangsten 1457-1520.
1838-1864 “ “ “ 1492-1530.
1865 cijnsboek 1399.
1866 “ 1405.
1867 “ 1431.
1868 “ 1490.
1869 “ 1420.
1870 goederen (weiden) 1531.
1871-1885 manualen en goederenregisters 1533-1611.

1888 goederenregister 1371.
1889 " 1379.
1906 cijnsregister van de H. Geest van hemden en schoenen 1611.
1907 " " " " " " 1704-1707.
1908-1913 manuaal van de huisarmen en van de H. Geest van de St.-Jansparochie 1524-1604.
1914 huisarmen van de St.-Sulpitiusparochie 1611.
1915 cijnzen van de H. Geest van de O.L.Vrouweparochie 14de eeuw.
1916 goederenregister van de H. Geest van de O.L.Vrouwe-parochie 1477-1516.
1919-1937 " " " " 1521-1575.

DHGK kaartenboek van de goederen van de H. Geesttafel door Guyaux 1771.

1.3.4. Kaarten en plannen (DK)

DK Demer 1772.
Grenzen van Zelem 1753.

DKM kaart Meulemans 1786.

1.3.5. Kerkelijk archief (DKA)

DKABg Kerkelijk archief, Begijnhof:

39 erfgoederen en renten 1400.
40 cijnsboek 1556.
43 register en manuaal 1604.
45 cijnsboek 1680.
46 renten 1681.
53 goederen en renten Hof: aendracht 1753; cijnzen ca. 1750.
54 rekeningen Hof 1478-1495.
96 cijnsboek H. Geesttafel 1340.
98 " " 1434.
99 registers H. Geesttafel cijnzen en renten 1540-1544.
100 cijnsrechten H. Geesttafel 1547.
101 registers H. Geesttafel cijnzen en renten 1561.
102 cijnsrechten H. Geesttafel 1592.
103-104 H. Geest van het Begijnhof rekeningen 1450-1500.
135 gronden te Webbekom en Kaggevinne 1553.
141 rekeningen Infirmerie 1484.
144 " " 1566-1572.

145 " " 1601.
146 " " 1597-1598.

DKAHW Kerkelijk archief, O.L.V. van de Hoge Wijngaard:
33 oorkonde 1323.
34 register der renten 1394.
35 cijnsboek 1438.
36 manuaal van de renten en cijnzen 1639-1669.
37 rekenboek 1753-1799.
38 boek van de pachten 1423-1442.
40-48 rekenboeken 1467-1797.
49 stukken uit de 17de en de 18de eeuw.

DKAKa Kerkelijk archief, kast:
4 Sint-Sulpitius, renten en cijnzen 1338-1697.
7 " perkamenten 1295-1673.
9 Begijnhof, schepenbrieven 1280-1692.
10 Sint-Sulpitius, buitenschepenen 1309-1698.
12 O.L.V. van de Hoge Wijngaard 1302-1670.

DKAKe Kerkelijk archief, fonds kerken, kloosters en kapellen:
1 Onze Lieve Vrouwekerk, cijnsboek 1321 en ca. 1360.
2 " " " cijnsboek ca. 1380.
3 Heilige-Geesttafel van de Onze Lievevrouwekerk, cijnsboek 1523.
4 " " " " " " cijnsboek 1527.
14 Allerheiligenkapel, rekeningen 1493.
51 Sint-Annakapel, rekeningen 1615-1797.
52 Manuaalboek 1739.

DKASlp Kerkelijk archief, Sint-Sulpitiusparochie:
87 goederen, varia 17de-18de eeuw.
89 cijnsboek 1501.
90 renten 1610.
92 register 1630.
95 renten 1639.
96 renten ca. 1660.
98 manuaal 1675.
101 renten 1764.
103 cijnzen 1352.
130-132 cijnzen 1540-1543.
139 cijnzen begin 17de eeuw.

DKASpKp Kerkelijk archief, kapittel van Sint-Sulpitius:
- Cb cijnsboek 1616.
- D goederen, renten, cijnzen enz. 1573, 1662, 1737.
- G goederen 1508-1558.
- L register van het laathof 1528.
- M Manuael der Heerlijcke Chijnzen van den Laethoff Sti Sulpitii 1792.
- MT Manuael van de Tresorije van het Capittel van Sinte Sulpitius 1739.
- R renten en cijnzen 1542, 1598, 1769.
- Rg registers 1563, 1590, 1769.
- Rk Rekeningen 16de eeuw en 1603-1612.
- T Tresorie cijnzen en renten 1601.

1.3.6. Laden (DL)

DLB Begijnhof

DLG Sint-Elizabethsgasthuis 27.

DLGo Godshuizen 34.

DLH Heerlijkheid:
- 1-5 goederenregisters 1574-1648.
- K keure 1337 (kop.)
- Le Leengoederen ca. 1684.
- R rekeningen 16de-19de eeuw.

DLHG Heilige-Geesttafel 5, 12, 19, 33, 36-38: varia.

DLKe Kerken
- 1. Sint-Sulpitiuskerk.
- 6. Sint-Janskerk.
- 8. Sint-Annakapel

DLM Molens

DLO Oorkonden I 1248-1437.

DLS1 Schepenbrieven van Diest 1264-1316.

DLS10 Schepenbrieven buiten de stad (gerangschikt per gemeente + losse stukken):
- L Hof van Liebroek 1412-1502.
- W Webbekom 1381-1648.
- Z Hof van Zelk 1532.

DLSt Steenweg Diest-Leuven 24.

DLW Nieuwe Wallen 40, 12C Vestinggracht Halve Maan 1919-1934.

1.3.7. Notarisakten (DN)

Notarissen te Diest:
- 18-32 J. Becquet 1734-1752.
- 45-48 M. Butenbach 1616-1630.
- 266-270 J.B. Gielis 1605-1644.
- 317 W. Quints 1605-1644.

320-322	D. Quints 1620-1679.
372	W. Ruttens 1667-1672.
390-392	M. Steenbeekx 1615-1664.
393	J. Swinnen 1661-1693.
461	P. van Hamme 1643-1652.
462-465	J. van Surpele 1646-1676.
500-520	G. Vreven 1685-1718.
521-523	Id., verkopingen 1695-1718.
524-527	Id., testamenten 1688-1718.
532-533	J. Wouters 1651-1666.

1.4. Rijksarchief te Hasselt

1.4.1. Archief van de Commanderij van Oudenbiezen (HOB)

HOB	1555	register 16de eeuw.
	Cart.	Cartularium 1230-1713.

1.4.2. Archief van de abdij van Rotem te Halen (HRt)

HRt	352	Webbekom, tienden 1624.
	353	Webbekom, cijnzen 1648.
	Cart.	Cartularium 1389-1410.

1.4.3. Archief van de Sint-Trudoabdij te Sint-Truiden (HST)

HST	Cart.	charters (1313-1608).
	kaart (nu 271)	kaart van de goederen van de abdij in 1697.
	6678/5 (nu 20)	cartularium 958-1262.
	6678/8 (nu 24)	registrum stipale de bonis 13de eeuw, kop. 1696.
	6702 (nu 900)	liber supplicarum 1657-1671.
	6707 (nu 905)	liber supplicarum 1774-1794.
	6709 (nu 137)	ordinationes et statuta 1535-1628.
	6710 (nu 139)	liber supplicarum 1635-1647.
	6721/2 (nu 229)	cartularium 1163-1681.
	6724 (nu 232)	miscellanea Diest-Webbekom.
	6733 (nu 241)	leenregister van Halen, Donk, Webbekom en Assent 15de-17de eeuw.
	6737 (nu 244)	pachten 16de en 17de eeuw.
	6744 (nu 650)	leenregister van Halen, Donk, Webbekom en Assent 1517-1544.
	6745 (nu 649)	id. 1420-1484.
	6746 (nu 651)	id. 1518.
	6747 (nu 652)	id. 1523-1603.
	6748 (nu 653)	id. 1607.
	6749 (nu 654)	id. ca. 1570-1655.

6750 (nu 655)	id. 1633.
6751 (nu 656)	id. ca. 1620.
6752-6753 (nu 657-658)	id. 1641.
6755 (nu 660)	cijnshof van de abt te Webbekom 1654.
6756 (nu 661)	id. ca. 1680.
6761 (nu 667)	leenzaal van de abt, gichten 1573-1576.
6763 (nu 669)	leenzaal van de abt, rollen 1605-1622.
6766 (nu 672)	leenzaal van de abt, gichten 1669-1699.
6768 (nu 674)	leengoederen 1355-1763 (kop. 1707).
6940 (nu 249)	cartularium van de goederen te Webbekom, Donk en Diest 8ste-15de eeuw (kop.).
6942 (nu 894)	cijnshof van de abt te Webbekom 1682.
6943 (nu 895)	goederenregister van Webbekom 1680.
6983-6984 (nu 315-316)	inkomsten 17de eeuw.
7093 (nu 893)	cijnshof van de abt te Webbekom 1532-1623.

1.4.4. Archief van het kartuizerklooster te Zelem (HZ)

HZ	2	handboek van alle landen, beemden, bossen, vijvers 1754-1796.
	3	register van goederen en renten 1784.
	7	grenzen van Zelk 1630.
	8	register van goederen en renten 17de-18de eeuw.
	14	cartularium 1324-1501.
	15	cartularium 1326-1479.
	18	goederenregister ca. 1796.
	19	varia 17de-18de eeuw.
	21	varia 17de-18de eeuw.

1.4.5. Archief van de gemeente Zelem (HZG)

HZG	2	grenzen van de gemeente in 1486 (kop. 17de eeuw).
	20-21	varia ca. 1700.

1.4.6. Archief van de heerlijkheid Zelem, schepenbank (HZH)

HZH	5-7	rekeningen 1664-1786.
	8	goederenregister (weiden) ca. 1760.
	9	cijnsboek 1466-1660.
	32	gichtregisters 1591-1618.

1.5. Kadasterdirectie van Brabant te Brussel (KDB)

KDB	208	oorspronkelijke legger 1834; grenzen van Webbekom 1823.

1.6. Universiteitsbibliotheek te Leuven, afdeling handschriften (L)

LPh Archief Philippen XVI 71, 75, 142, 143, 148; XXII 46; XXVI 16; XXX 29: goederen van het Begijnhof van Diest.

1.7. Archief van het aartsbisdom te Mechelen (M)

M Bundel Webbekom 16de-18de eeuw.

1.8. Parochiearchief te Webbekom (W)

WAsoprichting parochie Assent 1787-1796.
WKad oorspronkelijke aanwijzende tafel der grond-eigenaren en de ongebouwde en gebouwde vaste eigendommen 1844.
WPpastoors van Webbekom:
1. L. Coghen 1559-1578.
4. R. Smits 1607-1637.
6. P. Berchmans 1638-1671.
16. G. Verlooy 1820-1824.

WVA register pastoor Van Aersen 1797.
" kerkeraad 1823-1903.

1.9. Persoonlijk bezit (X)

X huurakte van de pachthoeve het Ganzenhof 1871.

2. Uitgegeven bronnen

2.1. Uitgegeven kaarten en plannen (K)

KB Atlas van de Buurtwegen ca. 1845.
KF Ferraris, Kabinetskaart van de Oostenrijkse Nederlanden. Blad VIII. Brussel 1777.
KFr Fricx, Carte particulière des environs de Louvain, Aerschot, Diest. Brussel 1708.
KHtB Het Hertogdom Brabant in kaart en prent, door D.R. Duncker en H. Weiss. Tielt-Bussum 1983.
KK Kadastrale kaart Diest 2de afdeling, voorheen Webbekom, bijgewerkt tot 1976.
KMK Militaire stafkaarten 1878, 1932, 1957.
KP Popp, Kadasterplan, ca. 1860.
KVDM Vandermaelen, Topografische kaart van België, ca. 1850, blad nr. 9.
KW Atlas van de Waterlopen, ca. 1845.

KWD Moderne wegenkaarten van de gemeente Diest (deelgemeente Webbekom) 1976, 1978, 1980.

KWH Moderne wegenkaart van de gemeente Halen 1978.

2.2. Andere uitgegeven bronnen

Borman, C. de, Chronique de l'abbaye de Saint-Trond. Luik, 1877. 2 vol.

Cart. Dst.: Cartularium ad Chronicon Diestense, uitgegeven door F.J. Raymaekers, in *Bulletin de la Commission Royale d'Histoire* 3de serie II (1861), p. 445-521.

Casier, C., Coutumes de la ville d'Aerschot, de Neder-Assent et de Caggevinne. Brussel, 1894.

Chron. Dst.: Chronicon Diestense, uitgegeven door F.J. Raymaekers, in *Bulletin de la Commission Royale d'Histoire* 3de Serie II (1861), p. 393-444.

GvD.: Gazette van Diest, jaargangen 1870, 1880, 1890, 1904 (telkens volledig), 1875, 1876, 1877, 1881, 1901 (telkens gedeeltelijk).

Houet, A., Modern Woordenboek, aardrijkskundig, administratief, statistisch, der Belgische gemeenten. Brussel, 1955 en 1968.

Piot, C., Cartulaire de l'abbaye de Saint-Trond. Brussel, 1870. 2 vol.

Pirenne, H., Le livre de Guillaume de Ryckel; Polyptique et comptes de l'abbaye de Saint-Trond au milieu du XIIIe siècle. Brussel, 1896.

Stallaert, Ch., Inventaire analytique des chartes concernant les seigneurs et la ville de Diest, in *Bulletin de la Commission Royale d'Histoire* 4de Serie III (1876), p. 165-314.

3. Geraadpleegde boeken en artikelen

Algoet, J. (1944). *Bijdrage tot de toponymie der woudnamen van Vlaamsch Brabant* (onuitgegeven licentiaatsverhandeling KU Leuven).

Billiet, R. (1955). *Toponymie van Herne* (Nomina Geographica Flandrica, Monografie VI).

Breugelmans, J. (1980). *Het beheer van de Demer tijdens de 17de en 18de eeuw* (onuitgegeven licentiaatsverhandeling KU Leuven).

Brouwer, J. de (1950). *Oostvlaamse plaatsnamen, Hofstade* (Toponymica XIII, 1). Leuven-Brussel.

Brouwer, J. de (1955), *Oostvlaamse plaatsnamen, Haaltert* (Toponymica XIII, 2). Leuven-Brussel.

Brouwer, J. de (1958). *Oostvlaamse plaatsnamen, Lede* (Toponymica XIII, 4). Leuven-Brussel.

Brouwer, J. de (1959). *Oostvlaamse plaatsnamen, Denderleeuw* (Toponymica XIII, 5). Leuven-Brussel.

Carnoy, A. (1948). *Origines des noms des communes de Belgique*. Leuven. 2 vol.

Carnoy, A. (1951). Busk en Brusk, in: *Med. Naamk.* 27, p. 39-53.

Claes, F. (1975). Hagelandse woorden: geleeg en geleg, in: *Oost* XII, p. 124.

Claes, F. (1976). Hagelandse woorden: holenteer, heunenteun en geeraard, in: *Oost-Brabant* XIII, p. 79-80.

Claes, F. (1977a). Plaatsnamen op -kom, in: *Oost-Brabant* XIV, p. 29-30.

Claes, F. (1977b). Hagelandse woorden: zil en dagmaal, in: *Oost-Brabant* XIV, p. 46.

Claes, F. (1977c). Een steenhof te Webbekom voor 1400, in: *Oost-Brabant* XIV, p. 56-58.

Claes, F. (1977d). Van de familienaam Crauwels tot de plaatsnamen Grasbos en Kraas, in: *Oost-Brabant* XIV, p. 64.

Claes, F. (1977e). Een vergeten watermolen van de Heer van Diest: te Boksbergen bij de Kloosterberg onder Webbekom, in: *Oost-Brabant* XIV, p. 87-91.

Claes, F. (1977f). Nog iets over het steenhof te Webbekom, in: *Oost-Brabant* XIV, p. 100.

Claes, F. (1978a). Vroegere wijngaarden en de Wijngaardsberg te Webbekom, in: *Oost-Brabant* XV, p. 22-23.

Claes, F. (1978b). Dries als Hagelands woord, in: *Oost-Brabant* XV, p. 31-32.

Claes, F. (1978c). Het Goedje te Webbekom: van oude hoeve tot buitengoed, in: *Oost-Brabant* XV, p. 50-53.

Claes, F. (1979a). De namen Diest en Demer, in: *Oost-Brabant* XVI, p. 27-28.

Claes, F. (1979b). De juiste ligging van de oude abdij van Sint-Bernardsdal te Webbekom, in: *Oost-Brabant* XVI, p. 99-101.

Claes, F. (1979c). Tiensestraat contra Tienenstraat in Oost-Brabant, in: *Naamkunde* 11, p. 145-151.

Claes, F. (1980a). De oude burcht en de oude kerk van Zelem, in: *Oost-Brabant* XVII, p. 176-182.

Claes, F. (1980b). Van persoonsnaam naar plaatsnaam te Webbekom, in: *Naamkunde* 12, p. 66-67.

Claes, F. (1981a). Lazarushuisjes in de omgeving van Diest, in: *Oost-Brabant* XVIII, p. 17-20.

Claes, F. (1981b). Vroegere pastorieën te Webbekom, in: *Oost-Brabant* XVIII, p. 42-44.

Claes, F. (1981c). Enige plaatsnamen uit de gemeente Tielt-Winge, in: *Oost-Brabant* XVIII, p. 134-142.

Claes, F. (1982a). *Geschiedenis van Webbekom*. Tielt-Winge.

Claes, F. (1982b). Hagelandse woorden: gaar, gril en stichel, in: *Oost-Brabant* XIX, p. 102-104.

Claes, F. (1982c). Oude Hagelandse woorden voor brouwerij: kam en paanhuis, in: *Oost-Brabant* XIX, p. 154-156.

Claes, F. (1982d). Enige plaatsnamen uit Lubbeek en Binkom, in: *Oost-Brabant* XIX, p. 278-284.

Claes, F. (1983a). Wolven te Schaffen, Assent en Webbekom in de 18de eeuw, in: *Oost-Brabant* XX, p. 100-101.

Claes, F. (1983b). Familienamen afgeleid van toponiemen uit de streek van Diest, in: *Naamkunde* 15, p. 129-179.

Claes, F. (1983c). Toponiemen met *gene* in de streek van Diest, in: *Naamkunde* 15, p. 180-191.

Claes, F. (1983d). Kaggevinne, de naam en het dorp, in: *Oost-Brabant* XX, p. 177-182.

Claes, H. (1965). Webbekom, in: *Oost-Brabant. I. Het mooie Hageland.* Heverlee, p. 255-263.

Claes, H. (1966). De Begijnenbeek, in: *Oost-* III, p. 65-69.

Claes, H. (1971). Over bossen, wild en jachtbetwisting, in: *Oost-* VIII, p. 87-92.

Claes, H. (1972). Oude hoeven en pachten, in: *Oost-* IX, p. 33-42.

Claes, H. (1973). Oude wegen en gebouwen te Webbekom-Diest, in: *Oost-* X, p. 29-43.

Claes, H. (1974). Het oudste verleden van Webbekom, in: *Oost-* XI, p. 65-79.

Cleeremans, F. (1928). *Toponymie van Halen en Loksbergen* (onuitgegeven proefschrift KU Leuven).

Cuvelier, J. (1912). *Les dénombrements de foyers en Brabant (14e-16e siècle)*. Académie Royale de Belgique, Commission Royale d'Histoire.

Cuvelier, J., en C. Huysmans (1897). *Toponymische studie over de oude en nieuwe plaatsnamen der gemeente Bilsen.* (K.V.A. V, 4) Gent.

Degeling, G. (1927). Toponymie van Diest (onuitgegeven proefschrift KU Leuven).

Despy-Meyer, A. (1964). Les chartes anciennes et les débuts de l'abbaye du Val-Saint-Bernard à Diest (1235-1300), in: *Bulletin de la Commission Royale d'Histoire* 130, p. 111-185.

Despy-Meyer, A. (1968). Abbaye du Val-Saint-Bernard à Diest, in: *Monasticon Belge. IV. Province de Brabant.* Vol. 2, p. 549-565.

Dewolfs, E. (1941). *Oostbrabantsche Plaatsnamen, Tienen* (Toponymica IX 2). Leuven-Brussel.

Dubois, D. (1934). *Het oude Diest.* Diest.

Eycken, M. van der (1976). *Zeven eeuwen Ezeldijkmolen te Diest.* Diest.

Eycken, M. van der (1979). *Ziekenzorg te Diest van de 12e tot de 18e eeuw* (Diestsche Cronycke 1). Diest.

Eycken, M. van der (1980). *Geschiedenis van Diest.* Diest.

Förstemann, E. (1916). *Altdeutsches Namenbuch. II. Orts- und sonstige geographische Namen,* herausgegeben von H. Jellinghaus. Bonn.

Franck-Van Wijk (1929). *Franck's Etymologisch Woordenboek der Nederlandsche Taal.* Tweede druk door N. van Wijk. Supplement door C.B. van Haeringen. 's-Gravenhage, 1936.

Grauwels, J. (1966-1969). *Regestenlijst der oorkonden van de Landkommanderij Oudenbiezen en onderhorige kommanderijen.* Brussel. 4 vol.

Gysseling, M. (1950). *Toponymie van Oudenburg* (Kon. Commissie voor Toponymie en Dialectologie 5). Tongeren.

Gysseling, M. (1960). *Toponymisch Woordenboek van België, Nederland, Luxemburg, Noord-Frankrijk en West-Duitsland (vóór 1226)*. (Bouwstoffen en Studiën voor de Geschiedenis en de Lexicografie van het Nederlands VI). Tongeren.

Gysseling, M. (1975). Dries, in: *Naamkunde* 7, p. 258-265.

Gysseling, M. (1978). Inleiding tot de toponymie, vooral van Oost-Vlaanderen, in: *Naamkunde* 10, p. 1-24.

Gysseling, M. (1981a). Voornaamste bestanddelen van Zuidnederlandse plaatsnamen, in: *Naamkunde* 13, p. 75-78.

Gysseling, M. (1981b). Composita, in: *Naamkunde* 13, p. 118-130.

Helsen, A.M. en J. (1978). *Gehuchtnamen in de Antwerpse Kempen* (Nomina Geographica Flandrica, Studie XIII). Leuven.

Helsen, J. (1938). *Plaatsnamen der Antwerpsche Kempen* (Toponymica VI). Leuven-Brussel.

Helsen, J. (1944). *Toponymie van Noorderwijk* (Nomina Geographica Flandrica, Monografie III). Tongeren.

Helsen, J. (1961). *De woorden wolf en hond in plaatsnamen* (Toponymica VI). Leuven-Brussel.

Hove d' Ertsenryck, H. van den (1980). Biografische aantekeningen over enige raadgevers en rentmeesters van de heren van Diest uit het huis van Nassau, in: *Oost-Brabant* XVII, p. 37-40.

Hove d' Ertsenryck, H. van den (1981). De heren van Deurne bij Diest, in: *Oost-Brabant* XVIII, p. 10-12.

Hove d' Ertsenryck, H. van den (1982). Enkele biografische gegevens over de drossaards van Diest, in: *Diest en Oranje* (Diestsche Cronycke 3bis). Diest, p. 55-67.

Hove d' Ertsenryck, H. van den (1983). Lijst van de schouten van Diest met enige biografische gegevens, in: *Oost-Brabant* XX, p. 82-97.

Kempeneers, P. (1982). *Hydronymie van het Dijle- en Netebekken*. Leuven. 4 vol.

Kempeneers, P. (1983a). Over de oprichting van een windmolen buiten de Beverpoort te Diest, in: *Oost-Brabant* XX, p. 98-99.

Kempeneers, P. (1983b). Hydronymie van het Dijle- en Netebekken, in: *Naamkunde* 15, p. 5-95.

Kempeneers, P. (1984). *Tienen in vroeger tijden*. Tienen.

Kilianus, C. (1599). *Etymologicum Teutonicae Linguae*. Antwerpen.

Lauwers, P. (1977). Hoe de verlichte geest Voltaire dacht over Beringen en zijn bewoners, in: *Limburg* 56, p. 14-29.

Leenders, K.A.H.W. (1978). Nogmaals Eeuwsels, in: *Naamkunde* 10, p. 193-197.

Lemmens-Swinnen, G. (1973). *Bijdrage tot de studie van de gehuchtnamen in het arrondissement Leuven* (onuitgegeven licentiaatsverhandeling KU Leuven).

Liekens, L. (1969). *De Kommanderij van de Duitse Ridderorde te Bekkevoort* (onuitgegeven licentiaatsverhandeling KU Leuven).

Lindemans, J. (1928). Over enige niet-specifieke toposuffixen in plaatsnamen, in: *HCTD* 2, p. 133-157.

Lindemans, J. (1930). *Toponymie van Opwijk* (Nomina Geographica Flandrica, Monografie 1). Brussel.

Lindemans, J. (1931). De Planten in de Zuid-West-Brabantsche Toponymie, in: *HCTD* 5, p. 203-236.

Lindemans, J. (1933). *Brabantsche Plaatsnamen. IV. Baardegem* (Toponymica II, 4). Leuven-Brussel.

Lindemans, J. (1936). *Brabantsche Plaatsnamen. VI. Beert* (Toponymica II, 6). Leuven-Brussel.

Lindemans, J. (1940). *Toponymische verschijnselen geografisch bewerkt. I. De heemnamen en -ingeformaties. De kouternamen* (Nomina Geographica Flandrica, Studies V, 1). Brussel.

Lindemans, J. (1946). *Id. II. De namen van het bouwland en van het grasland* (Nomina Geographica Flandrica, Studies V, 2). Brussel.

Lindemans, J. (1951a). *Brabantse Plaatsnamen. XI. Bellingen* (Toponymica II, 11). Leuven-Brussel.

Lindemans, J. (1951b). *Brabantse Plaatsnamen. XII. Bogaarden* (Toponymica II, 12). Leuven-Brussel.

Lindemans, J. (1952). *Toponymie van Asse* (Nomina Geographica Flandrica, Monografie V). Brussel.

Lindemans, J. (1953). De afsluitingen in de geheinde percelen, in: *Med. Naamk.* 29, p. 27-40.

Lindemans, J. (1954). Rochting, in: *Med. Naamk.* 30, p. 79-80.

Lindemans, J., en C. Theys (1948). *Brabantse Plaatsnamen. X. Dworp* (Toponymica II, 10). Leuven-Brussel.

Lindemans, J. en F. Borgers (1949). *Oostbrabantse Plaatsnamen. III. Geetbets* (Toponymica IX, 3). Leuven-Brussel.

Loix, F. (1978). Geschiedenis van de badplaats "Halve Maan" te Diest, in: *Oost-Brabant* XV, p. 118-121.

Loix, F. (1981). De Diestenaar, een frontblad voor de soldaten van het kanton Diest, in: *Oost-Brabant* XVIII, p. 21-26.

Loon, J. van (1981). De betekenis van toponymische samenstellingen, in: *Naamkunde* 13, p. 131-187.

Maas, L.H. (1980). Zuur en zoet in Nederlandse toponiemen, in: *Naamkunde* 12, p. 213-227.

Mansion, J. (1935). *De voornaamste bestanddeelen der Vlaamsche plaatsnamen* (Nomina Geographica Flandrica, Studies III). Brussel.

Mélotte, H.E.M., en J. Molemans (1979). *Noordbrabantse Plaatsnamen. Monografie I. Valkenswaard.* Eindhoven.

MNW: E. Verwijs en J. Verdam, *Middelnederlandsch Woordenboek.* 's-Gravenhage, 1885-1929. 9 vol. met Supplement door J.J. van der Voort van der Kleij. Leiden-Antwerpen 1983.

Moerman, H.J. (1956). *Nederlandse Plaatsnamen* (Nomina Geographica Flandrica, Studiën VII). Brussel.

Molemans, J. (1970). Van persoonsnaam naar toponiem, in: *Naamkunde* 2, p. 192-207.

Molemans, J. (1971). De naamgeving in relatie tot de bodemgesteldheid, het reliëf en de begroeiing, in: *Naamkunde* 3, p. 163-185.

Molemans, J. (1972). Intern- en extern-lokalizerende voorzetsels bij Limburgse toponiemen, in: *Naamkunde* 4, p. 163-208.

Molemans, J. (1973a). Adjektivische -er-afleidingen bij toponiemen, in: *Naamkunde* 5, p. 134-159.

Molemans, J. (1973b). Bijdrage tot de bewonings- en ontginningsgeschiedenis van de Limburgse Kempen, voornamelijk in het licht van de namenvoorraad, in: *Naamkunde* 5, p. 270-332.

Molemans, J. (1973c). Kempische buurtschappen en hun benaming, in: *Limburg* 52, p. 255-265.

Molemans, J. (1973d). *Toponymie van Kaulille* (Toponymica XXII, 1). Leuven-Brussel.

Molemans, J. (1974a). *Toponymie van Kleine-Brogel* (Toponymica XXII, 2). Leuven-Brussel.

Molemans, J. (1974b). De plaatsnamen van Neerglabbeek, een sociolinguïstisch naamkundig onderzoek, in: *Naamkunde* 6, p. 1-36 (ook verschenen in de reeks Toponymica XXII, 3. Leuven-Brussel).

Molemans, J. (1975a). Brustem toponymisch doorgelicht, in: *Het oude Land van Loon* 30, p. 335-358.

Molemans, J. (1975b). *Toponymie van Ellikom* (Toponymica XXII, 4). Leuven-Brussel.

Molemans, J. (1975c). *Toponymie van Bocholt* (Nomina Geographica Flandrica, Monografie VIII). Leuven-Brussel.

Molemans, J. (1975d). *Toponymie van Neerpelt. Een socio-geografisch onderzoek* (Nomina Geographica Flandrica, Monografie IX). Leuven-Brussel.

Molemans, J. (1976a). De nederzettingsnamen van Hamont, in: *Bijdrage tot de geschiedenis van Hamont.* Hamont, p. 45-70.

Molemans, J. (1976b). *Toponymie van Overpelt* (Nomina Geographica Flandrica X). Leuven-Brussel.

Molemans, J. (1976c). *Toponymie van Sint-Huibrechts-Lille* (Nomina Geographica Flandrica, Monografie XII). Leuven-Brussel.

Molemans, J. (1977). Profiel van de Kempische toponymie, in: *Naamkunde* 9, 1-50.

Molemans, J. (1978). Toponymie van Wijchmaal (Limburg), in: *Naamkunde* 10, p. 271-331 (ook verschenen als: *De plaatsnamen van Wijchmaal.* Toponymica XXII, 6. Leuven-Brussel).

Molemans, J. (1982a). De nederzettingsnamen in het land van Vogelzang, in: *Naamkunde* 14, p.17-45.

Molemans, J. (1982b). *Zonhoven. Historisch-naamkundige studie,* m.m.v. J. Mertens. Zonhoven.

Molemans, J., en E. Paulissen (1975). *De plaatsnamen van Niel-bij-As* (Toponymica XXII, 5). Leuven-Brussel.

Molemans, J., en E. Paulissen (1976). *Toponymie van As* (Nomina Geographica Flandrica, Monografie XI). Leuven-Brussel.

Passen, R. van (1962). *Toponymie van Kontich en Lint* (K. V. A. VI, 86). Gent.

Passen, R. van, en K. Roelandts (1967). *Toponymie van Wilrijk* (Nomina Geographica Flandrica, Monografie VII). Leuven-Brussel.

Pée, W. (1970). De namen voor de gemeentekom in de Zuidnederlandse dialecten, in: *Naamkunde* 2, p. 41-49.

Philippen J. (1971). *Eed boven kerkban. De broederschap van Onze-Lieve-Vrouw ten Wijngaard onder Diest en Webbekom.* Diest.

Pijnenburg, W.J.J. (1976). Eeuwsel, in: *Naamkunde* 8, pp. 1-53.

Raymaekers, F.J.E. (1870). *Het kerkelijk en liefdadig Diest.* Diest.

Roy, P. de (1944). *Toponymie van Scherpenheuvel. Moderne namen kanton Diest* (onuitgegeven licentiaatsverhandeling KU Leuven).

Schönfeld, M. (1950). *Veldnamen in Nederland* (Mededelingen Kon. Ned. Akademie van Wetenschappen, afd. Letterkunde XII, 1). Amsterdam.

Schönfeld, M. (1955). *Nederlandse waternamen* (Nomina Geographica Flandrica, Studiën VI). Brussel.

Smulders, F.W. (1955). Gemeynt, parochie en gericht, in: *Brabants Heem* 7, p. 2-7.

Tavernier, C. (1958). De "zille", landmaat, in: *Album E. Blancquaert.* Tongeren, p. 253-258.

Valkenburg, C.G. van (1982). Joost van den Vondel's verwanten en zijn voorouders te Diest, in: *Gedenkboek Michiel Mispelon.* Kortemark-Handzame, p. 517-544.

Vanderstraeten, C. (1943). Van Hasseltsche Uithangborden, in: *Verzamelde Opstellen, uitgegeven door den Geschied- en Oudheidkundigen Studiekring te Hasselt* XVIII, p. 87-96.

Vanderwaeren, S. (1972). Wolven in onze streken, in: *Oost-* IX, p. 84-89.

Vanermen, U. (1960). *De rode-toponiemen in Vlaams-Brabant* (onuitgegeven licentiaatsverhandeling KU Leuven).

Vanerom, G. (1937-38). De put aan de Halve Maan, in: *De Diestersche Kunstkring,* Jaarboek IX, p. 57.

Vangassen, H. (1954). *Bouwstoffen tot de Historische Taalgeografie van het Nederlands: Hertogdom Brabant* (Bouwstoffen en Studiën voor de Geschiedenis en de Lexicografie van het Nederlands VIII). Tongeren.

Vannérus, J. (1946). Les lieux-dits Mort Homme, Morte Femme, Dooden Man, Dood Wijf et leurs congénères, in: *HCTD* 20, p. 193-209.

Vanschoenbeek, A. (1960). *Hydronymie van de arrondissementen Hasselt en Leuven* (onuitgegeven licentiaatsverhandeling KU Leuven).

Verbouwe, A. (1940). *Iconografie van Vlaamsch-Brabant. II. Kanton Diest.* Brussel.

Verdam, J. (1949). *Middelnederlandsch Handwoordenboek.* Onveranderde herdruk en van het woord *sterne* af opnieuw bewerkt door C.K. Ebbinge Wubben. 's-Gravenhage.

Verstegen, V. (1967). *Oostbrabantse Plaatsnamen. Attenrode-Wever* (Toponymica IX, 1). Leuven-Brussel.

Vrancken, J. (1967). De geschiedenis van Zelem. s.l. (ook verschenen in: *Eigen Schoon en De Brabander* 1962-1967).

Vries, J. de (1962). *Woordenboek der Noord- en Zuidnederlandse plaatsnamen.* Utrecht-Antwerpen.

Vries, J. de (1971). *Nederlands Etymologisch Woordenboek.* Leiden.

WBD: A. Weijnen en J. van Bakel, *Woordenboek van de Brabantse Dialecten.* Assen, 1967-....

Weijnen, A. (1963). Ge(n) in plaatsnamen, in: *Mededelingen van de Nijmeegse Centrale voor Dialect- en Naamkunde* 3, p. 15-16.

WNT: *Woordenboek der Nederlandsche Taal.* 's-Gravenhage-Leiden, 1882-.... .

Wolfs, C., en F. Scheys (1982). Driesen te Lubbeek, in: *Oost-Brabant* XIX, p. 253-277.

Zylbergeld, L. (1973). *La ville de Diest au Moyen Age* (onuitgegeven proefschrift Université Libre de Bruxelles).